Abandonar el hogar paterno

Marion Woodman
con Kate Danson, Mary Hamilton
y Rita Greer Allen

Marion Woodman
con Kate Danson, Mary Hamilton
y Rita Greer Allen

Abandonar el hogar paterno

Un viaje hacia la feminidad consciente

EDICIONES OBELISCO

Colección Psicología
ABANDONAR EL HOGAR PATERNO
Marion Woodman con Kate Danson, Mary Hamilton y Rita Greer Allen

1.ª edición: abril de 2021

Título original: *Leaving My Father's House*

Traducción: *Antonio Cutanda*
Corrección: *M.ª Ángeles Olivera*
Diseño de cubierta: *TsEdi, Teleservicios Editoriales, S. L.*

La cita de *The Feminine in Fairy tales,* de Marie-Louise von Franz, se ha utilizado con permiso del editor, Spring Publications, copyright © 1972.
La cita de «A Ritual We Read to Each Other», de *Stories That Could Be True,* se ha empleado con el amable permiso del autor.
El cuento de hadas «Allerleirauh» procede de *The Complete Grimm's Fairy Tales,* de Jakob Ludwig Karl Grimm y Wilhelm Karl Grimm. Copyright © 1944 por Pantheon Books, Inc., renovado en 1972 por Random House, Inc. Reimpreso con permiso de Pantheon Books, una división de Random House, Inc.
La autora y el editor están agradecidos por haber podido usar los materiales extraídos.

Edita: Ediciones Obelisco, S. L.
Collita, 23-25. Pol. Ind. Molí de la Bastida
08191 Rubí - Barcelona - España
Tel. 93 309 85 25
E-mail: info@edicionesobelisco.com

ISBN: 978-84-9111-715-5
Depósito Legal: B-6.327-2021

Impreso en España en los talleres gráficos de Romanyà/Valls S. A.

Printed in Spain

Nota del traductor y el editor:
Los tiempos, y la justicia social, exigen que nos enfrentemos a nuevos retos que, hace ya mucho tiempo, deberían haberse asumido. Uno de ellos es el del lenguaje de género, y, sin duda, el castellano no es un lenguaje fácil para conciliar la igualdad de género.
A lo largo de este texto, se ha intentado equiparar géneros en el lenguaje. Considérese ésta una advertencia para que nadie se asombre ante el uso indistinto del masculino o el femenino en el uso de sustantivos o adjetivos.

A Sofía

Prefacio

Las cuatro autoras de este libro nos reunimos por vez primera en octubre de 1991, cuando el manuscrito estaba ya en el despacho del editor. Durante dos años y medio habíamos optado por no vernos, pues queríamos que nuestro material fuera propio, de cada una.

Yo he estado en el centro de este cuarteto, observando y participando de un proceso que, desde un principio, estuvo impulsado por cierta sensación de inevitabilidad, como si el propio libro quisiera llegar a ser. A medida que cada una de nosotras iba escribiendo y reescribiendo a partir de miles de páginas de nuestros diarios, me di cuenta de que nuestros mundos interiores se estaban comunicando a través del aparente vacío del espacio y el tiempo. Una y otra vez, cada una de nosotras llegaba a la conclusión de que había acabado, de que no tenía nada más que decir, y, entonces, algo ocurría con otra de nosotras a cientos de kilómetros y se abría un nuevo horizonte para las cuatro.

Sin embargo, a medida que se acercaba el momento de encontrarnos finalmente, yo, que había estado observando durante tanto tiempo cómo nuestros esfuerzos se habían ido entrelazando, sentí que un tremendo conflicto comenzaba a crecer en mi interior. Una parte de mí aceptaba que era inevitable publicar aquel libro, pero había otra parte que estaba en contra. Podía sentir la integridad de las cuatro almas implicadas, y sentía también su vulnerabilidad. Cuando, por fin, nos vimos las caras, yo era del todo consciente de la profunda comunicación que existía entre nuestras almas y que podíamos captar en nuestras miradas.

Compartimos nuestro sueño de publicar el libro y coincidimos en la idea de que la voz femenina tenía que pronunciarse y decir su verdad en la cultura patriarcal. Nos sentíamos fuertes juntas... Nos consentimos un largo silencio y, luego, una parte de mí que nunca se había podido pronunciar comenzó a desgranar su vacilante historia, a pesar de los gélidos dedos que sentía que se aferraban a mi garganta.

Quince años atrás, mientras estudiaba en el Instituto C. G. Jung de Zúrich, nos encargaron un importante trabajo para finalizar el curso: analizar de forma individual un cuento de hadas. Yo me sumergí por completo en el cuento de *Allerleirauh*[1] y, justo antes de entregar mi trabajo, me dieron la noticia de que mi madre estaba enferma, de modo que regresé a Canadá. Cuando llegué, Ross, mi marido, me dijo que ya era tarde para ir al hospital. Mi madre había fallecido.

A la mañana siguiente, mientras estaba junto a su féretro, el dolor, la culpabilidad y la rabia hicieron que me cayera en pedazos. Yo, su única hija, no había estado allí con ella cuando más me necesitaba. No había habido últimas palabras. Tenía que haber escuchado a mi intuición, que me había dicho que no volviera a Zúrich aquel curso. Camino al aeropuerto, yo le había dicho a mi madre:

—Siento que no debería ir.

A lo que mi madre me respondió:

—Ve, Marion. Si puedes encontrar la libertad, ve.

Yo me había sumergido por completo en el estudio de *Allerleirauh* buscando esa libertad, y no me había percatado de lo que estaba sucediendo mientras tanto en casa.

Al día siguiente del funeral, un día ciertamente lúgubre, Zúrich y todo lo relacionado con aquella ciudad se convirtieron para mí en una pesadilla. Un estúpido cuento de hadas me había seducido hasta el punto de traicionar a mi propia madre. Ni siquiera podía recurrir a una llamada telefónica que me permitiera hablar con ella, ni siquiera para pronunciar dos palabras. La eternidad era un muro silencioso, brutal.

Consciente del caos en el cual me había sumergido, Ross invitó a diecisiete amigas mías a casa para que les leyera el trabajo sobre el cuen-

1. Este cuento de los hermanos Grimm se tradujo al castellano como *La bestia peluda*, y es así como se puede encontrar actualmente. *(N. del T.)*

to de hadas. Aquello me indignó. Pero ¿cómo iba yo a aguantar el tipo delante de todas ellas? *Allerleirauh* no significaba nada para mis amigas canadienses, y ahora tampoco para mí. Pero mi marido se empeñó, me ayudó a arreglar unas flores y preparar algo de comida, y mis amigas vinieron. Entre ellas estaba Mary. Al abrigo del cariño de todas ellas, mis reticencias comenzaron a desmoronarse. Mi alma se puso a leer quedamente y, poco a poco, todo cuanto había escrito comenzó a tomar un sentido mucho más profundo, del cual yo no me había percatado cuando redacté el trabajo. A continuación, mis amigas mostraron un verdadero interés a través de sus preguntas, y sentí que habían comprendido lo que la libertad significaba para mí.

De modo que ahí estaba yo, quince años después, trabajando todavía con *Allerleirauh*, alcanzando niveles aún más profundos de libertad, liberándome de los valores patriarcales, consciente todavía de esa femenina desesperación, de ese temor a no ser escuchada jamás. Y, aunque así fuera, ¿para qué iba a servir? Ahí estaba yo en aquel momento contando mi historia, intentando tirar de mi propia fuerza masculina para que dijera que sí a la publicación. Y, mientras hablaba, sentí el cariño y el coraje de las tres mujeres que estaban allí conmigo. Vi con claridad cómo el hecho de abandonar el hogar paterno había dado a luz a nuestra propia masculinidad creativa. Pero también vi la fuerza interior que había hecho posible la reconciliación profunda con nuestras propias madres, con generaciones de madres y con la Gran Madre. Y sentí su amor por nosotras, sus hijas, orgullosas de nuestra madura feminidad.

Y así, juntas, decidimos dedicar *Abandonar el hogar paterno* a Sofía.

Agradecimientos

Gracias

a Marie-Louise von Franz, cuya comprensión de los cuentos de hadas es inapreciable a la hora de iluminar la psique

a Robert Bly, cuya breve frase en una conferencia se convirtió en el título de este libro

a Esalen, donde Sofía refleja la grandeza de Dios, donde este libro fue concebido y ponderado en el corazón

a Emily Hilburn Sell y David O'Neal, nuestras editoras

a nuestros padres, nuestras madres,
nuestros hermanos,
nuestras hermanas físicas y hermanas del alma

a nuestros maridos, con quienes hemos danzado y peleado,
reído y llorado,
conversado y guardado silencio,
y vivido
durante un total de ciento treinta y dos años.

Marion, Kate, Mary, Rita

Introducción

> La epifanía de aquello que había estado oculto hasta el momento precisa no sólo un ego ante el cual pueda manifestarse. Necesita también, incluso en mayor grado, un acto de atención y devoción por parte del ego, cierta aptitud para dejarse «conmover» y la disposición para ver lo que quiere aparecer.
>
> —Erich Neumann

El eterno femenino se está abriendo paso en la consciencia contemporánea. La Shekinah, Kwan Yin, Sofía, sea cual sea su nombre, es la manifestación de la divinidad en la materia. Entre sus numerosos rostros están los de la Virgen Negra, la Mujer Búfalo Blanco, Shakti, Kali o Afrodita. Suyos son los senderos de la paz, la compasión, la reverencia por la vida y la muerte en la unidad de la naturaleza. Conocerla no tiene nada que ver con dirigirnos, dando traspiés, ciegamente, hacia un destino que creemos inevitable. Sin embargo, sí que tiene que ver con el desarrollo de la consciencia, hasta que es suficientemente fuerte como para soportar la tensión como energía creadora. En la confusión de nuestros tiempos se nos llama a un nuevo orden de realidad. Y mientras nos esforzamos por llegar a esa consciencia sufrimos, pero nuestro sufrimiento nos abre a las heridas del mundo y al amor que puede sanarlas. La tarea que tenemos a mano consiste en relacionarnos con lo femenino que emerge, tanto si nos llega a través de los sueños, como con la pérdida de una persona amada, con la enfermedad del cuerpo o a través de la angustia ecológica. A cada una de nosotras y nosotros, cada una a su manera, se nos está llevando ante Su desafío.

La feminidad consciente no está ligada al género, pues pertenece tanto a los hombres como a las mujeres. Aunque, en la historia de las artes, los hombres han articulado su feminidad bastante más que las mujeres, éstas se están convirtiendo ahora en las custodias de su propia consciencia femenina. Durante siglos, los hombres han proyectado su imagen interior de la feminidad, elevándola hasta una consciencia que hacía que las mujeres que aceptaban la proyección quedaran separadas de su propia realidad. Se convertían en utensilios en vez de en personas. La consciencia que se les atribuía era una consciencia que se proyectaba sobre ellas. Esa proyección era a veces una imagen idealizada de belleza y verdad, una esfinge, o un dragón. Pero, fuera lo que fuera, no podía ser una mujer encarnada. El hombre no tiene matriz, y la incorporación de su feminidad es, por tanto, diferente de la de la mujer.

Sin embargo, todos somos seres humanos, y todos y todas somos hijas e hijos del patriarcado. Y aunque nuestra cultura se ha venido desarrollando durante tres mil años, el hecho de haberlo hecho a través de los ojos masculinos exclusivamente ha tenido un elevadísimo coste. Lo que comenzaron siendo valores masculinos ha degenerado en un anhelo desmedido de control. El poder ha machacado tanto nuestra feminidad como nuestra masculinidad. Todos y todas funcionamos con estas dos energías bien diferenciadas. Del mismo modo que la salud y el crecimiento dependen tanto de la oscuridad como de la luz, la madurez depende de un equilibrio interno entre el yin y el yang, entre Shakti y Shiva, entre el Ser y el Hacer. Yo prefiero llamar a estas energías feminidad y masculinidad, porque sus imágenes biológicas aparecen en los sueños, y su interacción o falta de interacción se revelan como armonía o caos en la psique. Para mí, estas palabras no están ligadas a la noción de género.

La feminidad consciente, como veremos en este libro, guarda relación con el proceso que lleva la sabiduría de la naturaleza a la consciencia. Durante demasiado tiempo hemos dado por sentada a la instintiva Diosa Madre. En nuestro propio cuerpo, en la Tierra, hemos dado por hecho que nos alimentaría y nos protegería. Nos hemos estado regodeando en imágenes sentimentales. Durante siglos, nos hemos olvidado de ella, la hemos agraviado, la hemos violado. Y, ahora, nos encontramos ante una disyuntiva: o integramos sus leyes en la consciencia o moriremos. En nuestro planeta hay un proceso evolutivo en marcha, y sólo podemos albergar la esperanza de que, más allá de la muerte actual, reine la cordura. Hasta el momento, a lo largo de la historia, lo femenino inconsciente se ha asociado con el instinto; y, ahora, lo femenino inconsciente está dando luz a la naturaleza instintiva e iluminadora con nuevas imágenes que nos llegan en sueños y en la obra creativa.

La tarea de liberar lo femenino del poder tiránico de lo masculino desbocado y enloquecido es larga y ardua. Y el proceso es tan difícil dentro como lo es fuera. Observarlo de forma abstracta es una cosa; pero experimentarlo en persona es algo bien distinto.

Este libro mira hacia dentro. Emergió de un sueño muy concreto. Hace cuatro años, yo estaba preparando una conferencia sobre lo femenino en el mundo académico. Kate, una de las mujeres analizadas, estaba trabajando en su tesis, peleándose consigo misma y con sus profesoras. Le pregunté si estaría dispuesta a compartir un sueño que ella había tenido casi dos años atrás, y accedió.

El sueño se había ido haciendo cada vez más significativo. Hace dos años le pedí permiso para incluirlo en un libro.

—Sé que todavía no he terminado con este sueño –dijo, y llegó a la siguiente sesión con cuarenta páginas de trabajo concentrado acerca de él. Se la veía agitada, aprensiva. Instigada por un impulso interno, Kate había comenzado a replantearse todos los sueños de aquel período. Desde su perspectiva en aquel momento, podía adoptar una postura desapegada que le permitiera discernir un patrón emergente. Como una detective buscándose a sí misma, Kate estaba decidida a encontrar el hilo de Ariadna en el laberinto de sus sueños y compulsiones. Cuanto más profundizaba en sus asociaciones de ideas, más preguntas se formulaba, y más consciente se hacía el patrón inconsciente. Con el tiempo, se sometió ante la exigencia interna de suspender su tesis durante un año, y se centró en el trabajo interior que había hecho durante los últimos seis años. Sabía que la consciencia femenina que ella quería traer a su tesis estaba arraigada en su propia realidad.

Mientras yo observaba cómo iba tomando forma la historia de Kate, me di cuenta de que estaba teniendo lugar un proceso similar en otras dos mujeres. Mary y Rita estaban trabajando en dos caminos distintos por motivos muy diferentes y en etapas muy diversas de la vida. Las tres estaban en una fase de sus procesos que les exigía una tremenda concentración para poder sintetizar las partes en un todo. Pero, a medida que las raíces de la comprensión iban ahondando en sus corazones, sus cabezas lo comprendían todo con mucha más claridad, y, poco a poco, corazón y cabeza se iban convirtiendo en una mujer completa, inmersa en la búsqueda de su verdad interior, una verdad que pudiera hacerlas libres. Durante años, cada una de ellas había estado creando la historia de su alma día a día, en sus correspondientes diarios de sueños, pero había llegado el momento de dar un paso atrás y contemplar la historia íntegra con todas y cada una de las células de su cuerpo.

Durante este tiempo de transición, las tres estuvieron descartando estereotipos que hacía mucho habían muerto. En sus sueños se iban desprendiendo de viejos vestidos, viejas grabaciones y viejos muebles. Y, a medida que los recuerdos volvían a la superficie, las tres revivían en sus cuerpos el dolor original y percibían las insinuaciones de la consciencia corporal. Estaban trayendo a la consciencia nuevas imágenes que las guiaban en sus cambiantes relaciones. Y al establecer contacto con esos síntomas y símbolos interiores, encontraban nuevos sentidos en sí mismas.

«Esto es feminidad entrando en la consciencia –pensé–. Estas tres historias son párrafos de una historia mayor, la historia de Sofía. Sofía dándose a conocer. Kate, Mary y Rita están haciendo todo lo que pueden para liberar su fulgor desde la oscuridad de la materia».

Sé lo difícil que es sostener los valores de Sofía en un mundo que no tiene tiempo para ella. Sé que muchas personas están solas, padeciendo trastornos radicales en sus sueños sin ningún tipo de apoyo. Sé también que el poder sanador del proceso onírico no se puede comprender viendo dos o tres sueños. Hay que seguir ese proceso durante años, viniendo directamente desde los sueños para poder apreciar su sabiduría. De modo que pregunté a Kate, a Mary y a Rita si estarían dispuestas a contar parte de sus historias. Durante dos años estuvimos dialogando con figuras internas para asegurarnos de que su misterio no sería violentado. Y, poco a poco, cada una de las tres mujeres tomó la decisión de publicar. La mayor parte de este material se ha editado a partir de sus diarios. Muchas de las imágenes son arquetípicas, y se comparten con la esperanza de que quienes lean estas páginas reconocerán en ellas sus propias imágenes. En ese reconocimiento puede darse la conciencia creciente de un inmenso cambio, que se está abriendo paso desde el inconsciente colectivo hasta la consciencia. Ninguna de nosotras diría que hemos alcanzado la meta; ninguna de nosotras pretende tener la respuesta; y todas coincidimos en que el significado está en el proceso.

Lamento no disponer de alguna historia de un hombre contemporáneo acerca de la evolución de su feminidad. Sin duda, si leemos las meditaciones de los santos, si estudiamos a los grandes poetas, músicos y artistas, podremos seguir el viaje de sus almas femeninas. En los cuentos de hadas, la heroína personifica lo femenino en los hombres y en las mujeres, pues nuestros mapas psíquicos son similares. Los hombres que intentan vivir los valores de su alma en nuestra cultura son objeto de burla y sufren de maneras que las mujeres deberíamos tener en cuenta. Todas y todos somos hijas e hijos de los mismos progenitores. Todas y todos compartimos la cruel y trágica sombra del poder patriarcal.

Reconozco que al escribir hacemos una ficción de nosotras mismas, al igual que ocurre con la narración de historias. Sin embargo, al contar nuestra historia, si podemos dejar que tome su propio impulso, podremos destilar la verdad de la ficción en nosotras. Y la verdad cambia día tras día, a veces hora tras hora. Ése es el motivo por el cual tenemos que mantener un estrecho contacto con nuestra historia. Si nuestra imaginería se concreta, si deja de salir de la realidad viva de nuestro cuerpo, entonces no haremos otra cosa que adorar a dioses de piedra y correremos el riesgo de petrificarnos como nuestros dioses.

La narración de historias se halla en el corazón de la vida. En ocasiones, cuando caigo en una ensoñación, puedo ver cómo mi vida interior continúa allí donde el sueño se detuvo en el momento del despertar. De niña nunca me aburría, porque siempre podía continuar con mi historia. Me sigue gustando pasear por la playa o por los bosques escuchando esa historia interminable. Mi imaginación está creando siempre alguna forma que permita modelar esos eventos esporádicos de la vida cotidiana. Ese fuego creativo moldea mi caos interior para convertirlo en un reflejo del orden sagrado que siento en la naturaleza.

Yo sentía cierto resquemor al hacer esto, incluso me avergonzaba de ello. Pero después leí lo que explicaba Jung de los indios pueblo. Jung sabía que, si ellos hubieran perdido la fe en su historia, el misterio que los mantenía juntos como un noble pueblo se habría desvanecido. Me acordé de aquellas pocas veces en mi vida en que había interrumpido racionalmente mi historia, y me di cuenta de cómo mi vida se había desbaratado en aquellos intervalos. Esa historia continúa en mis sueños, que cada noche hacen su trabajo sanador. Poco a poco, estoy reconociendo el significado de mi existencia a través de mi propio mito. Cada vez comprendo mejor el sueño de Jung del yogui meditando en una iglesia. Cuando se dio cuenta de que el yogui tenía su rostro, se despertó sobresaltado pensando: «"¡Aja, entonces es él el que me medita! Él tiene un sueño, y yo soy ese sueño". Y supe que, cuando él despertara, yo dejaría de ser».[1]

Las narradoras de historias son personas importantes en una cultura, pues nos llevan a un mundo donde dejamos de estar fragmentadas por los meros hechos de la vida. Ellas tienen una visión que se halla más allá del mundo literal y físico, en el mundo imaginal, donde los hechos están enlazados a posibilidades, donde los recuerdos, las visiones y los rituales individuales se pueden entrelazar en el tejido colectivo. No es que la numinosidad de la visión individual quede diluida en el colectivo, sino que el colectivo comienza a tener una nueva visión de sí mismo, y los individuos ya no están aislados. Sin historias, carecemos del cosmos que nos mantiene en contacto con la realidad universal. Sin historias, no hay manera de recomponernos cuando nuestro mundo personal se cae a pedazos. No podemos recordar qué era amar y ser amadas, ser apreciadas por el mundo que nos rodea.

Y dado que las historias reflejan nuestra vida interior, las mujeres necesitamos contar historias de lo que significa ser mujer. Me he percatado de esto una y otra vez en las sesiones analíticas, pero esto mismo ocurrió a un nivel tribal mientras trabajaba con un grupo de mujeres

---

1. C. G. Jung. *Memories, Dreans, Reflections,* Aniela Jaffé (ed.), trad. del alemán de Richard y Clara Winston (Londres: Collins, Fontana Library, 1971), pág. 355. Edición en castellano: *Recuerdos, sueños, pensamientos* (Barcelona: Seix Barral, 2002).

en un congreso celebrado en Orillia, Canadá. Una mujer se puso de pie y comentó con voz queda algo acerca de lo que se había dicho, y entonces, sin poder controlarlo ella, la historia comenzó a narrarse sola. Llegó con una sinceridad cristalina, que alcanzó el corazón de cada una del centenar de mujeres que había en la sala. La historia interior y la historia exterior convergieron. Nos reconocimos y las lágrimas fluyeron. Después, contuvimos el dolor en el movimiento y el canto ritual.

Mientras tanto, Robert Bly estaba trabajando con los hombres. El dolor de padres e hijos emergía en sus historias. Ellos también se habían visto reflejados en sus historias, y sus rostros estaban tan transformados como los nuestros cuando nos juntamos de nuevo. Nos sentamos en círculos concéntricos, relatando lo más esencial de lo que había ocurrido en cada uno de los grupos. No había polémicas, no había rencores. Cada una de nosotras y nosotros reconocimos la angustia del otro, de la otra. Recordamos nuestra humanidad compartida. Por unos instantes, al menos, nos pudimos quitar las gafas patriarcales. Vimos. Vimos la profundidad de la herida, y sentimos también la presencia del Dios y la Diosa atravesando la herida. Allí estaba el amor que quema y purifica el corazón.

Nuestra cultura está marcada por la pérdida de los valores propios del sentimiento, porque, aunque muchas historias prosiguen en el alma, nunca se escuchan. Son numerosas las personas que olvidaron hace mucho aquellas cosas que valoran, y, si las recuerdan, intentan olvidarlas. Quieren tener éxito en una sociedad competitiva. Desean que se las quiera, signifique lo que signifique eso, cuando fingen ser alguien que no son. Son tan adolescentes que no se atreven a mirarse a sí mismas, pues eso supondría asumir la responsabilidad de quiénes son. No se atreven a reflexionar sobre sí mismas; no se atreven a contemplar el tapiz de su vida, que se teje cada noche en las imágenes de sus sueños. Se trata de una trágica pérdida, porque esas imágenes conforman nuestra vida interior y nuestra vida exterior. Sin una conexión consciente con ellas, la vida se vive de forma inconsciente. Con una conexión consciente, la vida conecta con su fuente creativa. Y dado que estas imágenes evolucionan una y otra vez –a diario, en el análisis, si el calor es suficientemente elevado–, la estrecha relación que establecemos con ellas nos asegura un vínculo entre el ego consciente y la energía creativa que mantiene viva la historia, que conserva su integridad y su sacralidad.

Al encontrar nuestra propia historia, reunimos todas las partes de nosotras mismas. Por mucho lío y caos que hayamos creado con todo eso, podemos ver de algún modo la totalidad de quiénes somos y reconocer cómo se relacionan entre sí nuestros errores. Podemos poseer lo que hicimos y valorar lo que somos, no por el resultado, sino por la historia del alma que nos impulsa. Esa historia es nuestro mito individual.

Quizás sea importante señalar que, a lo largo de la era cristiana, se ha hecho mucho hincapié en la distinción entre espíritu y carne. El punto medio, el alma, lo que Keats llamaba «hacer alma», estuvo extrañamente ausente. En el siglo XIX, el alma encontró su lugar en la música, la literatura y el arte del romanticismo. La «Oda a Psique» de Keats, escrita en 1819, resume su descubrimiento y exploración de Psique. A Psique, decía Keats, nunca se la ha reconocido, de ahí que él fuera a construir un templo para ella en «alguna región inexplorada de [su] mente»;[2] esa región ignorada tanto por el espíritu como por la carne, por mente y materia. Psique vive en un estado parecido al de Allerleirauh en el cuento homónimo, el relato de hadas del que hablaba antes. Su invisibilidad es su destierro; su reconocimiento, tras un enorme proceso de hacer alma, constituye su regreso. En este libro se diferencia a Psique como alma y a la creatividad masculina como espíritu. No se trata de un homenaje religioso. No es una nueva religión. Trata de la feminidad convirtiéndose en humana, volviendo del destierro y transformando nuestra vida.

Kate, Mary y Rita vivían una vida corriente hasta que el destino las llevó a una crisis en la cual su sufrimiento destiló la pregunta de sus labios: «¿De qué trata mi vida?». Cada una de ellas creyó que la respuesta estaba en su inconsciente y, trabajando con los sueños y por medio del trabajo anímico-corporal, establecieron un diálogo entre el consciente y el inconsciente. Ese diálogo se convertiría en agua viva en su desierto. Sus heridas liberaron su creatividad.

---

2. John Keats. «Ode to Psyche». En *English Romantic Writers,* David Perkins (ed.) (Nueva York: Harcourt, Brace and World, 1967), pág. 1184, línea 51.

Estas historias no son estudios de casos. Aunque cada una de estas mujeres se pasó algunos meses conmigo trabajando en profundidad, las circunstancias de la vida –la distancia, la enfermedad, el dinero– hicieron imposible que vinieran a visitarme regularmente durante un período de varios años. En ocasiones, cada una de ellas se atrevió a sumergirse en sus propias profundidades, a su manera, en su propia casa.

De forma sincrónica, estas tres mujeres, que no se conocían entre sí, impulsadas por algo en su interior, comenzaron a escribir la historia de su alma. Yo estaba cerca de cada una de ellas. Sufrí con ellas, al tiempo que mantenía un punto de vista objetivo. Las ayudé a sacar a la consciencia sus historias individuales y me fijé en lo que las tres historias tenían en común. Vi con mis ojos físicos la nueva vida que se desesperaba por nacer, la percibí con mi ojo interior y empaticé con ella. Mientras veía desplegarse aquellas historias personales, sentí que cada una de ellas estaba tocando unas raíces femeninas muy antiguas, raíces que yo había explorado en los cuentos de hadas. Para conectar con las historias personales en una comprensión más profunda del eterno femenino, he elegido a Allerleirauh como prototipo de lo femenino abandonando el hogar paterno.

Este libro es nuestra aportación al libro de Sofía.

Abandonar el hogar paterno

> Por la raíz de mis cabellos un dios me agarró y yo crepité en sus azules voltios como un profeta del desierto.
>
> —Sylvia Plath[1]

El mundo del «había una vez» de los cuentos de hadas es el mundo sin espacio ni tiempo del alma. Las historias antiguas, con sus nítidas líneas narrativas, constituyen un mapa de los senderos interiores hacia la totalidad. Todos los personajes son parte de nosotras. Son imágenes que personifican características de personas con las que convivimos a diario, y príncipes, brujas y animales que nos visitan en los sueños cada noche. Y aunque las leyes del mundo de la materia (la naturaleza) no son las del mundo de la psique (el alma), las imágenes se aplican a ambos mundos. Son los conectores. Si nos concentramos en las imágenes de nuestras historias y sueños hasta que destilemos su verdad, nos arraigaremos en la realidad de nuestra propia imaginería. La vida vivida desde nuestra verdad interior no es una actuación vacía. Es un descubrimiento dinámico que se verifica instante a instante.

Destilar la verdad de la imagen es la tarea. Einstein, por ejemplo, soñó con que se deslizaba a lo largo de un rayo de sol. Después se vio a sí mismo reflejado en un espejo con los pies atados. De inmediato se

1. Sylvia Plath. «The Hanging Man». En *Ariel* (Londres: Faber and Faber, 1965), pág. 70. Edición en castellano: *Ariel* (Madrid: Hiperión, 2016).

percató de que estaba, de hecho, cabalgando el rayo de sol. Dicho de otro modo, se estaba moviendo a la misma velocidad que la luz. Él era la luz. Le llevó toda una vida de reflexión destilar la verdad de aquella imagen. La concentración que le llevó a formular el $e = mc^2$ había cambiado la consciencia del mundo.

Mientras me concentraba en destilar la verdad de las historias de Kate, Mary y Rita, pensé: «Ahora son las hijas del padre. Una sabía que su padre admiraba su mente; otra sabía que su padre admiraba su cuerpo; y la otra adoraba a su padre desde la distancia. Cuando se hicieron mujeres, su energía vital circuló en torno a los hombres, y cada una de ellas fue llevada a complacer los estándares patriarcales. Sus motores estaban alimentados por sus relaciones con el mundo exterior. La energía total disponible de su psique estaba en el complejo del padre. El complejo de la madre o bien era enjuiciador y destructivo o bien estaba reprimido. Cada una encuentra su propia salida centrándose en su propia matriz creadora».

Después pensé en el cuento de hadas *Allerleirauh* de los hermanos Grimm. «Ahí está el hilo –pensé–. Ahí hay una historia de lo femenino liberándose del patriarcado». Por patriarcado entiendo cualquier cultura cuya fuerza impulsora es el poder. Las personas que se forman en esa cultura están programadas para buscar el control sobre los demás y sobre sí mismas en un inhumano deseo de perfección. Así, un padre patriarcal no va a ser más destructivo para el desarrollo psicológico de su hijo o hija que una madre que pueda aparecer en sueños como un idealista e inmisericorde oficial nazi. Ambos géneros portan la trágica sombra del poder patriarcal.

El relato completo aparece en el apéndice de este libro, pero uniré las distintas partes a través de las historias de Kate, Mary y Rita.

He aquí que había tres princesitas que, como muchas niñas pequeñas, sabían que, en la medida que complacieran a su papá y a su mamá, se las tendría por adorables. Ellas se esforzaban por ser las mejores. Una parte en cada una de ellas era la obediente y modesta hija, siempre buscando, siempre impotente. Otra parte estaba desconectada de su fuente en su cuerpo femenino y, al igual que su madre y que generaciones de abuelas, portaba profundos recuerdos corporales de culpabilidad y vergüenza sexual.

Allerleirauh, cuyo nombre significa «de muchos tipos de pieles», es una princesa cuya madre posee una belleza sin parangón en toda la Tierra.[2] Pero, hallándose ésta en su lecho de muerte, consigue del rey la promesa de que no se volverá a casar a menos que encuentre a una mujer tan hermosa como ella y «con un cabello de oro así». Tras su fallecimiento, el desconsolado rey la llora en soledad, hasta que sus consejeros le ruegan que se case de nuevo. No obstante, sus mensajeros no encuentran a una mujer de tal belleza y «con un cabello de oro así».

Esta reina sería el ama del gallinero en las telenovelas populares, la viva imagen de la feminidad para millones de hombres y mujeres. Vanidosa y celosa, ha decidido tener dominado a su marido incluso después de su muerte. En tanto que él, dependiente y sentimental, sucumbe a sus malvados hechizos, perdiendo su tiempo y llorando por un paraíso que nunca existió. El rey es incapaz de mover su energía en el flujo y la espontaneidad de la vida.

El cabello sale directamente de la cabeza, del mismo modo que las ideas. En los sueños, como en la vida, el peinado, el corte, el crecimiento y el secado del cabello son indicios de cambios importantes en la psique (alma) o la *persona* (la máscara que mostramos al mundo).[3] La analista suele aparecer en los sueños como una peluquera. Lo dorado, por otra parte, suele estar asociado con el sol, la inmortalidad, la numinosidad espiritual. En esta parte de la historia, sin embargo, el poder pervierte al espíritu, lo que equivaldría a la muerte espiritual del rey. La energía creativa asociada al oro se convierte en un simple baño de oro.

Ahora bien, al cabo de un tiempo, el volcán de la energía reprimida del rey entra en erupción cuando un día ve a su hija, que es tan hermosa como su madre fallecida y «con un cabello de oro así». Para horror

---

2. Se recomienda la lectura del cuento previamente para poder seguir las explicaciones de la autora relacionadas con el relato. El cuento se encuentra en el apéndice, al final del libro. *(N. del T.)*
3. En la psicología analítica de Jung, la *persona* (que, en latín, era como se le llamaba a la máscara de los actores) es el arquetipo que representa aquella parte de nosotras que queremos compartir con el resto del mundo; es decir, nuestra imagen pública. Para diferenciarlo del término habitual «persona», el arquetipo junguiano en este libro se escribe en *cursiva*. *(N. del T.)*

de sus consejeros, y aún más el de su propia hija, el rey se enamora y decide casarse con ella.

¿Quién es el rey en un cuento de hadas? Externamente, es la personificación de un contenido dominante en la consciencia colectiva de la cultura. Por otro lado, como imagen interna, el rey suele portar la integridad divina, el fulgor solar y la intuición espiritual. En nuestra cultura, el rey se suele proyectar sobre profesores, evangelizadores, gurús y terapeutas.

Las mujeres que han adorado a su padre puede que proyecten su rey interior sobre un hombre sencillo, coronándolo con luz e invistiéndolo con su propio potencial intelectual y espiritual, para luego preguntarse por qué ese hombre no es capaz de rellenar sus regias vestimentas. De hecho, la misma intensidad de la luz que estas mujeres proyectan puede constelar con la profunda negrura de los miedos y la cólera de él. Los hijos varones de tales mujeres quizás estén condenados a complacer o a destruir a sus madres o a las madres sustitutas. Y con demasiada frecuencia portan la proyección regia de una mujer que ha abdicado y no se responsabiliza de sus propios dones. Debido a que no conoce a su propio rey interior, ella lo proyecta fuera. Su marido ha fracasado en ese papel real, y entonces es el hijo el que porta el peso de la realeza con sus devoradoras exigencias.

El rey en esta historia está contaminado con algunos de estos malestares culturales. Externamente, él ostenta el poder. Sin embargo, su embriagadora reina está muerta; es decir, no se siente conectado con la vida. Está atrapado en su ideal sentimental de la perfecta feminidad. En términos psicológicos, este hombre está atrapado en un complejo materno. Mientras no traiga la madre a la consciencia, el hombre no la experimentará como a una mujer individual, con sus pensamientos y sentimientos propios. Ella es una imagen arquetípica que tiene poder sobre él, sea de tipo sexual o espiritual. El hombre no ha traído a la consciencia sus propios valores del sentimiento y, por tanto, no puede relacionarse con su mujer como una persona. Cuando la imagen perfecta que él está proyectando sobre ella se ve amenazada por la mujer verdadera que expresa sus propias necesidades y pensamientos, puede que el hombre diga con un rugido que ella ya no es la persona amorosa y nutricia con la que se casó, y que incluso parta en busca de una mujer que sea tan inconsciente como su propio femenino interior. Normalmente, encontrará a una mujer que se parecerá a su esposa cuando tenía veinte años. Dicho de otro modo, su femenino interior no habrá madurado en absoluto; su autoestima seguirá estando en función de que la mujer proyecte sobre él al chico dorado.

O puede que sea el papi dorado para su mujer de cabellos de oro. Ella vive en su propia cabeza, separada del hecho de estar arraigada en su propia materia. Así, sus valores del sentimiento son tan impredecibles como los del hombre. Y en su temor a verse rechazada por su padre-marido, ella quizás pase de madre a princesita consentidora del sabelotodo de papá. Mientras lo femenino no esté conectado con firmeza con la musculatura del cuerpo, carecerá de la afirmación visceral que dice «Esto me vale. Esto es lo que yo soy». ¿Cuántas personas que creen que nunca sueñan son sonámbulas en su matrimonio, en su trabajo, en su iglesia, adhiriéndose ciegamente a ideas que jamás cuestionan, sin poner el corazón en lo que están haciendo? Cuando las emociones que se estremecen en las entrañas conectan con los valores del sentimiento, la feminidad consciente arraiga en su propia verdad. En la medida en que lo femenino sea inconsciente, dependiente de la masculinidad que es dependiente de ella, la constelación psíquica será incestuosa: la madre ligada al hijo o la hija ligada al padre.

Estamos hablando aquí de la M y de la P mayúsculas –el complejo de Madre y el complejo de Padre, las dos dinamos más importantes de nuestra psique–. La ligazón o falta de ella con nuestros progenitores personales genera estas dinamos de asociaciones inconscientes, que influyen en nuestras relaciones futuras con hombres, mujeres, niñas, niños y sociedad en general. Si, como hijas, nuestro cordón umbilical está conectado a los valores masculinos (de nuestro padre, de nuestra madre o de ambos), en la vida adulta pensaremos que nuestra mera supervivencia depende de la reverencia a los estándares patriarcales. Hemos de tener 90-60-90, tenemos que dar la talla, hemos de tener temple. Inconscientemente, se nos lleva a cumplir con expectativas que quizás tengan poco que ver con quiénes somos. Y así, inconsciente, es la voz que nos conduce en estos complejos, que nuestro cuerpo va a tener que desmontar para reconocer que somos esclavas de un dictador interno. Los complejos están en nosotras, y proyectando nuestra rabia sobre los hombres no vamos a resolver la constelación interna víctima/verdugo.

En una situación similar, o puede que peor, se halla la feminidad del hombre que se ha sentido intimidado por los aspectos patriarcales de sus progenitores. Quizás tenga un complejo de madre enjuiciadora que le reduzca a la parálisis si se ve en la disyuntiva de no complacer a su mujer, a la empresa o a su universidad. O puede que se convierta en un intimidador peligroso, con el fin de destruir lo que le destruyó a él. Con frecuencia precisará un corazón roto, literal o simbólicamente, para llevar su feminidad a la consciencia.

En el modelo de psique de Jung, las asociaciones con nuestros progenitores personales, o la pérdida de éstos, se convierten en complejos y hacen racimos en torno a un arquetipo. El complejo paterno tiene en su centro al arquetipo de Dios, el materno, el de la Diosa, y ambos tienen sus aspectos positivos y negativos. Estos arquetipos son campos de energía que nos dejan «crepitando en sus voltios azules».[4] Nos pueden inundar con una luz radiante o pueden abrumarnos y sumirnos en la desesperación. Son nuestros dioses internos, espiritual e instintivamente. Sin acceso a ellos, la vida se convierte en una existencia aburrida en dos dimensiones. Relacionarnos con ellos nos permite trabajar encarnando a nuestros ángeles y nuestros animales.

Los arquetipos son campos de energía innatos de nuestra psique. Son como imanes ocultos. No podemos verlos, pero podemos ver sus imágenes y sentir el impulso de su energía. Si, por ejemplo, vamos a una fiesta y vemos a un hombre que nos genera un escalofrío o nos hace estremecernos, podemos tener la certeza de que se ha activado nuestro complejo paterno. Si el estremecimiento se convierte en agitación o temblores, es probable que nos esté moviendo la energía de un arquetipo. Si una es joven e inexperta, su inconsciente encenderá esa flecha que llamamos proyección, y al hombre al que le dispare la flecha portará para ella desde entonces la imagen interna del Padre-Dios. O bien su demonio. Si el complejo materno de él vibra en nuestra presencia y las vibraciones de ambos se hacen armónicas, entonces el inconsciente de él nos lanzará la flecha de la Diosa Madre. O bien su *femme*

---

4. Plath. *Ariel, op. cit.*, pág. 70.

fatale. Si nuestro ego es lo bastante fuerte, podremos elegir si «nos enamoramos» o no. Si no lo es, caeremos en el saco. Estos imanes arquetípicos atraen y repelen. Dioses y vampiros, diosas y brujas están alarmantemente cerca en estos dominios. Nos construyen y nos rompen, dependiendo de nuestra relación consciente con ellos.

> Qué complicada la disciplina del hombre
> obligándole a elegir por sí mismo su dolor preestablecido.
>
> —Emily Dickinson[5]

Un problema trágico de nuestra cultura es que no sabemos diferenciar entre *identificarnos* con el arquetipo y *relacionarnos* con él. Cuando las personas adictas hablan de un subidón o un chute, lo que quieren decir psicológicamente es que quieren identificarse con un arquetipo. Desean olvidar la realidad del ser humano y escapar sumergiéndose en el poder divino. Quieren entregar su débil ego a los impulsos del inconsciente. Desean ser el Dios o la Diosa. Sin embargo, no han hecho el duro y paciente trabajo de construir un contenedor psíquico. Ese contenedor, que comienza como el ego, tiene que ser lo bastante flexible como para expandirse con la energía divina. Es el instrumento a través del cual se manifiesta la divinidad. Pero tiene que saber que es el instrumento de lo divino; no es el Dios o la Diosa. Tiene que ser lo suficientemente humilde como para recuperar sus dimensiones humanas.

Shakespeare, por ejemplo, tras dominar esta técnica, pudo abrirse a un rapto divino para que naciera *Hamlet*. Y luego volvió a ser Will para irse al pub a tomar algo.

La feminidad consciente está lo bastante arraigada como para relacionarse con lo divino sin identificarse con ello; la masculinidad consciente es lo suficientemente discriminativa como para cortar la identificación con una afilada espada. La identificación es inconsciente; la relación es consciente.

---

5. Emily Dickinson. *The Complete Poems* (Boston: Little, Brown and Company, 1960), pág. 430. En castellano: Emily Dickinson, *Poesías completas* (Madrid: Visor Libros, 2013).

La identificación con la energía arquetípica alimenta la inflación, que se convierte en deflación. Falsas esperanzas, falso poder, falsos dioses se desmoronan de manera agónica. Sin la disciplina y los límites que proporciona la Iglesia, muchas personas no saben –conscientemente– si son dioses o seres humanos. Por brutal que parezca, no es más que la raíz del balanceo entre el fulgor y la desesperación al que somos sometidas. Una madre inconsciente, sea hombre o mujer, se identifica con la Diosa Madre y se consume intentando alimentar a todos los niños abandonados que encuentra. Los alimenta a todos, sin reconocer que su propia sombra está haciendo pasar hambre a su propio niño o niña interior. Quizás proyecte al dios-niño dorado sobre su hijo, que se identifica con la proyección mientras está en presencia de ella. Pero cuando se va, el hijo se desmorona bajo la negra luz de su adicción a la cocaína. El padre que proyecta el resplandor sobre su hija puede crear a una persona que necesita destacar en todo y que inconscientemente anhela la oscuridad de su propia tierra en una adicción a la comida. La misma irrealidad de la proyección activa una sobrecompensación que intenta restablecer el equilibrio humano.

Las proyecciones parentales entre hombres y mujeres adultos pueden llegar a aturdirnos. Si no hay un contenedor egoico lo bastante fuerte que diga «No soy un dios o diosa. No soy lo que tú piensas que soy», el péndulo psíquico se adentrará demasiado en la luz.

El receptor se identificará con la proyección, se inflará, soñará con globos de aire caliente que explotan y el péndulo emprenderá el regreso para sumergirse en la oscuridad de la desesperación. Sin un firme término medio humano, no existe un contendor alma-cuerpo en el cual se puedan domar los animales interiores, o en el cual se pueda encarnar el espíritu. El implacable balanceo incrementará simplemente su velocidad, hasta que el ego sea lo bastante fuerte como para gritar: «Detente. No soy Luke Skywalker. Voy a encontrarme a mí mismo». En lo femenino, la homóloga de Luke es Lucía. Ambos nombres derivan de la palabra latina *lux*, que significa «luz». De ahí viene también Lucifer.

En nuestra historia, Allerleirauh, impactada por los deseos incestuosos de su padre, decide que no va a crepitar ni estremecerse con la proyección de él. Ella es una guerrera. No va a llevar el cuerpo ectoplasmático de su padre con ella a la tumba y crea un plan para encontrarse a sí misma.

—Antes de cumplir con tu deseo –le dice a su padre–, debo tener tres vestidos, uno tan dorado como el sol, otro tan plateado como la luna y otro tan brillante como las estrellas.

En este libro, Kate, Mary y Rita se sumieron, cada una por su parte, en una crisis en la que tuvieron que elegir entre aceptar su destino en una confabulación incestuosa con el patriarcado o bien vencer sus miedos y buscar su propia identidad. Cada una de ellas encontró su propio camino, que es lo que tenemos que hacer todas. Kate inició su viaje en el análisis. En un principio, su necesidad de significados la atrajo hacia el vestido dorado. Mary, bailarina profesional, comenzó su viaje moviéndose conscientemente en su cuerpo. Allí aprendió a llevar el vestido plateado. Rita sabía algo acerca de la danza en oro y plata. A los setenta y dos años, estaba preparada para contemplar el resplandor de las estrellas.

Claro está que ningún viaje se puede dividir estrictamente en oro, plata y estrellas. Hay personas que desarrollan su consciencia solar hasta que su ego es lo bastante fuerte como para caer en la consciencia lunar. Otras atraviesan la luna en dirección al sol. Sin embargo, en cualquier proceso, las dos energías se mueven como dos serpientes entrelazadas. La energía femenina puede avanzar hasta que el contenedor es lo suficientemente fuerte como para recibir la energía masculina; el espíritu masculino incrementa su brillo cuando el alma-cuerpo se hace más fuerte. El entrelazamiento discurre peldaño a peldaño, como una doble hélice en espiral, hasta que el matrimonio interior se consuma. Y reinicia de nuevo el camino en una sintonía más delicada. A medida que las energías cambian dentro, las relaciones lo hacen de manera equivalente fuera.

En este libro no he establecido diferenciación alguna entre relaciones lesbianas, homosexuales y heterosexuales. En todas las personas existen dos energías que buscan alcanzar un equilibrio armónico. En ocasiones se repelen y, otras veces, se atraen. Para alcanzar nuestro potencial pleno, tenemos que dejar espacio a estas energías para que crezcan, interactúen y se transformen. El nombre que les demos depende de nosotras. Yo prefiero llamarlas femenina y masculina, porque su entrelazamiento lo veo personificado en sueños a través de mujeres y hombres. Además, sus imágenes biológicas –útero, pechos, sangre menstrual, óvulo, o falo, testículos, eyaculación, esperma– son fundamentales para comprender el proceso creador en los sueños. Aunque no existen dos procesos iguales, los mapas psíquicos son similares.

Pero, en el cuento de hadas, Allerleirauh plantea aún otra exigencia, que espera que su padre no pueda satisfacer: «[...] como manto deseo mil tipos diferentes de pieles cosidas entre sí; cada tipo de animal que existe en tu reino deberá dar un trozo de su piel». Pero el rey consigue satisfacer todas las exigencias, en apariencia imposibles, de Allerleirauh y señala el día de la boda. Sin embargo, ella consigue huir la noche anterior, llevando tres tesoros consigo: un anillo, una minúscula rueca y una devanadera, todas ellas de oro. Guarda también los tres vestidos en una cáscara de nuez, se pone su manto de mil pieles y se tinta la cara y las manos con hollín. Finalmente, se encomienda a Dios y abandona el hogar paterno.

¿Qué se siente al abandonar el hogar paterno? ¿O el hogar de tu marido-padre? ¿Qué se siente al mirarle a los ojos y verte a ti misma como una traidora, al abandonar al hombre que siempre confió en ti? ¿Qué se siente al dejar atrás la seguridad de su amor, aunque a él nunca le preocupara quién eras tú realmente? ¿Qué pasa en tu cuerpo cuando te enfrentas a un profesor querido y respetado, y rechazas todas las normas que él nunca se ha cuestionado? Y cuando él dice que tu enfoque femenino es absurdo, carente de sentido, coherencia y énfasis, ¿no te preguntas si eres estúpida? Y cuando te encuentras sola en tu apartamento vacío, escuchando voces en tu interior que creías que venían de fuera, ¿no te preguntas si encontrarte a ti misma era realmente tan importante? ¿Puedes ser la persona que siempre negaste ser?

Tomar conciencia de la realidad de su situación es lo que lleva a Allerleirauh a huir de su Jardín del Edén inconsciente. El rayo de su padre destruye la proyección que la mantenía en su incestuoso vínculo. Atrapada en un incesto inconsciente, una mujer puede identificarse con la masculinidad de su padre, y/o identificarse con su idea de feminidad y con la feminidad que cada hombre proyecta sobre ella. Está a merced de las proyecciones masculinas porque, al identificarse con ellas, cercena su auténtica vida.

Expulsada del Edén, Allerleirauh huye al bosque y hace lo único que puede hacer: se queda dormida en el agujero de un árbol. Su instinto femenino le dice que su supervivencia depende de ello, de regresar al útero de la naturaleza. Para ello, tiene que alejarse de la sociedad y de la corte, del rey, de todas las imágenes que se proyectaron sobre ella. Ella cubre su verdadera identidad con el hollín de la vergüenza y de la culpabilidad, y se hace invisible bajo las pieles muertas del reino de su padre. Hay mujeres que se retiran para siempre en el agujero de un árbol. Otras saben que sus instintos han quedado atenuados por el mundo en el que han crecido, pero que tienen que respetar algunos convencionalismos todavía con el fin de sobrevivir. Ocultan su realidad, pero encuentran hombres que no van a ser capaces de conectar con sus sentimientos más profundos: intelectuales que reflejan su fulgor en ingeniosas conversaciones; hombres fieles ordinarios que siguen en contacto con sus propios instintos. Muchas mujeres buscan el útero de la naturaleza en sus relaciones con otras mujeres.

Allerleirauh lleva sus tesoros y símbolos femeninos del sol, la luna y las estrellas en su cáscara de nuez –todas las constelaciones del cielo en estado embrionario–. A su debido tiempo, el paciente e intrincado proceso da forma al microcosmos, que magnifica al macrocosmos.

En ocasiones, el agujero del árbol no es más que un tiempo de sueño, si el sueño es posible. El trauma de reconocer la verdad por vez primera crea un velo que hace desaparecer la vida exterior y abre una puerta a la realidad interior. En un principio, esto resulta sanador, pero puede resultar peligroso si se prolonga demasiado en el tiempo, pues sumergirse en la inercia femenina de la naturaleza puede ser demasiado seductor. De hecho, se puede convertir en un escape de los miedos de la demencia o los conflictos del mundo exterior. Paradójicamente, el árbol del agujero es, a la vez, una tumba y un útero dentro de la Gran Madre.

Allerleirauh no puede quedarse en el árbol para siempre. Un rey vecino y sus cazadores olfatean a la «asombrosa bestia» que se oculta en el árbol. El rey ordena que lleven a su palacio a la aterrorizada criatura y que la pongan a trabajar en la cocina. Una vez allí, los cazadores le asignan un cuartucho bajo la escalera, donde no penetra la luz, y le dicen:

—Bestia peluda, vivirás y dormirás aquí.

Entonces la historia adopta un movimiento de mareas muy femenino. Poco a poco, Allerleirauh se aventura a subir a los corredores y las cámaras donde se encuentra el rey, para luego retirarse a su oscuro cubil; de nuevo sube para luego volver a su escondrijo, atreviéndose a ir cada vez más lejos, con más consciencia, hasta que la aventura y la inevitabilidad del resultado se convierten en una sola cosa.

El cubil bajo las escaleras es una versión avanzada del agujero en el árbol; un útero en el cual ella está embarazada de sí misma, bajo las escaleras que la conectan con otro nivel de consciencia. Al igual que muchas mujeres en nuestros tiempos, Allerleirauh tiene que aprender a hacerse cargo de sí misma. La reina del cabello dorado, que hechizó a su padre, arrancó una promesa que negaba el flujo y reflujo de la vida. El flujo femenino en el reino está muerto, porque los valores se centran en la cabeza, sin reconocer al animal humano. Llevan a una sexualidad compulsiva, a un ejercicio compulsivo, a cualquier cosa compulsiva que destruye el equilibrio instintivo. Envuelta en su abrigo de pieles, Allerleirauh puede conectar de nuevo con la diosa del Paleolítico. En su propio cuerpo puede celebrar la redondez y la belleza de sus senos y su vientre, sentir a la Diosa generadora de vida que se reconoce a Sí misma en las onduladas colinas. Puede sentir Su profunda cólera y Su sentido de rechazo, Su inmenso sufrimiento, Su increíble fortaleza. Puede honrar su propia sangre, ese rojo de pasión que la conecta con la luna en el cielo y con el lodo en el suelo –«el lodo que puede deslizarse hasta el mar, el lodo del flujo de la tumba vacía de Cristo, el lodo que oscurece la visión del tercer Ojo, lodo que alberga sangre, lodo que mueve, disuelve, la invita amablemente a sumergirse en él»–.[6] Es la Gran Madre viva, la matriz creativa en la cual la muerte está dando a luz a la vida una y otra vez.

Esta matriz creativa está estrechamente relacionada con el vestido plateado. Reconectar con ella y mantener una conexión consciente con ella es el trabajo de toda una vida, que comienza en las primeras fases de la búsqueda de nosotras mismas. Para la mayoría supone años de esfuerzo concentrado el mero hecho de atreverse a moverse conscientemente en esa matriz. Subimos y bajamos nuestras escaleras psíquicas, sabemos que existe un agujero oscuro, damos vueltas a su alrededor de

---

6. De la correspondencia con mi amiga Janet Parker Vaughan.

manera frenética o caemos en él en nuestras adicciones. La Gran Madre –creadora y destructora– está esperando allí.

Algunos cubiles de personas adoptan la forma del despacho del analista. Las personas salen corriendo de su mundo patriarcal cuando acaban el trabajo. Bajan las escaleras y llegan al despacho. Se sueltan el cabello, se quitan los zapatos, se quitan el hollín de los celos y la vergüenza, y las pieles de la sexualidad, la lucha o la huida. Poco a poco, la lengua reposa en el fondo de la boca hasta situarse a la velocidad del alma, y trabajan con sus diarios y sus sueños. Al menos durante unos instantes, se hallan en su matriz creadora, lo que Blake denomina «un Momento cada Día que Satanás no puede encontrar».[7] El cubil de otras personas está en su propia sala de estar, en su estudio o en su casa rural. Esté donde esté, es un espacio sagrado donde pueden dejarse caer hasta el fondo de su propia naturaleza y conectar con el interior divino.

La cocina en la que Allerleirauh tiene que llevar a cabo el trabajo sucio está muy vinculada con el cubil. Las energías inconscientes crudas del mundo exterior –pavos, vacas, verduras– se llevan allí dentro, y el ego se esfuerza mucho limpiándolas, civilizándolas, poniéndolas al fuego para transformarlas y hacerlas accesibles a la consciencia humana. Lo que comemos física y psíquicamente se convierte en nosotras, y nuestra tarea consiste en elegir aquello que es adecuado para nuestra alimentación, vigilar que el fuego de la cocina esté en su punto exacto y determinar en qué momento tendremos que echar nuestras propias cenizas. Los sueños nos lo dirán. A veces necesitaremos carne roja para sustentar nuestra masculinidad, aves de corral para alimentar lo femenino y pescado para fortalecernos espiritualmente. En ocasiones precisaremos frutas y verduras del vientre de la Madre. Poco a poco, iremos adquiriendo fuerza y coraje para poder subir las escaleras e ir al baile.

Allerleirauh le pregunta al cocinero si puede ir, aunque sólo sea para mirar desde la puerta.

—Sí, ve, pero tienes que estar aquí de vuelta en media hora para barrer el hogar de la chimenea.

---

7. William Blake. «Milton». En *Selected Poetry and Prose,* Northrop Frye (ed.) (Toronto: Random House of Canada, 1953), pág. 257.

El cocinero, que atiende el fuego alquímico y la transformadora cocina, es una figura mágica. Él sabe que el conflicto genera energía. Por malhumorado y malvado que pueda parecer, su negatividad incita a la heroína a actuar en función de sus deseos. La formidable voz del cocinero, diciéndole a Allerleirauh que no sirve para nada, encuentra su eco en ella. Si no es capaz de encontrar su propia fuerza, dirá que sólo sirve para que le echen botas a la cabeza. Está en peligro de convertirse en mártir casi de manera voluntaria. Éste es el momento en que una mujer puede dejar caer un cabello en la sopa –el pensamiento desapegado que puede alejarla de sí misma y crear la resistencia que empuje al rey–. El lado oscuro de lo masculino sermonea a la mujer: «No eres lo bastante buena. Eres estúpida. No eres hermosa. No has pasado suficiente hambre. ¿Por qué no te rindes a la evidencia?». Este potencial destructivo tiene que ser contrarrestado por la verdadera voz de lo femenino, por débil que sea en un principio. Poco a poco, a medida que gane en discernimiento, la heroína se dará cuenta de que el cocinero-mago está proporcionándole una vía hacia la luz de la sala de baile y le está ordenando que haga la sopa. Además, su actitud de completa ignorancia cuando el rey le pregunta le sirve de protección para no quedar expuesta antes de tiempo, antes de que haya encontrado su propia fuerza. A nivel superficial, el cocinero gruñón es lo último que la sufriente heroína necesita, pero él juega un importante papel en la calamidad que la lleva a la consciencia. La luz en la oscuridad es una paradoja central en cualquier viaje.

Allerleirauh sabe que está preparada para su primer encuentro con el rey. Toma su lámpara de aceite, se mete en su cubil, se quita el manto de pieles y se limpia el hollín de la cara y las manos para que su resplandor se haga visible. Abre la nuez y se pone el vestido, que brilla como el sol. Va al baile y nadie la conoce. Todos suponen que es la hija del rey. El rey baila con ella y piensa para sí mismo: «Mis ojos no han visto nunca a una doncella tan hermosa». Ella le hace una reverencia. El rey se vuelve, pero ella ha desaparecido. Nadie sabe por dónde se ha ido.

Antes de seguir con Allerleirauh, convendrá que nos preguntemos: «¿Quién soy cuando llevo mi vestido dorado para bailar con el rey?».

Primera parte

El vestido dorado

1 El vestido dorado

> El proceso creativo, en tanto en cuanto podamos seguirlo, consiste en la activación inconsciente de una imagen arquetípica y en elaborar y dar forma a esta imagen en el trabajo finalizado. Haciendo esto, el artista la traduce al lenguaje del presente, lo que nos permite encontrar el camino de regreso a los manantiales más profundos de la vida.
>
> —C. G. Jung

En nuestro cuento de hadas, la heroína está siguiendo el tema arquetípico del viaje celestial. Como ocurre con muchos hombres y mujeres contemporáneos, lo femenino aprende a confiar en el sol antes de atreverse siquiera a dirigirse hacia la luna. Psicológicamente, ella necesita contactar con su propio espíritu y su propio sentido de orden y discriminación interiores (el sol) antes de adentrarse en las caóticas profundidades de su propia alma-cuerpo (la luna). Una vez digeridas estas profundidades, la heroína estará preparada para abrirse al cosmos del cual forma parte (las estrellas).

En el sendero de la iniciación femenina que sigue Allerleirauh para encontrar la libertad psicológica, cada vestido guardado en la cáscara de nuez simboliza una fase concreta de su viaje. Las ropas en los cuentos de hadas, al igual que las de los sueños y de la vida, crean una imagen. Las ropas cubren y revelan nuestra verdad desnuda. Si soñamos con que llevamos una blusa dorada y una falda de cola de pez plateada, tendremos que reflexionar seriamente sobre la discrepancia existente entre nuestras mamas y nuestros genitales. El color, el corte, la textura y el tiempo son todos importantes, pues pueden darle forma a la *persona* que asumimos para impresionar al mundo; pueden ser una expresión auténtica de lo que somos.

En las religiones de misterios, los iniciados e iniciadas se cambiaban de ropa en cada fase de la iniciación. La transformación interior venía simbolizada por una vestimenta en concreto, de manera que cada prenda se identificaba con un arquetipo interior. Cuando terminaba la ceremonia, había que desprenderse de esa ropa, pues la persona ya no se identificaba con un dios o una diosa.

Las ropas rituales siguen siendo sumamente importantes. Piensa en las horas que dedicamos a elegir nuestro vestido de boda. Piensa en el arquetipo con el que nos relacionamos cuando elegimos el tradicional vestido blanco. Compara esa imagen con una en la que tanto la novia como el novio llevan esmoquin, ella negro y él blanco. Si recordamos las ceremonias importantes en nuestra vida, la mayoría se acordará de cada detalle de su atuendo y también del cambio de humor que sintió cuando se cambió de ropa.

Halloween es una fiesta de atuendos arquetípicos. Y, sin duda, artistas como Michael Jackson y Madonna son plenamente conscientes de que «el medio es el mensaje».

¿Qué podemos decir, por tanto, de una heroína que vive bajo un manto de pieles en un cubil y que, después de unos meses de mísero trabajo en la cocina, asciende por las escaleras hasta un baile ataviada con un vestido dorado? Muchas mujeres, como Kate, se han llegado a identificar tanto con los valores colectivos patriarcales que han vivido enterradas bajo las pieles muertas del reino de su padre. No importa si adoran a su padre real o a la imagen del padre que nunca tuvieron o al padre fallecido o divorciado; estás mujeres sólo anhelan complacer a su papi perfecto. Al idealizar al rey exterior, pueden volverse competitivas, ambiciosas, orientadas a metas y eficientes de manera compulsiva, si bien inconscientemente pueden convertirse en todo aquello que desprecian. Su seudomasculinidad arrasa a su feminidad y castra su espíritu creativo. Esas partes preciosas de sí mismas se acobardan aterrorizadas ante la arremetida de su acosador.

Hay un ejemplo de mi propio análisis que puede ilustrar el modo en que la fuerza de voluntad (seudomasculinidad) puede hacernos daño a nosotras y a todas las personas a las que amamos. Durante mi primer año con mi analista, el doctor Bennet, me empeñé en llevarlo todo a la consciencia lo antes posible. Pero, de repente, caí en un agujero negro. ¡Era el caos total! Y concluí que la única solución estribaba en comprender exactamente lo que estaba pasando. Estuve leyendo día y noche durante una semana, llenándome de conocimientos, hasta que me planté en el despacho del doctor Bennet. Sabía lo que me pasaba y cómo resolverlo. Me pasé toda una hora elaborando y conjuntando mis profundas ideas y elucubraciones, pero me di cuenta de que él estaba languideciendo en su sillón. Y cuanto más languidecía, más rápido hablaba yo. Tenía que complacer a papá. Cuando terminó la sesión, me ayudó a ponerme el abrigo y me acompañó en silencio hasta el ascensor. Y, con un brillo pícaro en sus octogenarios ojos, pulsó el botón del ascensor y me dijo:

—Si yo fuera usted, señorita Woodman, me llevaría a mi ánimus a tomar un trago.

Me puse tan furiosa que ni siquiera me lo llevé a comer una magdalena. A primera vista, yo había hecho algo ciertamente creativo. Había descubierto mi espíritu y había metido bajo tierra mi desesperación. Sin embargo, en el nivel en el que lo que importa es la vida, me había abalanzado como una apisonadora sobre un hombre al que respetaba muchísimo. El sentimiento quedó arrasado entre nosotros. El espíritu sin amor se convirtió en poder. Yo no estaba en relación con el hombre externo, ni tampoco con mi espíritu creativo ni con la pobre criatura en su cubil.

Lo que no hice en mi desesperado empeño fue el trabajo anímico en la cocina. En aquellos días, mi espíritu inflado volaba, y mis instintos reprimidos estaban enjaulados, y uno y otros fueron amputados de mi alma en el cuerpo. A mí se me había *formado* en una cultura que aborrecía el «sucio» trabajo de cocina. Y tuve que aprender a reconocer la sombra del poder en mi masculinidad, pulsar el botón de pausa, dejar caer los hombros, llevar la respiración al vientre y esperar tranquila hasta que lo masculino flameante estuviera dispuesto a escuchar a lo femenino olvidado, tanto dentro como fuera.

A nivel cultural, el trabajo en la cocina sigue sin hacerse y, por tanto, pieles y vestidos se ven reducidos a una mascarada: atuendos que no pueden ocultar la vacuidad. Sin la diligencia necesaria para arrancar de un bocado, masticar, tragar, digerir y asimilar la nueva energía disponible en la cocina, el ego no va a tener fuerzas ni tiempo para evacuar. Ciertamente, la apatía es tan grande que ni siquiera se puede encender el fuego. Y sin fuego no puede haber transformación alguna. No hay pasión que encienda la materia. Ningún fénix puede elevarse de sus cenizas. Incluso la danza dionisiaca simbolizada por las pieles se convierte en una aburrida parodia del éxtasis que el cuerpo anhela. El esfuerzo por ponerse el oro sin haber tamizado primero las cenizas se convierte en inflación, probablemente provocada por una botella de whisky escocés o una raya de cocaína. Y cuando pasa el subidón, nos encontramos con que no ha habido transformación alguna. No había nadie allí que transformar. El ego infantil descansa allí, inerte en su cubil, hasta que otro trago u otra solución nos vuelva a engañar con un subidón, o un bajón, arquetípico. El oro robado nos proporciona un escape momentáneo, pero el don se convierte pronto en oscuridad, una oscuridad deprimente, despiadada y caótica.

El trabajo en la cocina es el ancla que falta en este vaivén entre la luz y la oscuridad. Muchos visionarios, jóvenes y viejos, anhelan un mundo ideal que no asocian con la necesidad de hacer un trabajo duro y profundo. Y cuando ven las noticias o un programa sobre ecología, sus sueños saltan en pedazos. Se sienten impotentes. Su energía oscila entre la cólera o la huida –sadismo, sexualidad o sueño–. Su pensamiento racional y patriarcal les lleva a querer dominar la vida, a querer imponerle su significado. La falsa sensación de poder que les proporciona su propio poder fálico les convierte en arrogantes Luciferes desafiando a un Dios estúpido. La paciencia femenina, que les pondría en contacto con su humanidad, aquella que se halla en sus propios instintos, no está ahí. Son demasiado orgullosos como para someterse a la vida. Hablan de respetar el mundo orgánico de la naturaleza (las pieles) y el orden espiritual (el oro), pero no dejan de ser palabras en tanto no se viva todo en el implacable trabajo de cocina.

La vida no se ordena según nuestros perfectos esquemas. Cuando el oro y las pieles colisionan, la cabeza tira en una dirección y los instintos en la otra. Cualquiera que se enamore compulsivamente de la persona equivocada es consciente de eso. La cabeza intenta salir del vínculo incestuoso que ha sido la piedra angular de la vida, mientras los instintos dicen que ha terminado. Quizás lo sospecharan durante mucho tiempo, pero entonces, un día, el cuerpo sabe que la persona amada nunca, nunca, nunca volverá, nunca. Lo que fue está muerto y lo que será todavía no ha nacido. Soportar la tensión entre estos dos mundos, llevarlos a la consciencia e integrarlos cuando se encuentran es el trabajo anímico en la cocina, y se prolonga por toda una vida.

El masculino interior es parte de nosotras mismas, aunque se siente como un otro. Como imagen onírica, esa energía puede aparecer bajo la forma de un monstruo exigiendo que lo adoremos, subyugándonos. También puede aparecer como una fuerza por completo desconocida que se introduce para desarraigar un punto de vista excesivamente rígido de nuestro ego. Puede aparecer como un hombre resplandeciente y cubierto de pelo que vive en el bosque.[1] Puede ser tan magnético y tan aterrador que las mujeres se nieguen siquiera al intento de dialogar con él; se niegan a conocerlo y, por tanto, no pueden reconocer ese inmenso potencial en sí mismas. Además, la María Magdalena-prostituta sagrada suele ser la compañera de ese marginado que vive en los bosques. Y, así, reprimen dos de las más osadas energías del inconsciente, que por el mero hecho de ser reprimidas ganan fuerza y se convierten en energías que nutren alguna adicción. Pues toda energía que no permitimos que se transforme a través de la creatividad encuentra con frecuencia una salida destructiva.

Si una mujer acepta la proyección arquetípica de un hombre, terminará viéndose atrapada en una comprensión masculina de la realidad. Si se identifica bien con el ideal de perfección espiritual que el hombre pueda tener, o bien con su ideal de un coño siempre dispuesto, la mujer se verá apartada de su propia sombra terrestre, erótica y oscura en su propio cuerpo. Pues su energía más fiera se halla en esa sombra, como muchas adictas saben cuando sucumben a la volcánica agonía de la lujuria, la codicia o la gula.

---

1. Para profundizar en el potencial de esta figura, véase Robert Bly. *Iron John* (Madrid: Gaia Ediciones, 2017).

Allerleirauh, como imagen de lo femenino en el patriarcado, ni tiene su propia masculinidad ni su propia feminidad. Como hija de papá que es, ha servido al Gran Padre colectivo y ha funcionado sin tomar posesión de su propia creatividad ni de sus instintos. La propuesta de matrimonio de su padre es el golpe que la libera, cuando se da cuenta de que va a estar atrapada para siempre con él. Muchas personas reciben un golpe parecido cuando se dan cuenta de que su matrimonio se está convirtiendo en una réplica exacta del matrimonio de sus progenitores. Ese golpe las lleva a intentar comprender las dinámicas inconscientes que han tomado el control.

Lo que tiene que hacer la heroína es derribar el complejo paterno inconsciente y tomar posesión de su propio intelecto y su espíritu (luz del sol), derribar el complejo materno inconsciente y tomar posesión de su cuerpo y su alma (luz de luna) y, por último, sentirse como parte de una realidad más grande (luz de estrellas). Al principio de su viaje, lo femenino frágil se asocia con lo masculino, que es asimismo débil. Lo femenino débil teme a lo masculino tirano, verdugo, en tanto que lo masculino débil teme a lo femenino devorador. Ambos han sido apaleados por el poder y ambos están poseídos por víctima y acosador en su inconsciente. En la intimidad de la relación, la sexualidad se convierte entonces en un acto de violación y humillación. Los opuestos, que deberían atraerse, se repelen, hasta que la repulsión se convierte en una forma de atracción, incluso en un reto. Los héroes solares masculinos tienen buenas razones para temer ser tragados por la desconocida ciénaga emocional de la feminidad inconsciente. Un hombre estará perdido si cae en los tiernos brazos de una vampira seductora que no puede pensar en nada que no sea la cadena personal que ata a dos personas en nombre del amor. Si la visión y la energía intelectual del hombre anhelan el espíritu, su cólera contra la mujer que le está castrando puede hundirle en un espíritu cristalizado (alcohol, bebidas espirituosas). Para salvar su vida, tendrá que reconocer al vampiro en sí mismo. En tanto no desarrolle sus propios valores sentimentales femeninos, y mientras no utilice su masculinidad para defenderlos, seguirá complaciendo compulsivamente a su madre-esposa, mientras sueña con una doncella erótica que no amenace su virilidad. La compulsión –alcohol, fantasía, sexo, trabajo (las pieles del reino de su padre)– enmascara su rabia y su vergüenza.

Aunque muchas personas deciden liberarse de la tiranía del viejo mundo y aceptar la angustia de la iniciación en el nuevo mundo, son muchas más las que son ciegas a lo que está ocurriendo y que, debido a ello, se sienten conmocionadas de forma recurrente. Un ejemplo de ello son los hombres que siguen dando por supuesto que las mujeres son incompetentes y, al mismo tiempo, esperan de ellas que sean esclavas competentes.

Tales hombres se enfurecen cuando *su* mujer expresa una necesidad o un pensamiento, y se escabullen si expresa un sentimiento humano y se comienza a gritar, a sollozar o se parte de risa. Esos hombres que están habituados a trabajar con una secretaria silenciosa se pueden convertir en feroces acosadores si la secretaria expresa alguna crítica o, simplemente, hace una sugerencia. Con frecuencia, la secretaria no puede defenderse ante este niño grande matón y acosador porque no puede decirle «no» a su propio complejo paterno, de ahí que termine desmoronándose. «No va a cambiar», dice ella por último, de modo que abandona ese empleo y se encuentra con otro jefe acosador. Sin embargo, al evitar la confrontación, no hace nada por transformar al patriarca, tanto fuera como dentro de ella. Se siente ultrajada y colérica, y se pregunta por qué le salen sarpullidos. Mientras tanto, él encuentra a otra esclava silenciosa, y despotrica sobre las mujeres y su histerismo. En resumen, una iniciación fallida para ambos.

El trabajo de la cocina los habría llevado directamente a la confrontación. El trabajo de la cocina –pelearse, mantenerse firme, reflexionar, meditar, ser paciente– conduce a la iniciación. Al tamizar las cenizas de nuestras esperanzas rotas, de estereotipos vacíos, de ideales inflados, dejamos ir el viejo mundo, al tiempo que prestamos atención a las nuevas energías que nos llegan desde la fuente de la vida. Esta fuente se reconoce universalmente como femenina. Entrar en la fuente es entrar en un lugar de poder ctónico, por lo general una cueva con resonancias de útero. La energía que libera es tan inmensa y caótica que devora toda identidad humana, como ocurría en la danza sagrada de las bacantes. Psicológicamente, volver a la fuente puede dar lugar a una pérdida temporal del ego o incluso a una psicosis: la locura real en lugar de la locura divina. El temor inmemorial de lo masculino hacia lo femenino es el miedo a perder su identidad masculina en la fuente.

Pero la mujer también puede entrar en la matriz creativa y sufrir una aniquilación, cosa que puede suceder en fases muy tempranas del viaje, cuando el ego es débil. También puede ocurrir cuando el contenedor es muy fuerte y comienza a someterse ante su pleno poder creativo. La penetración desde el inconsciente puede romper el contenedor. Muchas de nuestras más grandes artistas se sintieron trágicamente abrumadas: Emily Brontë, Virginia Woolf, Sylvia Plath, Anne Sexton. Es importante un buen trabajo de cocina. Animales, demonios y ángeles tienen que soportar el fuego transformador.

El proceso psíquico reitera el terror que supone el derrumbe de los límites conocidos, pues conoce los peligros del caos. Para aquellos hombres y mujeres que fundamentan su frágil seguridad en el orden, por artificial que éste pueda ser, la primera etapa del viaje estribará en establecer conexión con el rey interior. Un niño a quien sus progenitores no le hayan ofrecido un reflejo, al que no se le haya permitido pensar sus propios pensamientos o sentir sus propios sentimientos, se le estará obligando a obedecer a un rey exterior. ¿Qué pensará la gente? ¿Qué espera la gente? Por destructiva que sea esa autoridad externa para la creatividad infantil, bien podría ser el único orden que mantiene juntos los fragmentos de su personalidad, aun cuando la reverencia se convierta en rebelión.

Si al niño o la niña sensible nunca se le permitió volar con su propio espíritu creativo, si se le cortaron las alas con «deberías» y «tendrías», ese espíritu creativo nunca tendrá fe en sí mismo. No va a tener en cuenta sus sentimientos, intuiciones e imaginaciones. La poesía, la música, la danza –todas las efusiones creativas del alma cuando es alcanzada por el espíritu– quedarán relegadas a una especie de mundo de mullida fantasía y diversión. En el llamado mundo real, el fuego creativo no se va a tolerar a menos que, evidentemente, lleve al éxito económico y a la promoción en la escala social. Este tema se ha desarrollado hace poco en varias películas, entre las cuales se encuentra *El club de los poetas muertos.*[2]

---

2. En esta película, el patriarcal padre insiste en que su hijo estudie medicina y renuncie al teatro, que es lo que verdaderamente le entusiasma. La madre, por su parte, choca pasivamente con el padre. Por último, el hijo se suicida.

Hombres y mujeres que han visto violentada su creatividad suelen adoptar una actitud de invisibilidad bajo su mano de pieles y su hollín particulares. Intentan mantener a salvo y oculta cualquier cosa que quede de ellas. Al igual que Allerleirauh, estas personas sienten a veces que «no sirven para nada, salvo para que les arrojen botas» a la cabeza, y se ven como mártires. «Si no espero nada, nunca me sentiré traicionada», afirman. Sin embargo, si estas personas se mantienen fieles a su fuente, su fuerza interior puede ser inviolable.

Si su sensible cuerpecito hubiera sido violentado mediante una violación física o un incesto, su autoestima puede haber quedado tan socavada que estas personas piensen que «sólo sirven para follar». Aunque escapen a través de fantasías extraordinarias, éstas no estarán arraigadas en su cuerpo, porque su cuerpo habrá quedado insensibilizado por el trauma. A menos que las imágenes surjan de su cuerpo, como mínimo en parte, la imaginación no podrá llevar a cabo su función curativa.[3] Quizás estas personas no respeten en absoluto ni su mente ni su cuerpo. Les han arrebatado su cuerpo, lo cual difiere mucho de renunciar al poder del cuerpo ante los demás. El incesto, ya sea físico o psíquico, da como resultado la insensibilidad del cuerpo. Sin embargo, la cualidad de tal insensibilidad no es igual en todos los casos, del mismo modo que tampoco el grado de resistencia a la respiración, que introduce sentimientos en el cuerpo. Una de las mujeres analizadas, que vivió un incesto siendo niña, explicó muy bien la diferencia: «No se trata de bailar con unas piernas mecánicas –dijo–. De lo que se trata es de que no tengo piernas».

Cuando una víctima de incesto, físico o psíquico, viene a análisis, es posible que sus sueños iniciales resplandezcan con imágenes doradas. La psique intenta reconstruir su fe en el oro y la fe en su autoridad interior. Los sueños brillan con aves, personas y castillos dorados. Esta fe se convierte en un ancla cuando tienen que enfrentarse a su rabia, su miedo y su dolor en el mundo lunar. Pero esa ancla cumple un papel aún más importante cuando la seudomasculinidad (la fuerza de voluntad), que ha sido la clave de su supervivencia, comienza a derrumbarse

---

3. Para más información sobre este problema, véase Evangeline Kane. *Recovering from Incest: Imagination and the Healing Process* (Boston: Sigo Press, 1989).

y la persona tiene la sensación de estar convirtiéndose en «papilla». A veces, la persona se enamora tanto de sus imágenes que intenta acelerar el proceso. Pero la psique es sabia, pues sabe que la persona no puede integrar todavía sus iluminaciones en su experiencia. Entonces, la persona se ve en sueños abrasada por el sol, o bien llevando gafas de sol o una venda sobre los ojos. Un exceso de consciencia en muy poco tiempo puede llevar a una ceguera temporal. El viaje interior establece su propio equilibrio a su debido tiempo.

El baile tiene lugar en el momento adecuado. Allerleirauh está preparada para el desafío. «¿Me podré quitar el manto de pieles, lavarme el hollín de la vergüenza y el miedo? ¿Me podré presentar con mi vestido dorado? ¿Pareceré una bestia peluda disfrazada de oro, o seré una princesa llevando un vestido que me pertenece?». Todas nos hemos hecho estas preguntas. Todas nos hemos esforzado con nosotras mismas y, luego, hemos escrutado los ojos de los demás para ver si perciben algún cambio.

Cuando estamos saliendo de una introversión muy concentrada, necesitamos el reflejo del mundo exterior para corroborar la percepción que tenemos de nosotras mismas. Precisamos ese instante en que nuestro rey interior nos reconoce. Ese instante puede llegar en un sueño, puede llegar al saber que nos hemos puesto a prueba al máximo y hemos sido fieles a nosotras mismas. Nos miramos en el espejo y nos vemos radiantes.

Allerleirauh no puede mantener durante mucho tiempo su desvelamiento. Regresa a su matriz, cubre de nuevo su rostro con hollín y se pone el manto de pieles. El cocinero le ordena que haga la sopa del rey, y ella la hace, «y la hizo lo mejor que pudo; y, cuando estuvo preparada, fue a su pequeño cubil, tomó el anillo de oro y lo puso en el cuenco en el que sirvió la sopa». Después de bailar con el rey, la heroína está decidida a mantener la conexión con él. El anillo de oro sella la alianza que ella hace con él, aunque él parece no conocer su identidad. El anillo en la sopa es como un conocimiento intuitivo de que ella y el rey se pertenecen mutuamente, un círculo mágico de lo que es y será.

La imagen del vínculo sagrado se hace patente en un cuenco de sopa de pan. El pan es una potente imagen de la transformación femenina. La semilla que murió se ha convertido en el nuevo grano, que es aventado y enterrado en la harina. Se le añade el espíritu de la levadura y, con suerte, ocurre el milagro. Si no, el pan es denso, como la materia sin imaginación. Allerleirauh pone el pan en la sopa. La sopa se lleva desde la cocina hasta el rey por las escaleras; es un vínculo de conexión. En la misa católica, el pan físico se convierte en pan espiritual a través del misterio del sacrificio. En el proceso transformador, se sacrifica algo de inmenso valor ante algo de un valor incluso más alto. El pan, como símbolo de la encarnación del espíritu *en la materia,* encarna tanto lo físico como lo espiritual.

Tras el baile, la mayoría de nosotras hace sopa de pan para el rey. Hemos llegado a un umbral. Hemos pasado por un rito de paso. Hemos vivido lo que en otro tiempo parecía sólo una posibilidad. Hemos experimentado la energía arquetípica. El dios y la diosa han estado presentes en nosotras. Queremos captar ese instante intemporal en el tiempo. Reflexionamos. Escribimos un poema, pintamos un cuadro o cantamos y bailamos con toda nuestra alma. Sacrificamos la energía que no podemos conservar en nuestra existencia corpórea y le damos la forma que mejor contiene su esencia espiritual. En ese proceso creativo, revivimos el baile. En las nuevas imágenes comenzamos a reconocer nuestro nuevo yo. Al hacer la sopa de pan, creamos un vínculo con nuestra propia fuente de vida.

¿Por qué hacer sopa de pan es algo sanador? En la sociedad moderna, pocas personas experimentan la transformación a través de la energía arquetípica en una iglesia, salvo, quizás, en ocasiones especiales. Para la mayoría de las personas, la clave que abre lo individual a lo universal no está ahí. Las personas adictas encuentran la clave en sus adicciones. Otras la hallan a través de la meditación o de las artes.

Sin ese vínculo con nuestras propias profundidades interiores, ¿cómo vamos a hacernos una idea de quiénes somos o adónde vamos? Si abandonamos el hogar de nuestro padre, vamos a tener que ser autosuficientes.

De otro modo, caeremos en otro hogar paterno. El patriarcado tiene poco respeto por la imaginería y el mundo interior (el alma). Ni siquiera tiene tiempo para ello. Sin embargo, el patriarcado está comenzando a sentir cómo se resquebraja su edificio. Su poder está siendo cuestionado en universidades, tribunales, hospitales y corporaciones. Hombres y mujeres que temen perder su poder lo ejercitan de forma inmisericorde, porque su identidad se halla en su poder. ¿Quiénes son ellos y ellas si no pueden controlar a alguien? El terror a no ser nadie y la ira contra aquellas personas que se niegan a ser esclavas se representa en muchos hogares, en las calles, en los gobiernos, en revueltas caóticas en todo el mundo. Las mujeres temen las represalias. Saben que la agresión que surge del miedo, la impotencia y la pérdida de identidad es letal.

A medida que las mujeres se hacen más fuertes, las represalias masculinas van a cristalizar progresivamente en niñas y niños indefensos. Con el fin de fortalecernos ante tales reacciones, tenemos que ser nuestro auténtico yo. A menos que nos tomemos tiempo para hacer sopa de pan (para estar en conexión con la nueva imaginería que está emergiendo en nuestro propio cuerpo), no vamos a poder conectar con nosotras mismas. Ni tampoco podremos hacerlo con la energía divina que nos está transformando a nosotras y también este planeta a través de un orden completamente nuevo: amor en lugar de poder.

Prepararse para ponerse el vestido dorado significa desmantelar el control central y comenzar el arduo proceso de retirar todas las proyecciones y asumir nuestra propia luz y nuestra propia oscuridad. Sí, el mundo parece desolado, solitario, desconectado. Las conexiones que nos atrapaban en obsoletos sistemas de control se han desmoronado; las conexiones que nos liberan se han abierto. Poco a poco, encontramos a nuestro propio rey al decir la verdad que permite florecer nuestra feminidad.

¿Cómo se prepara la feminidad contemporánea para llevar el vestido dorado? ¿Cuál es su manto de las mil pieles, una de cada tipo de animal en el reino de su padre? ¿Cuál es su hollín? ¿Cuál es su sufrimiento al abandonar el hogar paterno? Cada historia de separación tiene su propio dolor, y cada historia profundiza más en las grietas ocultas en nuestros cubiles. La historia de Kate, que viene a continuación, es la de una mujer que tamizó sus cenizas mientras alcanzaba toda su estatura.

> Sólo sabemos toda nuestra altura
> si alguien le dice a nuestro ser: ¡Levanta!

Y entonces, fiel consigo, se agiganta
hasta llegar al cielo nuestra estatura.

De la vida común sería ley
el heroísmo en el humano ruedo
si no nos doblegáramos al miedo
de vernos y sentirnos como un rey.

—Emily Dickinson

❷ Kate

En la tradición india de América del Norte, a aquella persona que tiene que contar una historia se la inviste con el bastón de la palabra. Al igual que el cetro real, el bastón de la palabra es un símbolo de empoderamiento. Durante un breve período de tiempo, la narradora de historias se convierte en reina de los dominios que crea a través de su historia. El grupo, al pasarle el bastón, acepta su invitación para que entren en sus dominios.

Nuestra primera narradora de historias es Kate. Kate tiene cuarenta y siete años. Durante quince años, sus dominios fueron los de su propio hogar. Su marido se estaba estableciendo en su carrera profesional y ella ponía centraba sus energías en apoyarlo, al igual que a sus dos hijos: en la escuela, la música, la danza. Y también apoyaba a su padre y su madre, ya mayores, que vivían cerca. Las habilidades organizadoras de Kate permitieron que todo discurriera con tranquilidad en el hogar y en las actividades eclesiásticas en las que la familia participaba.

Kate entró en análisis en 1981, poco después de tener un aborto por consejo médico y con el apoyo de su marido. Aunque la decisión la había tomado ella en última instancia, Kate tenía sentimientos encontrados con respecto a abortar. Tenía la sensación de que la decisión no había estado en sus manos, sino en las de personas que «sabían mejor que yo lo que era bueno para mí. Yo sabía que sus valores no me apoyaban como mujer, pero me sentía muy insegura, no estaba suficientemente en contacto con mi cuerpo como para saber lo que éste quería». Kate emergió de la experiencia sin dificultades aparentes, para zambullirse con nuevas fuerzas en diversas actividades de voluntariado. Sin embargo, lentamente comenzó a sentirse insatisfecha con su «existencia periférica». Tenía la sensación de que se estaba perdiendo la vida, que estaba abortando su propia vida.

Kate era la hija pequeña de un matrimonio procedente de Europa Central que había emigrado a Canadá. Cuando descubrió su historia, no tuvo más remedio que hacer las paces con sus padres, que no la habían atendido de la manera adecuada. También había tenido que reconocer que, entre los cuatro y los quince años, había sufrido abusos sexuales por parte de un hermano mayor.

En los primeros tres borradores que hizo de su propia historia, Kate tuvo que escribir sobre sí misma en tercera persona a fin de distanciarse de su antiguo dolor. Después dejó a un lado su manuscrito durante todo un año, mientras se centraba en sus clases y en su tesis. Cuando lo volvió a tomar para ultimar la redacción fue cuando tomó conciencia de que deseaba decir su propia verdad.

Finalmente, había encontrado su voz, de modo que reescribió por completo el manuscrito en primera persona, desde su propia sangre vital.

«Contar mi historia es un paso importante para liberar mi creatividad –afirma Kate–. Podía haber redactado el manuscrito sin contar mis experiencias de infancia, pero me di cuenta de que, si no hablaba de todo eso, no iba a hablar de nada que tuviera en verdad sentido para mí. Me encontraba siempre con esa prohibición, agazapada entre mi impulso creativo y yo. No puedo escribir falsedades. Sólo puedo escribir la verdad. De modo que me he concedido permiso para profundizar cuanto me sea posible, a fin de que salga a la luz la verdad. Soy como otras muchas mujeres que han vivido parte de su vida oponiéndose a sus necesidades internas, viviendo una extraña duplicidad en detrimento suyo. Hemos de tener coraje para cambiar todo eso».

Y, cuando profundizó, Kate se encontró con una foto suya de cuando tenía cuatro años. Se la ve en un jardín, agarrando unas flores que le habían dicho que sostuviera entre las manos. Le habían apartado hasta tal punto su rubio cabello delante de la cámara que hasta se le veían las venas del cuello. Tenía los ojos cerrados y sonreía de una manera que parecía más un lamento. Una parte de ella intentaba complacer a los demás; otra parte estaba sobrecogida ante la lente, que dejaba al descubierto su dolor.

Al explicar cómo era de niña, Kate afirma: «Yo pensaba que era torpe, que no era inteligente. Casi tenían que decirme lo que debía sentir, qué cosas siente normalmente la gente. El hecho de que invadieran mi cuerpo a una edad tan temprana me llevó a construir unas defensas tan gruesas que mi cuerpo quedó en gran medida insensibilizado. Incluso ahora, puedo experimentar en ideas lo que no puedo experimentar en sentimientos, de manera que pasa mucho tiempo entre el momento en que comprendo algo intelectualmente y el momento en que lo acepto a nivel emocional. Pero necesito sentir que algo es cierto antes de confiar en ello, de modo que tengo que esperar a que cabeza y corazón se unan para poder sentir íntegramente. Me lleva mucho tiempo».

Kate es consciente de que esa escisión entre cabeza y corazón se hace patente en su estilo de escritura. Aunque se graduó en la universidad en Literatura Inglesa y continuó con sus estudios de posgrado, tuvo una importante pérdida de confianza en las fases finales de su doctorado. Le resultaba imposible escribir, de modo que se apartó del mundo académico y centró toda su energía en la familia. Pero cuando sus hijos comenzaron a llevar su propia vida, Kate ya no pudo seguir basando su identidad en la maternidad y la crianza de los hijos, y volvió a obsesionarse con sus dones intelectuales y aquel doctorado inconcluso. Con todo, no se daba permiso para escribir desde el corazón. Tampoco podía decir su propia verdad ni actuar en función de ella.

Su espíritu creativo comenzó a emerger cuando empezó a plasmar por escrito sus sueños. El hecho de escribir en su diario le permitió liberarse del sistema que la había silenciado durante tantos años. Empezó por darse cuenta de que lo que creía que era su sombra era, en realidad, su ego no vivido; y que la mujer que se esforzaba por darle un sentido a su vida en el mundo exterior era una pálida sombra de la hermosa y fogosa adolescente, furiosa y rebelde, que aparecía en sus sueños. Su verdadero ego había sido enterrado hacía muchos años bajo capas y más capas de obligaciones y responsabilidades.

Ahora veía a su familia biológica como a extrañas figuras en un museo de cera. «Las maté sobrepasándolas –afirma–, y ahora lo que escribo las está matando de nuevo. Cuando me casé creí que estaba trascendiendo mi situación familiar. Creí que podría ser yo misma, pero me casé con la misma estúpida sopa. Ahora tengo un miedo terrible a adentrarme en el mundo. Es como si fuera una habitación prohibida a la que yo no tuviera permiso para entrar. Al ponerme en mis propios zapatos, me siento como si estuviera matando a mi padre y mi madre. Me resulta imposible ser libre e independiente y, al mismo tiempo, ser la persona que yo era en relación con ellos. Mi propia vida va en contra de los valores familiares que me inculcaron. Soy consciente del sacrificio de ellos por mí. Escribir mi verdad es algo así como una flebotomía. Ésa es la razón por la que escribir me resulta tan milagroso».

A pesar de tener cuarenta y tantos años, Kate seguía proyectando un poder arquetípico sobre sus progenitores. Aunque eran unas personas sencillas, para ella eran el dios y la diosa que le robaban la energía. Y cuando por fin rompió esa proyección infantil y optó por vivir su propia vida, se sintió abrumada por la culpabilidad. Se detestaba a sí misma por ir adonde ellos no podían ir. Pero la culpabilidad parece un estado de ánimo necesario para madurar. Cuando las figuras parentales se diferencian conscientemente, el dios y la diosa interiores dejan de contaminar la psique y son libres para convertirse en guías creativas.

Con el tiempo, Kate decidió volver a la universidad. Escribir artículos académicos seguía siendo agónico para ella. Por libre, fogosa y furiosa que fuera en las sesiones analíticas, el mundo exterior era donde tenía que vivir ese espíritu. Kate necesitaba el doctorado, sabía cómo conseguirlo y lo que estaba traicionando en sí misma al pervertir tanto los contenidos como el estilo de su escritura. Había aprendido que ser agresiva no era femenino; sabía que no complacer a sus profesoras podía llevarla a ser rechazada. De ahí que utilizara una escritura en voz pasiva, una escritura que se distanciara de la acción incluso en su gramática para proteger a su examinadora de un estilo tan directo que pudiera percibir como un ataque. Si una escritora está diciendo subliminalmente: «No me ataques, sólo estoy haciendo conjeturas. Sólo intento decir la verdad. Por favor, no me hagas daño por esto», su tono apagado estará tal vez enmascarando su verdadera pasión y su verdadera creatividad.

Kate reconoce los ecos de un estilo académico en su escritura y sabe que ese estilo no está en consonancia con la desgarradora historia que está contando. También sabe que tenía que haber comenzado por «objetificarse» a sí misma simplemente para empezar a hablar. Ésta es una característica del vestido dorado: distanciarse del terror que provocan los sentimientos verdaderos describiéndolos, en vez de experimentarlos. Pero, a medida que se acerca al punto en que puede romper su parálisis, su estilo cambia. Kate ha optado por dejar que las fases de transición permanezcan, dado que son parte de su proceso.

Kate se halla finalizando ahora su tesis doctoral e imparte clases en una universidad. Sigue esforzándose por someter la fuerza de voluntad impulsora que la convierte en un mero constructo del mundo patriarcal. Y lo que es más importante, su feminidad es lo bastante fuerte como para abrirse al fuego penetrante que le llega a través de su inconsciente.

Leyendo su historia podemos ver cómo renuncia poco a poco a su maternidad inconsciente. Ni su marido ni sus hijos se ven obligados ya a cargar con la responsabilidad de su vida no vivida. Ella posee ahora su propio poder en la medida en que es consciente de él. Tal empoderamiento le permite decidir cuándo y a quién va a alimentar, y le permite poner límites suficientemente fuertes como para protegerse y alimentarse a sí misma. El trabajo anímico-corporal no le resulta fácil a Kate, pero sabe, con todo, que, si conserva esa conexión con su *mater* (palabra latina que significa «madre»), mantendrá estable su peso corporal y se sentirá segura en su propio terreno.

Leyendo la historia de Kate podremos estar con ella en silencio dentro de su cubil bajo las escaleras, diferenciando con cuidado qué le pertenece a ella y qué se proyectó sobre ella. Podremos ver cómo cepilla sus pieles de animales, llevando con paciencia sus instintos a la consciencia. Poco a poco, separa el paralizante chapado dorado del oro de su propia realidad. Allí se encuentra con su genuina masculinidad. Sabe que aún no es lo bastante fuerte como para aguantar toda la energía de ese poder creativo y espiritual, por lo que de vez en cuando vuelve a su hollín y sus pieles en la cocina. Sin embargo, sabe al menos lo que puede ser algún día el baile.

Y ahora le pasamos el bastón de la palabra a Kate.

❸ Convertir la sangre en tinta

KATE DANSON

> La vida sólo se puede comprender mirando hacia atrás, pero se debe vivir mirando hacia delante.
>
> —Søren Kierkegaard

Lo que estoy a punto de describir es un proceso que aún no se ha completado. De hecho, he llegado a aceptar la idea de que este proceso seguirá su curso a lo largo de toda la vida. Es un proceso que me resultó muy difícil de poner en marcha, dado que, mucho más tarde en la vida, tuve que hacer lo que habría sido más apropiado y natural haberlo hecho en la infancia. Pero lo sucedido en mi primera infancia hizo imposible un desarrollo normal, pues fui víctima de abusos sexuales.

El trauma resultante del abuso sexual es algo que, como mínimo, te discapacita. Es comprensible que intentara bloquear en mi memoria los abusos, en primer lugar, de un conocido de la familia y, después, repetidamente, de mi propio hermano; y en parte lo conseguí. Opté por vivir en un mundo especial de la imaginación cuya entrada se hallaba en una habitación olvidada justo encima de la cocina de la casa de mis padres. A este mundo privado escapaba yo siempre que podía. En una familia numerosa como la mía, nadie se percataba realmente de mis repentinas reclusiones. Y, por otra parte, yo era demasiado insignificante como para ser de utilidad a nadie en la familia, pues era la más pequeña de todos.

Transformarme en una princesa me ayudó a sobrevivir. Pero las princesas tienen que vivir en lo que el resto del mundo llama «realidad». Yo creía saber lo que era el mundo «real»; en ese mundo, yo era el juguete de mi hermano. Más tarde encontraría otros peligros en tal mundo, pues era un lugar donde yo tenía que someterme a prueba constantemente comparándome con otras personas, sabiendo en todo momento que nunca daría la talla. Más tarde, me llegaría a sentir como un juguete del destino porque, teniendo muy poco ego, me vería arrastrada por los acontecimientos, en vez de darles yo forma de manera consciente.

Lo que puso en marcha mi sendero hacia la totalidad fue un desgraciado choque con el destino, que tuvo lugar mucho después de que yo creyera hallarme fuera de todo peligro. A pesar de mí misma, me había convertido en una historia de éxito perfecta, una especie de joya familiar para enseñar. Al crecer me transformé, según todas las apariencias, en una persona sensible, cariñosa e inteligente. Me casé bien. Tuve dos hijos modélicos, disciplinados y listos. Y seguí siendo una princesa, dado que podía funcionar de un modo adecuado como tal. De hecho, con mi marido y mis hijos, daba la impresión de que me las hubiera ingeniado para invitar a otras tres personas a jugar conmigo en mi mundo de fantasía. Todo fue más o menos idílico durante algún tiempo. Pero, después, el destino me alcanzó durante mi tercer y último embarazo.

Lo que sucedió fue, simplemente, esto: tuve determinadas complicaciones médicas en los primeros meses de un embarazo no planificado. El caso es que el médico me advirtió de que las probabilidades de tener un bebé sano no sólo serían mínimas, sino que mi propia vida estaría en peligro. Bajo la presión conjunta del médico y de mi marido, accedí a dar por terminado mi embarazo. Dado que ambos habían evaluado la situación en términos altamente racionales, dieron por sentado que el asunto terminaría ahí y que mi vida continuaría como si nada hubiera pasado. Por suerte para mí, tanto el médico como mi marido estaban equivocados.

Poco después del aborto me sometí a análisis. Aunque, obviamente, el dilema ético en el cual me había hallado no había dejado de preocuparme, diversas consideraciones emocionales, que no intelectuales, me habían estado acosando, además, tras la operación.

Por un lado, mi cuerpo parecía decirme que él hubiera querido opinar sobre el tema. Mi cuerpo quería al niño, y ahora quería llorarlo, pero yo no sabía cómo dejar que eso ocurriera. Por otro lado, me sentía muy avergonzada, como si por fin hubiera sido «arrestada» por un crimen que hubiera cometido muchos años atrás. Bastante tiempo después pude reconocer que estos sentimientos estaban relacionados con mis experiencias tempranas de abusos sexuales.

La crisis fue literalmente una forma de «arresto», pues me impidió seguir avanzando por los senderos por los que discurría mi vida hasta entonces. Me tuve que enfrentar a una visión «real» de mí misma; pues, de repente, me vi como a mi madre, que no había querido tenerme y había sentido la inclinación de destruirme. Pero, simbólicamente, yo era a un tiempo madre e hija, destructora y destruida. Y, de un modo u otro, se estaba exigiendo una muerte. Tanto si lo deseaba como si no, yo, la princesa, tenía que bajar a la Tierra y enfrentarme a mi juicio.

Así pues, era inevitable que me sumiera en un conflicto, dado que en aquel acontecimiento había otros muchos temas sin resolver que me atañían de manera directa. Paradójicamente, y soy consciente ahora, aquella experiencia me confrontó tanto con la vida como con la muerte. El aborto me proporcionó una segunda oportunidad, la de darme a luz a mí misma.

Mis duras experiencias sexuales de la infancia me habían enseñado que mi supervivencia dependía de que fuera sumisa; y, como consecuencia de ello, yo lo había sido toda mi vida, salvo en algunos momentos esporádicos en que me salía del molde con alguna actitud radical o rebelde. De hecho, fue una especie de rebelión lo que me llevó a análisis, pues había sido una forma de demostrarle a mi marido que me había hecho mucho daño.

Sin embargo, si algo positivo había surgido de todo aquello fue que, durante un tiempo, dio la impresión de que había emergido de la experiencia del aborto con una mayor resiliencia. De hecho, mis defensas parecían estar bien afinadas y me había sumergido, sin mayores dificultades y con un renovado vigor, en diversas actividades de voluntariado con los niños en la iglesia. No obstante, cada vez me sentía más insatisfecha con mi «existencia periférica». Era como si, tras dar entrada a la sombra de la muerte y tras volver a emerger de forma parcial y disminuida, me hubiera permitido al fin cuestionar las reglas por las cuales se gobernaba mi vida. De modo que seguí sirviendo, seguí siendo para los demás lo que no podía ser para mí misma. Pero, por vez primera, yo había comenzado a cuestionarme cómo funcionaba mi mundo.

Empecé por cuestionarme el trabajo de voluntariado que estaba haciendo. Aunque había desarrollado cierta habilidad para organizar y dirigir grupos, de pronto comencé a sentirme a disgusto con el carácter autoritario de algunas de las organizaciones en las que estaba invirtiendo tiempo, esfuerzo y habilidades para ayudarlas a alcanzar sus objetivos. Comencé a tener la sensación de que no valoraban mi trabajo o de que, aún peor, las personas a quienes les pagaban por dirigir la organización se atribuían mis logros como éxito propio.

Éste fue en especial el caso en la iglesia, cuyos sacerdotes, al igual que mi médico y mi marido, tenían la costumbre de decirme exactamente lo que tenía que hacer. Pero, aún más importante, yo había empezado a cuestionarme el proceso mediante el cual se hacían las cosas y quién salía beneficiado con ello. Me di cuenta, por ejemplo, de que muchísimas mujeres, muy parecidas a mí, daban generosamente a la iglesia las habilidades que habían desarrollado en su puesto de trabajo o en sus casas, y, sin embargo, el principio femenino no era reconocido ni en los sermones ni en los dogmas ni en las jerarquías de la iglesia.

En uno de mis cargos de voluntariado, yo era la jefa de un grupo (sin cobrar, claro) en el que había tenido la oportunidad de trazar sus políticas, interactuar con la gente y hacer las suficientes apariciones públicas como para satisfacer un deseo creciente de reconocimiento personal. Al observar lo bien que funcionaba la organización a través del esfuerzo colectivo, escribí, imprimí y distribuí un boletín en el que destacaba de forma rotativa los logros de personas concretas dentro de la organización. Me di cuenta de que mi poder como «jefa» procedía de la energía de los distintos miembros del «cuerpo»/organización que yo representaba. Sin la energía del esfuerzo colectivo, yo no hubiera podido hacer nada. La jefa no era más grande que ninguna otra parte individual, y mucho menos que la suma de las partes. Esto vino a añadirse a mi creciente disgusto con la situación que vivía en mi iglesia, donde el voluntariado no reconocido de muchas mujeres lo estaban utilizando los sacerdotes para promocionarse.

Pero aún encontré otra base para fundamentar mis críticas al experimentar de primera mano otro tipo de estrategia organizativa, una estrategia no lineal y descentralizada donde se le daba más valor al reparto igualitario de las tareas que a la adherencia inconsciente a una autoridad central. Así comenzó lo que se convertiría en un diálogo permanente entre la cabeza y el cuerpo, para, por último, tomar plena conciencia de que las estructuras patriarcales, como la iglesia, son degradantes, en especial para las mujeres. Y no tardé en darme cuenta de que mi posición en la iglesia era un paradigma de mi vida. Poco a poco comencé a sentir las limitaciones que suponía ser esposa y madre. Sabía que me estaba perdiendo algo de vital importancia, pero no sabía qué era.

Sin embargo, lo que más me sorprendió fue la forma en que las estructuras patriarcales habían influido de un modo negativo en mi propio desarrollo psicológico, por mucho que yo las hubiera aceptado e incluso apoyado. Con sólo aceptar el patriarcado, es decir, el modelo jerárquico en el cual la persona cede parte o toda la responsabilidad a un líder, yo había aprendido el juego patriarcal del manipulador secreto. Me di cuenta de que el poder que no se me permitía ejercer de una forma abierta lo estaba ejerciendo, no obstante, de manera inconsciente.

En mi primera visita a Marion Woodman, califiqué mi problema como un problema de creatividad fallida, y resultó ser más cierto de lo que yo hubiera imaginado, puesto que tenía ramificaciones que ni siquiera había podido anticipar. Fue poco después de entrar en el análisis, por ejemplo, cuando me percaté de hasta qué punto vivía de forma vicaria, es decir, a través de la observación de mis talentosos hijos, dando apoyo e incluso, en ocasiones, escenificando sus logros. Empecé a darme cuenta de que, cuanto más éxito parecían tener mis hijos, más me quedaba yo con la sensación de haber desperdiciado mi vida, debido al hecho de que mis talentos habían sido pasados por alto. Mi estado de ánimo cambió, reflejando una frustración y una ira crecientes. A las pocas semanas de análisis, tuve el siguiente sueño:

> Estoy en los sótanos de una catedral, caminando a lo largo de un pasadizo. El canónigo de la catedral va delante de mí. Se está abriendo paso a través de una abertura estrecha y redonda. Yo le sigo. Detrás de mí viene una multitud de niños, todos los

> cuales pasan por la abertura. Emerjo en una sala grande y bien iluminada. En el centro, una mujer está preparando algún tipo de entretenimiento para niños y niñas. Hay una enorme palangana en el suelo, en la que la mujer va dejando caer una especie de polvo. Por otra parte, en la palangana hay un líquido viscoso, casi gelatinoso. Allí donde cae el polvo, aparecen remolinos de múltiples colores, todos ellos hermosos y extremadamente intensos, que se mezclan hasta formar un lodo marrón, a medida que se alejan del centro y van hacia la periferia. La mujer sigue echando polvo, y sigue haciendo colores mientras me despierto.
> [30 de abril de 1981]

Este sueño me entusiasmó tanto como me alteró. Lo que me perturbaba de él era cómo unos colores tan hermosos se convertían en algo opaco y anodino tras su esplendor inicial. Lo que me entusiasmaba era la sensación de haber renacido, tal como sugería el hecho de haber atravesado aquella abertura estrecha y oscura que daba paso a una sala grande y bien iluminada, que sería un símbolo de la consciencia. Al principio, me desconcertó el hecho de que estuviera siguiendo a un cargo eclesiástico, en vez de iniciar el proceso de renacimiento por mí misma. Con la ayuda de Marion pude percatarme de que mi insatisfacción con la jerarquía eclesiástica había sido, de hecho, el catalizador que me había llevado a reconocer mis propios dones creativos y cómo estaba desperdiciándolos. Se me habían dado algunas dolorosas verdades en el hogar acerca de los inconvenientes de vivir de forma vicaria, a través de otras personas. Mi trabajo en la iglesia fue deslumbrante durante un breve período de tiempo, pero, en última instancia, sirvió para bien poco.

Por entonces soñé también con que recibía una llamada telefónica de un vecino que hacía mucho tiempo que había fallecido, para informarme de que mi madre estaba muriendo. Marion me sugirió que estaba empezando a pensar más en mis propias necesidades y menos en las opiniones de los demás. El *status quo* (la Madre Iglesia y mi ideal victoriano de maternidad) estaba perdiendo agarre en mi vida; de hecho, estaba muriendo. La madre moribunda me estaba liberando de las expectativas que los demás (como la Madre) pudieran tener de mí, para introducirme en las expectativas que yo tenía de mí misma. La energía que antes había extraído de mi adherencia a modos de pensamiento convencionales estaba desapareciendo, dejándome durante un instante con cierta sensación de indefensión.

El anciano del sueño, al que reconocí como un vecino sumamente atento y como una especie de abuelo, era el portador de la noticia, la de que los valores sobre los cuales yo había construido mi vida ya no eran válidos. Este hombre y, de hecho, toda su familia, me habían animado siempre a utilizar mi don para la imaginación, y se habían comportado siempre de forma amable y cariñosa conmigo cuando yo era niña. El sueño parecía estar sugiriendo que, al regresar a los aspectos positivos de mi primera infancia, terminaría reconectando con la energía creativa que había sido bloqueada a tan temprana edad por una crianza insensible e inconsciente, basada en la indiferencia.

Lo que me costó más en esta primera fase del análisis fue convencerme de que disponía, por derecho propio, de unos dones creativos y que necesitaba desarrollarlos. Marion me animó a que me preparara un lugar para mí sola en casa y en mi vida; un espacio donde nutrirme. Y, poco a poco, comencé a centrarme más en el significado del espíritu libre y radical de María en la vida de Cristo y menos en el de la domesticada Marta. Poco a poco, comenzó a cambiar mi actitud conmigo misma, en particular, y con las mujeres en general; y, durante este proceso, empecé a dar libertad a mis hijos para que se desarrollaran en la dirección que ellos mismos eligieran u omitieran elegir. En resumen, me consentí ser menos exigente con los demás y menos crítica conmigo misma.

Tuve un sueño en esta época que vendría a indicar el sendero que iba a tomar con el fin de hacer realidad mis nuevos objetivos. Soñé con un almacén ardiendo en el que los bomberos intentaban rescatar a sus ocupantes. El primer intento por entrar fue desde el piso de arriba, pero no tuvo éxito. Después, un bombero intentó romper una ventana con un objeto que sujetaba con fuerza con los dientes, pero también fracasó. Al final, conseguí meterme a través de la puerta de la carbonera. El sueño confirmaba que tenía que enfrentarme a una crisis en mi vida, y también parecía estar subrayando la necesidad de rescatar la personalidad que se estaba desintegrando (el almacén ardiendo), no a través del intelecto o la cabeza (el piso superior), tampoco a través de pura fuerza de voluntad (los dientes apretados), sino a través del inconsciente, a través del sueño (la puerta de la carbonera hacia el sótano). Al tomarme tiempo para plasmar por escrito mis sueños, mis pensamientos acerca de su posible significado y mis sentimientos acerca de lo que sucedía cada día, empecé a familiarizarme conmigo misma. Era como si estuviera construyendo una amistad con mi persona y, con ello, un sentido más potente de mi propia valía personal. Y se me recompensó con el siguiente sueño:

> He soñado con una mujer muy hermosa. Pero su belleza no proviene de su rostro –pues no veo su rostro con claridad–, sino de la inmensa calidez y amor que transmite. Me siento profundamente atraída por ella. Es casi un símbolo de la belleza, de tan intensamente que expresa esta cualidad. No quiero que el sueño termine. Después de despertar, sigo hechizada por ella y anhelando verla de nuevo. [13 de mayo de 1981]

Gran parte de nuestro sentido de la confianza lo desarrollamos a través de los primeros contactos que tuvimos con las principales personas que se ocuparon de cuidarnos. Yo temía más a mi madre que confiaba en ella, de ahí que no resulte sorprendente que me costara mucho establecer relaciones profundas con otras mujeres; si bien, al echar la vista atrás en mi vida, reconozco la importancia que tuvieron algunas de mis profesoras, que resultaron ser impagables guías. No obstante, hasta que no conocí a Marion, una mujer con la que desarrollé una transferencia positiva muy profunda, no pude conocer la confianza incondicional. Marion hablaba de una forma muy real a lo femenino que estaba enterrado en lo más profundo de mí. El sueño de la mujer hermosa que acabo de relatar era un indicio del potencial que lo femenino interior tenía para irradiar hacia el exterior, lo cual nunca pensé que sería posible. Y hasta que no fui lo bastante fuerte como para confirmar la validez de mi propio ser femenino, Marion hizo el papel de mentora, dándome apoyo, ánimos, comprensión y un amor materno en el que nunca antes había confiado.

Mientras disfrutaba de mi recién encontrada confianza en otra persona, yo seguía siendo una mujer adulta que necesitaba depender de mí misma. De hecho, hasta cierto punto, yo siempre había dependido de mí misma. En cualquier caso, yo no estaba del todo segura de que otra persona pudiera comprender la naturaleza de mi dolor. Por todos estos motivos, aquella poderosa y positiva imagen femenina de mi sueño llegó justo a tiempo para ofrecerme solaz en un momento particularmente temible; me ofreció una especie de protección contra lo que el inconsciente iba a comenzar poco a poco a revelarme a lo largo de los meses que seguirían.

Durante varios meses, mis noches estuvieron profundamente turbadas por unas terribles pesadillas. Todos los sueños seguían un patrón similar: una terrorífica figura masculina intentaba entrar en mi casa, unas veces para matarme a mí y otras para acabar con la vida de mi hija. Noche tras noche, yo mataba a ese asesino. Lo golpeaba repetidamente en la cabeza; a veces lo mataba con un revolver o lo apuñalaba con un cuchillo. Con frecuencia, me despertaba con un terror indescriptible, horrorizada por mi propia cólera asesina. Pero, debido a que no había hecho las paces todavía con los abusos sexuales que había sufrido en el pasado, no se me ocurrió asociar al hombre de mis sueños con mi hermano; y así, en un principio, no pude encontrar sentido a estos sueños.

Pero, entonces, una noche, un sueño me advirtió de que prestara mucha atención a lo que estaba sucediendo realmente. Soñé con una hermosa mujer que se estaba muriendo debido a una enfermedad cardíaca. Marion, cuya experiencia con los sueños me permitió descubrir la verdad de la situación en mi inconsciente, me dijo que estaba preocupada por el hecho de que mi hermosa mujer, recientemente descubierta, estuviera muriendo debido a que mis sentimientos eran tan intensos que estaban consumiendo su energía vital. Por paradójico que pueda parecer, mientras yo dejaba salir una furia violenta sobre una figura masculina, era mi propia feminidad la que se estaba llevando el castigo. Él y ella estaban inextricablemente unidas. Así, mientras me defendía de un asesino que parecía estar queriendo matar mi naciente feminidad, yo estaba destruyendo justo lo que intentaba proteger. Pero, además, una serie de inquietantes noticias me proporcionó una pista, aclarando en gran medida lo que estaba ocurriendo en el inconsciente.

Las noticias guardaban relación con mi hermano, el que había abusado de mí, al cual había visto muy poco con el transcurso de los años.

Su vida había estado aderezada con los adornos externos de la felicidad y el éxito; pero, entonces, súbitamente, nos enteramos de que su esposa y sus hijos lo habían abandonado. Además, tras una serie de extraños accidentes, se había visto sumido en una severa discapacidad física. Aquellas noticias tuvieron un efecto devastador sobre mí, pues tuve sentimientos muy parecidos a los que había tenido tras el aborto: me sentía culpable y avergonzada, como si yo fuera la responsable del destino de mi hermano.

¿A quién había estado yo matando una y otra vez en mis sueños? De pronto comprendí por qué me sentía tan culpable. Mientras la verdad de esta extraña coincidencia se hacía evidente en mi interior, la realidad externa y mi vida interior habían coincidido, liberando una avalancha de recuerdos relacionados con los abusos de mi infancia. Empecé a darme cuenta de que los asesinos que me acosaban en los sueños eran imágenes de mi hermano, y mi inquietud y malestar al enterarme de lo que le había pasado procedían del temor inconsciente a que lo que yo le hacía en los sueños hubiera podido tener un efecto real sobre él. Tal temor debía haber tenido unas raíces muy profundas en el propio abuso. Siendo niña, yo había querido a mi hermano y había confiado en él, pero también llegué a odiarle por lo que me estaba haciendo. Había llegado a sentir por él una rabia asesina tan grande que había tenido que ocultarla, por miedo a terminar matando a quien también quería. Al llegar a la edad adulta, la rabia se había liberado a través de imágenes oníricas, en las que estaba llevando a la práctica mis antiguos, y aún presentes, temores (¿y, quizás, deseos?).

Hasta hace muy poco, me he seguido sintiendo culpable con mi hermano. Pero ahora, finalmente, puedo decir que me estoy desprendiendo de la culpabilidad y la vergüenza. También he dejado ir a mi hermano; he dejado que se responsabilice ante sí mismo. Al fin y al cabo, la persona que representó para mí está muerta, y lo que queda es otra persona, una especie de extraño, una persona que, ahora me doy cuenta, nunca llegué a conocer en realidad. Pero, en aquel entonces, y en un sentido muy real, el odio que llegué a sentir por quien abusaba de mí estuvo a punto de destruir mi capacidad de amar. Y, aunque aquella furia tan violenta contra mi hermano ha muerto, soy consciente de que algo me ha quedado. Pues debo reconocer que, si bien no es fácil agitar mis sentimientos, cuando se agitan adquieren tal intensidad que siento terror ante la idea de que me sobrepasen. Yo atribuyo esta respuesta demorada en mis sentimientos al trauma del abuso sexual.

En cuanto me di cuenta conscientemente de lo absurdo que era que me sintiera culpable de la situación actual de mi hermano, empecé a comprender hasta qué punto me había culpado a mí misma siempre por lo que había ocurrido en mi infancia. Del mismo modo que mi familia biológica, sin examinar las evidencias, culpaba a la familia de mi hermano por abandonarlo, yo también me culpaba a mí misma por no haber evitado los abusos. Sin embargo, durante un tiempo en el análisis, llegué a creer realmente que mi acto de consciencia, de rebelión, de afirmación de mí misma, estaba matando a mi hermano. Y a punto estuve de sacrificarme, una vez más, en el altar de la familia.

Mi fabricante de sueños dentro de mí estaba siendo mi mejor guía en tan difíciles deliberaciones. Como un guía fiable, en movimiento constante, siempre en movimiento, a la distancia suficiente por delante de mí como para llamarme, pero manteniéndome siempre a la vista, cada sueño me instaba a seguir avanzando, a descubrir la verdad de quién soy yo. El inconsciente preparó a esta soñadora de la mejor manera posible, alternando violentas pesadillas, cargadas de terroríficas intuiciones acerca de la infancia, con sueños de gran belleza, portadores de esperanza. Y yo soñaba con la hermosa y cariñosa mujer cada vez que tenía que enfrentarme a dolorosas y casi insoportables verdades.

Cuando me acostumbré al lenguaje de las imágenes, mi fabricante de sueños me mandó este sueño, que no sólo me obligó a reexaminar presuposiciones durante largo tiempo sustentadas, sino que también me proporcionó un contexto para mis terribles pesadillas. Una vez más, este sueño porta en su interior la semilla de todo el proceso de análisis. Y, una vez más, el sueño comienza en una iglesia.

> Estoy con un sacerdote y con varias maestras y maestros de la escuela eclesiástica. Siento una tremenda atracción por el sacerdote, la tremenda sensación de querer estar con él. Entonces, él se lanza por un tobogán, pues es la única manera de bajar, y los demás le siguen. Yo también deseo bajar, pero tengo miedo. Intento pensar en algo que me permita lanzarme por el tobogán y

que me dé menos miedo, hasta que finalmente me siento sobre un libro de Carl G. Jung y desciendo con facilidad. El sacerdote me anima desde abajo con una sonrisa; y, una vez más, siento una poderosa atracción por él. Por último se aleja, dejándome con un profundo anhelo.

La escena cambia de repente. Estoy en una habitación, en una cama, y en la cama hay un estanque de agua. Es de noche. Mi hija y yo estamos flotando en un líquido más viscoso –y más caliente– que el agua, como el fluido amniótico en el útero. Mi hija, jugando, me arroja peces, de los que parece haber una gran variedad en este mar-útero. Entonces, el agua se escurre de la cama, y yo me pongo de pie con ansiedad. Tengo que cambiar las sábanas antes de que lleguen las personas que ocupan legítimamente la habitación. Me doy cuenta de que la cama le pertenece a mi hermano [el abusador] y que en la habitación hay otra cama grande. Finalmente, decido tomar las sábanas de la otra cama y ponerlas en ésta. Empiezo a sacar las mantas y las sábanas de la cama-útero húmeda y, dado que sólo la sábana bajera está húmeda, pienso en cambiar sólo ésta, poniendo la correspondiente de la otra cama. Pero, cuando lo hago, me doy cuenta de que la sábana seca no encaja con la cama-útero, por lo que pienso que voy a tener que lavar y secar la sábana bajera original. Y cuando quito la sábana, de ella caen trozos de algas y peces muertos. En torno a la cama y hasta las paredes, se extienden muchos frascos de perfume de cristal tallado, tarros para ungüentos y joyeros.

Llega mi hermano [el abusador], que lleva un traje oscuro, y yo le estrecho la mano de manera muy formal. Tras él hay una mujer obesa y fea, fuertemente encorsetada, intentando aparentar que es más joven de lo que en realidad es; lleva consigo a una niña y un niño muy hermosos. La pequeña es bastante hosca, pero el mayor tiene unos doce años, y tiene la sonrisa más encantadora que he visto jamás. Me descubro devolviéndole la sonrisa. La mujer parece que quiera hacer creer que los niños son suyos, pero lo único que consigue es acrecentar las sospechas de que no lo son. De hecho, es probable que los niños sean de su hija, nacidos fuera del matrimonio y asumidos como propios por esta mujer, con el fin de «ocultar la vergüenza de su hija». Pienso para mí que esta mujer tiene al menos veinte años más de los que debería tener para ser la madre de los niños. [11 de junio de 1981]

Al igual que en aquel otro sueño, era un sacerdote el que encabezaba la acción de la escena, quizás subrayando la numinosidad arquetípica y el Amor Divino que subyace tras la estructura mundanal de la Iglesia. El sueño me hizo recapacitar y ver que no debo utilizar la misma vara de medir con todos los sacerdotes y ministros de la Iglesia. No carece de importancia el hecho de que el sacerdote fuera un amigo mío muy querido que, poco antes, me había confesado que era gay. Yo me sentía muy segura con este hombre, porque sabía que en su cariño por mí no había sombra alguna de sexo, y de ahí que no constituyera una amenaza para mi creciente, aunque aún infantil, consciencia. De hecho, él fue quien me presentó a Marion y me animó a seguir mi camino interior por esta vía. Siempre ha sido un gran apoyo para mí.

Así pues, la imagen del sacerdote simboliza tanto la existencia del sacerdote real (tan diferente de aquellos otros por los cuales me había sentido utilizada) como la de mi sacerdote interior o guía espiritual, que me ofrecía el apoyo que iba a necesitar para enfrentarme a las desagradables verdades que iban a emerger de las capaz primordiales de mi memoria. Por otra parte, en el sueño, yo era una mujer adulta deslizándome por un tobogán infantil. El sueño me estaba diciendo que mi punto de vista consciente era infantil, pero que, para desarrollar una visión más madura, tendría que regresar al «patio del recreo» de mis recuerdos de infancia.

Otro detalle del sueño es que el libro que me dio el coraje para bajar al inconsciente fue un libro de Jung. Sin embargo, en el sueño yo no leía el libro, sino que me sentaba sobre él. El sueño parecía estar recordándome, al igual que el sueño del almacén en llamas, que el conocimiento intelectual, la cabeza, no me iba a ser de demasiada ayuda. La lectura de la psicología junguiana no es la *via regia* hacia el inconsciente, pues una tiene que experimentar el inconsciente directamente y, por así decirlo, sentirlo sus propias carnes. El enfoque intelectual puede ser más elegante; pero, en última instancia, el humilde, poco digno y alarmante camino de la experiencia personal era el único que funcionaría realmente en mi caso.

En el sueño, yo aparecía de pronto flotando en una especie de útero, jugando con alegría con mi joven aspecto femenino, pero esta atmósfera de inocencia inconsciente cambiaba de forma abrupta. La cama, que al principio era mía, se convertía en la de mi hermano, y lo que quedaba en ella tras escurrirse el agua del mar de la dicha era muerte y detritos. Lo que me sacó de mi inocente Arcadia y me separó de mi femenina compañera de juegos se puede identificar con una palabra: incesto. Pero detrás de la palabra existe una realidad mucho más terrorífica: el abuso sexual.

En mi historia, muchas cosas están en función del lenguaje. La palabra incesto es un ejemplo de ello. Yo había pasado muchos años de mi vida creyendo que era una mala persona porque había tenido una relación incestuosa con mi hermano. Aunque más tarde me daría cuenta de que nuestra relación había sido una perversión del cariño normal entre hermanos, en un principio no pude disponer de un paradigma mejor para interpretar lo ocurrido. Sin embargo, no se me ocurrió pensar que lo que estaba haciendo en mi edad adulta era seguir viviendo de manera inconsciente el papel pasivo de la niña, que lo que estaba haciendo era prolongar la creencia de que había aceptado una relación cómplice con mi hermano, cuando lo cierto era que yo había estado cautiva de una forma de violencia y odio tan seductora, tan mezclada con ternura y amor como para convertirse en una forma sofisticada de adoctrinamiento.

El antídoto que encontré para este lavado de cerebro inconsciente fue el sueño, el cual, con su singular lenguaje de imágenes pictóricas cargadas de sentimiento y con el potencial de la interpretación simbólica, fue y continúa siendo crucial para mostrarme mi propia realidad. Muchos de esos sueños iniciales me mostraron el mundo de mi infancia a través de la perspectiva adulta contemporánea; me decían cómo habían sido las cosas y cómo y cuándo había empezado a hacer mis propias suposiciones erróneas.

La cama del sueño se me antojaba familiar; yo estaba jugando allí con mi propia hija, mi propio yo femenino joven; tanto la actividad como mi compañera de juegos transmitían una fuerte sensación de identidad femenina. En torno a la cama, la habitación estaba llena de objetos femeninos, recipientes similares a úteros y ungüentos; es decir, una identidad femenina positiva. Pero, de repente, el tono emocional cambió. La cama que *había* sido mía se convirtió de repente en la de mi hermano.

Cuando le expliqué este sueño a Marion, me sentí tan avergonzada como si estuviera confesando un crimen al haber ensuciado la cama de mi hermano. En el sueño, temerosa, yo intentaba enmendar lo que había hecho, aplacar a mi hermano cambiando las sábanas y todo lo demás, pero nada de lo que hacía funcionaba; por ejemplo, cuando las otras sábanas no servían para esta cama.

Marion comprendió mi angustia cuando le conté el sueño, pero se quedó atónita al atribuirme a mí misma tanta culpabilidad cuando intentaba interpretarlo. Mi primera interpretación simplemente no tuvo ningún sentido para ella. Su desconcierto ante la interpretación que yo había hecho de mi sueño, con tan poderosa sensación de culpabilidad, nos llevó a darnos cuenta, con una repentina claridad, de la humillación que una se impone a sí misma con el incesto. Jung se refiere a este tipo de desprecio por ti misma como *inflación negativa.*

De repente me resultó obvio que tanto la cama como la habitación del sueño eran las mías, y que era mi hermano el usurpador. Esta afirmación no precisa más que unas cuantas palabras para formularla, pero me llevó aproximadamente siete años asimilar por completo que yo había sido una víctima de abusos y no una instigadora de sexualidad infantil. Mis frenéticos intentos en el sueño para que todo estuviera en su sitio en la habitación es un reflejo de la culpabilidad que sentía por lo ocurrido cuando era niña.

El resto del sueño confirmaba esta lectura. La mujer que acompañaba a mi hermano estaba tergiversando su imagen para «ocultar la vergüenza de su hija». En el núcleo del sueño había una pretensión de encubrimiento. La mujer decía que los hijos de su hija eran suyos porque estaba convencida de que habían nacido fuera del matrimonio y, por tanto, en pecado y vergüenza. Pero ¿quiénes eran estas figuras? Sin duda, eran aspectos de mí misma. En el sueño, yo era la madre, la hija y los hijos de la hija. Así, el niño que me devolvía la sonrisa confirmaba su conexión conmigo. Estos niños representaban mi creatividad potencial, que había quedado bloqueada por mi propia culpabilidad y mi vergüenza acerca del pasado. No es de extrañar que la niña se mostrara hosca. Ella representaba mi toma de conciencia de que las cosas no eran como deberían ser. Ella era lo femenino olvidado y tenía todos los motivos del mundo para estar enfadada.

Complicidad frente a violencia. ¿Incesto o abuso sexual? ¿Por qué me había aferrado durante tantos años a la idea de que el incesto implicaba complicidad, cuando era tan obvio, y mis sueños sugerían esto una y otra vez, que el incesto había sido un abuso sexual dentro de la familia? La respuesta se halla en la necesidad absoluta que tiene todo niño, toda niña, de sentirse queridos, aunque sea a expensas de la lógica, de la identidad personal y de la autoestima. Yo no podía soportar la idea de que mi hermano quisiera hacerme algún mal. Si mi hermano me quería, ¿acaso me iba a hacer daño? Para mí, la lógica tenía sentido: yo había sido la mala. Yo le había llevado a hacerme daño porque me había metido en su cama. Es decir, el sueño me explicó cómo pensaba la niña, y cómo la adulta había seguido los pasos de la niña. Pero el sueño intentaba corregir el error de la niña al sacar a la luz otra relación, la de la mujer fea y el hermano abusador, y mostraba dónde se hallaba la verdadera complicidad.

Con el tiempo, terminaría por reconocer en la mujer fea no sólo el temor que sentía por mi madre en la infancia, sino también una parte de mí misma.

Mi madre, al crear una alianza con su hijo (incesto psíquico inconsciente), me dejó fuera a todos los efectos. Aquello me hizo sentir que había algo mal en mí, algo pecaminoso. El incesto entre madre e hijo se vivía de forma inconsciente, y el hijo lo redirigía en forma de violencia contra la hermana pequeña, indefensa, contra la mascota de la familia, yo. Pero al interiorizar como adulta tanto el comportamiento de mi hermano (en mi sensación de vergüenza y culpabilidad) como la negatividad de mi madre (en mi necesidad de reprimir lo que consideraba que era vergonzoso), permití que estos aspectos de mí misma se confabularan contra mí, socavando mi verdadero ego.

El sueño indicaba que sólo podría alcanzar mi femenino creativo (representado por los frascos y los frascos de perfumes) si pasaba a través de mi hermano y de la mujer fea e iba más allá. Marion me advirtió que tendría que fortalecer mi contenedor femenino, pero estas palabras poseían poco significado para mí en aquel momento. Sin embargo, más tarde, impulsada por las imágenes de mis sueños, conseguiría integrar sus palabras en la consciencia y lograría darles significado y expresión.

Y todavía mucho más tarde llegaría a reconocer que el matrimonio, la familia e incluso mi propio cuerpo podían ser vistos como «contenedores», en el sentido en que podían, si eran suficientemente sólidos y fuertes, contener y soportar mi ego en su esfuerzo por desarrollarse de manera normal.

Aquel sueño me dio la certeza de que podría tomar fuerzas de lo masculino joven (el niño de doce años, en el umbral de su despertar a la masculinidad) y mitigar el malestar de lo femenino joven (la niña hosca) para enderezar las cosas. El sueño indicaba claramente que había habido violencia. Para mí, no haber hecho nada ante la potencia de toda esta información hubiera supuesto adoptar una actitud de complicidad. Tenía que liberar a esos niños, pues eran víctimas inocentes, al igual que lo había sido yo en otro tiempo.

También estaba descubriendo que palabras e imágenes son poderosos instrumentos. Si se interpretan de la manera correcta, tienen el poder de liberar. Así, en cuanto comencé a equiparar incesto con violación, pude reconocer que no sólo había sido victimizada por mi hermano, sino también, en última instancia, por una palabra. Sólo cuando tomé en consideración este sueño dentro del contexto de otros sueños fue cuando sus imágenes pudieron hablarme.

Siempre había aceptado la verdad del incesto de manera intelectual, al tiempo que negaba su perdurable dolor. Pero, poco a poco –y una tiene que resaltar que el proceso fue tan gradual que le llevó varios años hasta producir un impacto–, comencé a afrontar la realidad de una infancia echada a perder por mi hermano. Poco a poco, comencé a comprender los sentimientos de culpabilidad y de posible complicidad que había estado albergando. El doloroso proceso que los siguientes años de análisis trajeron consigo me llevó a darme cuenta de que, como una persona en crecimiento, yo había culpado a la niña que una vez fui por no haber gritado o por no haberme revuelto contra mi agresor. Yo había nacido demasiado pronto para la afirmación de Alice Miller y del sueño de que «el niño, la niña, siempre es inocente».[1]

El trabajo que tenía por delante era formidable. Tenía que aprender a perdonarme, a tomar conciencia de que la confusión y el terror habían insensibilizado a la niña que fui, y tenía que aprender a llorar por esa niña abandonada que he portado en mi interior hasta el día de hoy. Llegar a aceptar a mi propia niña inocente me ha llevado mucho tiempo, lo mismo que reconocer mi sentido de victimización y mi ira contra mi familia, que me hizo imposible pedir ayuda. También me ha costado reconocer mi relación de amor/odio tanto con los hombres como con mi propio masculino interior, que representa un aspecto muy potente de mi creatividad.

La mujer del sueño era a un tiempo fea y atemorizadora. Ella portaba para mí las cualidades negativas de mi propia madre, que nos enseñó a no quejarnos, a no molestarla con nuestros problemas. Pronto nos resultó evidente a todos en la casa que, ocurriera lo que ocurriera, «mamá no existía». Y perfectamente coherente con esta actitud había otra: por muchas críticas que se dirigieran contra lo que sucediera en el mundo exterior, jamás se debía criticar a la familia; había que mantenerlo todo «dentro de la familia», y había que hacer parecer que todo era respetable, aunque no lo fuera; esto se consideraba una virtud.

La figura materna negativa de este sueño era por completo opuesta a la imagen de la hermosa mujer del sueño citado antes. Siendo niña, no encontré mucho en mi propia madre de la arquetípica madre positiva. He podido descubrir más de ella a partir de mi trabajo con los sueños; pero, en los económicamente difíciles tiempos de mi infancia, mi madre mostró siempre un aspecto de sí misma duro, poco amable y centrado en sí misma. Muchas veces me he preguntado si ella misma no habría sido una víctima de abusos. A partir de lo poco que ella me ha contado de su infancia, puedo reconocer en lo que describe un ambiente bastante parecido al que yo viví. La mujer fea de mi sueño quizás había estado pasando de madre a hija durante quién sabe cuántas gene-

---

1. Alice Miller. *Thou Shalt Not Be Aware: Society's Betrayal of the Child,* trad. por Hildegarde y Hunter Hannum (Nueva York: Farrar, Strauss y Giroux, 1985), pág. 316.

raciones. El sueño me dejó claro que algo de su naturaleza existía también en mí.

Sin embargo, las dos figuras representan los rostros opuestos de la misma energía arquetípica. Como arquetipo sanador del inconsciente colectivo, la figura femenina positiva compensaba de algún modo la carencia de una madre nutricia en mi infancia. Por su parte, la imagen negativa representaba su lado opuesto, su otra cara: la energía devoradora y destructiva que tantas veces había experimentado yo siendo niña durante las crisis familiares. Pero lo que el sueño me dice claramente es que la figura negativa también vivía dentro de mí como mi sombra, pues la mujer fea era un aspecto de mí misma que tenía en justicia que reconocer, aunque yo hubiera preferido no hacerlo. El sueño me dijo que me estaba ocultando, que me había estado escondiendo toda la vida; era una sensación de vergüenza demasiado intensa como para tenerla en cuenta hasta aquel momento. La mujer fea no sólo vivía en mí, sino que también estaba luchando con mi niña del alma; es más, parecía estar ganando la partida. Pero también era cómplice de mi propio masculino herido. ¡Cómo no iba a tener problemas con mi creatividad! Mi autoestima estaba una y otra vez socavada desde el interior.

A medida que el pasado volvía a emerger a la luz de mi creciente consciencia, me fui haciendo consciente de lo que había experimentado siendo niña y a qué me había visto sometida. Yo tomaba nota de cada sueño, por doloroso que fuera, porque cada uno de ellos me llevaba a enfrentarme a recuerdos largo tiempo bloqueados y olvidados. Y al final conseguí tener un contexto, un contenedor nuevo para estas experiencias que no estaba teñido con los colores de la vergüenza y la culpabilidad. Por fin el pasado venía a mi encuentro, resucitado como Lázaro en su pestilente sudario, dirigido por una actitud novedosa y sanadora en la cual yo podía creer y podía confiar.

Por suerte, mis sueños, Marion, mi estudio sobre Jung y la creciente concienciación de la sociedad sobre los abusos sexuales en la infancia me han ayudado a sobrellevar mis recuerdos dolorosos, así como a integrarlos en una perspectiva más clara. El sueño de la mujer fea, que es típico de muchos sueños de este período, me devolvió al pasado y recreó la situación emocional tal como había sido: la mujer fea y el hermano habían venido juntos. Ambas eran figuras amenazadoras; ninguna de ellas me ofrecía consuelo ante mi expulsión de la inocencia infantil, de mi Jardín del Edén. Y, aunque en el sueño del cual estoy hablando no aparecía mi padre, no ignoro la parte que él jugó en una dinámica familiar tan disfuncional.

Yo adoraba a mi padre. Me hacía el caballito sobre sus rodillas, me trataba con cariño y me concedió una posición tan especial que no me costó mucho sentirme princesa con él. No pude ver nada malo en él. Le adoraba tanto como temía a mi madre. Era el padre perfecto para una princesa, y yo era la perfecta hija del rey. Creo que podría haber sentido cierta gratificación al ser su favorita, y el hecho de que mi padre pudiera exigir obediencia y sumisión de todos podría haber sido una fuente de poder vicario para mí. Lo que él pensaba todos teníamos que pensarlo; lo que él exigía todos teníamos que llevarlo a cabo. Pero, a pesar de mi estatus especial con él, nunca pude decirle lo que me estaba ocurriendo. Era muy peligroso, pues contándolo todo podría haberlo perdido todo, y eso era lo más importante en el mundo para mí, ser alguien especial a sus ojos.

Me llevó mucho tiempo desarrollar una actitud crítica con mi padre, pues cada paso en esa dirección me generaba angustia. Ahora reconozco que mi querido padre nunca nos ofreció una auténtica seguridad emocional. Sus inesperados e incontrolables accesos de ira, que denotaban su debilidad, aunque nunca fuera un hombre violento, me llevarían a recelar de él. El hombre al que yo quería también me causaba temor. De él obtuve la peligrosa percepción de que la ternura viene con dolor en la etiqueta del precio.

El hecho de que mi yo infantil no dispusiera de las habilidades necesarias para desenvolverme en un mundo tan temible hizo que me desconectara y me insensibilizara frente a todo aquello que me resultaba desagradable. A través de mi imaginación creé un mundo más feliz para mí misma; en la soledad de mi escondrijo me comunicaba con compañeros de juegos imaginarios, que me prestaban el coraje necesario para enfrentarme a los terrores de la vida familiar. Lo que sí conseguí hacer, poco a poco, fue fundir la fantasía con la realidad en una combinación en la que encontré una forma viable de existencia.

Como consecuencia de mi situación familiar, crecí con una serie de problemas específicos, que iban desde los trastornos alimentarios hasta las dificultades sexuales. Padecí de una enfermedad respiratoria crónica que, finalmente, comenzó a desaparecer como por arte de magia durante el transcurso del análisis. Más tarde reconocería que mis problemas respiratorios estaban relacionados con el trauma y el miedo por aquellos abusos físicos de la infancia. Aunque me pasé la vida combatiendo una timidez que me paralizaba, con los años conseguí desarrollar una *persona* que me permitía aparecer en público como una mujer competente y confiada en sí misma. Pero siempre he tenido un enorme problema con la autoestima.

El hecho de que me sintiera traicionada con mi cuerpo me llevó a disociarme cada vez más de él a medida que me iba haciendo mayor. Hice esto sumergiéndome en los estudios académicos, quizás con la esperanza de conseguir una residencia permanente en el mundo de la mente. A mi modo de ver, la vida de la cabeza era, sin duda, preferible a la vida del cuerpo; pero no tardaron en hacerme ver que ambas estaban estrechamente entrelazadas.

No creo que se me hubiera ocurrido relacionar los ataques de pánico que comencé a sufrir cuando estudiaba en la universidad con mi experiencia incestuosa de la infancia. Y, sin embargo, el incesto coloreaba mi actitud con respecto a mí misma: ¿qué era lo que me hacía sentir sucia, hasta el punto de que era incapaz de hablar de mi miedo con mis amigas íntimas, las cuales, ahora soy consciente, habrían empatizado conmigo? Por otra parte, en situaciones de crisis, tenía la tendencia a negarme el aliento de la vida, al no querer hablar con nadie sobre mis sentimientos de vergüenza y culpabilidad. Tenía tan poca consciencia corporal que no me daba cuenta de que, al negarme la respiración, me estaba negando también toda sensación y todo sentimiento a mí misma.

Sin embargo, con cada sueño, en particular aquellos que me confrontaban con mis peores miedos, yo alcanzaba un punto de dolor central. Comenzaron a liberarse intensos sentimientos en mí tras varios meses de pesadillas, en las cuales un hombre brutal conseguía entrar en mi apartamento, y yo le atacaba con violencia con todo tipo de armas que tuviera a mano. Estos sueños me obligaron a experimentar de nuevo el terror que yo debía haber sentido de niña, pero que no me permití expresar. En la mayoría de estos sueños, yo golpeaba sin misericordia a mi atacante en la cabeza, y lo cierto es que aquellos sueños me impactaban en la cabeza a mí, diciéndome que despertara y *sintiera* el terror directamente, que no sólo lo pensara. Con el tiempo, empecé a tomar conciencia de quién había sido la persona más perjudicada al guardar silencio acerca de mi pasado. El siguiente sueño me indicó que mis actitudes estaban cambiando de alguna manera como consecuencia de mis encuentros con aquel intruso:

> He entrado en un apartamento que no conocía. Estoy buscando algo que la persona que vive aquí ha robado. Ese «algo» es muy valioso para mí y quiero recuperarlo. Atravieso el desordenado comedor, en el que los muebles son excesivamente grandes, y entro en el dormitorio. Aquí encuentro lo que busco. En un rincón de la habitación hay una pequeña jaula; levanto la portezuela y saco de allí a un pequeño animal pardo y peludo. Está muy feliz de verme. En un abrir y cerrar de ojos, el animal se transforma en mi hija. Más pronto o más tarde voy a tener que enfrentarme al hombre que la raptó. De repente, el hombre está allí. Es un hombre grande y feo, con una cabeza enorme, redonda. Agarro una escoba que hay en un rincón e intento golpearle, pero fallo. Él se ríe. No se toma en serio mis ataques, y ni siquiera intenta arrancarme la escoba de las manos. Por último, consigo golpearle en la nuca con todas mis fuerzas, y, poco a poco, voy conectando mis golpes uno tras otro. El hombre me mira, casi como si lo pidiera, como diciendo: «Un golpe más y me vas a matar. Golpéame de nuevo». Yo le golpeo otra vez, y el hombre cae al suelo. Mi hija y yo salimos corriendo del apartamento rumbo a la libertad. [1 de agosto de 1981]

Este sueño ilustra de algún modo la forma en que operan los sueños para sanar la psique. La figura que me había estado aterrorizando durante meses parecía estar deseando su propia muerte; y, medida que fui asimilando los materiales del inconsciente, comencé a cambiar de actitud con mi masculino interior. Este cambio de actitud consciente se reflejó en la consiguiente transformación en mi inconsciente, tal como se manifestó en el sueño. Aunque mi hermano, en una especie de complicidad inconsciente con mi familia, tuvo una gran responsabilidad en mi escasa confianza en mí misma, fui yo la que continuó representando un papel que tenía que haber abandonado mucho tiempo atrás. Poco a poco, comencé a reconocer que la figura onírica a la que yo «mataba» no era sólo mi hermano, sino también mi propio masculino interior, de quien había aprendido a desconfiar, a temer e incluso a odiar. Cuando me di cuenta de esto, algo cambió radicalmente en mí.

Aquellos sueños violentos me habían obligado a reconocer que había sido una víctima, pero el hecho de matar a aquella figura masculina me había llevado a admitir la rabia encerrada en mi interior por el daño que me había hecho, en primer lugar, un extraño virtual y, después, mi hermano. Mi inconsciente me forzaba a reconocer este material de manera consciente, a sentirlo directamente como dolor emocional. Sin embargo, permanecer en tal actitud me habría llevado a sentir compasión por mí misma. El sueño me empujaba a alcanzar una nueva conciencia. La figura masculina estaba, por decirlo de algún modo, pidiendo morir. Había llegado el momento de que la antigua actitud de «no soy otra cosa que una víctima» diera paso a una nueva, para que no siguiera victimizándome a mí misma. Lo que tenía que hacer, por tanto, era liberar a mi masculino interior; y, por vez primera en muchos años, me plantee la posibilidad de volver a la universidad.

Estos sueños violentos emergieron en los dos primeros años del proceso analítico. Casi quince años atrás, me había ido con mi marido, Michael, a Europa y había comenzado mi doctorado. Y allí estaba, lista para empezar de nuevo, cuando, de repente, me sentí incapaz de proseguir. Era la década de 1960, pero yo estaba abandonando sin haber llegado a sintonizar ni conectar, como se decía entonces. No obstante, la decisión de dejar mis estudios universitarios tuvo también su lado positivo, pues con todo un continente separándome de mi familia biológica, me consentí la idea de tener mi propia familia, algo que mi marido ansiaba y a lo que, hasta entonces, yo me había opuesto con obstinación. Parece que sólo cuando conseguí distanciarme físicamente de mi familia biológica fue cuando pude escuchar las necesidades de mi propia naturaleza instintiva. Por vez primera había conseguido reunir el suficiente coraje como para confiar en mi propio cuerpo y en sus necesidades.

Así pues, abandoné mis estudios universitarios y antepuse las necesidades de mi cuerpo a las exigencias de mi mente. En todas partes, las mujeres progresistas hacían malabarismos para conciliar familia y profesión, y yo hubiera querido con toda mi alma hacer lo mismo. Sin embargo, algo me había impedido continuar con mi carrera académica; mi psique, en este punto, era demasiado frágil como para mantener el difícil equilibrio entre la mente y el cuerpo. Así, aunque siempre había creído en el derecho de las mujeres a tener una carrera profesional sin por ello tener que dejar su papel materno, me faltaba la confianza necesaria en mí misma para hacer ambas cosas al mismo tiempo.

Yo siempre había retrocedido ante la idea de tener mi propia familia, pues siempre había tenido la sensación de que tendría que enfrentarme con todo mi ser a algún terror desconocido que pretendiera invadirme. Y el terror era real para mí, aunque no pudiera ponerle nombre ni sustancia. Sólo plantearme la idea de parir ya era un triunfo para mí, y, de hecho, me sorprendió responder de forma tan deseosa a la idea de ser madre. Dar a luz a un niño o una niña significaba para mí hacer algo «normal», algo aceptable para todo el orden social; era algo de lo que no tenía por qué sentirme avergonzada, algo ordinario, algo que la gente estaba haciendo a diario. (Hasta las princesas tenían bebés). Aquello supuso un paso muy importante en el proceso de mi curación y me permitió legitimarme abiertamente como cualquier otra mujer.

Pero mis temores volvieron a emerger en cuanto regresamos a nuestro país de origen. Yo era consciente de la abrumadora necesidad de proteger al niño que llevaba en mi vientre, y en mi familia biológica yo veía a un enemigo palpable para su bienestar. No obstante, respeté de manera escrupulosa todas las demandas que me hicieron desde mi familia, por poco razonables que fueran, dado que los miembros de mi familia biológica eran algo así como dioses a los que había que obedecer. Simplemente, no podía decirles que no, a pesar de saber que debería tener siempre una reserva de energía para mantenerlos a raya. Pero mi instinto protector se acentuó con el nacimiento de mi segundo vástago, de modo que, la que una vez se sintiera impotente, se veía ahora obligada a proteger a su joven familia.

A medida que nuestros hijos crecían, comencé a tomar conciencia del papel que mi nueva familia jugaba en mi proceso curativo; el mero hecho de darles las atenciones que a mí se me habían negado, y de ver cómo desarrollaban una individualidad asertiva y espontánea, me permitía sentar las bases para mi propia curación y mi creatividad. Me di cuenta de hasta qué punto pueden ser importantes los cuidados y el cariño de la familia para el contenedor de un ego en crecimiento.

Pero mi hijo y mi hija llevaban ya bastantes años escolarizados cuando comencé el proceso de restauración del contenedor de mi propio ego. Tenía que hacerlo lo bastente fuerte como para permitir que mi creatividad intelectual se desarrollara a mi través. El embarazo y el parto me habían ayudado a conectar con mi cuerpo, hasta entonces ignorado, y mis años de voluntariado me habían mantenido física y mentalmente activa mientras mi hija y mi hijo crecían, pero cada vez me sentía más frustrada con lo que yo percibía como una vida desperdiciada. La agonía del aborto fue la crisis que amenazó con partirme en dos, y fue lo que, en última instancia, me empujó al análisis junguiano y a la exploración de mis sueños.

Descubrir mis sueños fue como llegar a un mundo que había sido siempre parte importante, aunque oculta, de mí. Los sueños representaban posibilidades novedosas, así como nuevos medios para ser y para crecer. Me dieron el coraje necesario para volver a entrar en aquel mundo que estaba más allá del círculo protector de mi marido, mis hijas y mis amigos.

Mi historia se puede resumir en que de pronto reconocí la necesidad de reemprender mis abandonados estudios de doctorado. El último sueño que he relatado me hizo consciente de que había sufrido un cambio radical de actitud con respecto a mi masculino interior. Sin embargo, el siguiente sueño precedió en casi un año a mi decisión de regresar a la universidad a tiempo completo. Este sueño también me indicó el tipo de trabajo que quedaba por hacer.

> Estoy en un lugar desconocido, donde están buscando a un hombre al que valoro. La población está junto al río Niágara, que divide Canadá de Estados Unidos. Voy a una casa en un pueblo de colonos desde donde sé que ese hombre inició su huida. Dos tipos más bien insensibles, un hombre y un joven, hablan de cómo lo van a capturar. Lo quieren vivo o muerto. Lo

> extraño del caso es que, aunque la gente del pueblo va ataviada con los ropajes puritanos de los primeros colonos de Estados Unidos, el hombre al que están persiguiendo va cargado con una armadura medieval completa. Sigo la pista que han dejado los trozos de armadura que este hombre ha ido perdiendo mientras corría y, finalmente, me convenzo de que podrá desprenderse del resto de la armadura y podrá cruzar a nado el río Niágara y liberarse de sus perseguidores. Mientras tanto, encuentro evidencias de que el hombre ha estado guardando información en una banda de hierro a través de su boca, supuestamente con el fin de quitarse el casco. Entonces, de inmediato, veo la pieza de la boca, arrojada entre las rocas. Me he encontrado ya con una muslera, un guantelete y una junta de codo, que han caído en la grieta de una roca, y que han pasado inadvertidos para sus perseguidores. Yo he visto estos objetos porque voy siguiendo sus pistas junto a la orilla del río, mientras que sus perseguidores van por un sendero más alto. [3 de septiembre de 1981]

Lo inusual de este sueño fue que yo, en el papel de la soñadora, ya no trataba al hombre desconocido como a un enemigo, sino como a alguien a quien quería rescatar, pero no podía. El «caballero medieval» estaba siendo perseguido por un grupo de hombres que parecían puritanos. El sueño me decía que, para que mi masculino interior pudiera liberarse y alcanzar la consciencia, representada en el sueño por el hecho de cruzar la frontera, tenía que desprenderme de mucha «armadura». Asocié la armadura con todas las actitudes caducas que yo había acumulado a lo largo de los años y que, aunque me hacían en cierto modo invulnerable, me daban demasiado peso y restringían mis movimientos creativos. En términos psicológicos, mis defensas me distanciaban de mis sentimientos y de mi lado instintivo. Me impedían responder a la siguiente pregunta: «¿Qué quiero realmente?».

Yo había levantado mis defensas con el fin de evitar el dolor de la vida, pero éstas me estaban separando ahora tanto de la realidad como de la acción creativa. El hombre del sueño no podía correr con la armadura puesta, y hubiera sido presa de sus enemigos. Sentí que la armadura representaba mi resistencia a los sentimientos, todas aquellas barreras que yo había construido en mi vida para mantener mi yo intacto, para que sobreviviera en una fortaleza bien defendida. Pero yo tenía que acceder a mis sentimientos y a mi sentido de valía personal para evitar los golpes de mis dudas personales, mi propio enemigo interior.

Resulta interesante que los perseguidores, el enemigo, fueran los puritanos, cuyos trasnochados valores constituían el «elevado terreno moral» que les impedía ver los restos de armadura que yo veía a la orilla del río, cerca del inconsciente. En muchos sentidos, los puritanos se parecían mucho a la mujer fea del sueño anterior, con su moral de conveniencia encorsetada para intentar parecer otra cosa; ella también estaba relacionada con el caballero medieval de este sueño.

Los hombres con ropas puritanas me fascinaban, y no tardé en descubrir por qué. Lo que describo a continuación es un proceso que Jung denominó «imaginación activa» y que otras autoras han descrito como «sueño despierto». Es un proceso por el cual una medita sobre una imagen específica del inconsciente hasta que cobra vida; a partir de ahí se la observa en acción, e incluso se puede establecer un diálogo con ella, manteniendo en todo momento la consciencia egoica. Lo que viene a continuación es una descripción de mi experiencia de imaginación activa, que me ayudó a aclarar la imagen de los puritanos en mi sueño.

Yo estaba en la cama con gripe cuando, de repente, me encontré con una imagen de mí misma, pero a los cinco años, subiendo por las frías y oscuras escaleras que partían de la cocina, que se mantenía caliente merced a un tronco que ardía lentamente en la estufa de leña. Por encima de la cocina de la fría granja invernal, abandonada la mayor parte de los días salvo por mí, la pequeña Kate, había una alacena, un cuartucho, caldeado por el tubo ascendente de la estufa que calentaba la cocina. Yo me metía a diario en aquella habitacioncita, pensando que era mi lugar especial, aquel en el que podía jugar todo el día sin que nadie me interrumpiera. Pero llegar hasta allí resultaba peligroso. A la pequeña Kate le daba miedo la escalera por las voces y las vagas formas fantasmales que parecían revolotear a su alrededor. El truco consistía en no mirar nunca ni a izquierda ni a derecha, sino mantener los ojos fijos en el peldaño siguiente. Yo sabía que, si miraba lo que había a mi alrededor, aunque sólo fuera una vez, ya nunca más querría subir por esas escaleras.

Yo, la Kate madura, en la cama con gripe, subí las escaleras con el ojo de la mente, pero sabía que no tenía por qué sentir miedo, porque ya era mayor y no creía en los fantasmas. De modo que me atreví a mirar al espectro que mi yo infantil tanto había evitado mirar a los ojos, y el escalofrío que me recorrió la espalda fue muy real. Lo que vi fue a un hombre ataviado con ropas negras, que caminaba a mi lado, peldaño a peldaño. Me miró con tanto odio, con tan diabólica maldad, que subí corriendo el resto de las escaleras, entré en el cuartucho y cerré de un portazo.

Aquel día, yo, la Kate madura, no sólo comprendí un poco mejor la imagen de los puritanos del sueño anterior, sino que también me admiré ante la valentía y el ingenio de la niña que una vez fui. La demoniaca visión de la figura puritana me permitió sentir el sufrimiento de la niña, y ahí fue cuando comencé a sentir compasión por ella, por la niña que yo una vez había sido.

Aquel encuentro con mis demonios de infancia me ayudó a aceptar la validez de mis duros análisis acerca de la familia y su sistema de valores. Con el tiempo pude ver que los perseguidores de mi sueño representaban a mi censor interno, que me había condenado como malvada, incestuosa e indigna. El sueño intentaba revertir las actitudes conscientes, e identificaba a los moralistas como al enemigo y a mi acosada inocencia como al héroe en fuga. Sin embargo, en aquella época, yo tenía tal fijación en verme como pecadora que no fui capaz de comprender de inmediato la verdad del mensaje de este sueño, y mucho menos experimentarla.

Posteriores sueños evaluarían la situación con una creciente precisión, centrándose en cómo había caído en el juego de las demandas inconscientes que mi familia había hecho sobre mí en detrimento de mis propias necesidades y capacidades. Por ejemplo, el siguiente sueño delinea el modo en que había cercenado la cabeza del cuerpo (en términos psicológicos), inhibiendo así mi creatividad.

> Hace algún tiempo, mandé una carta a un convento. En ella decía que soy una hermana (una monja), y ahora me han enviado a buscar y no sé si admitir que mentí o si continuar manteniendo el engaño. Me planteo la posibilidad de conseguir un hábito

de monja, pero soy consciente de que no sólo no sé dónde encontrar uno, sino que, aunque lo hallara, no tendría ni la más remota idea de cómo se pone. Parece que la carta la escribí por algún motivo, pero no puedo recordar ahora por qué lo hice. No obstante, voy al convento y me reciben, pero no se me perdona mi falsedad y debo enfrentarme a un castigo por ello. Me instan a que suba por unas escaleras y que pase la noche en la biblioteca. Ésta es la sala más elevada de una alta torre circular con ventanas alrededor. Se parece en cierto modo a un faro, sólo que sin luz. La torre está completamente rodeada de agua, salvo por el punto en que conecta con el edificio principal y, presumiblemente, con tierra firme. Durante la noche se desata una terrible tempestad, en la cual la torre está muy azotada y se cimbrea de un modo salvaje, por lo que temo que se desgaje de sus cimientos. Sin embargo, se mantiene firme. Por último, decido que no quiero más castigos, por lo que me planteo escapar. Encuentro un objeto con la forma de una luna creciente, algo parecido a un bumerán, que, al ponerlo en contacto con mi cuerpo, me hace invisible. Así pues, me abro paso entre las monjas, que se vuelven hacia mí como ante una inesperada corriente de aire, pero no ven nada y prosiguen con sus tareas. Cerca de la puerta abierta, un hombre mira fijamente a través de mí.

Salgo corriendo hasta el patio, donde a punto estoy de chocar con una mujer bien vestida que sube por el sendero. Veo su automóvil estacionado tras un murete, y, sin pensármelo dos veces, me subo en el automóvil y me voy. Entonces me asalta el pánico, pues un vehículo sin conductor visible va a atraer irremediablemente la atención sobre él, y no quiero verme envuelta en una persecución por parte de la policía. Así pues, me detengo y continúo a pie a través de una pradera que lleva a un bosquecillo.

Me subo a uno de los árboles y me oculto entre sus ramas más altas, entre las hojas. Pero hay otra gente por allí, algunas personas están también encaramadas a los árboles. Mi marido parece ser uno de los que está subido a un árbol, de modo que decido unir mi destino al suyo. Pero ya han descubierto mi

> fuga, así como el automóvil robado, y veo a mis perseguidores cruzando la pradera en dirección al bosquecillo. Me subo a la espalda de mi marido y le digo que, si se concentra mucho, podrá volar. Mis palabras le inspiran, de modo que lo intenta y lo consigue. Parece que necesito a este hombre, bien para que me muestre el camino o bien para que me proporcione el coraje necesario para emprender el viaje que temo iniciar sola.
>
> Mi marido se posa varias veces, primero en un edificio de apartamentos, después en una remota granja y, finalmente, en una universidad, donde se le dirige hacia una serie de escaleras, que nos conducen a un ático en el que unas amplias ventanas batientes se abren sobre el inmenso mar. Estamos en la fase final de nuestro viaje; sólo nos queda cruzar el mar. [10 de noviembre de 1981]

Al igual que otros muchos de los sueños que se detallan aquí, éste pertenece a mi primer año de análisis, aunque fue un sueño sobre el cual volví una y otra vez a lo largo de los años. Sólo comencé a captar su mensaje cuando regresé a la universidad y me sumergí de nuevo en las viejas dudas e inseguridades, luchando a diario con éxito contra la timidez, al tener que tratar con personas y situaciones novedosas. Desde mi perspectiva actual, este sueño parece encapsular toda mi vida en aquel momento, articulando el problema y ofreciendo una solución al mismo tiempo. Pero tuve que desentrañar su significado paso a paso.

¿Por qué un convento? Por aquel entonces, yo sabía ya lo suficiente sobre el lenguaje de los sueños como para apreciar que en ellos se utilizan muchas veces los juegos de palabras. Así, «monja» (*nun,* en inglés) suena muy parecido a «nadie» (*none,* en inglés); es decir, una persona insignificante, una nada, que es precisamente como mi vida de servicio autoimpuesto me estaba haciendo sentir. De las monjas se dice que son «hermanas» y que llevan «hábito», y yo me había puesto, como atuendo, el «hábito» de negar que algo anduviera mal en mi familia. Me había convertido en una «buena hermana» con el fin de sobrevivir a una relación fraterna complicada. Aún más, mi «hábito» me había permitido crear, en mis años de crecimiento, la fachada de una vida familiar normal y estable. Al disociarme de los abusos de mi hermano, fui capaz de crear una ilusión de normalidad delante de la familia y las amigas. De hecho, recuerdo que familiares, amigos y vecinos solían comentar que mi hermano y yo teníamos una relación muy estrecha. ¡Qué agradable! ¡Qué bonito de ver! Nadie pareció nunca sospechar que por detrás de esa «estrechez» había algo antinatural. Y resultaba muy fácil satisfacer a todas esas personas bienintencionadas en sus fantasiosas y sentimentales expectativas. Pero ¿a qué precio?

Yo había creado simultáneamente unas fantasías duales que eran bastante compatibles entre sí: una que me ayudaba a negar que mi situación familiar fuera de algún modo destructiva; y la otra, una invención de mi imaginación, que me devolvía a un mundo que más tarde intentaría alcanzar por mí misma. En cierto modo, la primera fantasía era destructiva; la segunda, constructiva. No obstante, en la base de ambas fantasías había una triste realidad: que ambos mundos sólo podían existir si yo aceptaba llevar una especie de existencia parcial. Sin embargo, el acceso pleno a mi creatividad sólo parecía posible si yo aceptaba la verdad de los abusos sexuales y hasta qué punto me habían dañado. Sólo rompiendo la fantasía de la negativa podría comenzar a sanar, y no como una medida temporal, sino a tiempo completo.

Lo del convento fue especialmente impactante como imagen de lo que estaba pasando en mi inconsciente, pues me ayudó a abrirme camino tanto en lo intelectual como en lo emocional. Aquí se ofrece la interpretación que me resultó más útil para hacer las paces con mi pasado: una monja acepta ciertas restricciones sobre su comportamiento cuando toma los votos de castidad, silencio y servicio. Mi comportamiento con respecto a mi hermano mostraba una fidelidad similar a la de tales votos, pero en una parodia perversa e inconsciente. Mientras que la monja ve en su vocación una imagen terrenal del matrimonio celestial del alma con Dios y lleva su velo como señal de que es novia de Cristo, yo veía a mi incestuoso yo como casado con mi hermano, comprometido en silencioso servicio para satisfacer cualquier demanda que él hiciera, sin atreverme nunca a hablar del pasado.

El sueño parecía estar diciéndome que, a un nivel inconsciente, yo me había convertido en la novia de un amante demoniaco; era aquí donde yo estaba llevando una vida incestuosa y, a menos que examinara mis suposiciones inconscientes, tendría que vivir como atada a mi hermano por los lazos de una necesidad inconsciente. Siempre le sería fiel a él, y, por extensión, a mi familia biológica. No era de extrañar que me pasara tantas noches de pesadilla matando a un hombre desconocido. Yo había vivido toda mi vida guardando silencio sobre los abusos de mi hermano; y ahora, romper tan ominoso vínculo se me antojaba un asesinato. Aquí, en el inconsciente, se hallaba la raíz de mi fantasía.

Lo que tenía que hacer era poner sobre la mesa las ideas sugeridas por esas imágenes y aceptar que yo había asumido esos votos. Sólo entonces podría dejar de responsabilizarme por la vida de mi hermano, liberándome así para poder responsabilizarme por mí misma. Sólo entonces podría separar la figura de mi hermano de la imagen de mi propio masculino interior.

En mi sueño, me encerraban en la biblioteca de la torre (las torres de marfil del mundo académico) como castigo. Tras mi actitud había un altísimo grado de desprecio por mí misma. Con el tiempo, reconocí que la torre, con su fino talle, unida al edificio principal, eran mi cabeza, cuello y cuerpo. Con el fin de luchar contra mis ataques de pánico, había dejado desatendido mi ser físico; me ponía a trabajar hasta la madrugada, al borde de la fecha límite. Mi salud se resentía, lo mismo que mi trabajo. Hacer algo creativo parecía traer consigo un dolor tan intenso, y tenía una vida tan corta, que casi no merecía la pena pasar por la agonía de la preparación. Pero seguí castigando a mi cuerpo para que mi mente funcionara.

Sin embargo, la torre era como un faro, salvo por la luz, y albergaba una biblioteca. Pero ¿qué uso puede tener un faro, o una biblioteca, sin luz? Separada de mi naturaleza instintiva, de mis sentimientos y de mis valores, yo no podía conectar con la luz de la sabiduría. Mi mente, sin esta luz, no era más que un depósito de libros. Durante la tempestad, la torre se cimbreaba con tal violencia que yo pensaba que iba a caer. En la imagen del viento reconocí el terror que había vivido siendo niña, durante y después de los abusos, y también más tarde, cuando me fui a estudiar a la universidad. Mi ego onírico se sumió en el pánico ante la idea de seguir conduciéndome como una «hermana», pero también pensaba que merecía ser castigada si dejaba de hacerlo. Según el sueño, mi yo onírico estaba viviendo en cierto modo mutilado, a menos que destruyera desde el interior el poder que el hermano seguía teniendo sobre ella; de lo contrario, todo intento creativo terminaría en un fracaso parcial.

El convento del sueño tenía resonancias con el elevado tono moral de los perseguidores del sueño anterior; portar el hábito monástico se correspondía con llevar la armadura; la fragilidad del cuerpo (léase pecadora fragilidad, en el caso de la monja) debía reconocerse, negando a toda costa su poder y su valor afirmativo. Sin embargo, el tiempo pasado en la torre (la mente) lo veía mi yo onírico como un castigo. De hecho, ambos sueños parecían describir actitudes obsoletas que pertenecen a la Edad Media: la primera relacionada con la caballería; la segunda, con el sumiso servicio del convento. (En esta interpretación, no pretendo menospreciar a las mujeres que optan por la vida monástica como vocación; lo que hago es comentar cómo me estuve engañando a mí misma viviendo una mentira).

Ahora veía con claridad que había estado viviendo según un estricto código de honor que no había hecho otra cosa que reprimir mi espontaneidad imaginativa natural. Tampoco era casualidad que la imagen de la torre/biblioteca fuera un faro menos la luz; pues, al haberme distanciado de la creatividad de mi propio ser, yo forcejeaba inútilmente por derivar energía de lo que no era más que un mero depósito de libros, de cuya sabiduría no podía aprovecharme. No resulta extraño que quisiera escapar. Yo había aceptado caballerosamente la culpa que debía haber asumido mi acosador; todo ello a expensas de mi propia salud psíquica. Me había entregado al servicio de los demás, sobre todo al de mi familia biológica, a la misma gente que me había negado el derecho a una infancia. Pero no lo había hecho por un mero ideal cristiano, pues no podía recordar por qué había escrito al convento, sino más bien para sobrevivir. Al ocultar los verdaderos hechos, al no hacer un problema de mi tormento, al no perturbar el funcionamiento de la familia, yo había conseguido cierto punto de invisibilidad que ya no resultaba adecuado. El sueño describía de forma muy efectiva mis ataques de pánico como un viento que amenazaba con arrancar la torre de sus cimientos, separar mi cabeza de mi corazón. Pero aunque el viento puede considerarse una imagen del pánico que yo sentía, también se puede ver como un símbolo arquetípico de espíritu santo, «cuyo poder obrando en nuestro interior puede hacer infinitamente más de lo que podamos pedir o imaginar»;[2] es decir, si conseguimos soportar su fuerza, si el contenedor de nuestro ser es suficientemente fuerte. A menos que pudiera conectarme con el suelo de mi ser, sería incapaz de soportar el poder negativo de mi acosador de infancia ni la fuerza creativa positiva del Espíritu Santo, el viento que sopla donde quiere. El sueño, por tanto, conectaba mi cuerpo con mis necesidades espirituales; era, en esencia, religioso en su alcance.

Aquello me recordó un mito muy especial para mí, que hablaba del terror de la solitaria vigilia nocturna: el relato de Cupido y Psique.

Psique había enfurecido a la diosa Afrodita. El pueblo no sólo le estaba dando culto a Psique, siendo una mera mortal, por su gran belleza, sino que, además, ¡estaba descuidando los santuarios de la propia diosa Afrodita! Psique, sin esfuerzo alguno por su parte, estaba superando a Afrodita como objeto de devoción. De modo que Afrodita envió a su hijo Eros para que castigara a Psique, pero Eros también sucumbió a su belleza, y lo que hizo fue casarse con ella. El matrimonio, que extrañamente se mantuvo en secreto, fue, durante un tiempo, un matrimonio feliz. Eros, que venía a ver a Psique al resguardo de la noche, le había prohibido de manera estricta que le viera en la carne. Durante el día, Psique deambulaba por el gran palacio; era una figura solitaria. Así, no pasó mucho tiempo hasta que Psique le rogó a su marido que le permitiera ir a visitar a sus hermanas, y Eros, no sin un profundo pesar, se lo concedió.

Las dos hermanas de Psique sentían una profunda envidia por las riquezas que le habían concedido a su hermana, y cuando ésta les dijo que no podía posar sus ojos sobre su marido, las hermanas le comentaron que Eros debía de ser un monstruo, una terrible serpiente. Así, la pobre y asustada Psique se convenció de que tenía que verlo, aunque sólo fuera por un instante. Y así, una noche, tomó temerosamente una lámpara para descubrir sobrecogida no un monstruo, sino la magnificencia de un dios. Pero una gota de aceite de la lámpara cayó sobre Eros, quien, al despertar, le dijo a Psique, más triste que furioso, que ahora ambos debían separarse a causa de la cólera de Afrodita.

---

2. «The Prayer after Communion». En *The Book of Alternative Services of the Anglican Church of Canada* (Toronto: The Anglican Book Centre, 1985), pág. 214.

Frottage *de un típico latón de resurrección inglés del siglo* XV.

En el Latón de Resurrección, el Cristo sale de la tumba mientras los soldados duermen. En la mano lleva la cruz, prueba visible de que ha resistido la tensión de los opuestos. Él es la energía crística. La figura de Cristo, como arquetipo de la función trascendente y parte importante de la cultura de la civilización occidental, sigue siendo una poderosa imagen para muchas de nosotras. La figura sale con facilidad de la tumba que la confina. Se trata de un Cristo delgado, pero bien musculado. El artista lo capta en el momento en que se libera. Los ojos de Cristo son enormes, y los tiene bien abiertos, símbolo de la persona plenamente consciente.

Los guardias duermen a su alrededor. La vieja guardia (el *statu quo*) es incapaz de impedir la emergencia de esta nueva energía. Las viejas defensas no pueden resistir las actitudes novedosas que emergen.

Jesucristo vivió una vida que, con frecuencia, estaba en desacuerdo con las convenciones y estructuras sociales, incluida la familia. Él hablaba de la iluminación individual, que, aunque en un principio separa a la persona del grupo, en última instancia beneficia a todos. El proceso de división, de separación de los valores colectivos, fue tan doloroso para Cristo como lo ha podido ser para cada una de nosotras. Al Cristo crucificado se le suele describir como alguien temporalmente separado tanto de Dios como del orden humano. Sin embargo, el Cristo resucitado transmite este claro mensaje: que de tal separación viene el renacimiento, una nueva vida a partir de un centro redefinido e impulsado por la energía divina.

Yo llamo a esta energía «energía crística», pero su presencia se encuentra en todas las religiones que celebran la transformación como parte integral de la vida de las personas. No somos los creadores de la energía crística; somos sus contenedores. Está ahí, en nosotras, como creatividad, que es una expresión del amor. Amar es la esencia de lo divino en nuestro interior.

Sin embargo, Psique fue al palacio de Afrodita para rogar que lo perdonara, y la diosa respondió imponiéndole una serie de tareas aparentemente imposibles, entre las cuales se hallaba la de separar una montaña de minúsculas semillas en distintos montones, según su especie. Psique tenía hasta la mañana para llevar a cabo tan imposible tarea.

Pues bien, me di cuenta de que tanto en el relato de Psique como en mi sueño había una solitaria vigilia nocturna a modo de castigo, pero era un castigo que portaba en su interior una recompensa. No obstante, resulta significativa la forma en que ambas historias divergen en este punto. Psique hizo lo que cualquier mortal hubiera hecho, se desmoronó y lloró con amargura, pero las hormigas vinieron en su ayuda y separaron cuidadosamente las semillas en distintos montones. Ese llanto amargo era justo lo que yo nunca me había permitido hacer cuando me separaron de mi masculino creativo y me obligaron a realizar unas tareas no deseadas. Incluso hoy en día, aunque me consiento llorar, me resulta ciertamente difícil hacerlo. Me he pasado la vida casi sin llorar. Las lágrimas no me sirvieron de nada para ablandar la dureza de mi familia, y mi corazón no tardó en endurecerse contra mí misma, sin lágrimas que ablandaran, apiadaran o consintieran. El proceso que me estaba llevando a descubrir mi pasado a través de los sueños me exigía que derramara lágrimas; me exigía sumisión ante mi naturaleza instintiva inconsciente, una naturaleza instintiva de cuyos dones se me había privado. En la actualidad, las lágrimas brotan en mis ojos y me sorprenden ante alguna situación difícil por la que pueda atravesar otra persona; y entonces me doy cuenta de que algunas de esas lágrimas las derramo por mí misma. Sólo a través de tal subterfugio puedo llorar por mí misma.

En la historia de Eros y Psique, las hormigas son, en mi opinión, símbolo de esa naturaleza instintiva, pues habitan en las profundidades oscuras de la tierra, vienen a la luz de la superficie y median entre la tierra y el cielo, entre la consciencia y el inconsciente. Identifico a las, en apariencia, insignificantes hormigas con el poder de la interrelación, la afinidad, las verdaderas sirvientes de Eros, el principio de afinidad. Y veo en las lágrimas, y en las hormigas, sentimientos, instintos e intuición, con los cuales yo necesitaba reconectar; veo en ellas una fuente de poder del cual yo no me había servido, porque no había tenido en cuenta la energía del cuerpo como parte vital de la totalidad del *Self* o sí mismo. Tampoco había tenido en cuenta emociones tan poderosas como la cólera, el odio y la venganza, que había retenido en mi cuerpo y que tenía que liberar con el fin de invocar a sus opuestos más creativos: la compasión, el amor y el perdón.

Así, mi sueño me ofrecía una forma de conectarme con mi propia historia, la cual, aunque no me proporcionaba unas útiles hormigas, sí que me mostraba una imagen enigmática: la del creciente lunar-bumerán de la invisibilidad. El relato no sólo era un recordatorio de lo que yo me estaba haciendo a mí misma, sino que también sugería conexiones y posibilidades que me impulsaban hacia la unión de pensamiento y sentimiento para recuperar de nuevo la totalidad, la integridad.

A diferencia del relato de Psique, mi sueño no procedía directamente hacia la resolución, sino hacia el conflicto. En cierto modo, se me recompensaba por haber sido capaz de soportar los terrores de la noche: se me daba un objeto que me confería la invisibilidad.

Sin embargo, si bien la «invisibilidad» me permitía escapar, no parecía que resolviera el verdadero problema. Si tú «no estás ahí» (no tienes identidad), ¿cómo vas a crear algo que *sí esté ahí?* Aunque el bumerán pudo ofrecerse como dispositivo de protección, impedía también que se me reconociera por mis propios y singulares dones. El sueño parecía sugerir que había llegado el momento de liberarme de él. La soñadora describía al bumerán como un objeto con forma de creciente, asociado, por tanto, con la luna, la imagen arquetípica de lo femenino. Y se supone que un bumerán es para lanzarlo, no para conservarlo y retenerlo. Si arrojaba el bumerán, yo perdía mi invisibilidad y, por tanto, llamaba la atención sobre mí misma; y éste era mi temor, porque no pasar desapercibida suponía el riesgo de estar expuesta. Pero quizás la promesa fuera ésa: el bumerán está diseñado para volver a la mano que lo arrojó, y quizás éste regresara hasta mí como energía femenina. Ciertamente, el sueño parecía estar instándome a que asumiera riesgos, en vez de soportar tan sólo la tempestad. Sólo fortaleciendo el contenedor de mi cuerpo a través del trabajo corporal aprendería a caminar orgullosa a través de la tormenta, en vez de acobardarme con ella en el incierto refugio de las fantasías mentales. Pues aunque había conseguido evitar los conflictos con mi familia (ocultándoles mi verdadero poder creativo), también me había aislado de una verdadera empresa creativa al conformarme con una existencia de fantasía.

Pero ¿por qué volaba yo en el sueño? El verdadero trabajo creativo tiene lugar cuando ambos pies están firmemente asentados en el suelo. Al robar el automóvil de la mujer bien vestida, yo le estaba arrebatando la *persona,* la «máscara», a la mujer respetable. Al convencer a mi marido de que podía volar y llevarme consigo en su vuelo, yo ponía sobre él una carga, la de «Tú eres el responsable de mi destino». ¡Así pues, yo conseguía meter a mi marido en esta fantasía! Ahora bien, yo no iba a conseguir nada en tanto en cuanto estuviera encaramada en el último piso de un edificio universitario. Tenía que «bajar a la tierra» como la mujer real, vulnerable y madura que era; en resumen, como mí misma. No iba a conseguir integrarme en la totalidad de mi ser a través de quimeras, de fantasías o de la magia de la invisibilidad. Ésta fue quizás la tarea más difícil para mí, pues suponía aceptar mi defectuosa humanidad, mi realidad de carne y hueso. Significaba renunciar a mi estatus de princesa. El peligro radicaba en intentar escapar desde la mente, en vez de redescubrir la tierra firme de mi ser, mi cuerpo, del cual me había disociado hacía mucho, pero con el que había tenido que hacer una tregua durante mis años de maternidad y crianza.

Pero había un pequeño y extraño detalle en el sueño que me picaba la curiosidad, aquel del hombre que miraba a través de mí debido a mi invisibilidad. Hasta aquel momento, lo más cerca que había llegado a estar de mi masculino interior había sido en el sueño del fugitivo de la armadura.

Sin embargo, este último sueño sugería que quizás el motivo era mi invisibilidad. Mi masculino interior estaba tan separado de mí como lo estaba yo de mis sensaciones corporales y mis instintos. No debería sorprender, por tanto, que nunca lo hubiera conocido como un portador de Eros positivo. En aquel punto, mi masculino interior era o bien un gran enemigo y el impedimento supremo para mi creatividad femenina, o bien una figura insignificante e incapaz de ayudarme. Sin embargo, como ya señalé al hablar de otro sueño antes, él podía convertirse en el vínculo más potente con mi yo creativo. Así, Jung habla del matrimonio entre lo masculino y lo femenino en la persona como el fundamento de la totalidad y la fuente de la creatividad. Pero, en aquel momento, lo masculino en mis sueños todavía no se había acercado con galanteos a mi femenino, simplemente porque no podía verme, y mucho menos acercarse a mí.

Comencé a captar la situación que describía el sueño cuando volví a la universidad, siendo ya una estudiante madura. El sueño parecía hacerme una advertencia acerca de lo que podría ocurrir si no hacía las paces con mi pasado. Si quería tener éxito con mi doctorado en esta segunda ocasión, tendría que asegurarme de estar en un nivel de consciencia mayor.

Ésta fue la razón por la que Marion me prescribió una buena dosis de trabajo corporal durante este período. Estuve trabajando con una terapeuta corporal que me ayudó a tomar conciencia de mi cuerpo, algo que necesitaba de manera perentoria. También reuní a un grupo de personas interesadas en una forma de meditación a través de la danza. Durante un tiempo, incluso consideré la posibilidad de convertir en trabajo este nuevo interés junto con otra persona del grupo, un hombre con cierta formación previa en terapia a través de la danza. Sin embargo, no tardé en descubrir que lo que él tenía en mente era ocupar el papel principal y relegarme a mí al de aportar capital y organizar la empresa.

Me di cuenta con rapidez que, una vez más, estaba asumiendo el papel de «mujer ánima». Y, lo que es más, aquel hombre me veía a mí como parte de una organización jerárquica en la que él sería el jefe, asignándome un papel con el que ya estaba familiarizada: «servir» para promocionar la carrera de otro. Pero esta vez no acepté el juego. No obstante, el enfado que me provocó reconocer cuán fácil era embaucarme, y lo proclive que seguía siendo a proyectar mi masculino interior inconsciente sobre un hombre real, fue lo que me empujó a volver a la universidad.

Así pues, entré en un programa en el que se determinaría si podría continuar mis estudios de doctorado a tiempo completo. Había llegado el momento de liberar a los esclavos. En septiembre de aquel año estaba ya asistiendo a clases, tan nerviosa como una chica de instituto; pero me resultaba casi imposible escribir nada que fuera coherente y lógico. ¿Acaso no había conseguido nada después de casi un año de análisis? No hacía más que tener reproches para mi persona.

Pero justo antes de Navidad tuve este sueño, que me daba ánimos para seguir adelante. Al menos, parecía decirme que estaba yendo en la dirección correcta.

> Estoy bailando con otras personas. Estamos trazando el patrón de una estrella, haciendo la forma de una estrella con el recorrido de nuestros pies, haciendo un tejido hacia dentro y hacia fuera mientras trazamos las puntas de la estrella, siempre en círculo, siempre de izquierda a derecha. Me tengo que concentrar mucho, porque la forma de la estrella es muy importante para mí. [20 de diciembre de 1982]

La imagen de la estrella me indicaba que por fin estaba comenzando a tejer mi propio destino. La estrella tiene, entre otras connotaciones, la de la singularidad individual. Por otra parte, Marie-Louise von Franz habla de seguir tu estrella como de aceptar el aislamiento; significa «no saber adónde ir, teniendo que elaborar una forma completamente nueva para ti, en vez de recorrer tan sólo los senderos trillados por los que circulan todos».[3] El movimiento de izquierda a derecha indicaba que me estaba moviendo desde el inconsciente hacia la consciencia, y que éste era el camino a seguir.

Aunque con frecuencia me sentía desanimada ante mis dos papeles en la vida, el de ama de casa y el de estudiante, empecé a darme cuenta de que eran dos tesoros de los que debía disfrutar. Hasta entonces, mis sueños parecían advertirme de que estaba viviendo demasiado en la mente; me instaban a abandonar una actitud unilateral y buscar el equilibrio. Tenía que aprender a conjugar las demandas de ambos, de la cabeza y del corazón. El siguiente sueño vino después de una acalorada discusión que tuve con uno de mis profesores. Entré hecha una furia en su despacho después de haberle hecho un mal trabajo; y, aunque no se lo dije así, tenía la sensación de que él estaba despreciando mi intelecto. Le dije que había intentado complacerle y que había fracasado, y que ahora iba a intentar complacerme a mí misma. Si me tenían

3. Marie-Louise von Franz y Fraser Boa. *The Way of the Dream* (Toronto: Windrose Films, 1988), pág. 71.

que expulsar, al menos que fuera en llamas, en un estallido de gloria. Mi profesor se quedó atónito, pero no hizo ningún comentario.

Mi actitud y mi comportamiento cambiaron justo en aquel momento, pues empecé a confiar en mí misma y a hablar con franqueza. A su vez, el profesor también cambió su actitud conmigo. Lo que había estado haciendo era proyectar sobre él mi sistema de valores de la infancia. De manera inconsciente, lo había convertido en «padre», de tal manera que yo podía interpretar el papel de «buena hija». Por suerte, él se había mostrado demasiado compacto psicológicamente como para participar, de modo que fue incapaz de jugar a mi juego. Y mi cólera de mujer vino en mi auxilio en cuanto me descubrió jugando al juego del patriarcado una vez más, y me instó a que emprendiera la acción. En vez de avergonzarme (replicando así el sentido de culpabilidad de la niña abusada), me había defendido. Verme obligada a depender de mis propios recursos en esta ocasión fue lo mejor que me podía pasar. Me sorprendí a mí misma al adoptar una postura independiente, y el premio fue un mayor aporte de energía y una mayor confianza en mí misma. El siguiente sueño, que me introdujo en el enérgico aspecto masculino de mí misma, indica hasta qué punto fue profundo el cambio en mi actitud.

> Estoy en la parada del autobús que hay delante de la biblioteca pública cuando veo a un joven que parece estar haciendo el vándalo con una señal delante de un viejo granero abandonado que no había visto antes. Lo miro con actitud seria y se detiene. Entonces me invita a que vaya a explorar con él el granero, en cuya parte superior se asienta, de forma bastante precaria, un pequeño desván. Subimos por unas desvencijadas escaleras y vemos, entre la paja esparcida por el suelo, una cabeza o máscara de arcilla que parece representar a un hombre primitivo, de muchos miles de años de antigüedad. Es muy hermosa. Al principio, pienso que se trata de una máscara mortuoria, pero no tardo en cambiar de opinión: tiene un claro significado vital, ritual, porque tiene la barbilla ornamentada con líneas entrecruzadas y otros diseños. En cambio, las cuencas oculares y los párpados están trabajados de forma muy natural. Tiene el rostro alargado,

y parece que debió de tener huesos muy hermosos bajo la tersa piel. La calavera no muestra las deformidades de fases anteriores de la evolución humana, pues es muy hermosa; sin embargo, transmite una sensación de gran antigüedad, e incluso un aura de reliquia religiosa. Se ve que está bien colocada entre la paja, pues parece tan segura aquí como en cualquier otra parte. [30 de enero de 1983]

En este sueño me encontré finalmente con mi masculino joven, un chico rebelde y bastante enérgico. Aunque superficialmente parecía un vándalo, por debajo se mostraba dispuesto a aceptar una disciplina si se le trataba de forma amable pero firme. A mí la nueva disciplina académica me había resultado difícil de aceptar, sobre todo porque necesitaba con urgencia que me dieran aliento y no había manera de conseguirlo. De hecho, encontré el aliento que necesitaba en el mismo profesor que pareció infravalorar mis esfuerzos hasta que me defendí. Lo que había hecho al reafirmarme había sido despertar a mi pendenciero masculino joven, que recompensó mi interés por él mostrándome la antigua y numinosa máscara. El sueño indicaba que había un importante tesoro oculto en el más abandonado de los lugares, entre la paja de un granero. Al igual que el nacimiento de Cristo en un establo, en los escenarios instintivos más humildes se pueden dar transformaciones y renacimientos increíbles. Yo tenía la tendencia a infravalorar mis capacidades intelectuales en aquellos tiempos, cosa que venía atestiguada por mis frecuentes ataques de pánico y depresiones, réplicas de aquellos que había padecido en mis años de graduación. El sueño parecía estar diciéndome que, aunque mi piso más alto no parecía ser el lugar más auspicioso para descubrir verdades importantes, debía de tener fe en mí misma, porque allí había un tesoro. Sin embargo, la construcción en la que estaba oculto aquel «tesoro» se hallaba en un estado precario. Un viejo granero en medio de un entorno urbano no es más que una trampa mortal en caso de incendio, una construcción que está pidiendo la demolición. Tenía que restaurar el edificio; el sueño me estaba diciendo que aún no era lo bastante receptiva a las necesidades de mi cuerpo.

Cuando llegó la primavera, había conseguido satisfacer los criterios para entrar en el programa de doctorado, de modo que conseguí una beca y un puesto de enseñanza como tutora. Durante el verano, antes de comenzar el programa como estudiante a tiempo completo, tuve este sueño:

> Estoy saliendo de un aula en la universidad cuando me encuentro con una destacada académica charlando con un famoso profesor, que es su mentor. Él me invita a entrar en su despacho. Delante tiene un gran número de documentos sobre mi formación y educación en el pasado. Toma un documento más breve, un informe mecanografiado que representa una estimación más personal de mis capacidades. Luego, me entrega el grueso dosier, sugiriéndome que no lo lea, porque en el informe breve, que se queda para él, hay una estimación más precisa y favorable de mis capacidades. Parece complacido conmigo, y me dice que tiene algo que mostrarme. Invitándome a pasar por otra puerta, salimos a un gran campo, sobre el cual hay un juguete grande, un avión motorizado con el que suele jugar. Tiene un cable con el cual puede dirigir la maqueta, que «vuela». Pone en marcha el avión y lo hace despegar. Debido a su gran tamaño (mucho mayor que cualquier otra maqueta de aeromodelismo), traza enormes círculos sobre el campo; mientras tanto, el profesor sigue los movimientos del avión desde un carro tirado por una yegua. Es como Papá Noel, de tanta anticipación, alegría y entusiasmo como genera. Eventualmente, la yegua se suelta y viene a hablar conmigo. Me doy cuenta de que la académica ha vuelto, pero toda mi atención está en la yegua. No sólo es un animal mágico capaz de hablar, sino también una criatura increíblemente vivaz que puede levantarte el ánimo. Al final, es la yegua la que me deja con buen sabor de boca, muy feliz y entusiasmada. [21 de julio de 1983]

En aquel momento, el sueño me estaba mostrando la escisión a la que me tendría que enfrentar durante los años en que estuve estudiando en la universidad. Era mi escisión entre el excesivo respeto que sentía por las autoridades académicas (la mujer académica y el famoso profesor) y mi atracción por los dones instintivos, lúdicos y altamente personales (la yegua). En un principio, el sueño parecía una relación en apariencia ideal entre lo masculino y lo femenino: con el mentor masculino iniciando y guiando a la discípula femenina. Pero cuando la figura masculina puso en marcha la maqueta del avión, ésta resultó ser demasiado grande para él, y tenía que aprovecharse de la energía femenina (la yegua) para poder controlar la situación. Al principio, mi atención sólo se vio atraída por aquel hombre benévolo, sentado en el carro y empleando una gran cantidad de energía; pero luego me di cuenta de que la fuerza en realidad procedía del animal que tiraba del carro en el que iba el hombre. Lo que en un principio me había impactado, lo del mentor y la discípula, ahora se me antojaba una nueva réplica del viejo modelo patriarcal que tanto había aborrecido en la jerarquía eclesiástica. Pero el sueño me estaba ofreciendo una alternativa a través de la independiente yegua. Si la yegua era la energía femenina, aquello era el indicio de que el viejo paradigma de la sumisión estaba dejando paso a novedosas posibilidades para mí. Si la yegua estaba dispuesta a dejarse llevar por mí, ¿por qué no pasar por alto al excéntrico anciano para volar yo misma el avión?

Obsérvese que la soñadora no formula la importante pregunta de Parsifal de a quién sirve el objeto, en este caso un avión y no el Santo Grial. Ni tampoco pregunta de dónde procedía la energía del avión o quién estaba dirigiendo realmente esa energía. ¿Era la figura masculina o la yegua? En el sueño, yo estaba demasiado fascinada con el patriarcado académico como para plantearme tales preguntas. No obstante, el inconsciente, en sueños como éste, me empujaba a cuestionármelo.

El sueño, con el preámbulo del famoso profesor y su ayudante, venía a decir que yo seguía sintiéndome atraída por el modelo patriarcal, que hace someterse a la energía femenina frente a la masculina. Sin embargo, después de descubrir a la yegua, esta configuración patriarcal masculina-femenina inicial parecía menos fiable, menos deseable, incluso menos auténtica. Si bien es cierto que el profesor sostenía las riendas, era la yegua la que podía detenerse y soltarse de pronto; en resumen, ella podía romper la conexión. Lo que parecía claro era que tanto el profesor como la yegua eran socios en igualdad de condiciones mediando entre el cielo y la tierra. Las dos energías que conectaban la intuición con el instinto eran energías masculinas y femeninas, dirigiéndose hacia una asociación en términos de igualdad dentro de mí. Sin ellas, el avión habría dado unas cuantas vueltas en círculo para estrellarse a continuación en el suelo.

Lo cierto es que yo había estado proyectando mis propias capacidades en mis profesores. El peligro era obvio: en la medida en que yo atribuyera mi éxito a sus esfuerzos por mí, yo no iba a desarrollar la confianza necesaria para convertirme en profesora de pleno derecho. El sueño me advertía que no me confiara a las fantasías de Santa Claus, que representan los regalos que te dan los demás, cuando, en verdad, los regalos están dentro de mí misma o no están en ninguna parte. El sueño venía a recordarme que la potencia masculina que estaba emergiendo en mí y el área de lo femenino, muy vulnerable (mi propio fuego instintivo, que tanto me había costado poner en marcha en los primeros años de análisis), tenían que entrar en contacto con la tierra. El aspecto positivo del sueño se hallaba en la atracción que sentía la soñadora por la yegua; sin embargo, existía el peligro de que la soñadora no fuera capaz aún de valorar la importancia de que la yegua le hablara.

En la época de este sueño, estaba siguiendo mis instintos, pero más de una forma inconsciente que consciente. El hecho de que hubiera tenido este sueño durante las vacaciones de verano y no en pleno curso académico proporciona la clave para una interpretación. Durante aquel verano en particular, me había inscrito en un curso académico por diversión; es decir, como estudiante no oficial, como oyente. Ni se me evaluaba por mi estudio ni estaba obligada a hacer trabajo alguno. Así, cuando me invitaron a presentar un seminario ante la clase, me sentí libre para seguir mis propios intereses. Una vez me embarcara en los «serios asuntos» de los cursos de grado, tal «indulgencia conmigo misma» me habría parecido inapropiada; más tarde, pensé, tendría que trabajar dentro de determinados parámetros fijos, establecidos en función de los intereses de mi profesor, no de los míos; después de todo, se me valoraría en función de los criterios del profesor en cuanto a lo que es importante.

Así pues, mi relación con la yegua fue un lujo que me consentí a mí misma al presentar el tipo de seminario que me interesaba a mí en el entorno no oficial y poco serio de mis estudios de verano, en lugar del tipo de seminario que posteriormente me habría sentido obligada a desarrollar, la clase de seminario que yo pensaba que mis profesores esperarían de mí. Es evidente que, en este punto, todavía estaba interiorizando una serie de estándares que no casaban demasiado bien con mis propios deseos y capacidades. El trabajo académico, tal como estaba definido por mis acciones en aquellos momentos, era algo aceptable para el *statu quo*.

Era improbable que produjera algo original en tanto en cuanto continuara forzando mi creatividad a lo largo de los canales prescritos. Ni tampoco iba a abandonar mi rígida adherencia a mi estudio patriarcal, determinado interiormente, por el hecho de que mi seminario de verano fuera considerado un éxito, pues di por hecho que los elogios del profesor no fueron más que palabras. Sin una nota al final del curso, ¿qué importancia tenía todo aquello?

El siguiente sueño, que tuvo lugar un mes después, ya en otoño, demuestra hasta qué punto me había desviado de mis propios intereses y del paradigma instintivo de aquel seminario de verano. Una vez más, estaba esforzándome por seguir el patrón establecido por mi profesor, con el resultado de que me estaba complicando mucho más las cosas de lo preciso. Estaba padeciendo un intenso estrés, porque sentía que aquello no me llevaba a ninguna parte. No sólo no estaba satisfaciendo mis propias necesidades intelectuales, sino que además estaba haciendo demasiados esfuerzos para tan pocas ganancias; *además,* me pasaba las horas trabajando en un despacho, lo cual sometía a mi cuerpo a una tensión aún mayor. Estaba descuidando gravemente mi cuerpo, mi contenedor femenino, y este sueño me advertía, de forma muy clara, para que enmendara mis caminos.

> Quiero pedirle a mi hija que venga conmigo a recoger manzanas al fondo del campo, pero me da miedo dejar a mi hijo pequeño. De pronto entra una enfermera con un bebé de aspecto robusto en los brazos, de aproximadamente un año de edad. Aparece el médico y me dice que mi hijo está muy sano, pero que mi hija no parece estar muy bien. Piensa que sería bueno para ella que me la llevara a recoger manzanas. Entra mi hija y veo que está decaída, incluso deprimida. Es como si estuviera padeciendo un

> trastorno psicológico e, inmediatamente, me siento muy preocupada y angustiada por ella. [9 de octubre de 1983]

De hecho, había empezado a tener mareos, como si la carga de las supuestas expectativas de los demás hubieran empezado a pasarme factura. Lentamente reconocí la necesidad de reconciliar los aspectos opuestos de mí misma.

Comencé a darme cuenta de que mi cuerpo ya no iba a estar por completo gobernado por los dictados de la mente. El hijo pequeño (mi trabajo intelectual más reciente) no debía tomar precedencia sobre la hija enferma (mis valores femeninos). Durante la noche de Nochevieja tuve este sueño:

> Estoy en un seminario dirigido por mi profesor favorito. De repente, pienso que pronto me van a pedir que entregue un artículo y siento pánico, porque todo cuanto he hecho es unas cuantas anotaciones en un papel. Sin embargo, poco después me quedo absorta en la discusión sobre un autor en concreto y señalo que, en los escritos de esta persona, la tinta se convierte en sangre gradualmente. «¿Te refieres a lo femenino?», me pregunta una compañera de clase. «Sí», respondo. «Me preocupa la idea de sucesión», dice el profesor y, para mi sorpresa, veo que es una mujer la que dirige ahora el seminario. Mi profesor se ha convertido en una profesora mayor. [1 de enero de 1984]

Interpreté este sueño como una admonición para que no me avergonzara de mi sentir femenino. Se me ocurrió que las personas creativas y, ciertamente, los escritores y escritoras que estaba estudiando habían creado a partir de una parte de sí mismas que estaba imbuida de sentimiento (sangre), aunque la creación en sí se hubiera convertido en el logo de la impresión en una página. Un proceso legítimo de la estudiante de literatura podría ser el de rememorar el patrón de sentimiento en sí misma. Esto es lo que yo estaba intentando hacer ahora. Además, la interpretación vital, activa, supone examinar la forma en que la estructura de las palabras transmite ese proceso. Yo era consciente de que las palabras en sí mismas transmiten mensajes al lector o la lectora, tanto de manera consciente como inconsciente. Para ser lo más objetiva posible como lectora, yo sabía que tenía que examinar mis propias suposiciones, así como las desveladas en la obra, con el fin de descubrir un contexto, otro contenedor, por decirlo así, para la interpretación.

Cuando me llegó el turno de entregar un artículo, lo presenté de una forma que honraba mi lado femenino. ¿Qué suponía eso? Por una parte, significaba ignorar el modo en que se hubieran presentado los materiales previos. Eso hubiera sido complacer al padre, prestar atención a la rígida conformidad de la cabeza, tomar el sendero probado y verdadero para conseguir la nota. En cambio, lo que hice fue escuchar cómo el material quería ser presentado, y me confabulé con mi cuerpo para que me diera la energía y el coraje necesarios para presentarlo así. Y resultó que los miembros del seminario, sobre todo mujeres, encontraron mi artículo especialmente vivo y emocionante.

En mi sueño, el contorno masculino de la figura que dirige la clase se desdibuja y adquiere los rasgos de lo que bien podría ser la antigua sabiduría femenina. Sentí que quizás el sueño estaba vitoreando así mis esfuerzos. No obstante, yo seguía recayendo, seguía sin confiar en mi intuición femenina. El siguiente sueño presentó la situación de peligro que existía para la psique, pero de una forma novedosa y graciosa.

> Estoy subiendo unas escaleras, tramo a tramo, hasta que llego al último piso. Pero, una vez allí, me asustó, porque de pronto no puedo encontrar el camino para bajar. Estoy con mi marido, pero él también parece incapaz de encontrar el camino. Miro a través de una ventana y veo que estamos a una gran altura; la única manera de bajar es a través de esta ventana. Vuelvo a mirar a través del cristal y veo que los bomberos están abajo y han extendido una enorme red. Lo único que tengo que hacer es saltar, pero me aterroriza la idea. Sin embargo, al final me fuerzo a ello. Llego a tierra sana y salva. Para mi sorpresa, veo a una mujer en una cama elástica grande dando saltos divertida, subiendo cada vez a mayor altura, de tal modo que no tarda en alcanzar la ventana de la que acabo de saltar y parece que está divirtiéndose mucho con ello. [18 de diciembre de 1985]

El sueño parecía estar diciendo que corría peligro de quedarme atrapada en la cabeza, y que una forma más fácil y agradable de conseguir los mismos resultados sería la de abordar mi trabajo como un juego. Pero esto implicaba cierta humildad –literalmente, descender a la tierra–. (La raíz latina de la palabra «humildad» es la misma que la del término «tierra»). También significaba darle al cuerpo el lugar que le corresponde, porque el cuerpo es el contenedor del proceso creativo. El sueño también estaba diciendo que las personas que se pierden en la cabeza pierden el tiempo y la energía, y se sumen en el pánico con facilidad, sobre todo si tienen miedo a las alturas.

Los sueños no hacían más que decirme que confiara en mi propio femenino para poder alcanzar mi auténtica masculinidad. Los sueños parecían estar diciéndome que mi energía masculina emanaba del lecho de roca de mi poder femenino, pero ilustraban también mi propensión a proyectar mi masculino, ya fuera en mi propio marido o en mi profesor preferido. Me resultó difícil comenzar a retirar la proyección, porque significaba dar un salto a lo desconocido y confiar en mis propios recursos, en mi propio ser femenino. Sin embargo, en este sueño, finalmente hice el salto de fe y aterricé a salvo. Una vez conseguido esto, me di cuenta de que podía elevarme desde el suelo de mi propio ser en vez de depender de las desgastadas escaleras, que no ofrecían garantías de alcanzar una meta satisfactoria.

En aquella época, depender de mí misma se me antojaba muy arriesgado. Tras haber sido gravemente traicionada por figuras masculinas en los inicios de mi existencia, no debería sorprender que tuviera serias dudas acerca de la fiabilidad de mi propio masculino interior. Pero, por paradójico que resulte, cuanto menos confiaba en mi masculino interior, más atribuía o culpaba a los hombres de mi alrededor por mis éxitos o fracasos. Sobrevaloraba lo externo y devaluaba lo interno. Pero yo tenía miedo de mi creatividad, porque creía que mi masculino interior me traicionaría cuando menos lo esperara. El siguiente sueño establece de un modo sucinto tanto el problema como la solución.

> Estoy en la fiesta de aniversario de boda de una anciana amiga a la que quiero mucho, y estoy admirando su nuevo servicio de té chino cuando me percato de que hay una esquirla en la tetera,

> cerca de la tapa. Justo entonces entra un trabajador de la granja y mi amiga me lo presenta. Él me abraza cálidamente y me besa con cariño en los labios. Algo parecido al amor se remueve en mi interior, pero pienso: «No es más que un porquero». En esto, se va y abandona la casa. Le estoy esperando toda la tarde, pero ya no vuelve. Siento remordimiento, y siento dolor como si hubiera perdido a un amigo fiel y muy querido. [Febrero 1985]

Este sueño hablaba de la idea del contenedor creativo. En mi sueño, una figura femenina había aceptado hacía poco un servicio de té como regalo; la tetera era nueva, pero tenía un defecto. De hecho, el sueño deja claro que el defecto estaba en mí, en no haber sabido valorar la energía femenina, sin la cual no podía acceder al poder masculino. Tal inaccesibilidad se mostraba en mi fracaso al no reconocer un potencial amante en el porquero, al cual consideraba inferior a mí.

Una se acuerda de que Cristo era la piedra angular que los constructores rechazaron; en esta ocasión, yo estaba rechazando a mi propio potencial masculino por dos motivos. En primer lugar, yo no estaba acostumbrada a pensar que eso me pertenecía, que era parte de mí, y lo que no podía reconocer como tal no podía «poseerlo». En segundo lugar, el sueño revelaba que yo tenía una idea algo inflada de lo que debía ser el poder masculino; decepcionada por las figuras masculinas de mi infancia, no estaba dispuesta a confiar en nada que no estuviera a la altura de mi rígida noción de lo que era aceptable, ¡y exigía poco menos que la perfección! En cuanto al masculino interior, el mejor no llegaba a ser bueno.

El sueño me sugería que dejara a un lado mis infladas ideas, que no eran más que mera fantasía de lo que constituye la energía creativa, por enamorada que yo estuviera de esas ideas. Aquí me enfrentaba a algo real a mi alcance, y lo había dejado ir en favor de un glamoroso sueño. La conexión entre lo femenino creativo y lo masculino creativo era evidente; tenía que ser un matrimonio, una unión entre socios iguales. También era evidente que tendría que trabajar mi lado femenino, fortalecer mi autoestima como mujer, para poder desarrollar un contenedor lo bastante fuerte como para aceptar el poder creativo masculino y dejarme impregnar por él.

Lo que más recuerdo de este sueño son los intensos sentimientos que despertó en mí. Me acuerdo con toda claridad de mi desagrado inicial por el porquero, seguido de aquel doloroso arrepentimiento cuando se fue. El sueño transmitió con claridad la sensación del paso del tiempo mientras yo esperaba, ansiosa y triste, a que regresara. Aquella mañana, cuando desperté, y durante bastantes días después, estuve lamentando su partida, convencida de que se había ido para siempre. La figura masculina no regresó a mis sueños de una forma que mi ego onírico encontrara aceptable hasta casi dos años después, tras comenzar a hacerme amiga de mi sombra (la parte inconsciente de la feminidad de una mujer). En el siguiente sueño se hace evidente que mi naturaleza femenina sufría una profunda herida.

> Estoy en una fiesta, en una cena. Me lo he pasado muy bien flirteado con un hombre que está frente a mí, para desasosiego de mi marido. Nos vamos a la salita de estar a tomar un café y, de pronto, la sala se convierte en la cocina de la casa donde yo nací. Una niña baja por las escaleras, como hacen de vez en cuando los niños en mitad de una cena de amigos de sus progenitores, para ser el centro de atención durante unos minutos, antes de que los obliguen a irse a la cama. La niña que baja parece ser bastante extrovertida. Es una niña encantadora, y le digo a su igualmente encantadora madre: «¡Preséntamela!». De repente, por detrás de la niña aparece otra niña, pero esta se muestra muy tímida e introvertida; parece incluso estar aterrorizada. Es como si hubiera sufrido un trauma. De inmediato, me doy cuenta de mi error. Lo que era apropiado para la primera niña que había visto era un terrible calvario para la que había detrás. De manera súbita, la niña lloriquea y dice: «¡Mamá, no, por favor!», y la mujer se vuelve furiosa hacia mí porque me considera la responsable de la angustia de su hija. [21 de junio de 1986]

Aunque era consciente de la naturaleza de la herida que los abusos sexuales y emocionales de mi infancia habían causado en mi psique, no me había tomado el tiempo necesario para hacer las paces con ella. Pero tampoco sabía cómo hacerlo. Este sueño, junto a otros como éste, liberaron en mí aquellos sentimientos que yo tenía que procesar. Pero necesitaba tiempo para que el proceso tuviera lugar en mí; y, una vez los sentimientos comenzaron a liberarse, me obligaron a dedicarles tiempo, a prestarles atención, sumiéndome en un estado de depresión. Poco después, las necesidades de mi inconsciente se pusieron claramente en primer plano.

Sucedió así: durante el período en que había cumplido ya con todos los requisitos de mi doctorado –excepto la redacción y la defensa de la tesis, que ya estaba preparando–, me sumí de pronto en un bloqueo mental. Fue un momento de depresión, desgana y tristeza, para las cuales no encontraba un motivo concreto. Estuve sumida en este estado durante más de un año; hasta que, poco a poco, a través de los sueños, comencé a encontrar la fuente de mi pesar: la niña herida que una vez fui. En el sueño que acabo de narrar, se me decía que yo era la responsable del actual estado de la niña; de hecho, yo estaba comenzando a darme cuenta de ello. ¿Y si no hubiera ignorado a mi propia niña traumatizada, la niña que había sido?

El sueño comenzaba con una situación distendida, en una cena de amigos, donde yo estaba flirteando animadamente con un hombre por el que no sentía mucho interés, salvo para divertirme un rato. Interpreté esto como mi retorno a la vida académica; había algo de irreal en ello, demasiadas vallas que saltar y, por entonces, yo había aprendido a saltar vallas bastante bien. Pero el sueño estaba diciendo que el verdadero trabajo, la recuperación de mi verdadero potencial creativo, tenía que comenzar en la cocina de la granja de mi infancia. El sueño me llevó hasta aquella cocina. Al principio, estaba de buen humor; pero poco después se me despertó de un modo bastante brusco. Tenía que llevar a cabo una verdadera sanación psíquica antes de reemprender la tarea que había comenzado.

Allí, al fin, comenzó el lento proceso que me llevó a enfrentarme a mi primera infancia. Una vez más, mis noches se llenaron de pesadillas. Durante un sueño, descubrí en una cueva a una niña que estaba famélica, olvidada de todos, moribunda; en otros sueños, presenciaba la repetida y brutal violación de una niña. Aquí comenzó el verdadero proceso de integración de mi sombra. Aquí tuve que comenzar a cuidar de la niña que fui, la niña a la que mi propia madre fue incapaz de atender.

Este período particular de pesadillas fue muy parecido a aquel otro que tuve antes, salvo que, en esta ocasión, el inconsciente parecía estar invitándome a vivir no tanto el terror de ser atacada como a apiadarme por la niña atacada. Se me estaba obligando a enfrentarme a la situación de mi abuso y a nutrir una potente fuente de creatividad que se me había arrancado brutalmente. Esto suponía desbloquear, al fin, las lágrimas que nunca fui capaz de derramar.

Ahí, en el dolor de mi niña interior, se hallaba la fuente de aquella extraña tristeza que me superaba cada vez que intentaba escribir mi tesis. Y cuando comprendí la causa, entendí que tenía que dejar que ese dolor emergiera. Comencé a escribir un diario, sobre todo para plasmar en él mi amor por la niña herida, para consolarla. También coloqué una foto de ella en la mesa de mi despacho, la única foto que tenía de mi yo infantil, la imagen de una niña con unas flores en las manos, apretándolas con tanta fuerza que una podría pensar que temía que se las arrebataran.

Por algún misterioso proceso, una serie de acontecimientos externos coincidieron con mis descubrimientos internos. Jung le da a este fenómeno el nombre de sincronicidad: la misteriosa conjunción de acontecimientos en la dirección de un único objetivo o propósito. He ofrecido ejemplos antes; posiblemente el más significativo sea el de los accidentes que sufrió mi hermano y que coincidieron en el tiempo con mis sueños de violencia contra él.

Esta vez, mientras los sueños me llevaban a la cocina de la granja de mi infancia, mi madre me confesaba que había sido muy desdichada en sus primeros años de matrimonio, puesto que había tenido que trabajar hasta la extenuación para sacar adelante a la familia, siempre con la sensación de que era pobre. Curiosamente, durante esta época en la que yo intentaba dar cariño a la niña que fui, también tuve que empatizar con la madre que había sido incapaz de cuidar de mí. Y poco después le llegó el turno a mi padre, al cual una grave enfermedad le obligó a tomar conciencia de algunas cosas. Así, al ofrecer mi ayuda y mi comprensión tanto a mi madre como a mi padre, conseguí liberarme, al menos en parte, de mi frustración y de aquella sensación de inadecuación que sentía con respecto a ellos. Al fin y al cabo, no eran más que seres humanos, no los dioses que yo había creído que eran en mi infancia. Cuidar de los sentimientos de aquellas personas que no habían sabido cuidar de los míos siendo niña me dio nuevas fuerzas en mi sentido del poder femenino.

El siguiente sueño da cuenta de los resultados. En este caso, el objetivo era el de la sanación parcial de una familia desestructurada. Al menos, pude aceptar las inadecuaciones de mis progenitores al aceptar la responsabilidad por mi niña interior. Comencé a reflexionar sobre la extraña paradoja de los acontecimientos, sobre cómo la niña que yo no estaba destinada a soportar fue el medio utilizado para dar vida y amor a la niña que fui.

Al menos, ahora ya estaba dispuesta a encontrarme con otra manifestación de mi masculinidad interior, tal y como reveló el siguiente sueño:

> Estoy con una amiga, de excursión por algún lugar del norte de Inglaterra. Vamos subiendo por un camino empinado cuando, de repente, al llegar arriba, vemos un par de pórticos bellamente tallados que abren paso a través de un muro de piedra de aspecto muy antiguo. Las puertas están abiertas, de modo que entramos, y ante nosotras se abre la deslumbrante visión de un lujurioso y verde valle, salpicado de aliagas en flor aquí y allí. Abajo, en el fondo, se ven ríos y casas de piedra, y en el horizonte se elevan los altos picos de una cordillera. Un glorioso cielo azul, tachonado aquí y allí por briznas de nubes, completa esa imagen de serenidad natural. Estoy totalmente absorta en mí misma, en paz. Sin embargo, mi amiga, que no para, ha comenzado a explorar un enorme bloque de piedra que hay detrás de nosotras.
>
> El bloque tiene al menos un metro y ochenta centímetros de largo, entre un metro y metro veinte de profundidad, y entre metro veinte y metro cincuenta de altura. Es una pieza curiosa, algo así como un altar o una tumba. Mi amiga está examinando la superficie superior de la piedra con los dedos, cuando encuentra de pronto una sección que se puede levantar. Al hacerlo, nos encontramos con unos huesos y unos restos de ropa que debían cubrir al propietario de los huesos.

> Me siento horrorizada, tanto por su temeridad como por su insaciable curiosidad, y estoy a punto de reprenderla cuando, súbitamente, como si fuera una señal, aparece una mujer portando una cesta cubierta con un paño blanco. La mujer tiene el cabello blanco, pero no tiene arrugas en el rostro, y tiene un aspecto dulce. Se acerca, dándonos los buenos días con un movimiento de cabeza, y pone sobre la mesa de piedra el contenido de la cesta: todo lo necesario para preparar un té. Después, toma la cesta y se va hacia las puertas, cerrándolas con fuerza tras ella. «Creo que las puertas se han de dejar abiertas», le digo, recordando cómo estaban cuando las encontramos. La mujer no dice nada. Simplemente mueve la cabeza.
>
> Entonces, detrás de mí, escucho una agradable voz masculina. Me vuelvo y veo a un hombre de mediana edad, más bien fornido, pero de aspecto agradable, sencillo y rústico. Nos ofrece una taza de té y un pastelito de su curiosa mesa de té. Entablo conversación con él, dado que ha sido tan amable, y me entero de que es el propietario de la tierra en la cual nos encontramos. No tardo en descubrir que es un agricultor con medios. Es él quien pide que se sirva el té todos los días a esta misma hora. De repente me doy cuenta de que ha estado esperando con paciencia a que llegara a este lugar. También tomo conciencia de que me pedirá matrimonio y que yo aceptaré. [14 de enero de 1987]

El sueño indicaba que, durante mucho tiempo, la figura masculina había estado esperando pacientemente a que la descubriera. Aunque la naturaleza había sido humanizada (campos fértiles), en el paisaje había zonas salvajes (los picos de las montañas) y un asentamiento antiguo (el altar de piedra o tumba). La anciana, que parecía encarnar de algún modo una especie de juventud eterna, proporcionaba el sencillo pero nutritivo ritual del té de la tarde. Ponderé cuán diferente era este sencillo sacramento diario del té del ritual cristiano, con su recordatorio del cuerpo destrozado y la sangre derramada; sin embargo, había semejanzas entre ambos al celebrarse sobre un altar-tumba. Una inquisitiva, e incluso fisgona, hermana sombra tocaba los antiguos huesos que ponían en marcha el ritual.

La anciana –aunque eternamente joven– mujer, la portadora del «sacramento», era una campesina. Recordé que siempre había sentido vergüenza, no tanto por los orígenes campesinos de mis progenitores como por el hecho de que no se sintieran orgullosos de ello. Esto, junto con sus impredecibles estallidos de ira, me convencieron de que los campesinos no eran más que esclavos, si no de otras personas, sí de sus propias pasiones. No obstante, la campesina de mi sueño tenía el rostro dulce de una diosa, a la vez antigua y radiantemente nueva. ¿Y quién estaba justo detrás de ella? El próspero granjero, un hombre libre. El sueño me demostraba que mi punto de vista del granjero era demasiado parcial, pues era en mis raíces campesinas, profundamente instintivas, donde podría encontrar la antigua sabiduría femenina, que proporciona contexto a la energía y el poder masculino. Así pues, mi siguiente tarea sería aceptarme a mí misma como soy, sentirme orgullosa de lo que otrora había denigrado u ocultado avergonzada. Mi cuasi rechazo por el propietario de las tierras por ser un hombre rudo, sencillo y rústico estaba peligrosamente cerca de la errónea valoración del «no es más que un porquero» de aquel otro sueño anterior. Pero esta vez tenía a mi lado a mi amiga extrovertida para hacer que las cosas funcionaran. Al final, estaba comenzando a integrar ese aspecto de mi sombra que busca nuevos desafíos. En el sueño reconocí el principio masculino como alguien con quien «casarme» a fin de establecer una base duradera para mi creatividad.

Aquel otro sueño del pasado, en el que había desechado a la figura masculina como «no es más que un porquero», había comenzado con una esquirla en una tetera, indicando que mi contenedor femenino precisaba algunos arreglos. Durante el período en el cual estuve cuidando de mi madre, soñé que ésta rompía una delicada tetera de porcelana china, muy hermosa, pero muy poco práctica. En aquella época, sentí que el sueño hacía referencia al daño que mi madre me había hecho con su negligencia. Pero luego comencé a darme cuenta de que ya no sentía con tanta intensidad aquella rabia que en otro tiempo había albergado contra mi madre. Tampoco sentía ya que tenía que satisfacer las imposibles expectativas que mi padre y mi madre habían puesto sobre mí. La tetera del sueño formaba parte de un mundo de fantasía que ahora tenía que dejar atrás. Tan decorativa porcelana no podría utilizarse jamás en la vida cotidiana para el agua hirviente de la vida.

A medida que iba expresando mis sentimientos, empecé a comprender hasta qué punto tenía una naturaleza apasionada. En el pasado, mis emociones se habían vuelto contra mí misma; la ira reprimida me había llevado hasta una sensación de futilidad, de inutilidad. Ahora me daba cuenta de que, si quería hacer un verdadero trabajo creativo, tendría que desarrollar cierta dureza, cierta resistencia. Dicho de otro modo, para poder liberar mi masculinidad, tendría que encontrar un contendor femenino más fuerte. Esto suponía cambiar determinadas actitudes: confiar de forma consciente en mis capacidades, así como enfrentarme con determinación a las fantasías del pasado. Por encima de todo, significaba seguir confiando en la necesidad y el deseo de la psique de ser sanada, y en el poder del inconsciente para sanarla. El siguiente sueño sugiere el trabajo que aún quedaba por hacer y de qué modo se me estaba guiando en el proceso.

> Estoy viajando con una amiga por un país de Europa. Estamos en una región donde la gente es muy primitiva, incluso bárbara, tanto que nos proporcionan a un guía varón para mostrarnos sus moradas. Sus hogares están excavados en las profundidades de la tierra. Son moradas pequeñas, con sólo dos o tres habitaciones apenas amuebladas, con el suelo de tierra. Todo esto indica una vida que se halla reducida al mero nivel de subsistencia, una vida muy baja en la escala de la evolución.
>
> Una chica de unos quince años vive aquí con sus progenitores, biológicos o adoptivos. Es evidente que es muy diferente de ellos, pues, mientras ellos son viejos, deformes y burdos de palabra y movimientos, como la tierra de la que fueron creados, ella tiene rasgos y formas más finas. Su piel es tersa y del color de la crema; su cabello es negro, y probablemente tendría rizos si se lo dejara crecer. Pues, de hecho, lleva el pelo corto y en punta, como los niños estadounidenses de la calle actuales.
>
> Estábamos hablando con ella –aunque nos respondía con toscos gruñidos, pues, aunque sus hechuras son finas, no así su forma de hablar– cuando mi amiga me llama desde fuera de la

habitación. Mi amiga está convencida de que ha habido violencia en la casa; quizás la niña ha asesinado a sus progenitores. Optamos por irnos apresuradamente, abandonándola a su poco prometedor destino, porque sospechamos que la chica puede ser de naturaleza violenta e irredimible. Yo acababa de mostrarle un lápiz de labios rojo cuando mi amiga me llamó desde fuera, de modo que opto por dejarle el lápiz, junto con un frasquito de crema facial, en vez de levantar sus sospechas pidiéndole que me lo devuelva todo. Pero resulta que estos objetos le proporcionarán una pista a la chica para localizarnos posteriormente.

Nos las ingeniamos para salir a la superficie sin guía alguno, y nos vamos a Londres. Acabamos de salir del metro en Victoria Station cuando me doy cuenta de que nos siguen. De hecho, mi amiga nos ha traicionado sin darse cuenta al leer en voz alta la dirección de nuestra *pied-á-terre,* de nuestra segunda residencia en Londres. Aunque nos las ingeniamos para escapar en un taxi hasta nuestro destino, sabemos que será cuestión de tiempo que nos encuentren.

La dirección resulta ser un edificio alto y estrecho, y tenemos que compartir el apartamento, en el piso más alto, con otra mujer. La habitación es grande y tiene ventanas en todas las paredes. Mi amiga me llama para que vaya a contemplar las vistas, y me quedo petrificada ante la visión de la gran catedral que hay justo al otro lado de la ventana. Es como si el pequeño apartamento estuviera enclavado en las alas extendidas de la catedral. Sin embargo, lejos de sentirme reconfortada, estoy absolutamente aterrorizada, de tan impresionante y asombrosa que es la construcción. Aunque estamos lo bastante cerca de ella como para ver los diseños trazados en la oscura piedra gris, nos sentimos empequeñecidas por sus agujas y sus arcos góticos, por su espléndida e intrincada tracería. De hecho, estamos lo bastante cerca de la catedral como para sentir una especie de emanación numinosa. Sin embargo, no transmite ningún tipo de protección, y tampoco juicios, sólo una urgencia tremenda por emprender la acción en su mensaje no hablado; y me asusta su posible cólera si no obedecemos.

La propietaria del apartamento sube y deja entrar a un hombre que parece un funcionario, quien, después de hacer algunas preguntas, se va. Poco después viene otro hombre, bastante diferente del primero. Éste parece estar borracho o enfermo, pues se tambalea hasta que, por fin, cae al suelo. Lo llevamos a la cama mientras el sol se pone por detrás de la catedral, apagando de manera repentina la luz con una negra finalidad. Ahora, las cuatro personas que nos hallamos en la habitación tenemos que intentar sanarnos mutuamente mientras dormimos. [28 de julio de 1987]

Mi hermana sombra (una compañera habitual en los sueños que tuve en ese período) y yo nos encontramos con una chica adolescente en las más profundas capas del inconsciente. La chica se nos presentaba como poseedora de un gran potencial de belleza, pero había cierto salvajismo primitivo en ella. Su edad me recordó que yo tenía más o menos quince años cuando mi hermano se fue de casa y, por fin, los abusos terminaron. La chica del sueño parecía estar poseída por una cólera homicida; la hermana sombra, que está al tanto de las emociones más profundas y ocultas, me advertía de eso.

Ya he hablado de mi sentido de culpabilidad, que me impidió adoptar una posición firme contra mi familia biológica por temor a querer matarla, en particular a mi madre y mi padre. Pero no era tan sólo una furia asesina lo que estaba oculto en mi interior durante tantos años. El sueño decía, como un alegato, que yo (en ese aspecto de mí misma que aparecía como una adolescente) había asesinado realmente a mis progenitores. Pero el énfasis en el sueño no estaba en la cólera de la chica, justificada o no. De hecho, la chica estaba, en la práctica, marginada como si fuera escoria de la sociedad. Lo que se me estaba comunicando, si no la cólera de la chica, era la cuasi remilgada reacción de horror de la mujer adulta ante sus supuestas acciones. Al liberarme de los sentimientos del sueño pude comprender su mensaje.

Para una niña, los progenitores son como una diosa y un dios. Y, sin embargo, en todos los casos, antes de que pueda hacer su necesaria transformación hacia la madurez, la hija va a tener que distanciarse de los valores y las opiniones de sus progenitores, reformulándolos por sí misma con el fin de vivir su vida individual. De no hacerlo, será como una marioneta en manos de una figura parental, que tirará de sus cuerdas y hablará sin cesar.

Lo cierto es que, durante todos aquellos años, yo había tenido miedo de cortar las cuerdas de marioneta que me ataban a mis progenitores, porque esas cuerdas representaban un vínculo, por tenue o brutal que fuera, para la niña que había sido, que temía que, de otro modo, sería completamente abandonada. Dado que mis hermanos y hermanas eran mucho mayores que yo, yo tenía la sensación de disponer de muchas madres y muchos padres, y cada uno representaba un obstáculo formidable para mi creciente independencia. En cuanto cortara la cabeza a uno de estos monstruos, esta hidra de múltiples cabezas haría aparecer otra cabeza. Y dado que mi sentido de identidad había sido apaleado brutalmente por mi hermano, la batalla permanente por la supervivencia me sacó de casa antes de haber desarrollado siquiera la musculatura necesaria para vivir de una forma del todo independiente.

El problema estribaba en que se esperaba que la niña en mí, que nunca había sentido un apego seguro con aquellas fuerzas primales, diera un salto hasta la madurez de la edad adulta y, esgrimiendo la espada de la discreción, cortara lo que era inapropiado del vínculo madre-padre/hija-hijo, al tiempo que mantenía una conexión familiar saludable. Pero yo no tenía muy claro qué significaba «saludable». Además, era como si la niña, traumatizada en una fase temprana de su desarrollo, no sólo existiera en compañía de la persona adulta, sino que también tuviera una mano en las decisiones de la adulta. Mientras la mujer adulta necesitaba libertad para crecer y desarrollarse, la niña, de la que yo no era consciente, estaba pidiendo a gritos vínculo y apego parental. Pero la mujer adulta en la que me había convertido, tras haber perdido toda conexión consciente con esa figura infantil exigente, estaba llevando una enorme carga de culpabilidad cada vez que estallaba pidiendo libertad.

Lo difícil ahora era separar a mi niña interior de los aspectos destructivos de su familia biológica, al tiempo que la conectaba con la vida familiar que yo estaba creando ahora para mí misma de manera consciente. El peligro para la consciencia se hallaba en que se cortaran las conexiones de ambas, la niña y la adulta, con la potencial creatividad de nuestro legado, profundamente arraigado, tal como se describía en el viaje en metro del sueño.

En la niña reconocí mi propio potencial femenino, con sus raíces en la tradicional cultura patriarcal del viejo mundo y su visible crecimiento en una atmósfera actualizada de rebelión crítica del Nuevo Mundo. Crecer significaba pensar de un modo diferente a mis progenitores, a mis hermanas y hermanos. Sin ser consciente de ello, me había sentido siempre muy culpable cada vez que intentaba establecer mi singularidad. El sueño me estaba diciendo que había matado a mi padre y a mi madre. La mujer adulta, es decir, mi sombra y yo misma, nos quedábamos atónitas y emprendíamos la huida. Pero habíamos dejado algo atrás, algunos artículos que pertenecían al mundo femenino civilizado. Le habíamos dejado una pista a la «asesina» adolescente, y ella había conseguido encontrar de nuevo a aquellas que podían ayudarla a hacer el tránsito hasta una nueva realidad.

El sueño me dijo también que tendría que reevaluar cuánto de mí misma estaba aún impregnado de esa hermosa y rebelde adolescente poseída por una cólera violenta. A pesar de mi aire conciliador, una ira amarga había estado hirviendo en mi interior, una ira que necesitaba ser «expresada»; literalmente, quitarle presión. En mi vida despierta siempre había sentido pavor ante la idea de hacerle daño a cualquier persona; así, en vez de defenderme, lo dejaba pasar, enterrando la ira y el resentimiento en lo más profundo de mi inconsciente. ¿Por qué optaba siempre por un enfoque conciliador? Porque quizás de manera inconsciente reconocía lo profundo de mi ira, que era lo bastante poderosa como para matar. Pero también tenía un miedo terrible a ser abandonada. Oponerme a los demás podría significar no sólo matarlos a ellos, sino también a mí misma. ¿Acaso no había pensado que aquel sueño en el que mataba a mi hermano podía tener un efecto auténtico en su bienestar en el mundo real? ¿Acaso no me había aferrado todavía, de forma infantil, a esos mismos progenitores que habían estado demasiado absortos como para ayudarme? ¿Acaso no me había convencido de que oponerme a ellos significaba matarlos?

La adolescente del sueño era hermosa, pero salvaje. Para apaciguar, domar y civilizar ese aspecto de mí misma femenino y activamente hostil, yo tenía que hacer primero el duelo por la angustia y la furia de mi niña herida, y seguir derramando las lágrimas que la niña no había podido derramar. El objetivo último era la totalidad, la integridad, donde cada aspecto escindido se dirigiera hacia la armonía y la reconciliación, hacia la creatividad. El sueño me estaba diciendo que, al proporcionar cierto coraje y ánimos a mi femenino herido y despreciado (el lápiz de labios rojo, el color del amor apasionado), podría llevarla de algún modo hasta la consciencia.

De hecho, el sueño demostraba que el proceso estaba en marcha. El escenario había ido subiendo desde lo más profundo del inconsciente, para explorar después los distintos niveles hasta llegar a la consciencia (todo ello simbolizado por el recorrido desde el metro londinense hasta el edificio alto y estrecho). La chica, tras seguir las pistas que yo le había ido dejando sin darme cuenta, quizás había llegado a nuestro destino antes que nosotras; era ella la tercera ocupante desconocida de nuestra *pied-á-terre,* de nuestra segunda vivienda. (Obsérvese que la palabra francesa, si bien pretende identificar «un alojamiento al que se puede llegar andando», se traduce literalmente como «pie en tierra»; una vez más, se me recordaba la necesidad de tocar tierra, de arraigar, en la búsqueda de mi naturaleza femenina; a la chica la descubrimos literalmente bajo tierra, y es obvio que se trataba de un elemento importante en el intento de tomar contacto con la tierra). Así, la tercera mujer podría ser el aspecto femenino que se deriva de la chica abandonada de la primera parte del sueño, además de un factor importante en la sanación de lo masculino herido. Si esto era así, ella y los demás habían llegado justo a tiempo, pues era evidente que la vida de la figura masculina corría peligro.

Al final del viaje, los personajes de este drama onírico se reunían en un tipo de habitación diferente, una que ofrecía una perspectiva por completo distinta del *Self,* el Sí Mismo. La habitación estaba dominada por la catedral, que, tan atractiva como abrumadora, transmitía una numinosidad tal que sugería la entrada en primer plano de una nueva dimensión: la espiritual. Jung se refiere a lo que tradicionalmente se ha entendido por religión como «el dios interior», como el *Self* o psique objetiva. Los cristianos hablan de esta manifestación como de la abrumadora presencia del Espíritu Santo, pero este mismo concepto se presenta en otras muchas religiones, porque concuerda con la experiencia humana del aliento de la vida, cuyo poder numinoso abruma. Reconocí en la catedral el potencial de una enorme energía femenina que podría liberar en mi persona si estaba dispuesta a tomarme el tiempo necesario para sanar mi naturaleza herida.

La catedral parecía llorar en una silenciosa, aunque poderosamente atractiva, petición de ayuda. No parecía proteger, tampoco enjuiciar. Dicho de otro modo, el Sí Mismo no estaba dictando órdenes ni criticando comportamientos pasados. Tampoco estaba diciendo «Hagas lo que hagas, cuidaré de ti». Su cautivadora numinosidad instaba a la ayuda, a la acción, a la asunción de responsabilidades. La soñadora sentía la tentación de dar la espalda a sus exigencias, pero era evidente que el trabajo que se estaba realizando a la vista de sus piedras era un proceso curativo.

En sueños del pasado siempre había estado presente este hilo: he vivido con el miedo a asesinar a alguien o a que me asesinaran. Pero ahora aparecía un nuevo hilo: confía y acepta la carga que se te ha confiado. El nuevo hilo decía: «Confía en el amor».

A tenor del sueño mi mandato era claro: tenía que despejar la situación conflictiva externa para poder emplear mejor mi energía en el trabajo interior. Y la última frase del sueño indicaba que habría que confiar en los poderes sanadores del inconsciente. Pero todos los elementos estaban en su sitio: la totalidad del Sí Mismo estaba indicada tanto por la catedral como por las cuatro personas. (En la psicología junguiana, el cuatro es el número de la totalidad). Pero la tarea anticipaba que los avances serían muy lentos, porque había mucho trabajo curativo que hacer.

Durante este período, me resultó imposible escribir nada de mi tesis. Pero algo más de un año después, tuve el siguiente sueño, que anticipaba la disolución de mi «bloqueo» creativo.

> Abro la boca, convencida de que voy a regurgitar algo, y de ella me sale la cabeza de una serpiente. Le doy unos golpecitos suaves para que se vuelva a meter dentro; trago y miro a mi alrededor esperando que no me haya visto nadie, y me digo: «Me parece que voy a tener problemas para digerir esto». [24 de abril de 1988]

El sueño sugería que la energía vital creativa (la serpiente) se estaba desperezando dentro de mí, la soñadora, y estaba comenzando a abrir el chakra de la garganta. Sólo tenía que dejar que el proceso tuviera lugar. Fortaleciendo mi contenedor femenino y reconociendo mi propio masculino interior, estaba comenzando a encontrar poco a poco mi propia voz. De hecho, comencé a realizar sustanciales avances en mi tesis doctoral en aquellos momentos. El siguiente sueño sugería que había descubierto el fuerte contenedor femenino que necesitaba, un contenedor menos delicado que la porcelana china de aquel sueño anterior.

> Súbitamente, le digo a mi marido que voy a comprar una tetera nueva por 47 dólares. Se trata de una tetera cuya cerámica se ha cocido de una manera especial que la hace resistente al calor más intenso. [10 de enero de 1989]

El nuevo contenedor me estaba costando cada uno de los años de mi vida. (Yo tenía cuarenta y siete años en el momento de este sueño). Parecía mucho más robusto, aunque menos ornamentado, que el anterior. Pero un sueño posterior me dio cierto sentido de poder continuo en el proceso curativo. Este sueño indicaba que estaba a punto de participar en un misterio sagrado cuyo ritual yo temía, pero sabía que tenía que pasar por él.

> Entro en lo que supongo que es una boutique, mientras mi marido espera fuera. Hay varias mujeres dentro, y supongo que son clientas y vendedoras. Pero me percato de que está lejos de ser lo que parece cuando veo un objeto sobre un cojín en el suelo. Al principio, quiero suponer que se trata de un cinturón profusamente decorado o un voluminoso collar. Pero cuando veo que se mueve, me doy cuenta de que es una gran serpiente, negra, con hermosas marcas blancas plateadas, tan iridiscentes como amatistas blancas. Después me doy cuenta, horrorizada, de por qué estoy aquí. Sin embargo, no puedo aceptar la inevitabilidad de mi destino y me precipito corriendo hacia un sacer-

dote que acaba de entrar súbitamente en la sala. Me arrojo en sus brazos, suplicándole entre sollozos que me proteja. Pero no tardo en calmarme, y le dejo marchar mientras me someto a lo inevitable. Las mujeres me acogen entre ellas y me tranquilizan diciendo que lo único que tengo que hacer es cantar y dejar que la temblorosa lengua de la serpiente toque mis labios. En mi interior estoy aterrorizada, pero externamente me muestro serena, aceptando la situación. Sé que debo dejar que ocurra. [23 de enero de 1989]

Me acordé de un salmo de *The Book of Common Prayer* [*El libro de oraciones habituales*]*:* «Oh, Señor, abre tú mis labios y cantará mi boca tu alabanza» y de labios tocados por brasas ardientes. Por ello asocié la lengua de la serpiente con la efusión de dones del Espíritu Santo. Pero ya no era capaz de relacionar tal efusión con la iglesia institucional, pues, en el sueño, aunque corría hacia el sacerdote de mi iglesia, me daba cuenta de que él no me iba a ayudar. Las viejas estructuras patriarcales en las que otrora confiara, que me ayudaron a perpetuar mi mundo de fantasía durante tanto tiempo, debían ser definitivamente abandonadas. Yo intentaba poner mi confianza en el nuevo sendero femenino. Intentaba arraigar mi nueva realidad en mi propio ser, que unificaba mente y cuerpo, intelecto e intuición, pensamiento y sentimiento. Y sabía que lo que tenía que hacer era inevitable, aunque me aterrorizara.

En el sueño, lo que Michael tenía que hacer era permanecer fuera y esperar, porque mi alma femenina estaba a punto de pasar por una fase de iniciación del matrimonio interior: el encuentro del alma femenina con el espíritu masculino. El sueño indicaba que el ego onírico no podía esperar protección de la vida por parte de su masculino externo; tendría que enfrentarse al proceso por sí sola. La serpiente era un doble recordatorio; por una parte, el recuerdo de aquella serpiente que salía de mi boca en el sueño anterior; y, por otra, de la bestia reptiliana de la historia de Psique, contra la cual sus envidiosas hermanas la advertían. La «bestia» resultó ser el marido de Psique, Eros; pero Psique tuvo que afrontar varias pruebas y actuar con gran coraje para liberar lo masculino de las tretas de su madre, Afrodita. Mi serpiente también tenía algo de numinoso; representaba el terror que sentía al rendirme al amor, tanto si ese amor era físico, como espiritual o creativo. Todas ellas eran manifestaciones del amor terrible y maravilloso que el Sí Mismo representa.

Pero la paradoja se hallaba en esto: a mi Psique/psique le aterrorizaba la serpiente, ante la cual no tenía más remedio que someterse; sin embargo, la serpiente representaba el amor que necesitaba para poder *ser* de verdad. Quizás éste sea el paso más difícil de dar para aquellas personas que, como yo, sufrimos abusos en la infancia: el terrorífico paso de someterse a la confianza y el amor. Sabemos que dispone del poder de matar; la paradoja, que tan difícil nos resulta captar, es que también dispone del poder de sanar. ¿Estaba dispuesta a aceptar este amor como base de mi creatividad?

Pasó bastante tiempo, durante el cual estuve inmersa en distintas actividades, como la enseñanza, la escritura y la orientación. Finalmente, había comenzado a experimentar la verdadera consumación de una vida plena. El proceso de sanación continuaba, aunque ahora era menos escrupulosa a la hora de tomar nota de mis sueños. Por último, cuando concluyó el curso en la universidad, mientras comenzaba a centrarme en las necesidades de mi cuerpo, tuve un sueño que me indicó que estaba dejando atrás el pasado. Al fin, la figura masculina, que tan amenazadora había sido para mí en mis primeros sueños de análisis, se estaba convirtiendo en mi amiga. Al fin, la energía negativa y destructiva que había representado se estaba transformando en la energía positiva de una empresa creativa. He aquí parte del sueño:

> Acabo de partir de una hermosa casa en la que he estado disfrutando de un fin de semana con otros muchos invitados. Dado que debo llegar a mi destino antes de que caiga la noche, voy a paso ligero por un silencioso camino campestre. Un joven me alcanza y su paso discurre a la velocidad del mío. Al principio, tengo miedo de él, pues, aunque parece empeñado en acompañarme, no me resulta una compañía particularmente agradable. De hecho, es como un dolor de muelas, habida cuenta de su conversación superficial y cargada de insinuaciones sexuales. Temo que pueda ser peligroso. Pero cuando le digo que me urge

> llegar a una isla concreta de la Georgian Bay antes de que caiga la noche, adopta una actitud más seria y se ofrece a llevarme adondequiera que tenga que ir, diciéndome que su embarcación a motor está a mi disposición. De hecho, su madre le está esperando en un muelle cercano para recogerle, y me garantiza que estará encantada de dejarme en mi isla.
>
> Pronto llegamos al muelle y, tal como el joven había dicho, hay una embarcación en la que espera una mujer madura y de aspecto agradable, que parece complacida de poder ayudarme. De pronto me doy cuenta de que soy mucho más joven, ya que la mujer me considera una esposa potencial para su hijo. La situación me resulta embarazosa, porque él es mucho más joven que yo, ¿o no? Los años que nos separan parecen desvanecerse, hacerse inmateriales.
>
> Entonces, me asalta la preocupación por entrar en contacto con mis seres queridos, para hacerles saber que he llegado sana y salva, pero no puedo recordar el número de teléfono. Sin embargo, caigo en la cuenta de que no están preocupados por mí; de hecho, saben que estoy bien. Ahora sé que llegaré a mi isla, y sé que voy a descubrir mucho de este hombre, con el cual su madre se muestra ansiosa por emparejarme. De repente, me relajo y empiezo a disfrutar de la belleza y de lo emocionante del momento.

En este sueño hay ecos de otros muchos sueños que he contado en estas páginas. El hombre de un sueño anterior, en el cual una anciana servía el té todos los días, encuentra aquí su homólogo, aunque más joven. Parece que el matrimonio entre lo femenino y lo masculino, que se dejaba entrever en aquel sueño, era por fin inminente.

Al principio, tenía miedo del hombre; de hecho, era una imagen del masculino destructivo (los hombres a los que yo mataba en mis primeros sueños), pero transformado en una energía positiva y creativa. La madre cariñosa ha vuelto bajo la forma de la sabiduría femenina, que sabe cuál será el feliz resultado de todo esto. Yo me mostraba inicialmente cauta; primero desconfiaba de los motivos del hombre y, más tarde, me preocupaba por nuestras edades tan dispares; por último, intentando tranquilizar a mis seres queridos, parecía estar cuestionándome mi derecho a tomar a este joven como amante.

Pero este sueño estaba lejos de sugerir una unión extramarital con un hombre más joven. Dado que había seguido estrechamente la evolución de esta figura masculina, pude darme cuenta de que pertenecía a mi vida interior. Poyectarlo en el exterior podría haber sido fatal para mi vida creativa, ahora que parecía tan cerca de alcanzar algún tipo de unión con mi masculinidad interior. Pero el «yo» del sueño también atraía la atención sobre sí misma: de repente era joven, mucho más joven que el ego onírico del principio. El número de teléfono que no recordaba, seguido del hecho de tranquilizarme porque mis «seres queridos» sabían que estaba a salvo y haciendo lo que tenía que hacer, probablemente no pretendía otra cosa que tranquilizar a mi mente consciente, sabiendo que ambos jóvenes pertenecían a mi vida interior. Él había adoptado la figura juvenil de mi espíritu masculino. Ella, el aspecto joven de mi alma femenina. Al final del sueño iban navegando hacia la isla, un lugar de silenciosa contemplación, un lugar donde la vida creativa podía florecer. Justo en el momento en que pensé que muchos de los conflictos que había encarnado se estaban resolviendo por sí solos, tuve el siguiente sueño, un sueño muy importante que voy a intentar desentrañar ahora. En él se me pedía que diferenciara entre el poder que emanaba en forma de complejos desde mis progenitores personales y el poder generado por el masculino y el femenino arquetípicos; sólo entonces mi ego despierto podría llevar a cabo la búsqueda de la totalidad simbolizada por el matrimonio divino entre las energías espirituales/anímicas arquetípicas y reconocer a quién debe servir el ego.

> Acabo de tener una reunión en la universidad, conversando con una mujer con un vestido plateado, cuando pienso que tengo mucho más en común con ella ahora de lo que tenía cuando ambas éramos estudiantes. Estamos en los jardines de la facultad, que están rodeados de muros de piedra cubiertos de hiedra. El hijo pequeño de mi amiga interrumpe nuestro agradable reencuentro tirando urgentemente de su manga; está ansioso por irse. Mi amiga accede finalmente a sus demandas y, sin disculparse, de repente se marcha.

Cuando se va, se acercan unos viejos amigos; parece que todo el mundo se haya ido. Quedamos sólo cuatro, dos hombres y dos mujeres.

Entonces, me doy cuenta de que el muro del jardín que hay detrás de nosotras se ha convertido en una gran puerta de madera como las que dan acceso al campo en una granja. Y, para mi consternación, mis amigos comienzan a trepar por la puerta. Les ruego que piensen en lo que están haciendo; después de todo, se están metiendo en una propiedad privada. Pero se ríen de mí de un modo tan despreocupado que termino por subirme yo también a la puerta con ellos.

Lo que yo pensaba que era la puerta hacia un campo es en realidad la entrada a una vieja casa de campo de madera. Estoy en la cocina; los muros están desnudos, sin revestimiento alguno; el suelo consta de tablones no demasiado cepillados, aunque bien fregados. Por la ausencia de muebles parece que nadie viva o haya vivido allí desde hace mucho tiempo. Mis amigos de la universidad parecen haber desaparecido, pero sé que mi marido y mi hija están en algún lugar de la casa, con una presencia indiferenciada, entre sombras. También siento que mi madre está cerca, pero es también una vaga presencia.

Entonces, de forma nítida, veo a mi padre, que está completamente transformado. Lejos de ser el octogenario de mis recuerdos, se le ve tan joven, guapo y encantador como en las fotografías de cuando yo tenía cuatro o cinco años. Me sorprenden las emociones que siento, y que no sentía desde que era muy niña. Siento reverencia, respeto, confianza y amor.

Mi padre reconoce mi presencia con una sonrisa cariñosa, pero no deja de hacer lo que está haciendo; está poniendo alarmas antirrobo en todas las puertas y ventanas, como si estuviera clausurando la casa por algún motivo. ¿Se estarán preparando él y mi madre para un largo viaje? Me percato de un cuenco con verduras pasadas, no comestibles; y, sabiendo que mi madre detesta desprenderse de nada, las arrojo por la puerta de atrás antes de que pueda decir que se las queda. Pero, de inmediato, la alarma se dispara. Aprieto los dientes, esperando que mi pa-

> dre monte en cólera debido a que, sin ser consciente de ello, he activado la alarma. Pero, para mi sorpresa, me sonríe como si dijera «¿Ves? ¡Funciona!».
>
> En ese momento llaman a la misma puerta cuya alarma he activado. Abro y me encuentro con una niña de entre doce y quince años. La invito a entrar, y doy por hecho que la estaban esperando, porque no tardo en oírla charlar con mi hija y con mi madre. El sueño termina aquí, capturando ese momento perfecto de retorno y reconciliación. Siento en mi interior la confianza y el amor que no he sentido en mucho tiempo.

La reunión de curso con la cual comienza el sueño establecía la temática. Era probable que mi ocupación de entonces, escribiendo artículos académicos, algo con lo que disfrutaba mucho, estuviera representada por los personajes de mis amigos de la universidad. Era evidente, por la novedosa valoración que hago de la mujer del vestido plateado (que asocio con la luna, símbolo de lo femenino arquetípico), que estaba descubriendo placeres donde menos lo esperaba, en áreas que antaño consideraba poco inspiradoras. Sin embargo, el masculino joven no estaba interesado en tales cavilaciones. Quería que me moviera, y movimiento era, precisamente, lo que me esperaba.

Los cuatro (un equilibrio de energías masculinas y femeninas) nos aventurábamos en una zona nueva, el campo de la granja. Yo, como ego onírico, me sentía ansiosa por entrar en la propiedad privada de otra persona. De hecho, en los artículos académicos que estaba escribiendo entonces me sentía reticente a apropiarme de la crítica feminista, un «campo» de estudio para el cual no había sido específicamente formada, salvo por lo que la vida me había enseñado. El sueño presentaba mi tendencia a ponerme límites como un retorno a mi infancia.

Una vez de vuelta en la granja de mi infancia, me encontré con mi padre, que estaba definiendo los límites de sus posesiones al comprobar el sistema de seguridad de la casa, para asegurarse de que todo lo que había conseguido a lo largo de la vida permaneciese intacto. Pero al seguir a mis compañeros y a mi compañera de la universidad, estaba negándome a reconocer tales límites. En cuanto me atreví a cruzar la valla, me vi de inmediato en el lugar y la época (el hogar de mi infancia) en los que me enseñaron los límites.

Pero lo que me encontré entonces fue muy diferente de lo que en otro tiempo había conocido: no había muebles, y hasta el suelo y las paredes estaban ahora desnudas. Todo esto me sugería que gran parte del contenido emocional negativo se había disipado. El sueño afirmaba que había llegado el momento de entrar en el territorio creativo en el que yo misma me había prohibido entrar hasta entonces. Mediante la imagen transformada de mi padre pude ver hasta dónde me había definido a mí misma de manera inconsciente a través de los límites patriarcales asumidos en la época de mi padre. De repente, vi la diferencia entre reconocer las propias limitaciones con los ojos bien abiertos y ponérselas una a sí misma desde el interior.

Esta interpretación se reafirma con la transformación de mi padre en el hombre al que yo quise siendo niña. Pero, donde en otro tiempo se hubiera enfurecido, ahora se mostraba comprensivo. El sueño me devolvía parte de la confianza que yo había sentido siendo niña, pero sin sentimentalismos empalagosos.

Este hombre era algo más que mi padre, pues representaba el poder de la energía arquetípica que yo había proyectado sobre él cuando era niña. Así, su transformación iba más allá del padre que yo recordaba, para adentrarse en la esfera del Padre arquetípico; de hecho, esta figura transpersonal transmitía tal numinosidad que conectaba a mi padre con la energía espiritual.

Así pues, el sueño venía a ser una especie de mapa de mis progresos. No se me estaba pidiendo que superara las limitaciones de mi condicionamiento, pues mis recientes consecuciones psíquicas las habían trascendido ya. El sueño trataba del regreso a la confianza y el amor: mi padre interior estaba en la ventana arreglando la alarma para proteger mi casa psíquica contra intrusos. Pero las alarmas no pretendían mantenerme encerrada, pues, cuando yo abría la puerta que él había asegurado ya, mi padre no cuestionaba en modo alguno lo que yo había hecho. Las alarmas estaban ahí para protegerme, para asegurar que mi ego desarrollara la fuerza necesaria para mediar entre el inconsciente y el consciente. Las alarmas no pretendían hacer de mi casa psíquica una prisión, porque la energía podía desplazarse con libertad a través de sus fronteras. El sueño demostraba que no había ningún obstáculo para que entrara lo femenino joven.

La imagen del padre arquetípico me liberó de la influencia negativa de mi verdadero padre. Al igual que la milagrosa transformación del hombre joven del sueño anterior, desde el varón peligroso y hostil hasta el compañero del alma solícito, el padre transformado apuntaba a la integración de los diversos aspectos de mi masculinidad interior, de cuya unidad emanaba una gran energía sanadora.

Cierto era que había reconocido al hombre de mi sueño como algo más que mi padre por su apertura a nuevas ideas (no sólo aquellas que proponía él, sino incluso las mías). Pero a medida que sentía el poder sanador de mi propia aceptación, fui capaz, por vez primera, de centrarme objetivamente en mi padre. Yo seguía queriendo pensar que había sido un padre indeciso, habida cuenta de sus accesos de ira cuando se enfrentaba a situaciones con las cuales no estaba familiarizado. Pero ahora estaba recordando otros aspectos de aquel hombre. También era un soñador, un buen cantante y narrador de historias; era un hombre dado al pensamiento abstracto y tenía algo incluso de visionario. Por ejemplo, fue él quien intuyó que tenía que sacar a su familia de Europa antes de que su país quedara arrasado por la guerra; además, fue él el que convirtió un simple oficio de carpintero en un lucrativo negocio que transformó la pobreza familiar en prosperidad. Pero el aspecto de mi padre que yo había proyectado en mi interior durante tantos años y que, por fin, estaba trascendiendo era éste: el de un verdadero patriarca, el de un hombre que ponía límites a los demás. Un soñador, sí; pero esperaba que todo el mundo siguiera *su* sueño. Simplemente no se le ocurrió que los demás pudieran tener sus propios sueños. Al intentar vivir mi propio sueño, yo estaba liberándome de su profunda influencia en mi alma; al fin me estaba relacionando de forma positiva con el complejo de mi padre.

Pero si fui capaz de ver a mi padre con más claridad después de analizar el sueño, también se me recompensó con una comprensión novedosa y más conmovedora de mi madre. El vínculo entre mi sombra femenina y mi madre personal se aclaró mientras meditaba sobre este sueño, y aunque la relación es de algún modo compleja, tengo que intentar exponerla porque es crucial para las fases finales de autodescubrimiento que relato aquí. Pues el sueño trazó cómo el complejo de madre llegó hasta la consciencia, se transformó en energía positiva y se integró en mi personalidad, fortaleciendo mi contenedor femenino.

Cuando comencé mi discurso, describí dos aspectos del arquetipo de madre, uno benigno y otro terrorífico. Ambos aspectos se reflejaban en este sueño. El aspecto benigno se presentaba como «la mujer lunar» con un vestido plateado. El creciente y el menguante de la luna constituyen la clave del valor simbólico de ésta: la transformación. El sueño evocaba cambios y era para mí el ejemplo más convincente, al principio, como mínimo, el cambio de mi padre: su transformación tuvo un impacto emocional inmediato sobre mí, como si fuera el mapa del recorrido de mi largo viaje a casa hasta la aceptación de mí misma. Me llevó mucho más tiempo dilucidar las implicaciones de la madre entre sombras en el sueño, así como sentir su impacto emocional. El hecho de reconocer, en el sueño, la mengua de poder en la madre negativa fue, en sí mismo, un acto de liberación del complejo de madre, del cual había sido prisionera hasta entonces.

En el sueño, el acto de arrojar fuera las verduras parecía un acto sensato, necesario e inofensivo. Necesario lo era, pero antaño hubiera sido cualquier cosa menos inofensivo. Pues si el padre en este sueño era ahora extrañamente bueno, la madre lo era aún más. Cuando, en otro tiempo, el ego onírico se habría encogido de miedo por una acción capaz de constelar el complejo de madre negativo, ahora esa misma acción la realizaba sin reparos. Pero mientras yo, como «actriz» en el sueño, estaba convencida de la necesidad de aquel acto –desobediencia a la madre (rechazo de sus valores)– lo hacía, no obstante, a espaldas de mi madre porque suponía que se opondría. Sin embargo, dado que la entrada de lo femenino nuevo parecía ser una consecuencia de la decisión de arrojar las actitudes antiguas, y dado que el sueño indicaba que la madre y la nieta estaban esperando la llegada de lo femenino joven, habrá que concluir que la madre entre sombras era del todo consciente de lo que estaba pasando; de hecho, lo que sucedió tuvo lugar bajo sus auspicios.

Parecía, por tanto, que la madre entre sombras en el sueño era la madre negativa transformada; también era más grande que mi madre personal, indicando así que se trataba de una imagen arquetípica. Y, una vez más, cuando mi ego despierto diferenció entre la madre personal (el origen de mi complejo materno) y el arquetipo femenino, fue cuando pude ver a mi madre personal con mucha más claridad. Me daba cuenta ahora de que el origen de mi terror ante su poder se hallaba en su negativa a dejarme ir. Si ella hubiera sabido forjar sus vínculos con amor, habría conseguido que yo me conformara dócilmente, sin tener que coaccionarme.

Pero a mi madre siempre le había resultado difícil separarse de sus posesiones; por viejo e inútil que fuera un objeto, no se desprendía de él. Se aferraba a todo. Tenía la casa llena de cosas que hacía tiempo debería haber tirado a la basura o haber regalado. Su casa había estado llena de niños a los que nunca hubiera dejado marchar. Pero, en el sueño, yo ya no la temía. Y me di cuenta de que, en la imagen de las verduras pasadas, yo estaba desprendiéndome de su obsesivo apego por mí. Y en tanto en cuanto yo había proyectado en mi personalidad a mi madre real como el complejo materno, la estaba ayudando a soltarme. Pero también estaba limpiando el camino para que mi propia hija me soltara. Al soltarme de mi apego a mi hija, yo estaba preparando el camino para una relación más libre entre nosotras; es decir, entre la generación actual y la siguiente. Lo que se presentó como echar algo sin valor, una acción que mi consciencia despierta podría haber pasado por alto en este sueño, había tenido una inmensa importancia. Representaba el sometimiento de mis valores femeninos ante lo desconocido; representaba el sacrificio de esas defensas que yo había mantenido en pie hasta entonces, porque, para bien o para mal, suponían cierta seguridad. Pero el sueño las presentaba como materia vegetal putrefacta. Conservar todo aquello habría supuesto introducir algo putrefacto en mi personalidad, en mi hogar psíquico. Por decirlo de una forma más positiva, al sacrificar los vestigios de una dudosa sabiduría femenina –cuentos de viejas marujas que no podían nutrir mi alma– y cuestionar la autoridad masculina que limita el crecimiento, yo me estaba arrojando en los brazos de lo desconocido y estaba abriendo la puerta a nuevos valores femeninos que, para mi sorpresa, eran aceptados por el padre y eran igualmente bien recibidos por la madre y la hija. Lo que había que sacrificar era la sumisión infantil ante actitudes obsoletas como punto de negociación para la supervivencia. La verdadera salvación (y no meramente supervivencia) significa sacrificar lo viejo, ya fueran viejas actitudes, viejos sistemas de valores o antiguos complejos.

Una vez más, como con la fusión de lo masculino fragmentado, la integración curativa de los aspectos femeninos de mi personalidad me llevó a redefinir a mi madre personal, y ahora era capaz de ver la profunda paradoja de su naturaleza. Extraordinariamente generosa en muchos aspectos, mi madre era capaz de prodigar atenciones y afecto sobre cualquier persona, una contradicción para su tacañería. Rígida y limitada en sus puntos de vista, podía ser, no obstante, iconoclasta hasta el extremo, y con frecuencia lo era. Sobre todo en el área del trabajo, mi madre cruzó muchas barreras. Prefería trabajar con hombres. Supongo que hasta se podría decir que mi madre no creía en eso de «trabajo de hombres» como categoría; para ella, sólo había trabajo, y punto. Prefería poner a prueba su musculatura bajo el cálido sol que trabajar en la cocina; pero, si tenía que entregarse a las faenas de la cocina, lo despachaba todo con rapidez para volver fuera con los hombres lo antes posible.

Por tanto, mi madre era bastante opuesta en muchos aspectos a mi padre, el que marcaba límites. Si mi madre se aferraba al *status quo* era probablemente porque se aferraba a la vida, una vida vivida a la carrera, con pleno vigor, sin discreción, modestia o límites. Esta visión de mi madre apuntaba al origen de la amiga fisgona, indiscreta y aventurera de muchos de mis sueños. En realidad estoy en deuda con este aspecto de mi madre personal, pues sólo con la llegada de la amiga sombría de mis sueños fue cuando tomó impulso el proceso de integración. Fue ella la que inicialmente se asomó y se entrometió en todo tipo de áreas prohibidas, para consternación de mi ego onírico. Ella se convirtió en el mecanismo por el cual mi ego fue capaz de desarrollar una postura más independiente; mediante sus esfuerzos, los elementos masculinos y femeninos se motivaron mutuamente para crecer y desarrollar poder.

La acción de arrojar las verduras, impulsiva y osada, demuestra que mi ego había integrado por fin a esta amiga sombría; ella y yo éramos ahora una. Pero encontré más evidencias de la transformación de mi ego en la reacción de mi padre ante tal acción, en absoluto enjuiciadora, a pesar de disparar su sistema de alarma. Yo esperaba que tuviera un acceso de ira, pero mi padre subvirtió mis expectativas. Esta figura masculina no ponía límites y respondía a las circunstancias cambiantes aceptándolas, lo que evidenciaba su crecimiento.

Al liberarme de viejas actitudes pude desbloquear la energía de mi femenino creativo, que estaba literalmente en el umbral de su renacimiento. Lo que el sacrificio significaba para mí era lo siguiente: nunca más aferrarse a unos valores que habían propiciado que yo abusara de mí misma hasta mucho después de que las figuras abusadoras hubieran sobrepasado su papel de hombre del saco en una guardería; significaba no esconderme más detrás de mi sensación de indignidad y vergüenza. Y, aunque nunca me recuperara por completo de la mutilación sufrida en la infancia, creo, no obstante, que el sueño me estaba diciendo que había llegado el momento de arrojar a la basura esos ulcerosos recuerdos, para que no hicieran más daño en mi casa psíquica.

Y dado que este punto es tan importante, me veo obligada a resaltarlo. El hecho de encontrarme a mi padre en su juventud no implicaba que yo hubiera regresado milagrosamente a mis fantasías de juventud. ¡Nada más lejos! De hecho, mi verdadero padre estaba lejos de volver a ser el hombre que una vez había parecido ser; cada vez era más cascarrabias, enjuiciador y difícil. Pero el sueño no me estaba hablando de la relación con mi verdadero padre, sino que simbolizaba a mi espíritu masculino interior, que dispone del potencial de impregnar a mi alma femenina en desarrollo para dar a luz una creatividad auténtica, quizás insignificante en términos mundanos, pero significativa para mí. Al final, al separar a las figuras parentales de la energía arquetípica que emanaba de las capas más profundas del inconsciente colectivo, pude desarrollar una sólida base para el matrimonio divino entre lo masculino y lo femenino, pudiendo confiar en que tal unión proporcionaría los fundamentos necesarios para construir mi creatividad y mi autoestima.

El sueño ilustraba la verdad subyacente de mi naturaleza: que yo, una «hija de su padre», había cerrado el círculo para llegar al hogar de mi infancia. Siendo niña, había proyectado en mi padre la imagen anímica arquetípica de la masculinidad; y, como muestra de amor, el femenino arquetípico había transformado la imagen rota en mil pedazos, como ocurre con todas las imágenes proyectadas, que se hacen pedazos cuando los viejos ideales colisionan con las nuevas realidades. La nueva imagen de mi padre onírico, que se parecía tanto a mi padre y que, sin embargo, era tan diferente, parecía ser el fundamento de mi masculinidad interior, además de una importante fuente arquetípica del joven del sueño anterior. Tal imaginería de totalidad, traída a la luz por la energía femenina del complejo materno, me devolvía al amor de la madre arquetípica y me conectaba con mi yo femenino más profundo.

Mi verdadera madre estaba en este sueño. Aunque era una presencia entre sombras, estaba esperando expectante a que la hija, que estaba en el umbral de la feminidad, pasara por la puerta. Mi madre, mi hija y la recién llegada figura femenina joven formaban al instante una alianza que me conmovía profundamente. Pues, aunque toda mi atención parecía centrada en mi transformado padre al final del sueño, el estado de ánimo de regreso y reconciliación impregnaba todo mi ser. De hecho, cuando entablé conversación con estas personas a través de la imaginación activa, descubrí que un aspecto esencial del bienestar que sentía al final del sueño procedía de la sensación de confianza que tenía en mi propio cuerpo, en mi contenedor femenino.

Aunque mi madre no estaba definida con nitidez, su presencia era el hilo que conectaba a la mujer plateada del principio del sueño con la chica que entraba por la puerta de atrás cuando yo tiraba las verduras. En un principio, la madre era una figura entre sombras porque todavía no estaba plenamente integrada en mi consciencia; como imagen arquetípica, seguía estando fragmentada, seguía contaminada por las emociones negativas que yo sentía con respecto a mi madre verdadera. Mientras que yo había dejado marchar a mi padre, una parte de mí seguía aferrada a mi madre real. Pero en cuanto sacrifiqué las viejas actitudes (las verduras en descomposición), lo femenino joven llegó y estableció un vínculo instantáneo con mi madre y mi hija.

Así pues, el sueño apuntaba a lo que bien podría ser la transformación más importante de todas: la restauración de mi ser femenino en la totalidad. En el sueño, mi madre era el fundamento de mi yo femenino, el pivote sobre el cual giraba el acto final de la transformación. Lo que representaba concretamente era mi propia naturaleza femenina, que incluía a mi cuerpo de mujer. El sueño, por tanto, representaba una especie de logro para mí, algo así como el milagro del regreso al hogar. «Pero, ¿qué es el hogar? –me preguntaba yo–. ¿Es, simplemente, que acepte a mi madre real?». En el sueño, con mi madre ocurría lo mismo que con mi padre, que era sólo una referencia parcial a mi verdadero padre. Volver al hogar no era, simplemente, una especie de «fiesta del amor», donde de pronto me veía capaz, en un resplandor de iluminación, de comprender a todo el mundo, de perdonar a todos y de entrar en una especie de estado del ser oceánico y dichoso, como el bebé en el vientre materno. En cualquier caso, incluso al final del sueño, la madre estaba entre sombras. Era como si mi aceptación de su presencia fuera todavía provisional, precisando la mediación de damas plateadas cariñosas y de chicas adolescentes inocentes.

Me haría consciente de la importancia de la pregunta «dónde está el hogar» después de tener el siguiente sueño, pues lo que subrayaba era la importancia de mi cuerpo en la relación con mi femenino creativo. En el sueño, yo amaba a mi propio cuerpo como el contenedor de mi poder creativo femenino. El deseo y la aceptación de una relación sexual con otra mujer era la señal del deseo de conectar con mi propio cuerpo. También reflejaba mi creciente necesidad de establecer relaciones estrechas con otras mujeres. En otro tiempo, yo era algo así como «la mujer de un hombre», pero ahora sentía interés por el contacto «mujer a mujer».

> Soy una mujer joven de veintitantos años. Es la década de 1960 y paso por delante de un café, un establecimiento habitual en aquellos años, donde acudían artistas y bohemios de todo tipo. Delante de la fachada, esparcidas en un pequeño trozo de hierba, están las mercancías de los artistas. Hay allí una mujer de poco más de veinte años y, en cuanto la veo, me enamoro de ella. No puedo describirla de otro modo que como mi amiga del alma.
>
> Me lleva a su jardín, donde le pido que me haga el amor, y ella se pone a ello en lo que yo denominaría una manera exclusivamente femenina de hacerlo. En vez de comenzar, como lo haría un hombre, con caricias, ella lo prepara todo como para llevar a cabo un ritual. Saca una cesta en la que lleva jabones y ungüentos, y lava mi cuerpo de manera lenta y sensual. Me doy cuenta de inmediato de que esto es, para mí, la forma adecua-

da de comenzar; pues, cuando hago el amor, siempre tengo la sensación de que primero tenemos que quitarnos el sudor de la actividad diaria. Me siento relajada, dispuesta a entregar mi sexo a su sensible lengua. Siento un profundo amor por ella, confío en ella y en mi propio cuerpo.

Éste fue un sueño que tuvo una importancia decisiva para mí. Hablaba del restablecimiento de mi yo virgen; de mi cuerpo, en la inocencia, que finalmente me devolvían. Se me retrataba como a una mujer en el umbral de la madurez, cediendo al abrazo de mi propio femenino creativo. Quizás mi amante fuera la chica de mi sueño anterior, que se había hecho ya mayor. Al fin regresaba a mi propio hogar: mi cuerpo, el principal contenedor de mi creatividad femenina. Llegué a conectar con mi auténtico ser; tenía la sensación de estar justo en el centro del «quién soy yo», sin *persona,* con el ego sometiéndose al Sí-Mismo, al Self.

Este sueño también me ayudó mucho a comprender las profundas heridas que tenía en relación con mi propia madre. Puso en primer plano el mensaje del sueño anterior: regresar a casa significa volver a mi propio cuerpo; significa «apropiarme» de mi cuerpo. Me llegó como una revelación de que mi creatividad podía estar relacionada con el hecho de aceptar mi cuerpo. Y mientras reflexionaba sobre el acto amoroso de las dos mujeres, empecé a darme cuenta de cuánto necesitaba establecer un contacto más estrecho con la madre entre sombras del sueño anterior. Cuando comencé a dialogar con ella, me descubrí expresando sentimientos muy negativos en relación con su cuerpo y también con el mío.

Cuando era niña, detestaba el cuerpo de mi madre, pues para mí representaba todo cuanto era feo. Recuerdo una vez en que vi nacer a un ternero y me decían que yo también había nacido del cuerpo de mi madre. Aún puedo rememorar la indignación que sentí. La mera idea me resultaba repelente, por lo que la rechace al instante. Detestaba tocar a mi madre o que ella me tocara a mí.

Pero ¿sentía todo esto antes de sufrir los abusos? Simplemente no puedo recordarlo. Quizás hubiera interiorizado el odio por el cuerpo humano antes incluso de padecer los abusos. Sí que recuerdo resistirme al contacto físico de mi madre siendo muy pequeña. Y las pocas veces que intentaba darme un abrazo, me metía en mis adentros y soportaba sus caricias apretando los dientes, con todo el cuerpo tenso a causa de su intrusión en mi campo personal.

El hecho de liberar parte de estos sentimientos relacionados con mi cuerpo me ayudó a comprender por qué había ganado y perdido peso alternativamente en los últimos años, cuando las sesiones con Marion eran pocas y distanciadas. Al meditar sobre mi femenino herido, había constelado el complejo materno negativo; había comenzado a *encarnar* el conflicto y mi cuerpo se había inundado con la cólera reprimida durante tantos años. Y el «trabajo mental» del mundo académico no hacía otra cosa que exacerbar la situación. Buscaba comida muy concreta en momentos como éstos. Pero el vacío que estaba intentando llenar y el hambre que estaba intentando satisfacer eran emocionales. Los alimentos que ingería hacían que ganara peso sin alimentar a mi parte femenina, que había sido violada. Es ahora cuando empiezo a sentir lo tenso que llegó a estar mi cuerpo, lo pesado que era. Dejé incluso el baile no porque, como me decía a mí misma, no tuviera tiempo para esas bobadas. Dejé de bailar porque mi alma había dejado de desear elevarse en el aire. Es ahora cuando reconozco que pesaba de mera desesperación. Y fue durante este período cuando encontré en Marion el alivio a mi sufrimiento afirmando mi femenino positivo. Ella decía: «Reconecta con tu cuerpo». Me recordaba, una y otra vez, lo «atascada» que había llegado a estar en la mente. Cuando me ponía tensa, la energía se bloqueaba y, cuando la tensión se liberaba, la energía fluía de nuevo.

Ahora estoy trabajando en liberar mi alma, cuyo hogar es el cuerpo que durante tanto tiempo desprecié. El matrimonio de mi alma femenina con mi espíritu masculino tendrá lugar cuando ambos hayan sido liberados de sus prisiones; la primera, de su dolor emocional; el segundo, de los confines de sus ideas preconcebidas. Una vez liberados, no es probable que tomen ejemplo del pasado muerto, con su no entonado gravemente; lo más probable es que lo tomen de la energía vital y espiritual del divino sí.

Ahora, al fin, siento en verdad la importancia de reclamar mi contenedor femenino, pues para crear necesito energía. Preciso la fuerza de mi cuerpo. Antes, cuanto más me urgían mis sueños a conocer mi cuerpo, menos lo experimentaba. La sensación de mi propio cuerpo se había ido alejando poco a poco, y cuanto más se alejaba de mi consciencia, cuanto más vacía me sentía, menos podía nutrirlo con alimento espiritual.

Ahora estoy alcanzándolo con todo mi amor, mi tristeza y mi pena. Ahora, mi cuerpo, ella, llora. En el silencio de mi habitación, sorprendida y asustada por sollozos secos que brotan de lo más profundo de mi cuerpo, les doy palabras. Dejando que mi cuerpo cuente su historia me rindo al instante. Me abro a una tristeza que parece infinita y, después, a un gozo que sólo se puede expresar como un regreso a casa con un ser querido. Escucho la voz de mi propio cuerpo y sé que yo soy ella.

Me he sentido culpable por despreciar mi cuerpo, y el odio se puede ver en estas páginas. El proceso de sanación de mi psique podría haberse abreviado, sin duda, si hubiera sido capaz de comprender hasta qué punto mi cuerpo me estaba pidiendo que lo escuchara. Los sueños repiten el mensaje una y otra vez, pero mi propia inteligencia me impedía escucharlo. Una y otra vez, yo obviaba las necesidades de mi cuerpo y me conformaba con «deberías» y «tendrías», la letanía simplona de canciones que mi padre me enseñó.

Lo que se me pedía era nada menos que un acto de sometimiento a un poder superior que exigía de mí una confianza absoluta en mi propio cuerpo.

Mi primera confianza en mí misma había residido exclusivamente en mis capacidades mentales. Pero, remontándome aún más atrás, la necesidad infantil de escapar al mundo de la fantasía había sido el origen de un gran empoderamiento intelectual. Pues las historias que entretejía en mi imaginación eran mucho más que juguetes de infancia. Sus imágenes arquetípicas eran talismanes que me protegían de los peligros del mundo. Pero no eran capaces de sanarme, en la medida en que esas imágenes sólo estaban activas en mi cabeza, como defensas. Se podría decir que, para mí, no puede haber sanación arquetípica si no se manifiesta en mi cuerpo. Pero, a medida que me abría a las imágenes, ellas me fueron proporcionando un puente desde el territorio de la cabeza hasta la tierra del corazón, conectándome con heridas emocionales que, con el tiempo, llegué a sentir como un dolor físico, corporal.

Randolf Stanley Hewton, 1888-1960. Benedicta, *en torno a 1935.* Óleo sobre lienzo, 183 x 121 cm. McMichael Canadian Art Collection. Regalo del señor y la señora H. J. Campbell, 25 de junio de 1969.

Mi interpretación de esta pintura es muy personal. La mujer está bailando en la arena, quizás a orillas de un lago del norte. Ella simboliza a la perfección mi alma femenina renacida, que una vez fue violada, pero que se me ha devuelto. Destila una especie de sabia inocencia. Su belleza no es la de la juventud, sino la de la madurez. A diferencia de las mujeres que representaron los maestros del Renacimiento, sus rasgos faciales no son perfectos, ni sus huesos son exquisitamente alargados. De hecho, a nivel estético, tiene las manos y los pies demasiado grandes. Son las manos y los pies de una campesina, de una mujer de campo; manos para actos generosos, fuertes y creativos; pies para pisar la tierra con solidez pero con gracia. La mujer baila de manera tan despreocupada como una niña. Sus ojos, como los de Cristo en el Latón de la Resurrección, están muy abiertos; pero, aunque ven con claridad, no muestran temor ni desconfianza; sólo compasión y amor.

No escuchamos la música que la mueve; sólo sus oídos la escuchan. Me da la impresión de que no es tanto que baile como que la hace bailar una fuerza invisible que inspira sus pasos y sus gestos, y que embelesa su rostro con una mirada de dicha profunda. Ella ejemplifica la sabiduría, tanto de la naturaleza como de la crianza; una sostiene a la creación; la otra, a la creatividad.

Ella representa para mí lo que es profundamente femenino en todas las personas, tanto hombres como mujeres. Me siento feliz de haberla podido conocer por fin. Ha estado viviendo durante mucho tiempo.

Puede que incluso las historias que me contaba a mí misma cuando era niña mantuvieran viva una parte saludable de mí en una época en que mi cuerpo, un animal herido y agazapado en su madriguera, sólo podía esperar la liberación de forma pasiva. Qué duda cabe que una confianza y una comprensión creciente en el poder de los arquetipos sirvió de fundamento para mi rendición en la edad adulta (¡algo en modo alguno pasivo!).

Pero las raíces de esa confianza y esa comprensión se nutrieron con la capacidad de la niña para afirmar la belleza y la armonía de la vida en su mundo de fantasías, aquel que se hallaba sobre la cocina de la granja. La fortaleza y el coraje de esa niña permitieron que mi mujer adulta reclamara su cuerpo. Lo que se me pide a diario es un salto de fe, en el sentido de que crea que mi cuerpo «estará ahí para mí», que mi cuerpo y yo podemos ser una de verdad; aquí se halla mi mayor esperanza de sanación y totalidad. A diario me dejo caer en el abismo de lo desconocido, confiando exclusivamente en que mi cuerpo me atrapará entre sus fuertes brazos. Así, cada día es una aventura, los relatos de mi infancia hechos realidad.

No me he liberado del todo de aquellos aspectos del pasado que me gustaría dejar atrás de una vez. Echo la vista atrás a los años de interrupción del encuentro analítico y desearía que hubiera existido alguna cura milagrosa que me hubiera permitido llevar un proceso más rápido. Pero reconozco que ese deseo no es más que otra fantasía, por lo que me he tenido que conformar con la realidad y el trabajo duro de la toma de conciencia.

Echando la vista atrás y contemplando el proceso, soy consciente de los peligros que rara vez evité. Los sueños siempre me parecieron forraje para mi capacidad intelectual de rumiar las cosas. Mi intelecto siempre iba por delante de mis adormecidos sentimientos, que necesitaban despertar a la vida. Pero ahora, por fin, mis sentimientos están despertando a ese cuerpo adormecido en su letargo; la Bella Durmiente se despierta poco a poco, músculo a músculo, y cada célula libera su memoria singular y se somete a su dolor. Este último proceso quizás sea el más lento de todos, pero ahora me doy cuenta de que, en última instancia, no voy a poder liberar mi creatividad en tanto no se libere mi cuerpo. Como decía Alice Miller:

> La verdad sobre nuestra infancia se almacena en el cuerpo, y aunque podamos reprimirla, jamás podremos alterarla. Al intelecto se le puede engañar, se pueden manipular los sentimientos, confundir las percepciones y embaucar a nuestro cuerpo con medicamentos. Pero el cuerpo presentará su factura algún día, pues es tan incorruptible como una niña que, todavía íntegra en espíritu, no aceptará componendas ni excusas, y no dejará de atormentarnos hasta que dejemos de huir de la verdad.[4]

Toda vez que tengo la sensación de estar perdiendo el contacto con mi realidad corporal y sus sentimientos, instintos e intuición, me acuerdo de las hormigas que vinieron a ayudar a Psique y en cómo la llevaron a cumplir su destino. Yo he intentado asumir la responsabilidad de mi propio destino; me esfuerzo por vivir mi propia vida.

He intentado cambiar de actitud con respecto a mi cuerpo, mi contenedor principal de vida. He empezado a aceptar que soy parte de una unidad desde cuyo centro fluye mi aliento de vida; desde los pulmones hacia la cabeza, los pies y las manos. He comenzado la difícil tarea de llevar mi centro desde la cabeza hasta el corazón. La crítica que hacía al principio sobre las instituciones patriarcales, que tanto deploro, la aplico ahora a mi propio ser; no pienso, luego existo; sino existo, luego pienso. Todo en mí se halla involucrado en el proceso creativo, poniendo por delante el *Ser* sobre el *Hacer.* Esta lección la tuve que aprender durante el período improductivo de mis años de bloqueo creativo, cuando me sentía incapaz de todo tipo de pensamiento o acción.

También he aprendido a escuchar las necesidades de mi cuerpo y a permitir que éste dicte la agenda. He aprendido a decir que no a aquellas personas que me exigen que traicione mis propios sentimientos. Puedo sentir simpatía, carente tanto de rencores como de sentimentalismos, por mi madre y por mi padre; poco a poco, como esos retazos de cielo azul en un día tormentoso y con nubarrones, he empezado a mostrarme más abierta con mis progenitores.

Cuando tengo un buen día, puedo experimentar sentimientos sin verme apaleada por ellos. Aunque siempre recelosa, me estoy sometien-

---

4. Miller. *Thou Shalt Not Be Aware, op. cit.*, pág. 318.

do poco a poco a los sentimientos de amor, sin la inevitable sospecha de que esos sentimientos me manipularán de algún modo. Estoy aprendiendo a decir sí, pero sólo porque he empezado a experimentar el poder del no.

Estoy aprendiendo a respirar profunda y plenamente, saboreando la sensación de la conexión entre el cuerpo y la mente en el trabajo corporal cotidiano, para no dar oportunidad alguna a una regresión, al abandono de mi contenedor femenino. Y con el cambio de centro, desde la cabeza dominada por el ego al corazón, se me ha dado la oportunidad de escuchar otra demanda, otra voz, otro aliento: el del Espíritu Santo, el de la imagen divina interior.

Y, curiosamente, estoy reconociendo la existencia de un nuevo contenedor, construido a partir de la estructura de las palabras. Experimento una nueva energía creativa, una especie de seguridad y de carácter juguetón dentro de la estructura de las palabras que creo. La estoy redescubriendo en la escritura, con una confianza y un placer crecientes, una salida para los excesos de mis pensamientos y mis sentimientos. Escribo. Bailo. Amo. Soy. Hoy.

Quizás mi cuerpo sea, al mismo tiempo, mi última defensa contra el poder del espíritu y mi más fuerte contenedor para él; un poder simbolizado en mi sueño de la catedral femenina, que ni juzgaba ni protegía, sino que simplemente me pedía que me responsabilizara de mí misma. Es, al unísono, mi último vínculo con un mundo de fantasía del que estoy a punto de cerrar la puerta para siempre y la entrada a un mundo onírico e imaginativo que estoy comenzando a redescubrir. No dejo de seguir el camino del sueño y de enfrentarme a su verdad.

Segunda parte

El vestido plateado

4 El vestido plateado

> Sólo puedes ser realmente consciente de aquellas cosas que has experimentado, por lo que la individuación debe comprenderse como vida. Sólo la vida integra, sólo la vida y lo que hacemos en la vida hace que salga lo individual [...]. La consciencia real debe basarse en la vida experimentada; el mero hecho de hablar de cosas no es suficiente.
>
> —C. G. Jung

Continúa nuestro cuento de hadas. Allerleirauh ha bailado con el rey, que algún día será su novio. Trabaja en la cocina hasta que se celebra otra fiesta y, entonces, al igual que la vez anterior, le ruega al cocinero que la deje echar un vistazo. «Sí –responde él–, pero vuelve en media hora y haces la sopa de pan que tanto le gusta al rey». Una vez más, Allerleirauh se quita el hollín y saca la cáscara de nuez para ponerse esta vez el vestido plateado como la luna. Y, cuando llega arriba, el rey se llena de gozo al verla. Vuelven a bailar y ella vuelve a desaparecer tan rápido que el rey no se percata de por dónde se ha ido. Ella se sumerge en su madriguera y se transforma de nuevo en un animal peludo, para, por fin, regresar a la cocina para preparar la sopa de pan. Cuando el cocinero sube a ver el baile, Allerleirauh toma la minúscula rueca de oro y la coloca en el fondo del cuenco. De nuevo, el rey se siente encantado con la sopa y otra vez el cocinero le confiesa que la ha preparado Allerleirauh, por lo que, una vez más, tiene que comparecer ante el rey cubierta de hollín y ataviada con sus pieles. «No sirvo para nada, salvo para que me arrojen botas a la cabeza –afirma ella, a lo que añade–: No sé nada de esa minúscula rueca de oro».

Las imágenes se repiten, aunque con ligeras variaciones, pues son el hilo que mantiene unida la historia. Por minúsculos que sean los detalles, éstos conforman el hilo que cose y entreteje, y que se transforma en nuestra propia historia anímica, lo sepamos o no. Si dejamos que las imágenes surjan de los órganos de nuestro cuerpo para darnos forma, incubaremos nuestro propio cuerpo anímico. Pero si nos dejamos retorcer por las imágenes de la sociedad, enfermaremos.

Nuestra heroína ha establecido ya en su interior una conexión firme con su rey interno. Sabe que él está en otra parte del castillo y que está intrigado por su belleza y por el modo en que lo evita. Él se mantiene firme. Punto de vista y proceso, árbol del mundo y cueva, juntos hacen posible la creatividad.

Al igual que una mujer cambiando de abrigo, el rey puede aparecer con los más diversos aspectos en sus sueños. Puede aparecer al principio como una remolacha con forma fálica en una huerta, una remolacha que hay que preparar en la cocina con ternura, a pesar de la repulsión inicial; una remolacha que, con el tiempo, se transformará en el corazón de ella. También como un animal peludo, mitad bestia, mitad humano, o como un hombre verde que emerge de entre las vides o enredaderas. Poco a poco, puede convertirse en un guapo gitano que vive fuera de la ley, o en un artista que no tiene más remedio que vivir su propia verdad, lejos de cualquier dictado patriarcal. Ésta es la figura que puede transformarse en un Cristo resplandeciente de cabello largo, piel traslúcida y ojos penetrantes. Éste puede ser el nuevo novio.

A medida que una energía madura, la otra se transforma para poder asociarse a ella en términos de igualdad. En el cuento de hadas, lo primero que tuvo que hacer Allerleirauh fue trabajar en su propia masculinidad. Esto sucede en el proceso onírico de muchas personas que crecieron en familias en las que al poder se le llamó amor. Para sobrevivir, optaron por la invisibilidad, que les permitía una existencia fantasiosa. Evitaron el dolor de los abusos mediante el subterfugio de no estar allí. Pero en cuanto abandonaron su vía de escape, se dieron cuenta de los peligros de no estar arraigadas en el suelo: que no se tienen límites ni fronteras. La violación perpetrada por unos progenitores sin límites las han dejado sin límites. Buscan ser aceptadas mediante el servicio, tanto si lo quieren como si no. Sin embargo, el contacto con el rey interior establece unos límites que permiten asegurar el terreno para que nazca su propia alma. Y, en cuanto empiezan a sentir su propia identidad, derriban sus viejos iconos. Al destrozar sus viejas imágenes, liberan la energía que había sido reprimida en su cuerpo con los complejos.

Allerleirauh tiene un duro trabajo por delante para poder recibir a su propio rey interior. Ha heredado la sombra de su madre. La energía de su madre estaba en sus cabellos, y probablemente nunca supo lo que había en su cuerpo. Fuera lo que fuera, no le sirvió de apoyo en la vida. Dejó a su rey sin un punto de apoyo consciente en el cual él pudiera establecer sus sentimientos.

¿Qué aspecto tiene esto en la vida moderna? A generaciones de mujeres se les ha enseñado que su cuerpo, su sexualidad, su poder serpentino y Satanás son parte de un mismo mal. Para escapar de los fuegos del infierno, muchas se moldearon a sí mismas hasta convertirse en la amable y pasiva virgen, desgajando de sí su parte animal. Estas mujeres se pueden convertir en mujeres castrantes por excelencia porque, al desgajar una parte de sí mismas, también pueden hacer lo mismo con la sexualidad de su pareja masculina, sumiéndola en la cólera y la pérdida de control. El sexo, entonces, se explota como una forma de control y de poder. Su propio gitano interno deambula libre, amenazador, lleno de agresividad, fuera de la relación o en fantasías eróticas. Mientras, dentro, la sombra de la madre se hace irritante, sin poder fálico y sin espíritu. Esto, a su vez, se proyecta en el hombre. Engancha con su sombra masculina. Él manifiesta su impotencia en el dormitorio y/o en el trabajo. Y entonces el problema se ve como un problema de él, no de ella. Tener que tratar con la proyección del varón es la protección perfecta para ella para no tener que ver su propia sombra.

El cuerpo de la mujer ha portado la sombra masculina de la lujuria, la codicia y la desidia. Si ella se confabula con esa sombra, se convertirá en madre inconsciente, tentación que en otro tiempo aseguraba la propagación de la especie. Ella adorna su cuerpo, lo expone, seduce, incluso permite que sea penetrado por alguien completamente extraño. La consciencia está tan ausente que ni siquiera reconoce la violación del cuerpo anímico. Ni siquiera se plantea una cuestión moral. Ni tampoco escucha esa voz que grita desde sus dolidos genitales. Se va al médico a por píldoras o pomadas.

Mientras no reconozcamos la sombra, proyectaremos el problema fuera. Lo que vemos fuera se convierte en una imagen de nuestras propias energías desconocidas. Pero de una forma u otra nos tendremos que enfrentar a esa sombra. Las pieles del reino de nuestro padre se manifiestan en síntomas neuróticos y enfermedades físicas. Y también en la congoja de reconocer que, si aceptamos la anticuada proyección, nuestra relación podrá continuar. Si la rechazamos y traemos la sombra a la consciencia, la relación puede romperse. Es doloroso reconocer nuestra sombra en la suegra o en la nuera. Lo más doloroso de todo es, quizás, enfrentarse a la sombra en la persona de la amante de nuestro marido.

Lo primero que tenemos que hacer es traer a la consciencia tantos materiales inconscientes como sea posible sin permitir que nuestro intelecto destruya el proceso inconsciente de producción de imágenes. El inconsciente es la matriz (la fuente creativa) de toda energía vital. El peligro de traer lo inconsciente al nivel de la consciencia es que, al reconocer que hemos tomado decisiones a partir de nuestros instintos inconscientes, podemos desconectarnos del poder numinoso de nuestra parte animal. Al reconocer, por ejemplo, que nuestra pareja es un padre subrogado, podríamos sentir que nuestro deseo sexual se apaga. Sin embargo, la energía sexual sigue estando en nuestra materia, aunque de forma enmascarada. Trabajar con el vestido plateado es traer la materia a la consciencia en un estado diferenciado.

Jung reconocía que «los procesos psíquicos parecen ser procesos de equilibrio de la energía que fluye entre el espíritu y el instinto».[1] Tras observar el dinamismo que opera entre estos polos, Jung concluyó que «no sólo es posible, sino bastante probable, incluso, que psique y materia sean dos aspectos diferentes de una y la misma cosa».[2] Para com-

---

1. Jung. «On the nature of psyche». En *The Structure and Dynamics of the Psyche, Collected Works 8* (Londres: Routledge and Kegan Paul, trad. de R. F. C. Hull, 1960), párrafo 407.
2. Jung. «On the nature of psyche». En *The Structure and Dynamics of the Psyche, op. cit.,* párrafo 418.

prender la dinámica de la materia en un estado de movimiento (energía) necesitamos contemplar la naturaleza de la necesidad religiosa.

Los procesos de la psique en su camino hacia la totalidad se encuentran en los patrones arquetípicos de las religiones del mundo, pero también en el trabajo interior de las personas. Para Jung, no había nada más peligroso que ofrecer culto a una imagen arquetípica que no estuviera arraigada en la verdad mitológica. La separación del arquetipo de su base mitológica privaba a la persona, según él, de un significado mayor, sin el cual los seres humanos no podían vivir. De forma similar, sin la experiencia profunda en el cuerpo, ósea, el arquetipo carece de vida. Así, el objetivo no es sólo la integración de espíritu y materia, sino también la realización, en última instancia, de que no sólo uno no existe sin lo otro, sino que uno es lo otro en una forma diferente.

La materia en un estado de movimiento (energía) no es algo que suceda automáticamente en un ser humano, como sabe muy bien cualquier persona que pese ciento treinta kilos e ingiera sólo mil calorías al día. La energía reprimida, bloqueada en la concretización, genera una falsa base de seguridad (una falsa madre) –alimento, objetos e instituciones físicos–. Mientras las imágenes no se liberen de la materia –en otras palabras, en tanto no se extraiga de la materia la proyección de la madre y se reivindique en el interior–, la energía estará atrapada como en una piedra, persistiendo en adicciones y en comportamientos compulsivos. La energía se hallará encerrada en patrones repetitivos en vez de liberarse para moverse con las imágenes transformadoras. En los sueños, la energía puede tomar la forma de un gran lagarto solazándose en el barro, parpadeando de vez en cuando. En tanto la materia no conecte con el espíritu, el barro será mucho más fácil que la consciencia. La madre inconsciente no quiere cambiar.

La conexión tiene lugar en el alma, esa parte eterna de nosotros que se halla encarnada mientras estamos en la Tierra. En los sueños, el alma suele adoptar la imagen de una virgen. Al igual que el bosque virgen, está repleta de semillas de posibilidades, completamente en contacto con la naturaleza. Como imagen arquetípica, precisa la cooperación y la consciencia humanas para seguir transformándose y creciendo. Comprende que se tale un árbol y se plante otro nuevo. Entiende que se mate a un animal para sobrevivir. Pero no comprende la destrucción sin sentido de animales o del entorno. Si se rompe el vínculo con la naturaleza, los seres humanos sufrimos las consecuencias. La muerte supone una renovación a través de la integración en un nivel superior de lo que ha sido sacrificado. Sin esa integración, toda muerte es un asesinato.

El quid de la cuestión se halla en la necesidad. En nuestro supuesto mundo civilizado, pocas personas saben lo que precisan. Lo que quieren y lo que necesitan son dos cosas completamente diferentes. En la naturaleza, la responsabilidad de la madre pájaro es hacer que sus pajarillos abandonen el nido y sobrevivan por su cuenta lo antes posible. Sin embargo, hay algo en la madre humana inconsciente (o el padre, tanto da) que les lleva a querer retener y no dejar ir jamás. ¿Qué causa esa complicación?

Jung entendía la religión como un instinto, y el anhelo por la vida eterna como parte de ese instinto. Lo veía como una necesidad, como el otro polo del deseo físico. Si la inmortalidad es una necesidad, entonces todo acto instintivo de un ser humano es un acto religioso. Cada bocado de comida es para proporcionarnos una vida inmortal, cada edificio que construimos, cada historia que contamos. Dicho de otro modo, los seres humanos somos animales que creamos símbolos. Queremos hacer eterna cada forma concebible de comportamiento. El problema es que, cuando la consciencia del instinto religioso como instinto no se afirma de manera consciente, entonces el comportamiento se concretiza, se fija. Las personas se vinculan neuróticamente, y su necesidad neurótica de inmortalidad se centra en objetos o en personas. Entonces no pueden renunciar a nada. No pueden arreglar el equipaje en el desván o en el garaje, no pueden respirar en su sobrecargado hogar o en su sobrecargado entorno. No pueden dejar ir una relación, por muy destructiva que sea. Están enterradas en su propia materia.

Incluso la imaginería religiosa tradicional tiende a fomentar el anquilosamiento de la energía –Padre Dios y Madre Iglesia–. Tales imágenes se pueden utilizar para mantener un comportamiento infantil y un vínculo incestuoso. «A menos que te conviertas en un niño pequeño, no podrás ver el Reino de los Cielos», se puede envolver sentimentalmente como una vía infantil hacia la inmortalidad.

La Virgen –con frecuencia la Virgen Negra– emerge como una poderosa imagen arquetípica en nuestra cultura, porque nuestra supervivencia depende de la capacidad que tengamos para adentrarnos con nuevas energías en un nuevo ethos. El proceso transformador está en marcha de forma permanente en la Virgen Negra. En su corazón, cuerpo y espíritu se encuentran en la metáfora. Polos aparentemente opuestos se juntan. La magnífica *madonna* de color chocolate evoca a la madre tierra positiva, que es más fuerte que la madre negativa y enjuiciadora.

En los sueños, ella mantiene la sacralidad de su propia sexualidad. Engatusa a la soñadora para que se desprenda de la vieja *persona* y de las pieles muertas del patriarcado. Se deleita en su propia piel y en la pasión de su propio cuerpo. Lleva a lo femenino hasta el mismo centro de su propia materia (*mater,* madre), donde nunca podrá dudar de la Presencia de su propia alma resonando en su propio cuerpo. La pasión de esa energía sombría no carece de peligros, y sus agonías por ella hacen que se someta a lo erótico masculino. Sin embargo, su sacralidad tiene su propia moralidad, que la Virgen Negra defiende con un lenguaje claro: «No hay tiempo que perder», afirma.

En un principio, la materia no quiere hacerse consciente, del mismo modo que el espíritu no quiere ser encarnado. Sólo gradualmente, tanto el cuerpo como la psique se encaminan a la consciencia, y, sólo cuando arraigan suficientemente en el amor, la materia consciente puede ser penetrada por la luz del espíritu. El Niño Divino –la nueva consciencia– nace de esa unión.

En la Virgen Negra, puta y virgen santa se reconcilian. Son figuras de la sombra con gran fuerza, tanto para hombres como para mujeres. Cambiar las profundidades inconscientes de estas imágenes es un lento trabajo. Ambos sexos tienen que reconocer que ambos lados están en ellos, para luego tomar decisiones. Si deciden trabajar sobre su relación, ambos darán con la furia reprimida que subyace oculta bajo la depresión. Ambos tienen que sufrir la tensión de los opuestos –sexualidad y espiritualidad– y mantener la tensión hasta que la furia se libere y, gradualmente, muy poco a poco, se transforme en amor.

Éste es el volcán que arde bajo muchas relaciones. En vez de negar el volcán o de entrar en erupción con él, si nos percatamos de que en el volcán se halla la respuesta, podremos abordar el problema de manera consciente. Un matrimonio atrapado en un vínculo incestuoso inconsciente está perpetuando a la madre y al padre inconscientes. La ígnea energía dionisiaca se vive en otra parte, o no se vive.

Los hombres y mujeres que intentan vivir su verdadera virgen –su esencia en contacto con su fuente– buscan mantener ambos lados de lo femenino en la consciencia. Cuando se niegan a violar sus propios cuerpos, aparecen nuevas imágenes en sus sueños. Puede ser una María Magdalena, una Shakti, una prostituta sagrada, alguna figura que alberga en sí, a un tiempo, sexualidad y espiritualidad. El hecho de aceptar su disciplina le proporciona al soñador la fuerza necesaria para transformar la furia en amor. Después, la violación es posible. Ésta nos saca de los complejos parentales y nos empodera en nuestro propio cuerpo. La sabiduría femenina atrapada en el inframundo del cuerpo ha estado madurando durante los siglos del patriarcado. Sólo con que podamos traer esa sabiduría a la consciencia, el espíritu dejará de sentir nostalgia por su hogar.

Sin esa sabiduría corporal, no habrá presencia entre el hombre y la mujer –no ahoras–, donde cada uno pueda encontrarse con la verdad del otro; no habrá espacios sagrados donde desnudarse ambos hasta que no quede nada más que el miedo, la ira y el amor. Ni habrá santuario donde sus animales puedan ser civilizados y, no obstante, quieran vivir. Lo femenino no se relaciona con el centro de ella, con el chakra más profundo de la supervivencia.

Esta carencia de dinamismo es también verdadera intrapersonalmente, en la medida en que la gente vive una vida de *persona,* sin la conexión con el corazón que las arraigue en su propia matriz corporal. Las personas que viven sin esa conexión intentan vivir por mera fuerza de voluntad. Tratan de hacer creer que la vida tiene significado. Sus neurosis (instintos distorsionados) encubren la vibrante vida enterrada en su inconsciente. Están desgajadas de su derecho de nacimiento a vivir.

Prepararse para llevar el vestido plateado consiste en encontrar a la propia madre positiva en el propio cuerpo. Al hacerlo, la persona encuentra también a su verdadera virgen: lo femenino consciente que es quien ella es, porque está arraigada en sus propios instintos y en su propia imaginería. Ella es la madre consciente y la virgen al mismo tiempo.

Hay personas que aprenden de sus instintos a pesar del cariño que sienten por su caballo, su perro o su gato. Así, entran en contacto con su misteriosa sabiduría. También aprenden a disciplinar a su animal sin utilizar el látigo. Nuestro animal es un pura sangre con un potencial que muy pocas personas llegan a tomar en consideración. En nuestras más locas fantasías, jamás haríamos pasar hambre, jamás envenenaríamos ni llevaríamos hasta el agotamiento a un animal, tal como lo hacemos con nuestro propio cuerpo. Se precisa mucha consciencia para reconocer, alimentar y cuidar a nuestro propio animal de pedigrí.

La plata es el metal de la luna y, dado que la biología de la mujer está conectada con la luna, la plata se asocia también con lo femenino. El luminoso resplandor de la luz lunar carece de la aguda claridad de la luz solar, pero su suavidad despliega, sintetiza, unifica. Sentimientos e intuiciones que permanecían ocultos a la luz del sol salen a la superficie con la luz de la luna, para florecer en el amor, la poesía y la música.

Estos sentimientos e intuiciones entran a su debido tiempo natural. A veces es luna nueva, reina la oscuridad. Pero de pronto, una noche, aparece una tajada en el cielo y, con el transcurso del tiempo, crece hasta alcanzar el resplandor de la luna llena. Hace falta un ego fuerte para soportar la oscuridad, esperar, aguantar la tensión, esperar, esperando no sabemos qué. Pero si aguantamos el tiempo suficiente, una minúscula luz aparece en el oscuro inconsciente, y si podemos esperar y mantenernos, a su debido tiempo alcanzará su pleno resplandor. El ego deberá ser para entonces suficientemente amoroso como para recibir el regalo y nutrirlo con los mejores alimentos. Esa nueva vida puede transformar con el tiempo toda la personalidad. Ésta es la consciencia lunar. Ésta es la luz de nuestra alma, la esencia de nosotras mismas que toma residencia en nuestro cuerpo mientras estamos en la Tierra. Ella sabe lo que el ego consciente no sabe. En tanto que el ritmo solar se precipita en la acción, el ritmo lunar medita, pondera, mantiene la armonía entre sentimiento y pensamiento. Trae un corazón pensante a la monotonía de la existencia.

Comprender con la cabeza es una cosa. Dejar que el pensamiento caiga en el cuerpo es otra cosa muy distinta. La cabeza quizás diga: «El divorcio es la única solución», pero el cuerpo puede seguir sintiendo dolor por la persona amada durante años. Para lo masculino, lo femenino puede ser lento; puede captar una iluminación, encasillarla y olvidarla con la misma rapidez. Lo femenino deja que la luz impregne su Ser antes de comprometerse a saber.

Con frecuencia, la consciencia masculina intenta ayudar a la femenina a que hable. Da un salto y se hace cargo de todo. No espera a que el cuerpo conozca su verdad. Ni tampoco el momento oportuno. Sin embargo, la consciencia femenina siente cuándo llega el momento oportuno. Con demasiada frecuencia ocurre que, para cuando lo femenino está listo para hablar, lo masculino hace tiempo que se ha olvidado del asunto. Entonces, lo femenino se siente traicionado, apartado, como si lo que tuviera que decir careciera de toda importancia. Tiene la sensación de no poder ser veraz consigo misma porque necesita tiempo para encontrar las palabras exactas que le permitan describir ese algo nuevo de lo que está *dándose cuenta,* y tiene que esperar el momento de su llegada. Ella está esperando para *darse cuenta* de lo que sucede justo ahora. La discrepancia no tiene su base en el género, pues hay muchos hombres que pueden estar esperando el momento durante más tiempo que las mujeres. Por otra parte, si escuchamos las conversaciones de las mujeres, no tendremos demasiadas razones para confiar en su sentido de la pausa creativa.

La consciencia femenina tiene sus raíces en el corazón. El sentimiento viene con el pensamiento, y mientras el pensamiento se materializa en palabras, el corazón se abre, y el sentimiento fluye hacia niveles más profundos y más ricos. La feminidad se silencia en nuestra cultura. Simplemente no hay tiempo para ella. Además, sus valores y emociones son embarazosos, incluso para muchas mujeres que adoran la feminidad. Si no decimos nuestra verdad, si no exigimos que los demás reconozcan nuestro Ser, estaremos abandonando nuestra alma. Defender la feminidad, es decir «¡Alto! ¡Espera! ¿Qué está pasando aquí ahora?». Hablar no es más que mero parloteo si no tiene en cuenta nuestra situación vital.

La Virgen hace sopa de pan. Ella ve el mundo con los ojos físicos y percibe la esencia con su ojo interior. Al igual que una imagen en un sueño, en un cuadro, en un verso, ella destila lo eterno en lo transitorio.

Emily Dickinson, por ejemplo, veía desplegarse el drama humana, íntegramente, en los detalles más simples de su casa y de su jardín. Sus metáforas reflejan la suspensión existente entre su cuerpo y el ideal que amenazaba con llevarla al espíritu. Al describir su propio corazón enamorado, Dickinson enciende el corazón de cualquier amante.

> A mi pequeño Hogar Su fuego llegó,
> y toda mi Casa se incendió,
> se avivó y estremeció, con una repentina luz
> era el Amanecer, era el Cielo.[3]

Mientras hacía lo que podía por encontrar su terreno en el trabajo de la cocina y en el jardín, Dickinson fue del todo consciente del precio que tuvo que pagar por no poder vivir su tigre. No le tenía miedo a la gloriosa pasión que llameaba desde su lado no vivido. Era consciente de su capacidad de amar, pero no tenía forma de expresarla en una relación. Al describir el momento en que se da cuenta de que nunca vivirá su tigre, se ve a sí misma reflejada en sus globos oculares sin vida.

> No fue culpa mía, por ser demasiado lenta.
> No fue culpa suya, por morir
> mientras yo intentaba llegar hasta él,
> pero fue el hecho de que estaba muerto.[4]

Dickinson no debía ser derrotada. Ella sabía que haciendo sopa de pan podría mantener la cordura. Y la hizo. Se sometió a su destino (aunque a través de un sacrificio) y transformó su instintiva energía de tigre en imágenes que resuenan en nuestros huesos. Llevó el vestido plateado de manera triunfante, al menos todo lo que pudo en una pequeña ciudad de Nueva Inglaterra en el siglo XIX.

Nos estamos adentrando en el siglo XXI con un planeta enfermo. Se trata de una situación novedosa que requiere no sólo una expansión de la consciencia, sino también una mutación de ésta. Las gafas viejas y los objetos obsoletos que aparecen en nuestros sueños son inútiles porque nos llevan a buscar maneras de cambiar el viejo mundo. Intentamos

3. Emily Dickinson. *The Complete Poems, op. cit.*, pág. 316.
4. Dickinson. *The Complete Poems, op. cit.*, pág. 276.

ajustar las nuevas energías encontrando nuevos equilibrios en nuestro cuerpo y nuevas energías hallando nuevos equilibrios en el ecosistema. Pero no podemos adentrarnos en ese nuevo ethos sin la sabiduría del vestido plateado, porque dependemos de la nueva imaginería que está dando forma constantemente a las energías transformadoras. Es crucial encontrar la conexión con lo femenino consciente en el nuevo cuerpo en el trabajo, en el juego o al hacer el amor. Y también en el sistema educativo.

Sin percatarse, niños, niñas y jóvenes pueden creer que llegarán a lo más alto si erradican su feminidad y, con ella, su creatividad. Su vínculo incestuoso con sus progenitores (en conformidad o en rebeldía) los lleva a mantener un vínculo similar con sus profesoras y profesores. Y, dado que no son capaces de pensar o de sentir por sí mismos, no pueden reconocer el impulso que ha destruido la creatividad del profesorado y que ahora está destruyendo la suya. Bajo el epígrafe de grosería, locura, intransigencia, histrionismo, e incluso histeria, se desecha la feminidad en la vida de la gente joven. Después, los educadores se preguntan por qué el alumnado da por supuesto que la escuela o el instituto son aburridos. Claro está que cualquier cosa será aburrida si el sentimiento que da valor a la idea es masacrado. La energía que podría saltar y decir «¿Qué gran idea?» está ausente. También lo está la energía que reconoce la palabra que resuena en el corazón. Sin la luna, el sol no se refleja. Sin carne consciente, la Palabra no se reconoce.

Llevar el vestido plateado es como ser un cáliz plateado (una copa sacramental de bodas en la cual se despliega el misterio de los nuevos novios).

5 Mary

> [...] deja que la luna
> brille sobre ti en tu solitario paseo.
>
> —William Wordsworth

Mary y yo fuimos compañeras de docencia en London, Canadá, hace veinte años. Ella enseñaba educación física en el gimnasio, y yo, literatura inglesa en el último piso.

Ella no era feliz con su trabajo, porque era consciente de que incluso las mejores deportistas de sus clases estaban ausentes de su cuerpo. Tras formarse en ballet clásico, en la Escuela Nacional de Ballet de Canadá, conocía por experiencia el dolor que supone someterse a una disciplina tan rigurosa. Sabía lo que era dedicar años a mantener la alineación exacta entre tobillo y muslo, intentando aterrizar con la espalda erguida, levantada en lugar de caída, tratando de controlar cada gramo de comida por miedo a convertirse en un cisne gordo. Después de ver cómo se filtraba su propia sangre a través de las zapatillas, a través de las puntas de ballet, Mary sabía todo cuanto había que saber sobre cómo torturar al cuerpo para conseguir la línea perfecta. También sabía cuánto anhelaba su cuerpo abrazarse al aire, cuánto deseaba expresar su alma mientras se fundía con la música. En resumen, creía que, si perfeccionaba la técnica, el cuerpo se convertía en el esclavo resentido de un tirano interior que gritaba las veinticuatro horas del día: «No eres suficientemente buena. No te esfuerzas lo bastante. Estás demasiado gorda. Nunca te llevarás una ovación. Nunca conseguirás que tu madre y tu padre se sientan orgullosos de ti». Esa voz alcanzó el centro de su Ser hasta que su deleite en la danza se transformó en depresión en su cuerpo. El gozo que un día anheló expresar en la danza ya no estaba allí para poder expresarlo.

Mary estaba convencida de que lo mismo estaba ocurriendo en el departamento de Educación Física; excelentes deportistas estaban manipulando sus exquisitas máquinas totalmente desconectadas del aliento del alma que podría dar a sus gestos un sentimiento humano.

Mientras, en el tercer piso, yo también me deprimía escuchando al alumnado musitar las fogosas metáforas de Blake o el lirismo de Shelley. La magia de Shakespeare nunca fallaba, pero la mayor parte de la literatura inglesa era algo muerto para el alumnado. Sus cuerpos se sentaban en los pupitres y permanecían inertes, escuchando cortésmente, captando una leve idea aquí, una fugaz imagen allí. Ya en aquellos lejanos días, yo sabía lo que las imágenes de «Tigre, Tigre que te enciendes en luz» podían generar en el cuerpo. Y sabía que, si conseguía que esas imágenes se les inyectaran en vena al menos una vez, algo ocurriría. El puente tendido por la imaginación entre el cerebro y el cuerpo se prendería en fuego, y el poder de los sonidos tan exquisitamente orquestados resonaría en sus células. Sabía por experiencia propia que la poesía podía cambiar el metabolismo del cuerpo. Por último, no pude soportar más la masacre perpetrada contra la poesía ni contra las almas. Tenía la sensación de estar dándoles sopa recalentada cuando se les podía dar sopa de pan recién hecha.

Por lo general, el Departamento de Educación Física estaba pegado al suelo, en el gimnasio, mientras que el Departamento de Literatura Inglesa se hallaba en las alturas, en el último piso del edificio. Los alumnos y alumnas eran cuerpos malolientes que corrían y saltaban escaleras abajo, y espíritus desencarnados que aleteaban y se tambaleaban escaleras arriba, sin conexión alguna entre una cosa y otra. De modo que Mary y yo decidimos unir cuerpo y espíritu. Ella hizo subir a sus alumnos y alumnas hasta un anfiteatro que teníamos en el segundo piso, animándoles a concentrarse, a respirar desde el plexo solar y dejar que las emociones conectaran con el aliento, hasta que los gélidos órganos sintieran la vibración de un sentimiento genuino; para luego, a su debido tiempo, dejar que esa emoción, siempre conectada al aliento, se expresara allí donde quisiera dirigirse dentro del cuerpo. Durante varias semanas, unos movimientos en principio rígidos y mecánicos se convirtieron en la expresión fluida de todo tipo de sentimientos que deseaban expresarse a través del movimiento. Cuando se liberaron el gozo y el sufrimiento de aquellos jóvenes cuerpos, la descarga de energía que se produjo a través de la danza fue casi incontrolable.

Mientras tanto, yo llevaba a mis estudiantes desde el tercer y último piso del edificio al mismo anfiteatro de la segunda planta. Se echaban en el suelo y respiraban el aliento de la vida hasta que sus rígidos cuerpos se relajaban. Con frecuencia hacíamos simples *asanas* de yoga hasta que la energía, que estaba concentrada en sus mentes, adoptaba una disposición más equilibrada por todo el cuerpo. Hacíamos obscenos ejercicios de lengua, labios y mandíbulas hasta que abrían la boca. Después, hacíamos que la *m* y la *n* resonaran en sus cráneos, y que la *o* y la *a* resonaran en cualquier rincón oscuro recién abierto.

Alumnos y alumnas se movían hasta que el movimiento se volvía espontáneo, y luego hacíamos poesía juntos. Los chicos, por ejemplo, decidieron que «El Tigre» era suyo. Se dividieron por voces en bajos y tenores, se colocaron en círculo y entonaron juntos el poema. Me di cuenta de inmediato de que estaba trabajando con hombres jóvenes cuya energía nunca había visto antes, de modo que dejé que su poema evolucionará en ellos. Su energía, dirigida hacia el centro, agrandó el círculo y lo sostuvo, hasta que fueron capaces de funcionar como una unidad de cara a la audiencia que los rodeaba. Diez voces solistas se apropiaban de cada una de las diez preguntas que iban *in crescendo,* desde «¿En qué distantes profundidades o cielos / ardió el fuego de tus ojos?» hasta «¿Qué temible sostén / osa sujetar sus mortales terrores?».[1] Cada pregunta dependía de todas las anteriores, porque, si un alumno ponía todo cuanto tenía en su pregunta, los que venían detrás no tenían lugar donde construir. La energía del tigre fue creciendo día tras día hasta que su «temible simetría» latió en las paredes del anfiteatro. Y, con el paso de los días, los alumnos formulaban más y más preguntas acerca de Blake, hasta que estuvieron listos para recitar fragmentos de

1. Blake. «The Tyger», págs. 43-44.

«El matrimonio del cielo y el infierno». No tuvieron ningún problema en comprender «El hombre no tiene un cuerpo distinto de su alma, pues lo que llamamos cuerpo es una porción del alma percibida por los cinco sentidos, entradas principales del alma en esta edad».[2]

Nuestro trabajo se ensambló de forma más estrecha cuando codirigimos el programa artístico teatral, cuando Mary y yo comenzamos a entender lo que estábamos activando. Su formación en danza me aportó ideas muy interesantes sobre los bloqueos inconscientes en el cuerpo y sobre cómo respirar y moverse para liberarlos. Por otra parte, mis ideas sobre la metáfora y el sonido y sobre la liberación de energía mediante la implantación de una imagen en el cuerpo fueron una fuente de inspiración también para ella. Cuerpo y alma se unieron en los programas que nosotras y nuestro alumnado creamos en aquel espacio a mitad de camino entre el gimnasio y el último piso.

En un ensayo, un día, me di cuenta alarmada de que me había convertido en algo semejante a la directora de una orquesta. Había veces en que parecía que no estaba haciendo nada, pero si perdía la concentración, aunque sólo fuera durante sesenta segundos, las cosas comenzaban a descontrolarse. La energía se hacía laxa, disminuía, se atenuaba, un atisbo de miedo se introducía a hurtadillas, se perdía aquella valiente espontaneidad. De repente comprendí que el perceptor y lo percibido eran uno: mi percepción de un bloqueo en un cuerpo influía en la energía del bloqueo percibido sin que se pronunciara siquiera una palabra. De forma similar, mi falta de percepción (mientras pensaba en suavizar el foco o centro de atención) traía como resultado una serie de espirales de inconsciencia sobre el escenario.

Mary también se percató de este fenómeno con sus bailarinas y bailarines. Y, a medida que el proceso evolucionó, intentamos que alumnos y alumnas mantuvieran por sí mismas la posición de observadoras externas, que se afianzaran en esa posición de testigos conscientes y que se dejaran caer en las profundidades de su creatividad. Los resultados fueron sorprendentes dentro del proceso colectivo. Mientras cada una de las alumnas y alumnos mantenía esa doble perspectiva, el cariño

2. Blake, «The Marriage of Heaven and Hell», p. 123. Edición en castellano: *El matrimonio del cielo y el infierno* (Sevilla: Editorial Renacimiento, 2007)-

entre ellos (o la energía, como prefieras denominarlo) tenía tal apertura e intensidad que el grupo, al unísono, podía iniciar una prolongada pausa (que nunca antes se habían tomado) para reiniciar la acción, todos a una, con la mayor exactitud. Cada representación se convertía en una representación nueva, remachada con una vitalidad concentrada.

El destino me condujo a Zúrich, mientras que mi salud me llevaba a ahondar en los misterios del cuerpo y el alma. Mi anciana sabia me dijo que tomara las imágenes positivas que Dios me daba en mis sueños, que las plantara en mi cuerpo y que dejara que su luz emanara a través de todas mis moléculas.

Durante cuatro años hice todo cuanto se me indicaba en los sueños, hasta que, justo antes de regresar a Canadá, tuve un potente sueño en el cual mi cuerpo oscuro era desmembrado, y, cuando la vieja carcasa caía, la luz brillaba desde mi esqueleto a través de una carne traslúcida. Yo sabía que el sueño prefiguraba lo que aún tenía que hacer. Incluso ahora, después de muchos años de meditación, todavía trabajo en las conexiones perdidas.

Llevaba ya tres años en Zúrich y me estaba formando como analista junguiana cuando, en el mes de febrero, Mary recibió un duro golpe, del cual habla en la historia que viene a continuación. Nos separan miles de kilómetros, pero las almas que se quieren siempre encuentran la forma de disipar las distancias. El hecho de que nos conociéramos tan bien nos permitía contarnos por escrito lo que sentíamos exactamente, sabiendo que la otra comprendería a la perfección lo que intentábamos transmitir. Ella me enviaba sus sueños y, dado que yo comprendía muy bien la profundidad de su pérdida, consideré que sería mejor no centrarnos en una interpretación intelectual de lo que estaba ocurriendo en sus profundidades. De modo que optamos por trabajar a partir de lo que habíamos descubierto viendo a nuestro alumnado transformarse, yendo desde una mera representación escénica hasta la vivencia en lo más profundo de su propio Ser. Nos concentramos en las imágenes de sus sueños, dejando que vinieran a la vida en su cuerpo, que éste experimentara la energía de la imagen hasta que se transformara en una nueva imagen y una nueva energía. Mary tomaba notas acerca de este proceso todos los días en su diario, lo que reforzaba su contenedor, la consciencia que podía presenciar el proceso inconsciente sin caer en él. Durante todo el proceso, Mary recibió el apoyo de su cariñoso, aunque asustado, marido y de varias amigas fuertes.

Durante los meses de verano vivíamos muy cerca en lancha, en la Bahía Georgiana. Aquel primer verano estuvimos trabajando casi a diario, conectando sus sueños con su trabajo anímico-corporal. Era importante que reconociera las fuerzas oscuras, malignas, que estaban al acecho para tomar el control. Pero era asimismo importante honrar y vivir el poder curativo, que evolucionaba a partir del centro radiante del Sí-Mismo. Era como presenciar una batalla arquetípica entre el bien y el mal, con su frágil pero decidida alma como premio.

Para la sanación de Mary fue crucial el testigo, la posición egoica que observa objetivamente lo que está sucediendo en el cuerpo-alma. Nunca habíamos hablado de «el testigo» en nuestro trabajo con el alumnado, pero, cuando nos dimos cuenta de su importancia, el testigo siempre estuvo ahí. Por caótico que pudiera ser el teatro cuando los alumnos se sumergían en sus músculos para ver lo que había allí, el testigo se concentraba al cien por cien en lo que estaba sucediendo, manteniendo el contenedor consciente. De vez en cuando, los alumnos hacían de testigo unos con otros; pero siempre una de nosotras hacía de testigo con todo el grupo.

Cuando Mary trabajaba sola, sabía que, a menos que mantuviera la luz del testigo consciente, se hundiría en la oscuridad del inconsciente. Como perceptora y percibida, ella estaba creando el contenedor en el cual el proceso curativo pudiera desarrollarse. Todo cuanto sucedía en el inconsciente se traía a la consciencia, a medida que la transformación progresaba poco a poco. En los cuentos de hadas, el tesoro que tanto le ha costado conseguir al héroe o la heroína se suele perder en el viaje de regreso a casa, cuando el hogar está ya en el horizonte. Un ego excesivamente confiado en sí mismo puede perder la concentración y quedarse sin el tesoro, arrebatado por la sombra maligna que mora en el inconsciente. Es peligroso trabajar sin un testigo consciente, ya sea interno o externo. Es crucial darse cuenta de que incluso la percepción de la oscuridad es luz en la oscuridad, es el comienzo de la sanación.

Para fortalecer la posición del testigo, Mary utilizó ampliamente la imaginación activa. Mientras dejaba que un complejo se apoderara de sus emociones y de su cuerpo, tomaba nota de todo cuanto aquel complejo tuviera que decir, trayendo así material inconsciente a la consciencia. El hecho de ponerle nombre a los complejos (la Mary Buena, la Mary Mala, la Mujer Medicina, el Ciervo) le permitió humanizar, y, más tarde, integrar, el material en su vida cotidiana.

Hace quince años, Mary no habría podido articular su revuelta contra los valores en los cuales había sido formada. Al igual que Kate, había subido por la escalera del patriarcado y, a punto de llegar al final, había descubierto que la escalera estaba apoyada en el muro equivocado. Cuando volví a Zúrich, no conseguí un análisis para ella y, al igual que la heroína del cuento de hadas, Mary hizo acopio de sus recursos internos, se envolvió en sus instintos, guardó su cáscara de nuez y buscó refugio en su propio árbol. A diferencia de Kate, cuyo primer trabajo fue ponerse el vestido dorado, el principal trabajo de Mary fue con el vestido plateado. Dado que el lenguaje corporal era su medio de comunicación más directo, Mary tuvo que descender hasta las cenizas de su propia materia y avivar la chispa de su propia consciencia femenina.

Si a ti, que lees este libro, no te resulta familiar el movimiento cíclico de lo femenino, es posible que tus expectativas lineales se vean por completo trastocadas mientras lees el diario de Mary. Quizás te descubras pensando: «Esto es excesivamente ingenuo, da miedo, es caótico, una locura». Y así es justo como Mary y otras iniciadas se sienten cuando comienzan a renunciar a los rígidos patrones de pensamiento que las han protegido de la espontaneidad de su mundo interior. A lo largo de los catorce años que se destilaron en miles de páginas de diario y que se destilan ahora en las siguientes páginas, Mary funcionó a la perfección en el mundo. Pero este relato no se centra en el comportamiento de Mary en las reuniones de profesorado ni en aquello por lo que ella y su marido luchan. La vida revelada en estas entradas de diario es el relato de su alma, comenzando por unos cuantos minutos de desesperación arrebatados a sus compulsiones, desarrollándose en tiempo esencial cada día, para impregnar poco a poco todos los aspectos de su vida.

Convendrá que recuerdes que, si no tienes experiencia alguna de la sabiduría del cuerpo consciente, te hallarás en un territorio desconocido escuchando tu lengua materna. Sus ritmos laten con el corazón, con las emociones que circulan y se repiten una y otra vez con vibraciones de sentimiento por completo nuevas. Su vocabulario es sencillo; su conocimiento, profundo. Éste no es el lenguaje de la prosa inglesa pulida. Es el lenguaje del corazón que llama a otros corazones. Suena a auténtico en el aliento. Titubea a veces, sí, porque prefiere el silencio o la danza, la poesía, el canto. Es el lenguaje de los sueños. Para escuchar lo femenino tenemos que atrevernos a abrir nuestros receptores a viejos mundos con nuevos significados. El amor pronunciado desde la mente es una cosa; el amor susurrado desde un volcán es otra muy distinta. Si esto suena a una disculpa, no pretendía serlo. Es un hecho. La gente que se ha atrevido a buscar su feminidad está harta de que le den golpecitos en la cabeza con un silencioso «Ya pasó todo, querida». Estas personas saben que tienen que ser escuchadas.

Para la mayoría de las mujeres, y para muchos hombres, el camino regio hacia el inconsciente pasa a través de los complejos experimentados en el cuerpo. Con frecuencia, llegan a mi despacho físicamente enfermos y psíquicamente desequilibrados. «¿Para qué hacer análisis? –preguntan–. Yo nunca sueño». Lo cierto es que sí que sueñan, pero, cuando la alarma del reloj los arranca del inframundo, no disponen de un contenedor consciente lo bastante fuerte como para retener las imágenes que están creando una nueva vida. Sin embargo, si lo intentan, pueden captar una imagen cada noche. Pueden plasmarla en su diario, o incluso pintarla, junto con otras ideas asociadas. Poco a poco, el inconsciente comienza a confiar en que el ego se va a ocupar del tema y no mucho después llegan sueños completos. Monjas, prostitutas, piratas, asesinos, gitanas (un sorprendente elenco de personajes comienza a aparecer en la burguesa salita de estar). Permitir a estos complejos que hablen, se muevan, bailen, canten y dibujen es el comienzo de la liberación de energías reprimidas en la materia opaca, inconsciente. Si la persona que sueña puede dialogar con estas imágenes, permitirles que hablen y se muevan a través de músculos y huesos, el cuerpo descongelará y expresará las emociones que ahora ya puede sentir. Pero es crucial que el ego sea suficientemente fuerte como para mantener su propio punto de vista, como para que escuche a esas figuras imaginarias y exprese sus puntos de vista. Al mismo tiempo, tiene que permanecer abierto a la expansión que tiene lugar cuando se asume la responsabilidad por esas partes perdidas. En lugar de seguir ciegamente los viejos patrones, la soñadora coopera con el relato que está teniendo lugar en su interior. Esto es lo que Jung llama imaginación activa.

Mary comenzó como un reflejo de la imagen que sus progenitores tenían de ella. Se convirtió en lo que Jung llama una «mujer ánima», una mujer que sabe de manera instintiva cómo convertirse en cualquier cosa que los hombres proyecten sobre ella. Cuando era niña, su padre le prestaba muy poca atención. Sin embargo, a los catorce años, cuando su hermana mayor abandonó el hogar para ir a la universidad, ella supo de un modo instintivo que su cuerpo de bailarina se había ganado toda la atención de su padre. A lo largo de todos los años que estuvo en la escuela de ballet, Mary fue la «niña mimada de papá». Pero el vínculo psíquico entre ella y su padre mantuvo su alma cautiva, convirtió su cuerpo en una máquina sin sentimientos y su mente en un mundo de fantasías poblado por amantes fantasmales. Mary era una *femme fatale* para el resto de los hombres.

Mientras se esforzaba por hallar su propia identidad, conversó durante años con una figura interior llamada Mujer Medicina, cuyo amor se abrió paso a través de la cólera blindada del cuerpo de Mary. Por debajo de aquella cólera, Mary se encontró con Ciervo, cuya dulzura liberó a su cuerpo del influjo de Bruja y de Hitler, dos temibles figuras patriarcales. De algún modo, Mary sabía que, si era capaz de encontrar a Eva en sí misma, sería capaz de conectar con su propia masculinidad creativa. Esta energía apareció primero en Perro Negro y en Pez. Nellie, la anciana sabia, se hallaba en el punto de inmovilidad. Ella era, y es, la mediadora entre la oscuridad y la luz.

Mary está ahora impartiendo clases de danza en la Facultad de Kinesiología de la Universidad de Ontario Occidental, en London, Canadá, y yo soy analista junguiana en Toronto. Las raíces de nuestra relación se hallan en el lodo de la Bahía Georgiana, y seguimos trabajando juntas en talleres con hombres y mujeres comprometidas con sus propios viajes. Seguimos trabajando con los mismos conceptos, buscando una sintonización más fina y delicada con el cuerpo sutil o energético. Nuestros lirios acuáticos se abren en dirección al sol a través del amor de la Gran Madre, la creación se abre a la consciencia.

Y, ahora, le paso el testigo a Mary.

❻ Redimir el cuerpo de Eva

MARY HAMILTON

INVIERNO DE 1976
HERIDA

—¿Está muerto el bebé? –me escucho a mí misma preguntar al residente.

—Bueno, ésa es una posibilidad que habría que considerar –dice él, evitando mi mirada, mientras se gira rápidamente y se va de la sala.

—Cariño, no te mueras. ¡Oh, Dios! ¡No dejes que muera!

De pronto, escucho una voz interior que me dice: «Contrólate, mujer. Toma, lee esta revista».

Espero. No viene nadie.

Voy al teléfono del puesto de enfermería y llamo a mi marido.

—John, no le encuentran el latido cardíaco.

Me deshago en lágrimas.

«¡Contente! –grita la voz interior–. Nadie quiere a una loca llorando por aquí. ¡Contrólate!».

Me adormezco. Abandono mi cuerpo y me observo a mí misma como si fuera una cámara filmando objetivamente una escena dramática en un hospital. Me veo a mí misma preguntando con calma a la enfermera adónde ha ido el residente.

—Está muy ocupado hoy, cariño –me responde, sonriéndome dulcemente.

Por fin, el residente regresa. Viene con prisas.

—Todo es favorable –afirma, y se marcha de nuevo.

La voz interior me dice con toda la intención:

—Bien, ya está. El bebé está muerto.

No siento nada. Tengo un control total. Dejo de pensar en mi querida barriga como en un niño. Se ha convertido en un tumor canceroso negro. Me van a operar hoy para extirparlo.

Horas más tarde, echo el tumor, furiosa. Me quedo mirando la pálida cara de la joven residente. No deja de preguntarme si estoy aterrorizada por la experiencia. Me pregunto si está ahí para proporcionar algo así como un cómico alivio.

—Es un niño. Corta aquí.

El silencio es denso.

Muchas voces me rodean. «Firme aquí, por favor». «Muchísimas gracias». «¿Quiere hacerle un funeral?». «¿Quiere ver al bebé?». «¿Podríamos quedarnos con el cuerpo para la ciencia?». «Muchísimas gracias». «Su marido debe irse ahora».

Al fin estoy sola. Por vez primera en nueve meses me puedo dar la vuelta sobre el estómago. Ya no hay nada ahí. Lloro de manera incontrolada. Tengo miedo de que alguien pueda escucharme. Dejo de llorar.

Estoy en casa. El florista no deja de traerme flores. La casa parece el salón de una funeraria. Me pregunto quién ha muerto. Intento encontrar un eco de la esperanza de John de tener otro hijo. No soy más que un eco.

Viene gente a casa. Me hablan. Sonríen. Dentro de mi cabeza grita una voz: «Maldita sea, tu hijo está muerto. ¿De qué coño sonríes?». Pero, cuando mi sonrisa se convierte en lágrimas, la gente se va. Tengo una enfermedad. Se llama muerte.

Cada mañana hago una lista de las cosas que debo hacer. Ahora rara vez lloro. Soy emocionalmente fuerte. Mi cabeza ha tomado la delantera y está organizando mi vida, ignorando a mi cuerpo, que todavía cree que está sustentando otra vida. Tengo los pechos llenos de leche. Voces interiores parlotean en mi cabeza. «La muerte tuvo lugar en tu cuerpo. Dentro de ti está la razón por la que él murió. Tu viaje es para encontrar la respuesta».

Paso por los movimientos de estar viva. No tengo sensación del tiempo. Mi memoria está en la más completa oscuridad. Debo ser muy cuidadosa conmigo misma para mantener el control. Ahora evito a la gente. Sus ojos me ven en mi pesadilla. Me aterroriza desmoronarme, mientras mi mente da volteretas en espacios extraños.

Estoy desorientada, sin empleo, sin bebé, sin retos, sin nada exterior hacia lo cual dirigir mi energía. La energía se vuelve hacia dentro, hacia una negrura que da vueltas en mis entrañas. Tengo la sensación de estar perdiendo el sentido de quién soy. Cada día, cuando bailo en el estudio, veo a una mujer delgada y agonizante en el espejo. El dolor gotea de su cuerpo como lágrimas. No la reconozco. Y mi cuerpo no es capaz de retener nada. No puedo comer, y la diarrea no cede. Sueños salvajes me acosan toda la noche; voces salvajes me acosan todo el día.

Temo que, si emerge a la superficie el dolor inconsciente en mí, finalmente estalle y la agonía me mate. Tengo miedo a la oscuridad del dolor y, sin embargo, siento el impulso de entenderlo. Mi mundo onírico y mi realidad exterior se han hecho uno. Me estoy sumiendo en la locura.

Voy al médico. No entiende lo que intento decirle con lo de las voces, de modo que me callo. Me prescribe tranquilizantes y funcionan: nada de sueños, nada de voces, nada de visiones ni terror en el cuerpo, ni vida en el cuerpo. Ni siquiera puedo bailar. Soy un cadáver con vida. Mi vida en la locura es mejor que mi muerte en los fármacos.

«Me voy a suicidar», pienso para mí.

«No –responde una voz en mi cabeza–. La muerte no es más que una breve huida de la vida. Volverás a un cuerpo y serás obligada a enfrentarte a tu locura».

Sin huida posible en vida o muerte, establezco correspondencia con Marion en Zúrich.

La vida es un infierno vivo. Siento el impulso de hacer algo que me alivie el dolor que me corroe las entrañas y la extraña angustia de mi cabeza. Con miedo a que me vean, con miedo a caer hecha pedazos y con miedo a que me digan que me he vuelto loca, bailo sola cada mañana en mi salón, después de correr las cortinas. Con mis viejas y holgadas ropas de limpieza, con el cabello ralo y mis feas gafas llenas de lágrimas, me olvido de todo plié, fouetté y arabesque que entrené en otro tiempo hasta la perfección. Simplemente, dejo que mi cuerpo dance la furia de mis sueños. Dejo que mi cuerpo dance el éxtasis de mis visiones. Salvajes estallidos emocionales aterrorizan a mi *persona* controladora. Sin embargo, cuando se está en el infierno ya no hay nada que perder. Me permito bailar y bailar y bailar. Poco a poco, el dolor y la ira caen como las capas de una cebolla hasta dejar el núcleo, y allí me encuentro con el amor por mi «querida barriguita», el «niño» por el cual viví durante nueve meses. Ahora bailo mis lágrimas.

Todas las tardes me obligo a registrar mis sentimientos y mis ideas en el diario. Me siento forzada a llevar todo eso a la consciencia. Escribo y escribo, intentando encontrar algún significado a mi sufrimiento. Mi diario es mi salvavidas. Por la noche, me llevo a mí misma al estudio. Tengo que demostrarme a mí misma que no estoy loca, que puedo ser normal, aunque poderosas visiones invadan mi consciencia despierta.

En una visión, un Cuervo se posa en mi escritorio mientras escribo. Después, se aleja volando, y siento cómo mi cuerpo se llena de ráfagas de energía. La energía viene en círculos amarillos con centros ígneos de un color rojo brillante. No dejan de formarse círculos delante de mí, para luego atravesar mi cuerpo. La luz es tan brillante que tengo que bailar por toda la casa para disipar su intensidad. No sé si estoy viviendo una agonía o un éxtasis. Finalmente, los círculos se detienen. Me siento llena. Soy consciente de que tengo un hambre de córvido.

Pero todo lo que ingiero parece que no hace otra cosa que alimentar las voces de mi cabeza. Es como si me cayera a pedazos que están en guerra entre sí. Mi voz, única, se divide en muchas voces. Mi centro se desintegra, y mi sentido del yo se desmorona como una piel muerta. Una voz interior, intensa, no deja de decirme: «Ríndete, deja que la nueva energía teja de nuevo el tapiz de tu yo-alma en la materia».

No tengo la energía ni la voluntad suficientes para resistirme a ese poder. Mi yo se divide en tres voces femeninas, tres complejos diferentes que se apoderan del bolígrafo y escriben en mi diario.

PRIMAVERA DE 1976
DESINTEGRACIÓN

«Yo soy la Mary Buena –escribe un complejo–. Intento ser un retrato de naturaleza muerta de la mujer perfecta de la sociedad en la portada de la revista *Vogue.* Mi delgado y rígido cuerpo es una "cosa" que puedo obligar a pasar hambre o hacer ejercicio hasta el agotamiento. Doy a luz ideales de la cabeza, pero no niños terrenales. La sexualidad es algo sucio, de manera que he abandonado mi cuerpo y vivo en la cabeza. Aquí, mis ideales espirituales alcanzan la ilusión de la perfección, pues se liberan de la oscuridad de la materia. Sé que mis propias ideas originales son peligrosas, de manera que me lleno la cabeza de hechos, que puedo citar en cuanto yo lo mando. Estos conocimientos me dan lo que quiero de la vida –títulos, empleos, respeto de las autoridades–. Sin un cuerpo que sienta lo que yo valoro en la vida, valoraré aquellas cosas que son buenas, según los estándares sociales. Soy predecible, fiable, formal, justo lo que los demás quieren».

«Soy una mujer justa –continúa la voz del complejo– y estoy decidida a llegar al centro de la primera fila en el cielo. Utilizo mi inocente dulzura como poder. Identificada de manera inconsciente con el poder de mi belleza de bailarina, tiento a los hombres, pero nunca les entrego mis dones. Atraigo a los hombres amorosamente desde la realidad de sus sucios cuerpos, desde la realidad de sus vidas. Recurro a mi intuición para averiguar lo que los demás quieren de mí. Sé lo que mis progenitores quieren de mí, aunque ni ellos lo sepan. Papá quiere poseer a su querida hija, de modo que soy una *femme fatale* para los demás hombres. Mamá quiere una popular mujer de mundo, y yo represento el papel. Mamá quiere ser bailarina, de modo que soy bailarina para ella. Soy una buena persona».

«Lo que eres es un demonio –grita una mujer salvaje dentro de mí, arrebatándome el bolígrafo con furia–. La Mary Buena es una consumada manipuladora. Y tú estás ciega ante su destructividad».

«¿Quién eres tú, mujer salvaje?», le preguntó, intentando mantener la posición del ego.

«Yo soy tu Eva-yo, tu Mary Mala. Soy un espíritu libre que no conoce leyes externas. Te doy miedo porque yo sirvo a la Vida y no a los valores de la sociedad. Tu Mary Buena me llama puta. Mi energía ha sido incomprendida y reprimida y, por tanto, se ha visto obligada a volverse contra sí misma. La Mary Buena dice que soy un cáncer en su cuerpo, porque yo sé que la vagina es un joyero de perfumes divinos. Pero esa loca en tu cabeza sigue tratando de limpiarla. Yo sé que mi cuerpo es una flor abierta a los dioses. Yo soy el fuego vivo que se halla dentro de la cara de plástico y del cuerpo gélido, esquelético y muerto de la Mary Buena. Tu Mary Buena es una jodida santa que sería capaz de violar a la Tierra para complacer a las autoridades. Ahora, libérame en la vida para que pueda enseñarte la sabiduría femenina».

A la Mary Buena le aterroriza que Eva viva en su cuerpo. Para captar la atención de la Mary Buena, Eva me proporciona dolores de cabeza tensionales, indigestiones, diarrea, síndromes premenstruales y períodos dolorosos. La Mary Buena se aferra a la realidad con las uñas mordidas. No puedo soportar durante más tiempo el poder de Eva. Dividida en mi desesperación, me derrumbo físicamente en el suelo del dormitorio y sollozo. Y, en mi desesperación, aparece otra voz. Me miro en el espejo y veo mi agonía. La agonía se transforma en la cara de una vieja Mujer Medicina.

«Permítete entrar en el laberinto de tu oscuridad».

«Esto es una locura –digo–. No eres más que una ilusión».

«No –dice la imagen de la Mujer Medicina en el espejo–, tú eres la ilusión».

Me derrumbo en pedazos. Esa noche sueño con que la Mujer Medicina me entrega huesos de animales prehistóricos.

—Éstos son tus animales –me dice en el sueño–. Los animales de la Mary Buena no tienen alma en los huesos. Los animales de Eva tienen alma. Si quieres alma, ama a los animales de Eva.

La Mary Buena me dice que sea una buena chica, que rece a su Dios, el Padre, el gran papá-juez en los cielos, para que mate la energía de Eva, pues no es más que una puta malvada.

La energía de Eva hace que la vida de la Mary Buena sea un infierno físico.

La Mujer Medicina me dice que escarbe en la tierra de mi cuerpo y que encuentre las aguas curativas. Pero tengo el cuerpo agarrotado y retorcido de dolor.

Me siento en el salón de casa e intento relajar mi cuerpo. Cierro los ojos y Eva aparece en la pantalla interior. Lleva un látigo largo. De repente, veo que se pone de pie sobre mi vientre y una enorme serpiente verde se enrolla a su alrededor. Eva está en calma, muy tranquila. Ella y la serpiente respiran al unísono. El poder entre ellas es impresionante. Y, de pronto, Eva estalla con una risa que me hace estremecer y me aterroriza.

«Tengo el poder de la serpiente. Puedo hacer con ella lo que quiera, pues ella y yo somos amigas. Vamos a entrar juntas en la vida. No puedes matarnos. Te mataríamos primero».

«¿Qué queréis de mí?», pregunto sumida en el pánico.

«¡Vida! Quiero que se me vea a la luz por lo que soy. La estúpida de la Mary Buena en tu cabeza nos va a matar a todas con su culpabilidad. Ella iba a darte un cáncer, y yo opté por matar al niño para obligarte a que me escucharas. ¡Devuélveme a la vida! Eso exijo de ti».

Tengo la sensación de que me hundo. Miro fuera de mis ojos y la realidad se me antoja muy lejana. Escucho voces, pero sus cuerpos son fantasmales. Veo gente real, pero no puedo responderles. No me escuchan cuando les hablo de estas voces. Me pregunto quién mira fuera de mis ojos. ¿Quién es este ser que escribe estas palabras?

Cada mañana, me obligo a escuchar las voces dentro. Me dicen que en su campo de batalla se encuentra el lugar de nacimiento de mi yo femenino. Me dicen que dance su energía con mi cuerpo y que hable sus voces, para que pueda comprender cómo poseen mi cuerpo-mente. Me dicen que me hallo en un viaje peligroso, pero que, si tengo el coraje suficiente como para permanecer con ellas, me revelarán los secretos de mi feminidad.

Una mañana tengo la sensación de que hay una gran presencia en el salón conmigo. Es una energía positiva pero despiadada. Finalmente, tengo el coraje de visualizarla. En mi pantalla interior veo a la vieja Mujer Medicina. Es una anciana fea y curtida. Aunque siento terror, me siento irresistiblemente atraída hacia ella. De manera intuitiva, sé que, si puedo centrarme en su presencia, no me volveré loca. Mi energía se va hacia ella e intenta agarrarla, pero ella me la devuelve por la fuerza.

«No me des tu poder –me dice severamente–. Guárdalo para ti misma. Lo necesitarás. Escúchame y obedéceme, pero jamás te aferres a mí. Camina a mi lado, pero no entres en mi ser. El poder te destruiría. Yo te tocaré, y mi toque te sanará, pero no debes tocarme jamás. Estoy aquí para enseñarte a aceptar a tu Cristo crucificado. Si respetas mi espacio, conocerme no te destruirá».

«¿Cómo puedo hacer eso? Apenas puedo mantener la cordura tal y como están las cosas».

«Si quieres vida, escúchame; si quieres muerte, no lo hagas. Si optas por no escuchar, la fuerza vital no tendrá motivo alguno para mantenerte aquí, en este plano de realidad. Hay que hacer un trabajo. Si escuchas, tu mito se manifestará a través de tus acciones en el planeta Tierra. Vive tu muerte, o muere y vive tu vida».

En sueños, la Mujer Medicina me dice que entable amistad con mi naturaleza animal. Me dice que derrita el suelo congelado de mi cuerpo y que deje que salga la primavera en la celebración del ser. Me dice que haga una danza de fertilidad mientras mi alma ríe. Sin saber qué es lo de la danza de fertilidad, dejo que Eva dance mi cuerpo. Entonces, me alcanza de un modo espontáneo una visión:

> Estoy en una fértil y oscura marisma, rodeada por unas exquisitas caléndulas acuáticas. Mi corazón está henchido de vida, mientras Eva me toma de las manos y bailamos en la oscura y húmeda marisma. Me dice que vea la pura y limpia marisma entre mis piernas, y que una flor de loto emergerá de ella.
>
> La Mujer Medicina aparece y me comenta: «A través de tu recipiente, lo femenino consciente ha de nacer. Hay que llevar a Eva a la luz del día».

VERANO DE 1976
SANAR LA HERIDA

Aunque estoy en la isla en la Bahía Georgiana y estoy rodeada de belleza, estoy sumida en el pesar. Soy el yo de la Mary Buena sin voz y soy Eva sin manera alguna de vivir mi fuerza vital creativa. Soy la mujer cuyo hijo está muerto, y yo herida. Vomito el pesar. Escucho a otros que me dicen que no lo supero, pues no está bien pasarme los días llorando. Me siento desgarrada, angulosa y salvaje con la energía. No hay mujer civilizada en mí, pero hay una mujer. Yo soy esa mujer, y en mi dolor sé lo que valoro. También sé que la sanación, para mí, se halla en el agua salada de mis lágrimas.

Mientras yazgo sobre las rocas calientes de la Bahía Georgiana, llorando en silencio, me veo a mí misma en una visión:

Yazgo en posición fetal y se me empieza a caer la piel. Me hago cada vez más delgada, mientras cae una capa detrás de otra. Veo los órganos dentro de mi cuerpo, que ya no funcionan. También ellos empiezan a desaparecer. Veo mis huesos cubiertos de sangre, pero ésta se seca poco a poco y desaparece. Entonces, mi esqueleto se derrumba y los huesos se separan, de tal manera que no queda cuerpo alguno.

Aparece la Mujer Medicina.

—A tu alma no le importa si vives o mueres. La fuerza vital habla a través de cualquier recipiente que esté dispuesto a recibir su energía. En esta vida, tu función es escuchar y vivir el amor incondicional por todas las formas de vida.

»Estás experimentando ahora la paz de la muerte, el mundo del alma, el mundo de la permanencia. Aquí no hay sufrimiento: el sufrimiento tiene lugar en el cuerpo. Si eliges volver a tu cuerpo, sufrirás. Si te decantas por la muerte, se te devolverá a otro cuerpo para que termines el viaje de tu alma. Sin embargo, si vuelves a tu cuerpo, mi sabiduría se manifestará a través de ti».

Siento una inmensa oleada de energía mientras se me fuerza a volver a mi afligido y ahora aterrorizado cuerpo. No quiero vivir y, sin embargo, siento terror de estar muerta. Estoy al borde de un precipicio, sin saber si saltar hacia la muerte o dar media vuelta y vivir. Mientras espero, es como si me escindiera en dos sistemas de energía, uno dorado y otro rojo. El sistema energético dorado dispara una flecha dorada al corazón del sistema energético rojo. La flecha impacta con tal fuerza que caigo al suelo. Sé que, si me pongo de pie, viviré; si me quedo en el suelo, moriré. Mis yoes están conectados a través de una fuente externa de amor infinito. Mi boca pronuncia unas palabras.

—Quiero vivir –susurro a las aguas–. No sé por qué ni me preocupa el motivo, pero quiero vivir.

Vuelvo al centro de la isla. Me tumbo sobre la Tierra y lloro. Una vez más, me escucho decir:

—¡Oh, Madre Tierra, perdóname por no amar la materia, por no verte, por no escucharte!

Siento que desde mis entrañas emergen profundos sollozos. No sé si estoy llorando yo o si es la Madre Tierra la que llora a través de mi cuerpo. Estoy sollozando el dolor que parece que absorbo de la Tierra.

Me doy la vuelta en el suelo y me pongo boca arriba, y el calor del sol me calienta la piel a través de las hojas de los árboles. Círculos de color rojo y amarillo danzan en torno a mi vientre. Sé que estoy siendo sanada. Mi útero está preparado para recibir una nueva vida.

Esa noche tengo el siguiente sueño.

> La Mujer Medicina me entrega el cadáver de mi hijo muerto. Lo levanto entre mis brazos y ofrezco su pequeño y desnudo cuerpo a la luz solar, como si estuviera haciendo una ofrenda a los dioses. Mi largo cabello está lleno de fresas. De repente, una daga dorada atraviesa el corazón de mi hijo.
>
> —Él es el sacrificio que los dioses te pedían –dice la Mujer Medicina–. La Madre Tierra exige que se le devuelva todo a ella. Entiérralo en su suelo y ella, a su vez, te dará la vida. La vida se alimenta de la muerte.

El sueño tiene un impacto inmenso en mí, y me permite entender el significado del sacrificio. El hijo que yo anhelaba para justificar inconscientemente mi existencia como mujer me da la vida a través de su muerte. El verdadero aborto ha sido mi propia vida.

OTOÑO DE 1976 A PRIMAVERA DE 1979
MATERNIDAD

Si lo pienso bien, fue una gratificación, un regalo, el hecho de que este sueño llegara cuando lo hizo.

Después de aquel verano en la isla de la Bahía Georgiana, concebí de nuevo y a su debido tiempo. En el verano de 1977, di a luz a una hermosa niña. Así, liberada en mi propia vida a través de la asimilación consciente del sueño del sacrificio, soy libre para vivir mi vida, y mi hija lo es para vivir su vida, sin la carga de la proyección de mi yo no vivido.

Ahora que mi hija ha nacido, mi vida está consagrada a las obligaciones de la maternidad. Sin embargo, sigo desarrollando herramientas que me mantengan conectada con mi mundo interior. Por mi correspondencia con Marion sé que dialogar con los símbolos oníricos no es una locura; la locura, para mí, es reprimir la energía de esos símbolos. El viaje interior parece empujar hacia delante, con independencia de lo que ocurra en mi vida externa.

Durante los dos años siguientes, escribo todos los días en mi diario y dialogo con los símbolos oníricos. Durante este tiempo concibo de nuevo y doy a luz a otra hermosa niña. Mis hijas me enseñan la Eva que una vez fui. Sus hermosos y redondos cuerpos desnudos, su total aceptación de su propio ser, su alegría al recibir amor físico, constituyen un sistema de soporte interno para mi nuevo yo. Sé que, a un nivel físico, soy la madre de mis propias hijas; sin embargo, a un nivel psíquico, también soy la madre de mi niña interior. En los sueños, mis hijas simbolizan la nueva vida de la mujer-niña que hay en mí.

Empiezo a sentir una nueva realidad en mi cuerpo que es muy diferente de la gélida y controlada quietud en la que vivía antes de comenzar mi viaje. Aunque serena y controlada en la superficie, yo tenía la sensación de que era un punto inmóvil, congelado, bidimensional, que vivía en la ilusión de que controlaba mi vida.

Tenía miedo de que los demás vieran lo terrible que era si miraban por debajo de mi *persona* controladora. Ahora tengo la sensación de que soy un punto móvil multidimensional que comienza a vivir la realidad que supone someterse al proceso de vivir. En vez de sentir la tremenda necesidad de controlar mi vida, siento la necesidad de dejar que la vida se mueva con libertad a través de mí. A veces da miedo, pero es mucho mejor que la vida gélida de las emociones controladas. Tanto si las siento como si no, las emociones están ahí. Sin embargo, puedo elegir sentirlas, afrontar su realidad y participar con ellas en la vida que hay a mi alrededor y dentro de mí. Siento la dicha y el pesar, la paz y el miedo.

Quienes me conocen tienen la impresión de que he perdido el control, de que no hago más que llorar, que soy en exceso emotiva, y que ése no es mi «yo feliz, alegre y positivo». Pero dentro de mí empiezo a sentirme auténtica, a sentirme viva. Aunque frágil y vulnerable, los sentimientos que me proporciona vivir mi realidad emocional me dan la fortaleza necesaria para ser, simplemente, quienquiera que vaya a ser.

Cuando las niñas duermen la siesta, trabajo con mi material onírico. Me doy cuenta de cambios en el trabajo corporal; lo siento más tranquilo. Aunque siempre honro las emociones mediante lágrimas de cólera o de alegría, no se dan estallidos primarios. Cuando estoy sola, trabajo con un único símbolo onírico, como una flor, en lugar de con todo un sueño. Elijo un símbolo positivo que genere sensaciones físicas agradables en mi cuerpo cuando pienso en él. Nunca trabajo sola con un símbolo negativo, un símbolo que me provoque miedo, ansiedad o terror. Respeto el poder que puede tener el lado oscuro de un complejo sobre mi ego, sobre el yo que sabe quién soy como algo distinto del complejo. Sin embargo, sé que, si mantengo la posición distante del testigo, la posición donde una parte consciente de mí sabe exactamente lo que estoy haciendo, puedo trabajar sola y con total seguridad con un símbolo onírico positivo.

Relajo mi cuerpo durante diez minutos con ejercicios de yoga y respiración profunda. Me tumbo en el suelo y me sumerjo en la quietud, y recuerdo un símbolo onírico positivo. Cuando exhalo, dejo que el símbolo caiga en mi cuerpo y voy adondequiera que el símbolo desee ir. Mientras mantengo la posición objetiva del testigo, siento cómo la energía del símbolo afecta a las sensaciones y las emociones de mi cuerpo. Con frecuencia, observo cómo una emoción se transforma en otra y, después, en otra, y veo cómo cambia el símbolo con cada cambio energético.

Por ejemplo, en un sueño me ofrecen un magnífico lirio de tigre anaranjado. Cuando trabajo con la flor, ésta opta por reposar con tranquilidad en mi vientre. Es delicada, radiante, hermosa, y está exquisitamente conformada. Poco a poco, la imagen asciende hasta mi plexo solar, donde se transforma en remolinos de una potente energía de color rojizo anaranjado. Al observar el cambio de la imagen, mientras yazgo en el suelo, descubro que mi cuerpo se mueve poco a poco con la imagen cambiante. Está siguiendo la energía liberada por el símbolo en mi cuerpo. Mi cuerpo se da la vuelta, mis brazos esculpen poderosas formas a través del espacio, mi torso gira. Mi energía es radiante. Y, entonces, el movimiento y los remolinos de color se transforman en un magnífico tigre que se apodera de todo mi cuerpo. Y, en un instante, los salvajes remolinos de energía se contienen en la quietud. Estoy alerta, equilibrada, contenida en mí misma. Empiezo a caminar como un tigre, poco a poco, con intención, gracia, poder. Siento una conciencia viva en cada músculo y cada hueso de mi cuerpo. Por primera vez en mi vida, me siento conectada con el poder de los instintos que habitan en mi cuerpo.

Cuando un símbolo tiene mucho que decir, grabó nuestros diálogos, y, después, al escucharlos, descubro matices en mi voz que indican qué complejo está hablando: la niña abandonada, el ánimus negativo, la madre negativa, lo femenino positivo. Durante varios años escucho cómo mi voz se va liberando de los complejos que mantienen rígidos mis músculos. La Mujer Medicina, con su voz práctica y directa de sabiduría femenina positiva, sigue enseñándome, a través de la imaginación activa, acerca de una espiritualidad que está arraigada en la materia, en mi propio cuerpo.

VERANO DE 1979
LAS ENSEÑANZAS DE LA MUJER MEDICINA

Durante los largos y cálidos días en la isla, la Mujer Medicina es una poderosa guía interior. Un día, mientras observo las olas, el ritmo de su energía me transporta a un estado alterado de la consciencia, y una visión se despliega espontáneamente delante de mí:

> Una enorme serpiente negra con diamantes dorados sale del agua. Colérica, me amenaza con su lengua. Aunque puede morderme, sé que no me va a matar. La agarro por el cuello y nuestros ojos se encuentran. «Vete a la ciénaga a la que perteneces». La serpiente retuerce su poderoso cuerpo y desaparece.
>
> La Mujer Medicina aparece en las rocas, a mi lado.
>
> —Sométete a la serpiente dorada, a la parte de ti que no eres tú, sino otra; sométete a la parte de ti que es todopoderosa y omnisciente. Allí vive la sabiduría de la que tienes que hablar. Si percibes a la serpiente como negra, te destruirá; si la percibes

como dorada, te creará. Es la misma energía serpentina. Ahora, cambia tu perspectiva.

Me veo a mí misma bajar a las aguas cenagosas de la marisma. La Mujer Medicina me ofrece una flauta. Cuando la hago sonar, la serpiente negra sale del agua y curva su cuello hacia atrás mirándome con ira. Le grito:

—Serpiente, siento lo que te he hecho. No sé cuál es tu energía, pero debo matarte.

Agarro a la serpiente negra por detrás del cuello y nuestros ojos se vuelven a encontrar. Tiene una fuerza colosal y casi me derriba, pero, a continuación, su cuerpo se debilita; se rinde totalmente ante mí. Arrastro su cuerpo hasta la Mujer Medicina. Entonces veo una magnífica serpiente dorada enrollada en torno a la Mujer Medicina. La serpiente irradia una cegadora luz blanca.

Regreso a la consciencia ordinaria y comienzo a llorar, no sé si de gozo o de desesperación. Mientras vuelvo a la cabaña, me doy cuenta de que mis sentidos están por completo vivos. Me sobrecoge la belleza del canto de los pájaros, los colores que reflejan las aguas, el viento que me acaricia el cuerpo.

Me convierto en un punto de consciencia entre las sensaciones de mi cuerpo y la belleza que me rodea, entre la vida personal individual y la vida impersonal y colectiva.

Esa noche sueño con una araña que me dice que tengo que encontrar las bayas de mi alma femenina, y que, cuando lo haya perdido todo, seré libre. Detesto a las arañas, pero sé que debo tener el coraje de hablar con esta energía que vive en mí.

—¿Qué quieres de mí, Araña? –pregunto en meditación.

—A ti.

—Pero ¿por qué? Me das miedo.

—Tengo que ser agresiva, porque tú siempre intentas matarme. Si me ignoras, no me das energía y, sin energía, yo soy vida no vivida.

—Pero ¿quién eres?

—Tú, una parte de ti que no puedes ver todavía.

—¿Qué parte?

—El amor femenino, consciente e incondicional. No te voy a matar, pero debes escucharme. Cede al amor por tu propia familia interior. Ama a la niña-Eva que vive sin reglas. Despréndete de todos los libros que te dicen cómo vivir. Vive desde el corazón y olvídate de los convencionalismos, ábrete al instante y expresa con libertad la energía del amor. En el mundo del corazón no hay apegos. Tu corazón herido, tu alma femenina rechazada, sanarán si expresas esta energía.

—Pero ¿qué pensará la gente si vivo de este modo?

—Empieza a vivir tu propia vida. Se suponía que tenías que amar. El amor es una forma de ver que ve más allá de las ilusiones, ve la violencia de la vida y la acepta. El amor mira fijamente a los ojos de la muerte, con pleno conocimiento del dolor, de la descomposición y la separación. El amor acepta por igual a la oscuridad y a la luz.

—Araña, ¿eres la Mujer Medicina?

—Sí, adopto muchas formas diferentes.

—¿Cómo puedo confiar en ti, Mujer Medicina, cuando en realidad no existes?

—En tu corazón sabes que existo. Ahora puedes sentir mi energía en torno a ti. Se te ha condicionado para que creas que el mundo interior es engañoso y peligroso. Tú proyectas ese peligro percibido sobre el mundo exterior; el mundo exterior no es más que una pantalla para tu estado de ser interior. La gente te parece amenazadora porque tus personajes internos te parecen amenazadores. La naturaleza está llena de animales peligrosos porque tu naturaleza interior está llena de animales peligrosos.

»A tu madre le enseñó su madre, y a ella le enseñó su madre que el cuerpo femenino contenía el mal de la humanidad. Te aterroriza tu cuerpo y, sin embargo, ella te toca en todo momento; ella eres tú. Tu madre, separada de su propia fuerza vital, de su propia carne viva, no te pudo enseñar nada acerca de tus instintos femeninos, que dormían en su carne, ajena a la sabiduría divina de la naturaleza.

»Tú nunca has contactado con ningún otro ser humano, pues siempre has tenido miedo de que alguien te robara el cuerpo. Pero te robaron el cuerpo nada más nacer; aunque nunca lo supiste. Al reprimir la consciencia en tu cuerpo, tus antepasados te negaron la vida. Castigas tu cuerpo a través del ejercicio, le haces pasar hambre, atenúas sus sentimientos, haces que se prostituya para que te proporcione lo que necesitas para vivir en sociedad. Observas objetivamente cómo la sangre de la vida gotea de ti y no sientes nada. Estás sangrando y muriendo poco a poco a causa de esa herida. Muchas mujeres en tu cultura sangran de heridas psicológicas que ya no perciben.

»Yo haré que sientas la herida y, después, la misma herida te obligará a emprender la acción necesaria para detener el dolor. Tú has visto la vida a través de los ojos de una Bruja de piedra; tu cultura te dio estos ojos.

»Dentro de ti, esperando, hay un hombre a quien tu yo-Eva está llamando. Algún día se encontrarán. Sin embargo, primero tienes que encontrar a la Bruja que mantiene el vínculo entre Eva y ese hombre. Entonces, tendrás que matar a la Bruja.

—¿Y cómo encontraré a la Bruja?

—Ella vive en los músculos contraídos de tu cuerpo y en los valores colectivos de tu cultura. En cuanto la veas, podrás disolverla. Cuando hayas experimentado todo el terror de su energía, sabrás cómo debes tratar con ella. Arrójale agua caliente. En los cuentos de hadas funciona.

—¡Maldita seas, Mujer Medicina! ¿Cómo arrojo agua caliente sobre una ilusión en los músculos de mi cuerpo? A veces dices tonterías.

—No, eres tú la que dice tonterías. Aprende a cagar, mujer. Saca el veneno de tu cuerpo.

Soy consciente de que la Mujer Medicina observa mi dolor. El pesar y la confusión en mi rostro y en mi cuerpo son obvios, pero ella permanece inmóvil y me observa. No intenta aliviar mi dolor ni trata de quitármelo. Como la vieja bruja que es, me anima a que permanezca con los sentimientos en mi cuerpo.

—Sumérgete en tu cuerpo –susurra la Mujer Medicina–. Ama al miedo y al terror. Acéptalos; no son tus enemigos. Tú eres ahora una mujer y ha llegado el momento de que aprendas a amar como una mujer. Ese amor acepta la fragilidad humana. Es el amor que ve la unidad de todas las formas de vida. Es el amor que ve la luz divina oculta en el miedo a la oscuridad. Es el amor que sana, pues disuelve el miedo en el perdón. Aprende a amar el miedo, la furia y la ira, y entonces experimentarás el amor de lo divino. Déjate ir. Todo en la vida nace para morir. Lo viejo debe dejar paso a lo nuevo.

—¿Quieres decir que me desprenda de mis percepciones de la realidad?

—Sí. Lo que antes experimentabas como malo lo experimentarás como vida no manifestada; del mismo modo, lo que antes experimentabas como bueno, lo experimentarás como vida manifestada. La vida manifestada y la vida no manifestada son polaridades que se equilibran.

»No has respetado tu voz intuitiva. Te enseñaron que no era digna de confianza, pues sabe sin saber por qué. Sin embargo, el conocimiento intuitivo es la sabiduría de tu yo-anímico interior. Sus misterios se comprenden en el silencio. Cuando permitas que los misterios vivan conscientemente en ti, sabrás que tu alma y tu cuerpo humanos son la expresión de un espíritu divino.

»Tu voz intuitiva posee las semillas de tu alma femenina, semillas que debes sembrar en la marisma de tu cuerpo. Entonces, la energía sexual instintiva de tu cuerpo te conectará con la fuerza vital espiritual. Empoderada con los misterios de la sabiduría femenina, tu carne se volverá muy viva. Y, consciente de sí mismo como espíritu, tu cuerpo se transformará en cuerpo-alma, donde cuerpo y espíritu se viven como una única realidad.

—¿De qué modo cambiará mi percepción? Mi comprensión de los misterios femeninos es la maldición menstrual. Y, al igual que cualquier otra mujer que conozca, la detesto. Me hubiera gustado tener el cuerpo de un hombre. No encuentro nada que celebrar en el hecho de estar en el cuerpo de una mujer.

—Cuando eras niña, no tuviste cerca ninguna anciana sabia que te enseñara los profundos secretos de dormir en tu vientre. No se te revelaron los misterios hasta que empezaste a menstruar. Tu cultura percibe la menstruación como una maldición porque no conoce los poderes de la sangre. Si tuvieras el coraje de escuchar a tu yo-Eva, que celebró la primera gota de sangre, la supuesta maldición podría haber sido una iniciación en tu feminidad. La feminidad es la celebración del ser.

»En la escuela se te enseñó a pensar con la cabeza. Incluso tu educación sexual se dirigió a la cabeza y no al corazón. Te arrancaron el corazón y el vientre. Tu centro sexual está vacío. A través de tu cuerpo, tú sabes que algo terrible te ha sucedido; tu ciclo menstrual te grita de dolor cada mes. Tu alma femenina ha sido violada. En tu corazón y en tu vientre se ha producido un gran pecado. Crees que tu cuerpo es el responsable de tal violación; te sientes culpable por permitir que ocurra. Pero la culpa no es tuya; tú eres la víctima, porque te permitiste ser la víctima. La voz intuitiva que podría haberte conectado con esos misterios estaba condenada al sinsentido. Para que realices tu destino, tendrás que escuchar las voces de la intuición y permitirles que te inicien en tu feminidad. Tu sexualidad no es mala, ya que es tu centro del ser creativo. El ciclo menstrual es la puerta hacia la sabiduría femenina. Hazte amiga de tu sangre. Escucha a Eva.

—Pero, Mujer Medicina, si comienzo a hablar como tú, la gente creerá que me he vuelto loca. No es normal hablar con voces interiores. En la universidad estudié que las esquizofrénicas escuchan voces y creen que las voces son reales. En esta sociedad en la que vivo me atiborrarían con fármacos.

—Te han otorgado una tarea. Si eliges no hacerla, la energía creativa de Eva se volverá contra ti y, al igual que el cáncer, te devorará. Tuya es la elección.

OTOÑO DE 1979
SABIDURÍA CORPORAL

He intentado buscar un trabajo a tiempo parcial, pero tengo los pies tan hinchados que apenas puedo caminar. Hay mañanas que me duelen tanto los pies que tengo que ir a gatas. El médico no encuentra nada, y no hace falta decir que los fármacos que me ha recetado no funcionan.

En meditación, los pies llaman mi atención:

—Habla conmigo.

—¿Por qué debería de hacerlo? –respondo.

Estoy empezando a pensar que todo esto del inconsciente femenino en mi cuerpo de lo que me habló Mujer Medicina son todo sandeces.

—Piensa lo que quieras –continúa la voz de mis pies–. Lo cierto es que sigues sin poder moverte y que te duele mucho.

—¿Por qué me hacéis esto? Llego al punto en que puedo gestionar mi vida y, entonces, me detenéis.

—Quien te está hablando soy yo, tu cuerpo. Tu cabeza es muy beligerante, arrogante y sabelotodo. Los rasgos de carácter que detestas en otras personas, especialmente en los hombres, son las mismas cualidades que posees en tu cabeza. Creíste que podías utilizar la sabiduría de la Mujer Medicina para aparentar que eras una sabía maestra. Pero su sabiduría no es tuya; es de lo divino. Sigues gobernada por el deseo del poder personal sobre la vida, de ahí que quisieras utilizar la sabiduría de la Mujer Medicina para vengarte de los ideales colectivos que violaron a tu yo-Eva. Para impedirte que abusaras de la sabiduría, te he reducido a un animal. Tienes que aprender humildad ante lo divino. Cuando entres en tu cuerpo, cuando te conviertas en él, cuando aceptes tu yo humilde, te devolverán la salud.

—¿Cómo podemos trabajar juntas? –pregunto.

—Cuando comprendas que yo soy tu fuerza vital, tu energía serpentina dorada, tu vida instintiva creativa, entonces conocerás la humildad. Yo soy tu yo-Cristo, si prefieres la terminología cristiana. Yo soy el alma del cuerpo vivo. Sin materia, soy sólo energía; sin alma, la materia está muerta. Tu propósito es ser materia impregnada de alma irradiando luz divina.

»Esta lección es difícil para ti. Si optas por identificarte con la sabiduría de la luz, la sabiduría terminará por quemarte. Si te conviertes en un contenedor de la energía y dejas que fluya a través de ti, estarás viva en la consciencia de la propia vida.

—¿Qué puedo hacer?

—Muere en tu cuerpo. Tienes que entrar en su oscuridad y liberar la luz.

—¿Cómo puedo hacer eso? Mi cuerpo es mi enemigo. Tengo que controlar sus sentimientos.

—La estás matando, y no la conoces. Inconscientemente, te aferras a la creencia de que tu cuerpo, el cuerpo de Eva, es la causa de la Caída de la humanidad en el infierno. Sigues creyendo que la energía de la serpiente es mala.

Empiezo a sentir el dolor de mi condenado y rechazado cuerpo.

—¿Cómo puedo salvar a este animal herido?

—Dale vida –me dice la Mujer Medicina con suavidad.

—No sé si puedo. No tengo coraje. Veo el dolor en mi cuerpo material, y no dispongo del amor suficiente como para soportar el sufrimiento.

Respiro profundamente y digo:

—Te quiero, cuerpo.

Aparece una rosa en mi corazón y tomo una bocanada de aire.

—Da a luz a tu cuerpo femenino. Recibe el sufrimiento como un regalo de la autoconsciencia.

—¿Por qué eres tan insensible, Mujer Medicina? ¿No te das cuenta del dolor que tengo?

—Yo soy tu alma. Depende de ti, como ser humano, vivir en la carne para pasar por este sufrimiento. Encarnar en un cuerpo es sufrir. Yo soy el nuevo mito de la mujer siendo escrito. Necesito tu vida encarnada. Necesito que nazca tu alma femenina para poder traer mi sabiduría a la vida consciente. Podría haber mucho amor en el cuerpo humano sólo con que la carne pudiera vivir su yo divino. Pero tu cultura rechaza la vida de la carne. Ahora, deja que la rosa en tu corazón transforme el dolor de tu rechazada carne en amor por su divinidad.

Siento que el dolor de mi cuerpo se convierte en terror.

—Me estoy disolviendo, Mujer Medicina.

—Sí, no puede haber tú. Te aferras a los patrones seguros de tu cabeza, a las realidades conocidas. Relájate y deshazte.

—Pero ¿qué me sostendrá?

—Yo lo haré. El alimento del alma es sutil. Sométete, acepta la oscuridad, acéptate como eres.

Todo está en silencio. Siento que la respiración sucede en mi cuerpo; el aire entra sin esfuerzo en mis pulmones y sale de nuevo. Acepto mi herida. Me siento vieja, humillada y muy pequeña. Y cuando me pongo de pie ya no siento dolor en los pies. Se han curado. Me siento como si hubiera desaparecido y, sin embargo, quienquiera que siga viva en mi cuerpo es una entidad cognoscente.

INVIERNO DE 1980
PASIÓN DE BRUJA[1]

Me doy cuenta de que ha llegado el momento de que me enfrente a la Bruja que hay en mí. Aunque mi vida externa fluye libremente, la interna es como un volcán en erupción.

Me estoy dando cuenta de que mi Bruja está destrozando a mi familia. Me duele ver cómo la Bruja quita la vida inconscientemente a mi alrededor, convirtiendo la espontaneidad de mis hijas en piedra.

Cuando la Bruja controla la casa, me siento separada de la vida de mi cuerpo. Veo a mis hijas como proyectos de trabajo, y detesto los interminables recados.

Veo a los hombres como hombres-ratón necios. Me convierto en un gato con garras; me acomodo en el regazo de los hombres y ronroneo. Dejo que los hijos de puta me acaricien y me miren con lascivia, pues entonces dispongo de poder sexual sobre ellos.

Aborrezco al resto de mujeres cuando miro a través de los ojos de la Bruja. Mi Bruja las juzga venenosamente mientras les sonríe con dulzura. Nadie sabe qué clase de demonio comparte mi cuerpo-mente.

La Bruja no tiene alegría, no tiene amor, no tiene risa. Lleva la casa de manera mecánica, esperando que los demás vean lo mucho que se sacrifica. Es una superviviente. Nadie se puede aprovechar de ella. Es poderosa y está sola, rodeada por personas que se sienten atraídas por ella, por sus talentos. No saben que es la Bruja quien las seduce. No ven que la Bruja tiene miedo a perder su poder, el que la mantiene aislada en su torre de piedra.

Cuando mi Bruja proyecta a mi padre en mi marido, siento que él posee mi cuerpo, y mi yo-Bruja lo detesta por ello. Entonces sueño que es un Hitler que mantiene aprisionadas mis pasiones vitales. Entonces soy una niña furiosa, indefensa en un campo de concentración. La Bruja se apodera entonces de mi indefensión y dice: «Yo soy mi propia mujer. No soy propiedad de nadie».

---

1. Véase «Poem of Witch Passion», en Marion Woodman. *Addiction to Perfection* (Toronto: Inner City Books, 1982), págs. 101-111.

Mi niña, viviendo bajo la falda de la Bruja, sabe que papá/hombres no quieren mujeres fuertes. Ellos saben que las mujeres/madres/Brujas devoran a los niños, de modo que juego a ser una niña y dejo que la Bruja devore a mi marido.

Observo cómo mi niña/Bruja atrapa a su hombre/papá/marido/ Hitler en su tela de araña y se convierte al instante en Madre y se lo pone al pecho. Siendo una buena niña/esposa, ella crea un adorable hogar. Y mi hombre/marido/papá/Hitler se convierte en mi hijo-amante bajo el encantamiento de los hechizos mágicos de la Bruja. Tanto la niña/Bruja como el hijo-amante papá/marido se asfixian en el matrimonio, mientras creen estar borrachos de amor.

Mi Bruja está casada con un Hitler que sirve a los valores colectivos de la cultura. Juntos matan mi vida interior de Eva y prostituyen mi cuerpo-alma para dar entrada en la vida a cualquier cosa que necesiten para obtener reconocimiento y éxito personal.

La Bruja me tiene cautiva en mi cuerpo; ella es el complejo de poder que gobierna (¡siempre tan encantadora y cariñosa!) y que controla cada uno de mis movimientos. La Bruja es la esencia de la identificación inconsciente de la mujer con el poder instintivo del cuerpo femenino. El lema de la Bruja es: «Haz que te deseen, pero jamás dejes que te posean».

A través de la manipulación inconsciente de la energía sexual de mi cuerpo, inconscientemente le pongo ropa y actúo de la manera que sea necesaria para obtener lo que creo necesitar para tener éxito. Puedo hacer pasar hambre a mi cuerpo si la delgadez significa poder en la belleza; puedo obtener un grado universitario si la inteligencia significa poder en la educación. Puedo utilizar mis diversas apariencias físicas para seducir a los hombres mentalmente (ellos, que están siempre en la posición de poder), para que me den lo que necesito: un empleo, prestigio, atención. Con la Bruja al control, puedo ser la «querida princesita» de un hombre, su «niñita brillante», su «puta» o su «ánima espiritual desencarnada». En otras palabras, soy una mujer ánima que refleja cualquier cosa que un hombre quiera. Bajo la *persona* intérprete de mi Mary Buena mora la Bruja que detesta a los hombres. Y «yo», como ego consciente, no estoy ahí. No hay nadie en casa y «yo», como ego con complejos, nunca lo he sabido.

INVIERNO DE 1981
CONSCIENCIA CORPORAL

La Bruja y Hitler poseen mi cuerpo y me impiden experimentar la sabiduría corporal. Estoy deprimida y agotada a todas horas. La única forma que tengo de disponer de cierta energía es dejándome llevar por el poder de la Bruja, pero ya no puedo permitirlo.

—Quiero que la Bruja salga de mi cuerpo –grito en la meditación–. Sal de mi mente, de mi vientre, de mi lecho de matrimonio.

«¿Quién habla ahora?», me pregunto.

—Soy yo –responde otra voz–. Soy fuerte, apasionada y estoy viva. Lucho por mi vida. La Bruja y Hitler me están matando.

—Si los quito de en medio y te dejo vivir, ¿qué harás?

—Nada, no quiero hacer ni ser nada. Si muero, muero, pero viviré mi muerte.

—¿Acaso la muerte trae vida? –pregunto.

—La muerte trae un vacío, una nada que es pura. Sin embargo, la vida es el vacío para mí. Yo soy el dolor, la insistente depresión en tu cuerpo. Yo soy la ilusión que nació con tu nacimiento. Me estoy muriendo.

—¿Y quién seguirá con vida?

—Tu cuerpo. Ella no ha vivido. Tuviste que congelarla al nacer y vivir en la mente. Ninguna niña pudo soportar el rechazo de tu carne femenina, ni en tu familia ni en tu cultura. Con un cuerpo congelado, la vida tenía lugar en tu cabeza, en el mundo de las ideas y las fantasías. La consciencia no podía identificarse con los sentimientos del cuerpo, puesto que éste era percibido como un objeto, un animal que domesticar y controlar, un animal del que había que desconfiar. En tu cultura se espera que el cuerpo funcione para la vida que la cabeza quiere, con independencia de los abusos que se cometan sobre él. El cuerpo es la carne inerte donde Eva y Satanás moran.

Es pecado estar viva y vivir gozosamente en la carne. Así, la carne muere. Fíjate en la carne muerta de tu sociedad; llora como la Madre Tierra. La mujer consciente de la carne amada no ha nacido. Éste es su nacimiento.

—¿Eres tú ella?

—Sí. Yo soy la niña que recuerda su canción del alma. Yo estoy conectada con la serpiente, con la vida instintiva de tu cuerpo. Ahora, libérame del hechizo de la Bruja y de la maldición de ese Hitler al que llamáis Dios Padre.

Me visualizo vomitando la negrura de la Bruja. Mi cuerpo se derrumba en el suelo, maltrecho. La Mujer Medicina aparece en mi pantalla interior. Señala a un enorme caldero.

—Salta –me ordena.

De repente, del caldero salen llamas y siento terror. Pero luego me invade una profunda calma. No puedo seguir viviendo con este odio a mi propia carne como Bruja. Opto por la muerte, sabiendo que es mejor que perpetuar la energía asesina de la Bruja. Me rindo a mi cuerpo y acepto lo que pueda ocurrir. Siento los brazos de la Mujer Medicina que me elevan sobre las llamas. Sus brazos son la energía del amor incondicional, un amor que yo nunca antes había sentido. En el fuego, observo cómo arde mi cuerpo de Bruja hasta convertirse en cenizas, pero no siento dolor alguno. Observo cómo me desintegro. Y, después, un brote verde resplandeciente emerge de las cenizas. El brote está unido a la serpiente dorada. La serpiente echa hacia atrás la cabeza fuera del caldero y el fuego se detiene. El brote nuevo se abre en una flor. Es una rosa de color rosa. Todo mi ser reconoce esa rosa como esencia simbólica del cuerpo-alma instintivo en mi cuerpo rosa.

—Te he revelado maneras con las cuales conectar con tu sabiduría interior –susurra la Mujer Medicina–, pero si en tu corazón no existe el amor por la humanidad, estas herramientas serán inútiles. Confía en tu cuerpo, en tu proceso, en tu vieja carne aterrorizada mientras se transforma en el cuerpo de la rosa. El nuevo cuerpo de rosa te permitirá escuchar la sinfonía del universo a través de las vibraciones de su carne.

OTOÑO DE 1981
ÁNIMUS CREATIVO

Mientras me ocupo de la Bruja y libero mi cuerpo-alma de su devoradora codicia y su anhelo constante de perfección, éxito y control, sueño con dos hombres salvajes peludos que están encadenados en mi sótano.

Por el mero hecho de descubrirlos he cometido un gran pecado contra mi sociedad, por lo que me despierto sobresaltada. A través de la imaginación activa consigo liberar la energía de estos dos hombres. Entonces, uno se transforma en un enorme perro negro que, levantando la nariz y olfateando el aire, atraviesa el agua para ir en pos del espíritu de los vientos.

«Yo soy Perro Negro –me dice el símbolo onírico en mi meditación–. No hablo con palabras, pero penetro tu mente para que comprendas mis pensamientos. Sigo el olor que portan los vientos. Así es como sé en qué dirección debo ir. Mi fuerte cuerpo está en armonía con el espíritu. Soy rápido y, aunque soy grande, mi cuerpo es ligero. Mato y me como sólo lo que necesito para vivir. No desperdicio nada. Vosotros os consentís muchas cosas porque no comprendéis lo que la vida de la carne necesita para sustentarse. Os pasáis la vida buscando el placer y la felicidad, y no servís a la Vida. No comprendéis su propósito, pues ocultáis la vida en vosotros. En secreto, coméis hasta engordar. No hay vida en la indulgencia; la indulgencia es muerte. El significado de la vida procede del conocimiento de la dirección del viento. Aprended a escuchar a los vientos. Estad alerta y conoced. Esto no es placer; es ser.

«Perro Negro, quédate conmigo, ayúdame, por favor».

«No me voy a quedar con nadie, salvo con el viento. Tú debes seguirme a mí. Yo soy energía en flujo constante. Si vacilas o dudas, me habré ido. Soy movimiento en la vida espiritual».

El otro hombre salvaje se convierte en un pez y también me habla.

—Yo soy la vida del cuerpo que es inconsciente. Yo soy el alma de la carne, el Cristo. Es hora de que me redimas. Sácame de tu acuoso inconsciente y llévame a la luz del sol de tu ser.

Comprendo que Hitler (el viejo patriarcado) y la Bruja han tenido a estos hombres encadenados porque, al igual que Eva, sirven a la Vida y no a los valores egoístas de nuestra cultura.

Con la fortaleza física y el coraje espiritual del perro y el pez soy capaz de liberar mi cuerpo-alma del hechizo de la Bruja y su anhelo de poder personal. Empiezo a darme cuenta de que nuestra cultura, fundamentada en las apariencias (cosméticos, modas, automóviles, artefactos), es inconscientemente cautiva de la Bruja, de la energía del poder sobre nuestro propio cuerpo, sobre los cuerpos de los demás, sobre el planeta Tierra. Del mismo modo que la Bruja inconsciente en mí manipula y viola mi cuerpo-alma, la Bruja inconsciente en nuestra cultura viola de manera colectiva a nuestro sagrado planeta Tierra. Cuando el complejo de Bruja nos tiene cautivas, nunca tenemos suficiente: suficiente significado en la vida, suficientes artículos académicos publicados, suficiente alimento espiritual, suficiente dinero. El complejo exige siempre más, sólo uno más, y ese uno más nunca es bastante. Por detrás de las agresiones que exige la Bruja, que destruye el simple gozo de estar viva, se halla la rabia, una sensación de cólera impotente ante la incapacidad de cambiar una vida agitada, impulsiva e insatisfactoria. Cuando la Bruja mora dentro, la persona es una víctima paralizada de la vida, que busca el éxito de un modo compulsivo. Nuestra cultura está dominada por víctimas «con éxito» de la Bruja.

Mientras medito, un Anciano Sabio, ataviado como un monje, me dice:

—Vengo a enseñarte acerca de la belleza femenina que tu cultura no comprende. La vanidad y la apariencia constituyen vuestro concepto de la belleza femenina. Sin embargo, si permites que Eva penetre en tu mente, sabrás que la serpiente verde de la vida, fluyendo a través del cuerpo de una mujer, es la belleza femenina. Introduce tus raíces en la tierra, donde los huesos de tus partes muertas nutren tu nueva imagen de ti misma. El secreto de la realidad espiritual comienza en el cuerpo.

Sueño con un hombre que me enseña cómo relacionarme con mi cuerpo de Eva. Me encuentro al filo de un bosque. Un viejo chamán aparece. No invoca a mi Bruja ni tampoco a mi solícita Chica Buena. Invoca a la Eva que hay en mí. Al principio, Eva aparece como una niña y el hombre se relaciona con ella como un padre cariñoso, aceptando su redondez y su gracia. El hombre no dirige energía sexual alguna hacia ella; más bien, celebra con respeto la sexualidad en ciernes de Eva. La acepta tal como es y la deja crecer hasta convertirse en una mujer capaz de amar y respetar su cuerpo femenino, con sus redondeces, su fertilidad, su suavidad. El hombre le da a Eva habilidades para expresar su propia sabiduría corporal innata. No le dice lo que tiene que aprender, sino que le enseña a confiar en su sabiduría innata.

La relación cambia. Eva se transforma en una mujer que vive su sexualidad como joyas que le diera la vida. Cubre su cuerpo con velos, sin vergüenza alguna, sino con el fin de contener y contemplar sus misterios creativos internos. Sus meditaciones silenciosas sobre la belleza creativa espiritual de su cuerpo invocan al hombre Guerrero. El padre se da la vuelta y se va.

El Guerrero es amable, un hombre de pocas palabras y, como Eva, su presencia transmite fuerza. Él escucha los vientos, que señalan el camino.

Entonces, yo soy Eva. El Guerrero me entrega su lanza. Sé que la lanza es mi fortaleza y mi capacidad para entrar en la consciencia con los ojos abiertos y enfocados. La lanza se convierte entonces en mi espina dorsal, que soporta la redondez de mi cuenco pélvico.

Practico visualizando la lanza del Guerrero en mi espina dorsal. Tras observar cuidadosamente una y otra vez, comparo las diferentes sensaciones que proporciona sentirse apoyada por lo masculino interior y sentirse derrotada antes incluso de empezar con el fiero ánimus negativo. Cuando éste controla mi cuerpo, mi insegura y amaestrada *persona* me tiene que mantener en pie. Es la distinción entre tres posturas: el alineamiento adecuado con mi masculino positivo, una parte superior del cuerpo derrumbada con mi masculino negativo y una postura rígida y pomposa con mi *persona.*

Más tarde, en un sueño, mi Guerrero me dice:

—Lleva en tu vientre este huevo dorado. Es tu posesión más valiosa. Escucha a Eva; ella sabe cómo cuidar de sus joyas.

Cuando visualizo el momento en que pongo el imaginario huevo dorado en el vientre, me proporcionan al instante una visión.

> Eva se sienta en las rocas de la isla. Desde su vagina crece un lirio acuático a través de su espina dorsal, lirio que abre su rostro al sol. Su tallo se adentra en el útero de Eva, que es oscuro y secreto. Eva se sienta en silenciosa meditación.

De repente, reconozco que soy Eva. Me siento dominada por la pena y la alegría a un tiempo. La pena procede del hecho de saber que, en mi vida exterior e interior, nunca he conocido hombre ni mujer que haya visto a Eva como a carne sagrada vinculada con sus oscuros misterios.

Tengo que recurrir a toda mi capacidad de concentración para centrarme en esta realidad, pues siento que la energía colectiva intenta negar mi visión de su existencia. Sé que la visión es la fuerza vital irrumpiendo de forma consciente a través de mi carne.

Mi alegría proviene del hecho de reconocer la pureza del espíritu cuando se manifiesta en carne consciente; mi pesar, del hecho de tomar conciencia del sufrimiento que las mujeres han tenido que padecer a causa de la maldición de la carne de Eva. Sus cuerpos, al igual que todos los cuerpos humanos, servían a Satanás en el infierno, mientras sus almas incorpóreas servían a Dios en el cielo. Ahora sé que la realidad de la vida de mi cuerpo da a luz conscientemente a la realidad de la vida de mi alma.

PRIMAVERA DE 1982
REDIMIR A EVA

Por debajo del poder de la controladora Bruja descubro otra capa del maltrecho cuerpo de Eva. Aunque su carne sagrada ha sido falsamente acusada de los males de la humanidad y condenada en el infierno durante siglos, Eva, a diferencia de la colérica y furiosa Bruja, no está enojada con sus opresores masculinos. Todo lo contrario. El hecho de saber que la humanidad a la que ama está en guerra consigo misma le produce un profundo pesar que sólo sabe del perdón en el amor.

Eva ama, es amor. Eva sabe que la energía sexual es un poder sagrado de naturaleza divina. Ella vive en la moralidad del cuerpo, que honra las interconexiones de todas las formas de vida. A través de sus ojos y de su amor incondicional, la imagen que tengo de mí misma se transforma, y pasa del desprecio por mí misma a la propia aceptación y al amor a mí misma.

—Yo soy Eva –me dice en la meditación–. Soy hermosa, pues mi cuerpo lo ha creado la energía divina. La serpiente sagrada se enrolla en torno a mi cuerpo y penetra en mi ser con sabiduría. Sé cómo decir «Sí» a la vida; y, cuando la energía negativa viene hacia mí, sé cómo decir

«No». Envío a la serpiente a que muerda cuando mi carne es tratada sin reverencia. Faltarle al respeto a mi carne es un cáncer para mí. Las mujeres me han cercenado los brazos, de tal modo que, cuando prostituyen mi energía, no puedo decirles que se están destruyendo a sí mismas.

»Cuando tú me liberas de tu congelado cuerpo, yo me lleno de gozo. Soy risa, placer y movimiento. Soy una flor con una gota de rocío en la mañana, pero necesito la luz del sol para reflejar mi belleza. Soy creativa, pues soy creación; la creación tiene lugar a través de mí. Soy del todo consciente de que cualquier cosa que venga a través de mí es una expresión de la Gran Diosa, que da forma a lo informe. Sé que soy un recipiente para su creatividad; ésa es la razón por la que la creatividad me aporta significado. Y cualquier cosa que se cree a través de mí deberá volver a la diosa. Toda creación muere. Ése es el ciclo. Mi ciclo menstrual me dice que soy un círculo, que la vida es un círculo, que la forma se transforma en el círculo. Todo es un proceso. Si éste se bloquea, a la energía divina se le niega su plena expresión. Cada instante es un acontecimiento, diseñado para transformarse en el siguiente.

»Yo soy la energía del alma manifestándose en la materia. Como Eva, soy yo quien debe traer el alma a la vida consciente del cuerpo. El alma sin materia carece de vida, el alma en la materia es la reencarnación de Cristo. Cristo es el cuerpo vivo impregnado de alma. Pero el hombre occidental se ha identificado sólo con la luz del alma; ha puesto su doctrina en las iglesias y ha condenado la carne. Yo soy el pan, el cuerpo, la tierra. MI energía terrestre invoca a la luz que anhelo liberar.

»Cuando me devolváis los brazos, mi voz se convertirá en la vuestra. Cuando me liberéis en la vida, sabré a quién llamar. No hay nada que temer. Mis brazos saben a quién desean abrazar amorosamente. Yo invoco al espíritu divino en el hombre. Quiero celebrar la creación en la carne. Si me introduces en tu conciencia, me experimentarás como una luz radiante. Le daré significado a tu vida. Le enseñaré a tu cuerpo la danza sagrada de la vida. Tu cuerpo se hará suave, mutable y lleno de redondeces; te moverás como el viento, en curvas y espirales. Tu vientre entonará el canto de la creación. Tu vagina se llenará con el néctar de la creatividad.

»Es responsabilidad de las mujeres hacerse conscientes de mi sagrada energía. Cuando las mujeres se conectan conmigo, sus cuerpos se convierten en templos sagrados. No abusan sexualmente de sus cuerpos, no les hacen pasar hambre ni los someten a agotadores ejercicios con el fin de obtener belleza y poder, sino que cuidan de sus cuerpos en el amor de la materia divina, y expresan su divinidad sin avergonzarse y sin sentirse culpables. El amor radiante de su materia las protege de toda violación o abuso.

»Yo soy la alegría del planeta Tierra, que expresa simultáneamente la vida y la muerte. Pero estoy muriendo; mi voz se hace cada vez más débil. Vosotros forcejeáis buscando cierta seguridad ante la muerte, en vez de celebrar el nacimiento de cada día. Vosotros utilizáis mi energía para satisfacer vuestra codicia, pero no sabéis cuáles son vuestras verdaderas necesidades, en tanto en cuanto os habéis separado de la serpiente. Conectad con la serpiente; conectad con la vida y dejad de matarme con vuestro poder.

»Yo lloró por la vida; mis árboles necesitan aire que respirar; mi tierra quiere ser labrada con amor. Cuando conectéis con vuestro yo natural divino, conectaréis con la vida. Yo soy también el significado en la vida de un hombre, pero son las mujeres las que tienen que enseñar a los hombres que la naturaleza es divina. Irradiando mi energía, las mujeres enseñarán a los hombres a reverenciar la materia.

»Si no se me da expresión pronto, moriré. Mi corazón se está quebrando; el corazón colectivo se está quebrando. Y si muero, la vida morirá, pues yo soy la vida de este planeta.

Con la energía viva de Eva en mí, ya no veo «imperfecciones» corporales ni en mí misma ni en los demás. Sólo veo increíbles heridas y cicatrices emocionales donde al amor de Eva se le ha negado la vida.

VERANO DE 1982
EL NACIMIENTO DEL CUERPO FEMENINO

La imaginación activa con Eva, continuada en el tiempo, da lugar a otro potente símbolo onírico femenino:

> Dejo la ciudad y me sumerjo en el bosque. Allí me encuentro con una cierva. Es magnífica. Sus ojos son dulces y cálidos, pero parece que tenga roto el espíritu. Nos encontramos en el silencio. En mi cuerpo tengo la certeza de que conozco su espíritu desde hace siglos.

En meditación, le pido al espíritu de la cierva que venga y me enseñe su sabiduría.

«Yo soy la cierva. Soy dulce, sabia y llena de gracia. No tengo voz con la cual hablar, de modo que no te puedo hablar de los sentimientos que alberga mi corazón. No tenéis oídos para oírme, pues siempre estáis demasiado ocupadas intentando satisfacer vuestras necesidades vitales. Vuestro frenético ritmo de vida me mata, ese ritmo de vida que impide escuchar lo que tengo que decir a esa parte de vosotras que vive aterrorizada.

»No tengo voz, pues se me ve sólo como carne, carne ignorante. Tu Bruja me odia e intenta matarme. Yo no odio. Asumo mi muerte en silencio, con la esperanza de que las mujeres se vuelvan hacia su interior y descubran mi energía. La violencia no acaba con la violencia, sino que perpetúa la misma energía. Es el amor el que transforma la violencia.

»Mi energía es la sabiduría que sabe que todas las cosas son, en realidad, una; que las interrelaciones de toda la vida constituyen un delicado entramado de dependencias, donde todas las partes son iguales y necesarias. Cada parte del planeta está perfectamente dotada para la función que cumple en el entramado de la vida.

»Las personas en Occidente afirman que hay cosas que son buenas y necesarias, y que hay cosas que son malas e innecesarias. De ahí que, creyéndose personas justas, se hayan propuesto destruir el mal en el mundo. Pero si miraran en su corazón, descubrirían que esas cosas que afirman que son buenas son, en realidad, las cosas que les proporcionan poder sobre la naturaleza; y que las cosas que afirman que son innecesarias o malas son, de hecho, las que les pueden enseñar que no son seres todopoderosos. Se darían cuenta de que, más allá de sí mismas, existe una realidad mayor. Los seres humanos no son más que un eslabón de la cadena, pero quieren ser la cadena y que la vida les sirva a ellos. Yo soy la sabiduría que le dice a la humanidad que son ellos quienes deben servir a la Vida. Las mujeres saben de mí intuitivamente, pues sus cuerpos generan vida al servicio de la fuerza vital. Las mujeres no pueden desconectar de mí sin perder su alma femenina. En vuestra sociedad, las mujeres están demasiado ocupadas como para escuchar lo que tengo que decir. Y, cuando me escuchan, se drogan y se sumen en adicciones».

Durante un año, dejo que la cierva dance en mi cuerpo, hasta que puedo experimentar físicamente su fuerza afectiva en la amabilidad, el amor, la belleza y la gracia. La cierva no tiene miedo, de ahí que no necesite el poder. Ella es poder, porque transforma el miedo en amor. Su intrépido corazón anhela que el amor discurra de manera consciente a través de la materia.

INVIERNO DE 1983
INTEGRACIÓN: TEJER DE NUEVO EL TAPIZ

Siete años después del fallecimiento de mi hijo, tengo el siguiente sueño:

> En el sueño, mi Guerrero y yo nos dirigimos hacia la corriente de la vida. Seguimos a la Cierva. Es primavera, y siento la suavidad del mundo bajo mis pies. Nueva vida brota en torno a nosotros. Al mirar a la Cierva a los ojos siento la eternidad, la inmensidad del universo y la inmensidad del sufrimiento humano. La Cierva levanta la cabeza con gran dignidad. Se dirige hacia el campo de batalla, que está circundado por la corriente de la vida. No tengo miedo. El resplandor de la Cierva genera una quietud que resuena a través de una cegadora luz blanca. Todas las voces de mi interior guardan silencio, pues se funden en la radiante luz de la presencia de la Cierva. Ella no dice nada, pero es su amoroso ser el que me libera del miedo. En silencio, mi Guerrero y yo nos sentamos en la pradera donde ha tenido lugar la batalla. Vemos ponerse el sol. Los cuerpos de mi yo interior yacen muertos por el campo. Me doy cuenta de que, en esta

guerra, yo soy la que muere y la que mata. Me siento del todo derrotada, mientras observo cómo mis viejos yoes se retuercen de dolor y mueren. Sus carnes se descomponen en sus huesos. Más tarde, me levanto y acojo sus huesos entre mis brazos. Parecen ingrávidos, pero la pena que albergan es abrumadora. Mi Guerrero se acerca a mí, «Toma los huesos del Anciano», dice.

La Cierva me mira. Sabe que siento una pena infinita, y en ese momento siento su amor, y el amor irradia desde mi cuerpo-alma. Me dirijo hacia el campo del Anciano, el campo que se halla en la parte más alejada de la corriente de la vida. Mientras camino, escucho sólo la voz del Uno. Mi mente está concentrada. Sé que mi destino es escuchar al Uno y obedecer sus mandatos.

1983-1986
EL CUERPO COMO INSTRUMENTO

Sigo meditando a diario y trabajo con los símbolos oníricos. También medito sobre aquellos acontecimientos de mi vida exterior que me resultan complicados. La clave para mí es la consciencia, conocer mis complejos, tanto en el aspecto de las sensaciones físicas que resuenan en mi cuerpo como en el de la actividad mental que influye en mi pensamiento y mi comportamiento externo. A medida que mi cuerpo se «descongela» del hielo de la Bruja, me siento cada vez más viva en mis sentimientos. No sólo puedo experimentar físicamente resonancias negativas que adormecen el espíritu, sino que también puedo recibir resonancias positivas que lo revitalizan. La luz y el amor comienzan a penetrar en mi cuerpo, y percibo una gran alegría, indiferenciada en mi aún algo repudiado cuerpo.

Para ser consciente de las sensaciones de mi cuerpo, preciso una disciplinada vigilancia, que por lo general soy incapaz de mantener. Sin embargo, cuando la mantengo, empiezo a darme cuenta de que puedo diferenciar entre mi propio material inconsciente y el material inconsciente que otras personas proyectan sobre mí. Por ejemplo, el otro día sentí de repente mi tórax danzando con la vida cuando un hombre proyectó su ánima sobre mí. Al principio, pensé que me estaba sintiendo físicamente atraída hacia él; pero, tras monitorear los sentimientos de mi cuerpo, me di cuenta de que no coincidían con mis verdaderos sentimientos acerca de aquel hombre. Me gustaba, pero no me sentía físicamente atraída por él. Reconozco que mi tórax fue poseído por la energía de su ánima positiva proyectada. Pero tal estado de hechizo físico no era mío; era material inconsciente de ese hombre. También reconozco cuándo una mujer proyecta sobre mí su Bruja interior enjuiciadora, que acecha en su inconsciente. Siento frío en mi cuerpo, como si estuviera junto a una estatua de hielo.

A medida que observo los influjos que mi material inconsciente y el de los demás tienen en mi cuerpo-alma, comprendo cada vez mejor que la consciencia tiene que estar arraigada en el cuerpo. También sé que mi cuerpo es un instrumento sensible, con su propia sabiduría, que anhela ser llevado a la consciencia para ser honrado como un instrumento sagrado.

Cuando me permito experimentar mi cuerpo como instrumento sagrado capaz de recibir y generar sensaciones, me doy cuenta de que mi actitud respecto a mi cuerpo se hace más impersonal. Me estoy enseñando a escuchar las sensaciones que resuenan en mi carne y a diferenciar entre sensaciones que tienen su origen fuera («Leo el cuerpo recibiendo sensaciones») y aquellas que tienen su origen dentro («Leo el cuerpo generando sensaciones»). Si permito que los demás me afecten, tengo que aferrarme con más fuerza a mi propio centro de conciencia. Sé que, si pierdo los papeles y me olvido de mi propio centro, terminaré siendo poseída por la vida emocional inconsciente de los demás. (Me doy cuenta de que, durante la mayor parte de mi vida, he estado viviendo esta trágica condición).

Para incitarme a desarrollar una mayor disciplina y un equilibrio más delicado, no dejo de recordarme a mí misma que lo que hago es escuchar sensaciones en el cuerpo y no las sensaciones en sí mismas. Visualizo la esencia de mi ser como un rayo láser que atravesara el centro de mi cuerpo y que se extendiera más allá de mi cabeza hasta lo más profundo de la Tierra. Me entreno en leer mi cuerpo como una copia impresa de ordenador: la caja de resonancia del tórax registra la actividad del miedo; el plexo solar resuena el poder personal dirigido a sobrepasar el cuerpo; los pies registran el peligro: «Aléjate de esta proyección»; las sensaciones en torno a la mente registran la expansión en una condición desconocida de gracia (un entorno seguro y cariñoso).

Vivir de esta manera supone un desafío, pues exige que me responsabilice del todo por la contaminación inconsciente que genero en el entorno emocional que me rodea. Observo que, cuando mi «caja de resonancia del tórax» registra el poder de la Bruja procedente de otra persona externa, mi plexo solar adopta de un modo automático una de dos posiciones: si mi Bruja es más fuerte que la Bruja externa, me convierto en una fiera competidora que pugna por imponerse desde el poder personal; si mi Bruja es más débil que la otra Bruja, me transformo en una víctima indefensa y débil, predispuesta a la derrota. (En la derrota, la víctima puede sobrevivir, haciendo que la Bruja externa parezca todopoderosa, maravillosa y una verdadera salvadora). Reconozco que esta reacción automática debo abordarla de una forma consciente, pues, de lo contrario, como Bruja o como víctima, estaré perpetuando el complejo colectivo de poder. Cuando consigo ver esta reacción inconsciente y automática, se me da la opción de elegir no ser ni Bruja ni víctima, sino sintonizar con el rayo láser que me atraviesa. De este modo, opto por expandirme en la condición conocida del amor. ¡Pero cuánta vigilancia exige!

Reconozco que mi consciencia se mueve desde mi posición limitada, conocida, personal y subjetiva, centrada en mi cuerpo, hasta una posición más expansiva, desconocida, impersonal y objetiva, centrada fuera de mi cuerpo conocido. Paradójicamente, la experiencia de esta expansión de la consciencia es un punto de claridad cristalina que está al mismo tiempo en todas partes. Aunque espaciosa, mi consciencia no es brumosa. Al contrario, está centrada y en un estado de alerta tal que, por comparación, hace que la consciencia normal cotidiana parezca aburrida, lenta, desordenada, enjuiciadora y por lo general poseída por un complejo. En cambio, experimento la consciencia expandida como un estado del ser no enjuiciador, una condición de amor que abarca delicadamente las polaridades y las combina en un todo.

En lo más profundo de mí sé que, si un número suficiente de personas tuviera el coraje de ir más allá de su limitada y conocida posición personal para permitir que entrara más luz y más amor en su cuerpo-alma, nuestro cuerpo colectivo, la Tierra, podría disponer de mejores oportunidades para sobrevivir.

PRIMAVERA DE 1987
EL SUEÑO: DANZAR A TRAVÉS DEL MOMENTO ABIERTO

En un sueño, experimento la fuente de Luz como seres angelicales que rodearan la cima de una montaña. No estoy segura de si es un sueño o no, pues es demasiado real, pero recuerdo haberme despertado, por lo que debía estar soñando.

> Estoy en la cima de una gran montaña, donde el aire es cristalino y se respira una profunda quietud. No tengo cuerpo; soy sólo un centro de conciencia que sabe que soy yo. Sin mi cuerpo, siento la libertad de ser más yo en realidad. Descubro que con mi yo incorpóreo puedo penetrar la quietud. La esencia de la quietud es el movimiento. Es directa, precisa, fluida, juguetona como los rayos de luz reflejándose en las aguas. Me doy cuenta de que comprendo este movimiento paradójico de la quietud porque mi yo incorpóreo lo vive y lo danza.
>
> Tomo conciencia de la luz en el momento en que soy la quietud en el instante vivo. No tengo ni idea de cómo sé esto, ni siquiera sé cómo lo experimento.
>
> Sin embargo, sé en las profundidades de mi yo informe que estoy siendo impregnada por un estado amoroso que todo lo abarca y es Luz intensa.
>
> La experiencia es una danza de gran belleza que infunde una intensa alegría en mi estado sin forma. Me doy cuenta de que esta gozosa danza se coreografía de tal forma que me lleva hacia el valle y el mundo que se halla más allá. Tengo la sensación de que es un imán el que me hace danzar y tira de mí hacia abajo, hacia el mundo de la forma, de las formas humanas. Para mi sorpresa, la sensación de esta fuerza que tira de mí es como la de enamorarse. Sé que tengo que dejar la cima de la montaña, obligada por la danza de la quietud.

Mirando hacia abajo desde mi elevada posición informe reconozco mi cuerpo.

—¡Pero si soy yo! –digo.

—Sí –responde una voz masculina informe a mi lado.

—Pero ¿por qué no tomas tú una forma?

—No es mi momento todavía. En algún momento puede que lo haga.

—¿Debo tomar forma ahora? –pregunto–. Yo quiero estar aquí, en este espacio hermoso, cristalino, sin forma. Quiero vivir la danza de la libertad, de la claridad, de la belleza, de la Luz.

—Entonces, tendrás que aprender a estar en ambos lugares a la vez.

—¿Cómo?

—Ésa es la razón por la cual tomas forma. Es lo que tienes que aprender.

—Pero yo ya no quiero estar en forma alguna. Quiero estar con la Luz, vivirla, danzarla, hablarla.

—La Luz no camina. *Es.* Es la danza. Tú caminas porque ahora tienes una forma humana, pero puedes aprender a *ser* la danza. Y, cuando aprendas eso, siempre serás consciente de la Luz. Ha estado aquí siempre y estará aquí siempre. Lo que tienes que hacer es reconocerlo mientras caminas en la Tierra con unas piernas, pensamientos y sentimientos humanos.

No quiero dejar la montaña. Pero, entonces, algo sucede. Con una sacudida me adentro en otra perspectiva. Me acuerdo del Yo que conoce la Luz de la danza viva en mí y que ese Yo tiene una función que desempeñar en la evolución de la humanidad.

No puedo recordar cuál es esa función, pero, en ese momento, me siento tan abrumada por la profunda compasión que siento por la humanidad que me olvido de mi anhelo por permanecer sin forma. Es el compromiso por aliviar el sufrimiento de la familia humana, mi familia. Comprendo que tengo que entrar en el valle de la vida. Inmersa en un amor total, siento mi informe sometimiento ante la fuerza que tira de mí hacia abajo, hacia el planeta.

La sensación que me genera esa fuerza hace que me sienta confinada y densa. La libertad de movimientos ha desaparecido, pero en tanto en cuanto pueda recordar mi Yo como Luz informe, podré soportar sentirme atrapada en mi cuerpo. Me siento vieja y sabia, aunque mi cuerpo es joven. Sé que si vivo el amor y el compromiso, recordaré mi Yo y éste sabrá las verdades. También sé que en este cuerpo podré soportar el sufrimiento personal que supone ser un ser humano, incluso hasta el punto de mi muerte física.

Entro en mi cuerpo. Tengo el vago recuerdo de haber hecho esto muchas veces antes, en ocasiones en el cuerpo de un hombre y otras en el de una mujer. No parece que importe demasiado; el cuerpo es un vehículo para moverse por la tierra, donde otros cuerpos puedan relacionarse con él. Es como comprarse un automóvil nuevo. El Yo informe es el conductor, mientras que el vehículo se va renovando. Desciendo de la montaña. Me doy cuenta de que mi cuerpo es similar a otros cuerpos de Luz a mi alrededor; somos formas asexuadas, como monjes antiguos vestidos con largos hábitos pardos con capucha.

Tomo conciencia de una música bellísima, como un coro de ángeles cantando. No puedo ver a los ángeles, ni puedo escuchar la música con los oídos. La música irradia a través de los cuerpos de los monjes. Mi cuerpo vive la música, que se derrama a través de mí como la luz del sol. Lo experimento todo como si de un amor insoportable se tratara... insoportable para la forma humana. Es como un fuego que ardiera en el centro de mis células.

Me despierto del sueño con estas palabras de Blake en mis labios: «Y somos puestos en la tierra durante un breve espacio de tiempo, hasta que podamos aprender a llevar los rayos del amor».[2] Con anterioridad a este sueño, yo conocía de memoria este fragmento de Blake, pero ahora lo conozco en las células de mi cuerpo. Ellas lo viven. Compren-

2. Blake. «The Marriage of Heaven and Hell», pág. 123.

do la profunda diferencia entre la experiencia de conocer en la mente y la de vivir conscientemente en el cuerpo.

Por mi trabajo junguiano, sé que el Yo de mi sueño, simbolizado por la Luz del amor más profundo, es la imagen de Dios dentro, el insondable misterio. Mi anhelo es traer ese misterio, esa exquisita cualidad del ser, a cada aspecto de mi vida despierta: al hacerles la comida a las niñas para que se la lleven a la escuela, al enseñar danza en la universidad, al hablar con mis alumnos y alumnas en ese despacho sin ventanas, al comprar en la tienda de comestibles. ¡Sólo con que pudiera sentir la belleza de mi Yo fluyendo en el movimiento de mi vida! Ésa es la danza a través del momento abierto.

En la experiencia onírica, yo sabía que la fuente de la Luz era diferente a mi cuerpo físico. Sin embargo, llamarla Dios no me parece correcto; para mí, la palabra Dios de la tradición judeo-cristiana tiene connotaciones negativas en lo relativo al cuerpo femenino y al papel de las mujeres en la vida espiritual. Por tanto, opté por no etiquetarlo. Quiero mantener la experiencia viva de esta realidad en el estado más puro posible, libre de experiencias familiares y de asociaciones del pasado.

VERANO DE 1987
NELLIE

Estoy en la cocina, fregando los platos de la cena, cuando de pronto veo a través de la ventana una estrella. Mi cuerpo se relaja mientras me quedo absorta con su minúscula luz. Me percato de que, en un momento determinado, mi perspectiva cambia de tal modo que puedo ver la Tierra desde la posición de la estrella. Como si yo misma fuera el ojo de la estrella, pondero la belleza de la Tierra, flotando sin esfuerzo en la oscuridad eterna. Y, de pronto, en mi corazón, sé intuitivamente que la esencia de la Tierra es el amor.

Me echo a llorar. El contraste entre la realidad de lo que está ocurriendo actualmente en la Tierra y lo que mi corazón sabe ahora me llena de pena. Lloro por la humanidad que soy, lloro por el sufrimiento que la humanidad se inflige a sí misma y lloro por la Tierra, que no puede hablar de su amor por la humanidad que sustenta.

Me desespero. No sé qué hacer, qué acción emprender. Ni siquiera puedo hablar de lo que sé, pues no sé cómo lo sé. Sólo sé, en lo profundo de mi pecho, que la humanidad a la que amo se está destruyendo a sí misma.

Si alguien me hubiera dicho que iba a experimentar la realidad viva de la Luz mientras estoy haciendo tareas de limpieza en la casa, nunca lo hubiera creído. Pero, una mañana, mientras descongelo el frigorífico, la imagen de la Tierra flotando en el espacio se queda impresa en mi mente. Me sumerjo en una pena abrumadora, y siento como si una amorosa presencia me envolviera con sus enormes brazos. Y, a continuación, la Luz de mi sueño impregna mi cuerpo.

—Te duele el estado de la humanidad –me dice una voz interior masculina–. Tu materia llora.

La esencia de esta voz masculina tiene la misma cualidad de amor que la voz angelical de mi sueño. A la voz la llamo Atmán, y continúo el diálogo con ella.

Cuando sus palabras quedan impresas en mi consciencia, tengo la extraña sensación de que las piensa mi cuerpo. Me recuerda a la danza de la quietud en la cima de la montaña. Mi cuerpo físico está sereno, y las palabras danzan sobre la quietud como la lluvia sobre un tejado. Lo único que tengo que hacer es escuchar la danza, nada más. Sin embargo, la precisión y la disciplina de escuchar es físicamente agotadora.

—Tú ves a muchas personas soñando su vida –continúa la voz.

—¿Cómo podemos despertar? –le pregunto a la voz–. ¿Cómo podemos salir siquiera de ese estado de ensoñación al que llamamos vida?

—Mediante el desapego de todas las trampas que os ofrece la mente colectiva.

—¿Es desapego todo cuanto se necesita?

—El desapego, sin amor, mata la vida; el desapego, con amor, libera a la vida de la materia durmiente. El amor es la esencia de la libertad.

—Pero ¿cómo puedo desapegarme de las formas que amo?

—Ama más profundamente. Tu cuerpo ya vive en el amor desapegado de la libertad. Deja de poseer a tu cuerpo. Libérala de la atadura de tu deseo personal por poseerla. Vive por completo en el cuerpo hasta que penetres el otro lado de la materia. Celebra la posibilidad de la materia consciente de su función.

—¿Y eso cómo se hace?

—Ve entre los muchos que duermen. Su energía ensoñadora será como un gran imán que tirará de ti hacia el estado onírico. Lo que tendrás que hacer entonces es mantenerte despierta.

—Pero ¿cómo voy a hacer eso si soy una de ellos? Soy un ser humano durmiente.

—Acuérdate de tu Yo. No puedes volver atrás. Deja que tu Yo camine sobre el planeta. Ella está aquí para servir a la humanidad y no para servirte a ti. Tu Yo anhela vivir con plenitud entre la humanidad.

Mientras paso el trapo, con los dedos pegajosos, por el tirador de la puerta del frigorífico, me percato de que la pena que siento en el plexo solar está transformándose poco a poco en mi corazón merced a una oleada de gozo. Me siento más ligera, más expansiva, ¡y disfruto de la limpieza del frigorífico! La tarea ya no me resulta aburrida. El gozo me conecta con un profundo sentimiento de gratitud por los alimentos que hay en la nevera, y también por el electrodoméstico que conserva esos maravillosos alimentos. Me siento en paz al saber que lo que está sucediendo esta mañana, mientras limpio, me está conectando con mi Yo.

Durante los siguientes meses continúo dialogando con Atmán. Una mañana descubro que me he situado en el lugar de Atmán y que le estoy hablando a mi pequeño yo consciente. Inmediatamente reconozco que es posible cambiar de posición psicológica de un modo consciente. En los sueños, el cambio aparece bajo la forma de escaleras o ascensores.

Sin embargo, la voz de mi humillante ánimus no deja de decirme: «No tienes mucho que ofrecer a los demás, pues no cumples con sus estándares. No vas a poder vivir tu Yo a cada instante». Y entonces me descubro mirando hacia arriba, a la voz de Atmán, como si viviera en el cielo. Quiero que Atmán me dé directrices más claras, que me diga qué hacer. También anhelo estar con el Ser de Luz, lejos de este mundo ordinario y sus interminables zozobras. Sé que tal anhelo me aleja de la vida, y que sólo un sueño o una visión le pueden dar significado a mi vida. Por último, tengo un sueño:

> Estoy en un promontorio rocoso, contemplando una gran extensión de agua. Miro abajo a mis pies y veo un hermoso ar-

> coíris que tiende un puente sobre el agua hasta una isla. Una gloriosa Paloma blanca aparece ante mí y me llama para que me suba a su lomo. La Paloma me lleva volando a la isla.
>
> —¿Cómo voy a sobrevivir aquí, en esta roca estéril, sin comida?
>
> —Mírate bien. No tienes forma –dice la Paloma.
>
> —¿Por qué me has traído aquí?
>
> —Cuando la forma se libere de ti, Mary, resonará con el espacio que la rodea; sin embargo, sabrá que ése no es el espacio –responde ella.
>
> La Paloma me lleva de vuelta al elevado promontorio, donde percibo las rocas como un espacio abierto pero muy sólido. El espacio dentro de las rocas está hecho del mismo espacio informe del que fui hecha yo.
>
> —No podrás entrar en el estado informe de la materia –me advierte una voz interior– mientras no vivas el amor por esa forma. Entrar antes de que el amor esté allí es una peligrosa huida de la vida. Cuando ames tu identidad personal, lo informe y la forma se convertirán en un continuo. Entonces amarás a la humanidad, y no a la vieja imagen espiritual de un Dios en el cielo. En vez de proyectar sobre un espíritu desencarnado que anhela la unión con Dios, date cuenta de que todo está dentro, si puedes soportar abrirte al Espíritu.

No tengo la suficiente fortaleza egoica como para relacionarme con el poder de este sueño. El Espíritu Santo (la Paloma) me proporciona una perspectiva de la vida desde la posición informe del Yo (isla de roca estéril). El cuerpo sutil (puente arcoíris) conecta conscientemente al ego con el Yo, el Sí-Mismo. La capacidad para recibir amor incondicional y para participar de él (abrirse al Espíritu) es un requisito previo para vivir con consciencia al amor divino. Sin embargo, todavía no soy capaz de recibir el don profundo del amor que se siente en el tono afectivo del sueño. Por tanto, no soy capaz de traer el amor divino a mi sencilla vida cotidiana.

En mis horas de vigilia fluctúo entre el amor y la desesperación. Cuando recuerdo la experiencia total de amor compartida con la Paloma y el Ser de Luz, me siento impregnada de amor por la humanidad, de la cual formo parte. Pero cuando leo el periódico por las mañanas, cuando veo lo que sucede en el mundo (violencia, contaminación, abusos sexuales, asesinatos), confirmo una y otra vez que la humanidad va a destruir el planeta y va a destruirse a sí misma. Entonces me invade un sentimiento de desesperación y de impotencia.

Sé que necesito encontrar una posición en la que pueda relacionarme de manera consciente con la sabiduría del inconsciente sin hincharme ni deprimirme. En mis meditaciones diarias pido ayuda una y otra vez.

Cuando medito, suelo ver imágenes que cruzan la pantalla interna de mi mente, y esta mañana ha aparecido Nellie. Tiene el aspecto de una vieja dama con un bolso, sólo que al instante te das cuenta de que no necesita el bolso. Es un espíritu libre que vive la vida de forma apasionada e instintiva.

Nellie lleva un cárdigan comido por las polillas, que le cuelga torcido sobre un vestido de algodón de ir por casa, de color verde con flores estampadas. Mide más de dos metros de altura, aunque es de complexión física ligera, lo cual le da el aspecto de un grajo a punto de emprender el vuelo. Aunque es alta y delgada, irradia luz a su alrededor, por lo que me genera la sensación de que es enorme. Por otra parte, está firmemente arraigada al suelo y conectada a la Tierra merced a unos grandes zapatos negros sobre los cuales descansan unos calcetines caídos. A veces, cuando la miro a los ojos, de un color gris azulado, tengo la sensación de que me abraza con ellos, a mí y a todo lo que me rodea. En otras ocasiones, los ojos de Nellie son como puntos de una luz dorada y brillante, que me atraviesan el cuerpo como sendos rayos láser. En Nellie reconozco a una vidente cuya compasiva sabiduría se traduce en una espiritualidad práctica incuestionable.

Sé que Nellie es una forma más personal de Atmán, pues en un sueño me dicen que es tanto masculina como femenina. En ese sueño veo que le cuelga el pene entre las piernas. Por un momento, pienso en decirle que oculte sus partes pudendas, que no está bien para una dama mostrar el pene, pero la intensidad de los ojos de Nellie me dice que su pene está donde tiene que estar y que no tiene ninguna intención de ocultarlo. La imagen visual de esta anciana en mi imaginación me permite relacionarme fácilmente con su sabiduría práctica.

—Cultiva tus malas hierbas, cariño –me dice Nellie–, pues constituyen una parte fuerte y decidida de ti que espera ser alimentada.

—¿Y qué son mis malas hierbas, Nellie?

—Tus sueños y visiones. Los tratas como malas hierbas. Intentas sacarlos de tu vida. Pero tienes que darles tu compost, alimentar tus sueños, darles vida. No puede haber división entre lo que sabes en sueños y tu vida despierta. Para ti, la vida se invierte. Tu realidad es el estado onírico.

Mientras Nellie habla, experimento un sutil cambio de consciencia. El espacio a mi alrededor parece llenarse de pronto con símbolos significativos, como en un sueño. Y, mientras escucho a Nellie en este estado similar a un sueño, sus palabras adquieren un completo sentido para mí.

—Y no te olvides de tratar a los pájaros con gran respeto, pues ellos te conectan con el cielo. Es importante permanecer conectada. Eso es lo que te está causando problemas, querida; que has perdido la conexión.

—¿Ése es el motivo por el cual estoy tan deprimida, Nellie?

—Te has quedado atascada en la posición de la niña que quiere que se le diga lo que tiene que hacer –responde ella con firmeza–, y en esa posición eres inútil para ti misma y para la humanidad. Sé el Yo de tus sueños y entonces sabrás qué tienes que hacer.

—Pero ¿cómo puedo serlo?

—Confiando, escuchando y esperando. Mantente abierta, receptiva y alerta en tu cuerpo. Relájate tan profundamente que tu cuerpo se abra y se haga poroso, mutable y sensible a las impresiones del espacio que te rodea. Cuando estés lista, un resplandor tan cálido como el sol mostrará su fulgor a través de los poros. En la quietud de tu cuerpo, la vida de tu Yo se derramará sobre la carne, impregnando todo tu ser. Sin embargo, para que esto ocurra, tu cuerpo-alma debe estar limpio. Tal limpieza es un estado de amor profundo.

»No busques orientación fuera de ti. Tu trabajo no tiene nada que ver con el cielo y el concepto de un Dios que vive en él. Donde tienes que hacer tu trabajo es en el mundo, y la humanidad es tu maestra. Tienes que encontrar tu propio camino, cariño, tu propio sendero. La espiritualidad no es un espacio por encima de la Tierra; la espiritualidad es la Tierra... está en tu carne.

Me encanta la compañía de Nellie. Aunque es despiadadamente crítica, la adoro, y puedo sentir su amor en mi cuerpo.

Nunca cuestiono la realidad de Nellie. Algo en mí sabe que la perspectiva de Nellie es simplemente diferente de la realidad de los demás. Nellie es una antigua mística y, a diferencia de la mayor parte de la humanidad, ella se ha despertado del estado de ensoñación. Nellie recuerda su Yo.

La integración de mi masculino positivo con mi ego femenino positivo ha permitido esta transición desde la Mujer Medicina a Nellie. La Mujer Medicina es una gran maestra de la sabiduría de la diosa. Con el transcurso de los años, ella me ha transmitido la capacidad para recibir luz y amor en lo más profundo de mi cuerpo. Me ha transmitido la certeza de que la condición natural del ser humano es la del amor en la materia.

Por otra parte, Nellie exige una acción inmediata en la vida. Me transmite el conocimiento de que todo cuanto se me da se le está dando a la humanidad y no a mí personalmente. Exige que no haya identificación con el hecho de dar, que no exista ninguna posesividad en los dones. Para Nellie, el amor está en la acción, una acción inmediata en la vida siempre que se requiera, con independencia del sacrificio personal.

OTOÑO DE 1987
AMOR

«Ama a la humanidad como a tu propia familia», resuena una y otra vez en mi cabeza. Cuando medito sobre estas palabras, una voz interior me dice que debo vivir mi familia como el microcosmos de la familia humana.

A veces, cuando las palabras confusas de mi voz interior se repiten y no tienen sentido para mí, Nellie aparece en la meditación.

—El corazón pertenece al universo, querida –dice Nellie con su habitual voz severa–. No te pertenece a ti. Está diseñado para funcionar como una pequeña unidad receptora de la corriente de amor que todo lo impregna. Si pones el corazón al servicio del amor personal y el deseo, tu corazón terminará rompiéndose. Estás diseñada de esta manera. La enfermedad se apoderará de él, pues, ¿cómo va a poder funcionar el corazón de una manera para la cual no está diseñado? Trabaja con la función de tu corazón. Ama a la humanidad como lo harías con tus propias hijas.

—No puedo amar a la humanidad como amo a mis propias hijas, Nellie –le replico–. Tú sabes que apenas soporto su dolor y su sufrimiento. ¿Cómo podría soportar el sufrimiento de toda la humanidad? Me mataría.

—Cambia de espacio –afirmae Nellie como si tal cosa.

—¿Qué espacio, Nellie?

Respiro profundamente y siento cómo la silla en la que estoy sentada me sustenta. Observo cómo mi latido cardíaco se ralentiza. Caigo en un profundo estado de relajación donde no hay temor, sólo silencio, hasta que los espacios entre mis latidos son como instantes suspendidos en la eternidad.

—Te quiero –susurra Nellie en el espacio entre dos latidos.

«Yo también te quiero», susurro en silencio para mí misma.

Nellie sigue siendo mi testigo vigilante y silencioso. Escucho el pulso de mi corazón y, con cada pulso, percibo vibraciones que se adentran en el espacio que me rodea, y que luego se expanden a mi hogar. La expansión se adentra a saltos en el espacio hasta que las vibraciones constituyen una red que engloba la Tierra. En este momento no siento el corazón físico; soy una vibración sonora que abarca todo el sufrimiento humano en el perdón.

Siento una liberación. Me he pasado la vida con la vaga sensación de no pertenecer a mi familia, a mi escuela, a mi profesión. Ahora tengo una clara sensación de pertenencia. Pertenezco a la familia de la humanidad, y nuestro hogar compartido es la Tierra.

—Ahora ya lo sabes –susurra Nellie–. Simplemente, vívelo.

Siento un gran amor por Nellie, cuya presencia está siempre conmigo ahora. Y, aunque ella es una maestra estricta, pronuncia sus comentarios con tal amor que alcanza a mi esencia; no a mi *persona,* sino a mi mismo núcleo. En ocasiones, mi *persona* percibe como duras las palabras de Nellie, pero mi núcleo siempre las percibe como amor profundo.

Empiezo a experimentarme de un modo distinto. Sé que soy, simplemente, una muestra de una condición humana. Aunque mi experiencia de la vida es impersonal y desapegada, la profundidad de la experiencia es muy profunda y conmovedora. Cuando beso a mis hijas para darles las buenas noches, soy una «mujer besando a una niña». La profundidad de mi amor por la condición de madre e hija suele hacer que se me empañen los ojos. Cuando cocino, soy una «mujer manteniendo a la familia». A lo largo del día tengo atisbos de mí misma como «mujer enseñando», «mujer sintiéndose impaciente en la fila del supermercado», «mujer olvidándose de sus sentimientos profundos y pensando que está furiosa».

He empezado a escuchar de nuevo la música de Chopin. ¡Cuánto me gustaba bailar esta música! Aunque ya no puedo bailar como lo hacía antaño, mi cuerpo-alma anhela sentirse danzado por la belleza de la música clásica. Mientras relajo los músculos cuanto puedo, me siento y balanceo mi espina dorsal para alinearme, mientras enfoco con suavidad mis ojos en el exterior. Escucho los «Nocturnos» de Chopin con cada célula de mi cuerpo. Estoy empezando a sentir la belleza de la música danzando en mis células. Donde en otro tiempo vivieron la oscuridad y el odio hacia mí misma, ahora danzan la luz y la belleza. Siendo consciente de que el odio hacia mí misma puede transformarse fácilmente en inflación, intento mantener una posición de desapego: «Mujer viviendo el amor».

—Deja que la belleza de tu alma cante a tus células –me sugiere Nellie una mañana.

Me relajo con sus palabras. Empiezo a sentir que el gozo crece en mi interior. Sé que es mi Yo viviendo conscientemente dentro. Siento que tengo una canción de amor que cantar a la humanidad, no como lo haría un predicador, sino como una flor... en silencio. Siento que el perfume de mi Yo anhela ser reconocido a través de ojos humanos, anhela ser reconocido como amor manifestándose.

Entro en un estado de profunda reverencia por la vida. Siento la necesidad de sentarme en silencio y escuchar mi corazón en callada contemplación. Esta forma de contemplación es nueva para mí y, sin embargo, tengo la sensación de que lo sé todo acerca de ella. Por la mañana, después de poner la ropa sucia en la lavadora, de preparar a las niñas para la escuela y de pasear a Gandolf, mi golden retriever, dispongo de una hora antes de partir hacia el trabajo. Sé que tendría que preparar la clase de hoy, pero me siento en el sofá en silencio y me sumo en la quietud.

—Sé como una Rosa –dice Nellie–, y deja que el perfume de tu Ser llene el espacio que te envuelve. Sé una dadora de vida, no receptora, pero sé consciente de que lo que das no es tuyo. Es el anhelo del Amor por reconocerse a través de ojos humanos. Entra en tu mundo y deja que el Amor se reconozca en los demás. Ponte al servicio del Amor. Asume la responsabilidad por el Amor que se expresa a través de tu cuerpo.

»El Amor de la Rosa no es selectivo –continúa Nellie–. La Rosa no decide quién es merecedor de aspirar su fragancia; ella *es* fragancia. Al igual que el Amor de una Maestra, este Amor lo vive toda la humanidad.

»Este Amor es de un orden superior. No tiene ira ni búsqueda personal de poder ni dirección, nada que ganar ni que perder. Simplemente, *es*. Tu función es vivirlo tal como *es,* sin deseos personales añadidos.

Siento una sacudida con sus palabras. Miro el reloj; es tarde y tengo que salir hacia el trabajo. En el automóvil, me pregunto si puedo vivir el amor como el perfume de una rosa, sin condiciones. Lo intento.

Antes de entrar en clase, necesito que una secretaria me fotocopie algún material escrito. Pero, como llego tarde, la secretaria va a tener que dejar lo que estaba haciendo para satisfacer mi demanda. Me observo a mí misma mientras reflexiono sobre mi habitual táctica de decir cosas agradables a las secretarias, y, de repente, tomo conciencia de lo manipulador de mi comportamiento. Esto no es el Amor de la Rosa; es un acto inconsciente para conseguir lo que necesito de los demás. Me percato de que, cuando me comporto de esta manera, me veo a mí misma como una persona amable. También me doy cuenta de cómo me manipulan los demás con este tipo de amabilidad.

El impacto que me produce verme de este modo hace que dé la vuelta en redondo. Ya no puedo entrar en la oficina y pedir nada a nadie. Me doy cuenta de que, durante la mayor parte de mi vida, me he estado viendo a mí misma de determinada manera, pero que, desde esta nueva perspectiva, el cuento cambia por completo. Comprendo lo que significa enfrentarse al lado negativo de mi sombra. Me paraliza el hecho de ver mi yo manipulador, oscuro e insensible. ¿Cómo me voy a enfrentar a la clase en estas condiciones?

Bajo al vestíbulo. Los pies me llevan a clase. Y, de pronto, Nellie susurra en mi corazón: «Confía en la profunda llamada en tu interior. Existe. Tráela a la consciencia».

Cuando me enfrento a la clase me siento agradecida por mis muchos años de experiencia docente. Sé lo suficiente como para apoyarme en materiales que he enseñado con anterioridad. Abro la boca y las palabras salen por ella. Estoy totalmente concentrada en el instante, esperando a que la siguiente idea se imprima en mi mente. Mi trabajo es darle forma, una forma que permita al alumnado escucharla.

Cuando concluye la clase, alumnas y alumnos parecen entusiasmados. Han disfrutado. Una alumna viene y me pide que revise uno de los ejercicios.

—¿Qué ejercicio? –me oigo a mí misma preguntar–. No sé de qué me hablas.

La alumna me relata toda la secuencia y yo me echo a reír.

—¿Yo he enseñado eso? ¡Es increíble! Vamos a revisar de nuevo esa secuencia. Quiero aprendérmela.

Disfrutamos con la experiencia. Mi ánimus negativo me dice que admitir ante una estudiante que no sé lo que he enseñado constituye una metodología ciertamente pobre. Sin embargo, la alumna me está enseñando con gran entusiasmo. De hecho, está aprendiendo más acerca del proceso de lo que yo jamás supe. La estudiante es la profesora. No me siento amenazada; no me siento estúpida. Más bien, siento cierta excitación interna que se refleja en lo que aprendo con ella.

Sé que no puedo forzarme a enseñar de este modo, que esto se me ha dado como un regalo. Me acuerdo de una conversación que tuve con un respetado colega. Me dijo que, en su juventud, él sabía mucho, pero que, cuanto más leía, menos sabía, hasta que se dio cuenta de que no sabía nada en absoluto. ¿Acaso va a ser éste mi camino? ¿Cómo voy a permanecer en una universidad en la que se supone que debo ser una experta en mi campo?

Mientras vuelvo a casa en mi automóvil, Nellie dice:

—Los grandes maestros ofrecen sus verdaderas enseñanzas en silencio, querida. *Viven* la lección que están enseñando y, al igual que los estudiantes, el evento del instante les enseña. En la docencia hay dos acciones. Sí, está la lección, los contenidos y los hechos; pero hay otra cosa que dinamiza la acción en la clase. Esa otra cosa es el amor. Las grandes maestras participan en la acción del amor, que dinamiza el evento mientras transmiten los contenidos. Aprende a centrarte en el amor, hasta que los contenidos y el amor se conviertan en una acción continua.

»Piensa con el cuerpo –continúa Nellie–. Existe una inteligencia en él que es clara, enfocada, impersonal. Es directa, organizada y multidimensional. Sabe lo que viene a continuación en los espacios que deja la acción visible.

Una risa gozosa emerge de mi pecho. Siento un profundo amor por todos los años que dediqué a entrenar mi mente racional, sólo para descubrir que, en lo más profundo de mi corazón, hay otra forma de inteligencia que sabe más acerca de la vida y de vivir. Es una increíble paradoja que haya dedicado tantos años de mi vida a la educación formal, buscando respuestas fuera de mí misma.

El amor ya no es una emoción para mí; es un impulso conocido que crea mis células conscientes instante a instante. Mi disciplina consiste en ser consciente de este impulso en mi vida diaria. Si soy capaz de centrarme en este impulso, caigo en los amorosos brazos de la materia. La verdad vivencial de este amor que siento y que crea mis células es una danza, es la danza de la Luz.

INVIERNO DE 1988
RECORDAR LA POSICIÓN

En mi mente aparece intuición tras intuición, y no me cuestiono de dónde vienen, ni siquiera si se pueden demostrar como ciertas. Mis células lo saben. Sé cuándo Nellie está viva en mí. Su juguetona actitud me llena de posibilidades desconocidas, que hacen danzar a mi cuerpo amado y conocido con una energía de libre flujo. El mundo me invita a participar plenamente con él. Cuando vivo como si mi verdad vivencial de Nellie es una forma de sabiduría, la calidad de mi vida diaria cambia radicalmente.

Y mis células saben cuándo la Bruja me domina. Su deseo de perfección hasta en el último detalle me anticipa una vida llena de dificultades e imprevistos. Sólo un trabajo interminable puede prepararme para las batallas que tendré que afrontar. Es importante que mis colegas en la universidad vean cuánto trabajo. Se me tensan los músculos, la respiración resulta superficial, las tareas del hogar se convierten en una maldición y termino con dolor de cabeza. Intento defenderme con fuerza en un mundo colérico y hostil. Me siento juzgada una y otra vez por unas autoridades despiadadas que no hacen otra cosa que exigirme más y más, y yo me armo con hechos concretos conocidos para justificar mi presencia.

Nellie sabe cómo eliminar a la Bruja. Cuando me siento poseída, ella me califica cariñosamente como una «dama enloquecida y neurótica». Se ríe de mí y me anima a que me eche un vistazo a mí misma.

—¿Qué es lo más valioso para ti, querida, tu amor por la humanidad o tu deseo de poder personal?

Cuando Nellie me llama «querida», su tono es siempre severo. Es como si me estuviera apuntando con el dedo para que me quede con todas y cada una de las palabras que me dirige.

Y, en cuanto veo a mi yo adorable y loco, me echo a reír, y la Bruja desaparece, junto con el dolor de cabeza.

Sé que no puedo matar a mi yo Bruja, pues ella tiene la conexión con el poder de la fuerza vital: ella es mi fortaleza, mi capacidad para actuar, mi coraje para hablar. La Bruja alimenta este poder en sí misma, en su pequeña vida personal. Nellie, por otra parte, no tiene ningún deseo de alimentar su vida con este poder. En Nellie no existe ningún yo pequeño y exigente que pida poder personal. Rendida al amor, Nellie dispone del poder de la fuerza vital para servir a la Vida. Aunque tanto la Bruja como Nellie pueden utilizar las mismas palabras, e incluso actuar del mismo modo, parten de actitudes completamente diferentes. La Bruja mata de manera inconsciente la esencia para servir a la *persona,* mientras que Nellie se abraza de un modo consciente a la esencia para servir a la Vida. Todo esto me obliga a ser muy consciente de mis actos, mis motivos, mis actitudes y mis palabras. Cuando me percato de la enorme disciplina diaria y del esfuerzo necesario para ser consciente de la distinción entre Nellie y la Bruja, me pregunto por qué inicié este camino, pues ahora sé que no hay vuelta atrás.

La imaginación activa continuada con Nellie me ayuda a centrarme en mi vida interior. Sé que no estoy canalizando sus palabras desde alguna entidad externa; no, sus palabras viven en los espacios abiertos de mi cuerpo. Cada mañana, sentada en mi sala de estar, tras relajar mi cuerpo y centrar mi mente, transcribo nuestros diálogos de una manera fiel. Me siento plenamente alerta. Me concentro en cada célula de mi cuerpo. Y, mientras escribo en el diario, nuestras palabras compartidas se convierten en sonidos vivos que trasportan el significado profundo de mis experiencias interiores. Las palabras dan forma a las experiencias, de tal manera que puedo compartir su belleza y su sabiduría.

—Nunca te hagas demasiado santa ni demasiado espiritual, querida –me aconseja Nellie–. Deja que el espíritu se alinee dentro de ti. Conviértete en lo que la humanidad puede ser. Nada más y nada menos. No existe el desarrollo espiritual, el Yo Superior o el Yo Inferior. No hay nada que encontrar, ningún lugar adonde ir, nada que alcanzar. Sin embargo, sí que hay vida, vida humana capaz de Ser en Sí Misma. Y eso está ya presente en cada instante de cada día.

»Relajándote profundamente, y dejando que tu cuerpo llegue a un punto de quietud, las delicadas cuerdas de tu Yo danzarán con la corriente profunda de amor que es la Tierra. El amor es la danza del punto inmóvil en el instante abierto.

»Cuando permitas que tu Yo impregne tu cuerpo-alma, descubrirás danzando dentro de ti cualidades que son exquisitamente hermosas. Si permites que estas cualidades funcionen de manera consciente en el servicio de la vida, tú serás el Yo del sueño, pues tu Yo es amor en acción.

»Pero, querida, sólo conseguirás apartar los velos de la ilusión si tienes el coraje de ser despiadadamente sincera contigo misma, lo cual te permitirá conocer al Yo de tus sueños. Entonces, al igual que un arpa eólica, los sonidos del Yo cantarán a través del espacio abierto de la vida a tu alrededor.

»Alinearte con el Yo es un cambio desde el sistema personal que vives en tu cuerpo hasta un sistema impersonal que se vive en el espacio de lo informe. Es el yo temporal participando con el Yo inmortal. Sometiéndote al amor, participas en la creación de tu vida, instante a instante. Pero nunca des por supuesto que someterse es un dejarse llevar pasivo, pues ésta es una peligrosa ilusión en la que mucha gente cae. No, querida, el verdadero sometimiento es un acto disciplinado de amor que exige muchos sacrificios personales.

»Tienes que cercenar partes de tu pequeño yo que crean la ilusión de que eres una individualidad separada y única. Tras varios años cercenando partes de ti, que en tu ignorancia vives como dolor y sufrimiento, quizás te conviertas en un instrumento exquisitamente funcional, capaz de expresar el Yo.

—Suena terrible, Nellie. ¿Por qué iba a elegir alguien ese camino?

—No lo eliges tú, lo hacen por ti, querida –continúa Nellie, mientras sonríe intencionadamente–. Es un acto de amor, aunque pueda parecer despiadado cuando la espada de la conciencia corta y desgarra tu esencia. Cuando lo sabes, el filo cortante de la consciencia de ti misma viene acompañado por el perdón y por un profundo amor.

»La espiritualidad sólo se puede vivir dentro de un cuerpo que es consciente de su dimensión humana, tanto positiva como negativa. Si la consciencia no está ahí, la espiritualidad se convierte en un sendero egocéntrico de engrandecimiento propio.

—¿Cómo podré diferenciar entre el engrandecimiento propio y la verdadera espiritualidad?

—Sé paciente y aprende a reconocer el corte de la espada como amor activo. Harás delicados ajustes a lo largo de los años, hasta que la esencia de tu cuerpo físico y la esencia de tu Yo se armonicen en un movimiento continuo que fluye en la vida.

—Parece que son muchos los caminos que llevan a la ilusión, Nellie. ¿Cómo puedo saber si estoy durmiendo o si estoy trabajando de manera activa?

—Aprende a ser consciente del Yo y no sólo de tu física y exigente *persona.* El Yo nunca se ve; es una presencia viva que se siente en el cuerpo. El Yo no crea desde el punto de vista personal y limitado; el Yo crea a partir de la sustancia que sirve a la totalidad de la vida. Trae a la forma tangible una acción que está ya presente en el orden implícito de la vida. Lo que conoces como tú misma se convertirá en la forma tangible del Yo.

»Pensar, querida, que estás aquí es, para empezar, una gran ilusión. Tú eres el resultado tangible de una acción continua, y eres creada a cada instante. Eres un acontecimiento minúsculo que tiene lugar en el eterno ahora.

—¿Y qué tiene que ver mi cuerpo con todo esto, Nellie?

—Muchas de las personas que se hallan en el sendero espiritual creen que el cuerpo físico no es tan sagrado como el espíritu del Yo. Sin embargo, tu cuerpo es crucial para el trabajo que tienes que hacer en este planeta. Hónralo; trátalo con el mayor respeto y amor. Es tu responsabilidad. Para interpretar una gran música se requiere un instrumento afinado, y la espiritualidad requiere un cuerpo afinado y una mente capaz de alinearse con el Yo. Los textos antiguos hacen referencia a las disciplinas espirituales, y hay mucha sabiduría en ellos. Pero no dejes que la disciplina sea tu centro; el amor es el que debe serlo.

—Si el proceso trata exclusivamente del amor, Nellie, ¿por qué es tan doloroso?

—Te contaré un secreto, querida –dice Nellie riendo–. Algún día, cuando estés del todo muerta, ya no habrá más dolor. ¿Acaso no lo ves? El Yo sólo puede cumplir su función en el mundo cuando la forma está limpia de deseos, motivos o ideas personales. Eso significa: Mary está muerta. El arpa eólica canta porque no tiene ni idea de cómo cantar. Simplemente se alinea con la dirección del viento. Aclárate, límpiate. Muere para tu Yo. Así es como serás funcionalmente útil. Deja que el Yo viva en el espacio de tu claridad.

—Todo son paradojas, Nellie. ¿Qué haría yo sin ti?

Y Nellie se echa a reír de nuevo.

—Te tomas demasiado en serio, cariño; y, sin embargo, no te tomas lo bastante en serio a tu Yo. Los seres humanos sois unos tontos adorables.

Soy consciente de que experimento las cosas de un modo diferente. Me siento un poco como fuera de mí misma, observándome en la vida. El punto en el que siento que se encuentra mi centro de consciencia es una condición de absoluta compasión. La compasión me permite observar la vida de un modo objetivo, aunque desde el amor.

Lo que me resulta sorprendente es la objetividad. Percibo todos los aspectos de la vida, de forma equitativa y sin ser posesiva. Vivo mis risas, mis lágrimas y mis frustraciones como condiciones humanas que expreso físicamente, pero que yo, como compasión, no hago otra cosa que ser consciente de ellas. No hay un sentido de evaluación, de valorar unas acciones por encima de otras. Limpiar la taza del inodoro no es menos importante que impartir un taller; ir a pescar con las niñas no es menos importante que preparar a las alumnas para una actuación; la compra en el supermercado no es menos importante que coreografiar una danza. No hay juicios. Las cosas son, ocurren. Pero el amor lo abraza todo. Sin embargo, el amor está en el espacio, el espacio en el que sé que se ha situado mi consciencia.

Un sueño me ayuda a comprender este nuevo espacio:

> Estoy haciendo la limpieza de primavera en el armario de mi dormitorio. Al parecer, había puesto toda la ropa vieja y los zapatos que ya no uso en unas bolsas de basura verdes, pero las había dejado en el fondo del armario. Hoy estoy sacando las bolsas. Me sorprende lo grande que es ahora el armario. De hecho, me percato de que en una esquina del fondo hay una escalera. Para mi deleite, conduce a una sala de madera en una especie de torre en la que nunca había estado.
>
> Sabía de la existencia de esta sala, pero nunca había encontrado la forma de llegar a ella. Subo las escaleras con gran alegría. La sala es magnífica. Es un espacio cuadrado con grandes ventanales en los cuatro lados. La luz del sol entra a raudales por las ventanas, que no tienen cortinas. No hay trastos sobre el suelo de madera. Es el espacio que siempre anhelé, el lugar al que puedo ir siempre que quiera.

La limpieza de primavera simboliza el surgimiento de nuevas posibilidades. La ropa vieja (la *persona*) y los zapatos viejos (posición en la vida) estaban en bolsas de basura (se ha tomado conciencia de ellos, pero se conservan). Ahora, estoy sacando las bolsas (desprendiéndome de los viejos patrones de comportamiento) y creando un nuevo espacio psicológico. La escalera (eje ego-Yo, ego-Sí Mismo) lleva a una habitación cuadrada con el suelo de madera (lugar de integridad femenina). Aquí, la luz del sol (consciencia) entra a raudales a través de las ventanas (perspectiva, mirada hacia el exterior). El suelo (nuevo lugar donde situarse, posicionarse) está limpio de trastos.

Al día siguiente, llevo a las niñas al centro comercial y me sorprendo al ver cuán divertido es. Normalmente detesto ir de compras; para mí es una obligación más. Pero esta vez es diferente. Veo que las niñas necesitan ropa. No me hago preguntas; sólo emprendo la acción. Comprar es fácil. Más allá del desapego, me siento muy conectada con todas las personas que me encuentro en el centro comercial. Me siento, en gran medida, parte de la acción. En lo más profundo de mi cuerpo tengo una sensación de celebración cuando, de repente, por primera vez en mi vida, siento que estoy viviendo parte de la humanidad. Me sorprende la diversidad de formas y de acciones, que una única humanidad pueda expresarse de una manera tan hermosamente diversa.

Me siento como una niña en Disney World. La música del centro comercial, que por lo general me molesta, es parte íntegra de la experiencia. Estar al mismo tiempo desapegada de todo esto y, sin embargo, muy conectada, inmersa en el espacio de la actividad, me libera del habitual desagrado que siento por los centros comerciales. Para mi asombro, lo único que siento es compasión y amor por todo cuanto hay allí.

En ocasiones, la vida es para mí como observar una serie de acontecimientos en los que soy libre de entrar o de mantenerme a un lado. Cuando veo que resulta necesaria una acción en concreto, no me cuestiono el porqué ni el cómo; me sumerjo en la acción como un personaje al que se le ha asignado un papel, realizó su función y, finalmente, me voy. Es algo impersonal, divertido y siempre compasivo. No le añado tanto equipaje a mi trabajo. De hecho, confrecuencia ni siquiera recuerdo qué hago o digo. Todo ocurre en el amor.

Reconozco que siento un tremendo respeto por lo que ocurre. Cada vez soy más sensible a lo que dice la gente. A veces, reconozco que personas a las que en otro tiempo no hubiera hecho caso dicen cosas realmente sabias. Comienzo a escuchar la resonancia en las voces, en las pausas entre las palabras. Las palabras son como las notas de música; las hay armoniosas, las hay ásperas y duras. Los sonidos de las palabras resuenan en mi cuerpo y me permiten sentir como siente la persona que está hablando. Pero, desde esta nueva posición psicológica, que se vive siempre como una participación, abrazo las situaciones con amor y compasión.

Sé que debo ser muy cuidadosa y estar vigilante para no caer en la inflación ni en la depresión. Cuando Nellie me anima a abordar la vida con un amor abierto, observo cómo mi pequeño «yo» comienza a inflarse. Entonces, mi ánimus negativo le dice a mi pequeño «yo» que no es digna de vivir tal amor en el mundo. Por encima de todo, he de tener cuidado con la Bruja, que manipula hábilmente la sabiduría de Nellie para mostrarle al mundo lo sabia que puede llegar a ser. A veces, me quedo paralizada: «¿Quién me está dirigiendo ahora? ¿Quién me dice que no es la Bruja, sirviendo "amorosamente" a la humanidad con la intención de salvar el planeta? ¿Soy digna de tal amor? ¿Quién soy yo al fin y al cabo? ¿Soy una vieja loca inflada a base de voces? ¿Cómo se me ocurre siquiera seguir avanzando por la cuerda floja sobre el abismo?».

—¿Cómo lo hago, Nellie? –pregunto.

—Recuerda tu Yo –responde ella firmemente–, y después conecta.

—Pero no puedo –responde una niña minúscula y derrotada en mí–. Ella es demasiado hermosa. No puedo contener todo su amor. Su amor es como un ansia profunda que la obliga a vivir el amor sobre el planeta. Yo no puedo hacer eso. No soy lo bastante fuerte.

—Tienes trabajo por hacer. Hazlo –exige Nellie.

—¡Pero si acabo de decir que no puedo vivir mi Yo, Nellie!

Siento que algo dentro de mí se suelta. Mi cuerpo se relaja. Comienzo a llorar.

—Pero yo soy mi Yo, ¿no es así, Nellie? ¿Cómo no voy a ser lo que ya soy? Me concentro en las vocecitas dentro de mí, en mis limitaciones personales. ¿Qué me impediría concentrarme en lo que yo *soy?*

Mientras me formulo estas preguntas, siento algo parecido a un nudo en el plexo solar. Estoy muy asustada. ¿Qué pasaría si viviera mi Yo? ¿Sería capaz de asumir la responsabilidad de tal posición? Una cosa es hablar con Nellie a solas en el salón de tu casa y otra cosa muy distinta es salir al mundo y vivirlo.

Nellie le habla a mi corazón:

—La clave, cariño, consiste en decidir conscientemente no ser la pequeña Mary, llena de deseos y aspiraciones. Tú eres el hogar, el contenedor. Si lo olvidas, arderás en el fuego, el fuego de la locura. Si lo recuerdas, tu Yo se expresará de manera consciente a través de ti. Y cuando tu Yo viva, tú sustentarás la realidad del Yo en los demás. Entonces, ellos también podrán recordar sus Yoes. Entonces, ellos también podrán ver la belleza que son. Así es como tienes que enseñar, sometiéndote de tal modo que tu Yo pueda tomar residencia. Mantén la posición en la consciencia, sin intentar poseer esa posición.

Mientras reflexiono sobre sus palabras, me doy cuenta de que la belleza que veo en la vieja Nellie es la belleza de su Yo. Nellie no se halla en su limitada mentalidad personal, lo cual le permite a su Yo tomar residencia.

Nellie nunca aspira a ser otra cosa que lo que es. Si es necesario, ella está ahí para ayudar. Nunca impone sus ideas ni su forma de vida a nadie.

Lo que me encanta de Nellie es su capacidad para abrazar la totalidad, en vez de la pálida existencia que se refleja en mi yo personal. Nellie acepta en el amor la totalidad de mi humanidad. Ella ve lo positivo y lo negativo, sin alabanzas ni juicios. Simplemente ve lo que hay y lo acepta tal cual es.

—El espacio es el hogar de tu consciencia del Yo, querida. Es desde esta posición desde donde amas a la humanidad, incluida tú misma. Es desde esta posición desde donde puedes cuidar de ti misma mientras cuidas de tus hijas. Es desde esta posición desde donde tienes que vivir en el mundo.

»Sin embargo, para ello, tienes que morir a la vida personal de Mary. Tal muerte te llegará cuando seas capaz de vivir el Amor conscientemente. No se puede emprender con miedo, pues abraza la vida con una pasión ardiente por vivir el Amor. Esta muerte te permitirá vivir lo que siempre has sido, antes de nacer, antes de tus muchos nacimientos, incluidos los espacios entre tus nacimientos.

—Pero, Nellie, ¿cómo voy a hacer mi trabajo desde esa inmensa posición de amor? Tengo que limpiar la casa, dar de comer a mi familia, sacar a pasear al perro e impartir mis clases. ¿Cómo voy a poder hacer todo eso?

—Es como tener la vejiga llena y tener ganas de mear, querida. Cuando vivas la plenitud del amor en la inmensidad del espacio, tendrás que derramarlo en tu vida. Plenitud de vejiga, meas; plenitud de amor, trabajas en el mundo. No hay diferencia. Mantén la posición y, a partir de la plenitud de tu Yo, el amor se derramará en la vida.

—De acuerdo, Nellie. Así pues, derramo el amor en el mundo. ¿Y qué pasa si el mundo no quiere mi amor?

—Nunca des por hecho que es tu amor. Nunca des por hecho que eres tú quien está derramando el amor –responde Nellie con fuerza–. Tú no tienes nada que ver con esta acción del amor. El amor está en la atmósfera, creando el planeta. Lo único que haces es olerlo. Sé como un perro siguiendo el rastro del perfume. El perfume está ya ahí. Lo único que haces es olfatearlo y seguirlo adonde te lleve. Oler el perfume no es un poder psíquico; es la forma natural, en tu caso, de estar en el mundo, respirando el perfume que ya está ahí.

—Pero cuando vivo este amor, Nellie, empiezo a sentir cosas en los espacios alrededor de la gente. Es como cuando tú me miras a mí, como si tuvieras rayos x en los ojos.

—¿Y qué?

—Bien, ¿qué tengo que hacer?

—Pregúntale a tu corazón –responde Nellie, siempre severamente, como si fuera la cosa más obvia del mundo–. ¿De qué crees que va el amor, querida? ¿De ser amable? ¿De ser una buena persona? ¿De ser agradable y complaciente? Eres una necia si piensas que eso es amor, mujer. Cuando vivas este amor serás tan despiadada con los demás como yo lo soy contigo. Cuando te veo con los rayos x, te liberas en tu esencia. ¿Qué quieres, esencia o ilusión?

Sé que el amor de Nellie me obliga a enfrentarme al lado negativo de mi propia sombra. A veces me siento como un cachorro, tocando con la nariz su propia mierda. Nellie me dice ásperamente que mire a la cara a mis más desagradables secretos, a mi horrible, codicioso, aterrorizado y pequeño yo hambriento de poder. Y, sin embargo, nunca me siento culpable ni siento que Nellie haya dejado de quererme. Sólo cuando me enfrento directamente a estos aspectos de mí misma, puedo elegir la opción de no dejarles entrar en mi vida.

Si no me enfrento a ellos, estas despreciables cualidades me dominan inconscientemente. Me vuelvo interesada, y creo que estoy al servicio de la vida. Y proyecto mi sombra en el mundo, contaminándolo con mi propia oscuridad.

—Pero no le voy a caer bien a nadie hablando de esencia, Nellie. La gente desea la ilusión del poder sobre la vida. La gente prefiere pensar que es amable y bondadosa. Nadie quiere enfrentarse a su sombra.

—Estás aquí para trabajar, querida mía. El lado oscuro de la humanidad está matando al planeta, te está matando a ti. Si percibes el perfume de la atmósfera mientras hablas, tus palabras serán el amoroso filo de la espada que cercena cualquier ilusión. Si dejas de ser consciente del perfume del amor, tus palabras matarán toda vida a tu alrededor. Se trata de un trabajo muy serio. Tienes que estar muy alerta con tu Bruja.

—No me parece que este amor sea muy hermoso, Nellie.

—Cambia de espacio, querida. Cuando respiras este amor ya no existe miedo alguno y, por tanto, no necesitas ningún poder personal. Cuando vives la posición contraída de tu yo personal, experimentas este amor como si exigiera sacrificios personales; sin embargo, cuando vives la posición expandida de tu Yo, experimentas este amor como una acción compasiva de tu fuerza vital al servicio de la Vida. Entonces te empoderas.

—No estoy segura de querer vivir ese amor, ese empoderamiento, Nellie. No me parece muy divertido.

—Deja de comportarte como una niña compadeciéndose de sí misma. Asume la responsabilidad de lo que has venido a hacer.

—Entonces, ¿tengo razón al pensar que este amor es un terrorífico viaje hacia la libertad?

—Piensa lo que te dé la gana, querida mía –dice Nellie exasperada, para luego echarse a reír mientras sacude la cabeza–. Te lo estás poniendo muy difícil, querida. Acepta lo que hay y ponte a trabajar. Encuentra el perfume. Sigue el sendero del Amor.

Empiezo a pensar que este amor es una crueldad del corazón que respeta muchísimo la Vida tal cual es. Permite la separación de la muerte, que, a su vez, genera espacio para la nueva vida. Es el amor de mi montón de compost en el patio trasero de la casa. Es el misterio que toma la podredumbre de la vida y la transforma en alimento para la rosa. Sólo las rosas cuyo suelo ha sido fertilizado con un buen compost generan capullos con perfume. No quiero ver la podredumbre. Nadie quiere hacerlo. Sin embargo, si no soy capaz de respetar la función de la podredumbre, no podré respetar la función del perfume de la rosa.

En este amor, vida y muerte son puntos de inflexión en el proceso de vivir.

La vida es ahora un aula para mí. Exploro como una niña esta nueva realidad del amor, sabiendo en lo más profundo que siempre ha estado ahí para que cualquiera pudiera participar de él.

PRIMAVERA DE 1988
DISOLUCIÓN

La primavera es una celebración para mí. Cuando paseo por el parque cada mañana con Gandolf, yo soy los brotes de los arces rebosantes de vida, de la necesidad de abrirse a sus hermosos yoes. Y, cuando Gandolf empieza a hacer cabriolas, azuzado por su gozosa e instintiva energía, yo soy esa energía. Si me siento junto a un narciso en flor, yo soy su amarilla floración. Y si estoy con gente, lo vivo como si ella fuera yo misma hablando: un aspecto del todo expresándose ante otro aspecto del todo.

Esta posición de la consciencia no me asusta, aunque sé que, si intentara explicárselo a los demás, probablemente dirían que los límites de mi ego se han disuelto y que voy de cabeza a una esquizofrenia. Pero no es esto lo que estoy viviendo. Sé que soy una consciencia operando desde una posición diferente. Desde esta posición, experimento la vida como una minúscula expresión de algo increíblemente inmenso.

Desde esta peculiar posición reconozco la necesidad de vigilarme a mí misma con un despiadado desapego. Veo que hay un aspecto de mí muy asustadizo e inseguro, una parte de mí que necesita con desesperación ser vista y reconocida como alguien importante. Veo esta parte de mí como una condición humana que viven otras muchas personas. La inseguridad es como una semilla que crece con el temor a ser descubierta. El miedo atrae al poder, poder a la Bruja personal con el fin de ocultar el miedo. El poder asume diferentes formas en distintas personas.

Para algunas es el dinero o las titulaciones académicas. Para otras es la acumulación de grasa sobre sus asustados esqueletos, o una fuerte musculatura que las mantenga literalmente de pie en la vida. Para otras, la semilla del miedo se disfraza de una conciencia espiritual que promete en falso la iluminación, que es una posición de gran poder.

Veo esto porque soy un ser humano que lo experimenta en su vida toda vez que se olvida de esa novedosa posición. Veo muchas cosas en mí misma. Cuando reconozco las posiciones que viven en mí, se me concede de inmediato la mirada para ver las mismas semillas en otras personas. Observo cómo partes de mí me traen el sufrimiento y me conducen a llorar o a reír. Veo cómo me hago la víctima, cómo me saboteo, cómo me aterrorizo, cómo me enfado. Y veo todo esto a través de los ojos de la compasión.

Observo cómo una parte de mí se va a negar a desprenderse de la imagen que tengo de mí misma como una persona independiente, distinta, singular. Esa parte de mí tiene miedo de que yo muera. Vive en un estado de inercia inconsciente, con miedo a salir de su posición conocida y segura en la realidad. La inercia es una parte de mí que vive en el temor y que, sin embargo, anhela vivir la libertad y la belleza de mi Yo. Ve a mi Yo como a un Yo Superior, separado de mi cuerpo. Con frecuencia me siento insegura, aislada y separada del resto de la humanidad. En esta posición me siento tensa y deprimida. A veces, incluso tengo dolores de cabeza o indigestiones. ¡La Bruja de nuevo!

No obstante, cuando tengo el coraje de vivir la nueva posición, la vida se me antoja más libre, más espontánea y gozosa. Y la gente que me rodea parece cambiar también. Mis estudiantes en la universidad parecen más relajados, más espontáneos en sus movimientos, más alertas. Hay risas en el estudio y, sin embargo, cubrimos más contenidos que nunca antes.

La relación con mi marido, John, también ha cambiado. Aunque sola en mi viaje por la vida, percibo en todo momento su apoyo. Sin hacer preguntas, él me concede el espacio necesario para adentrarme en mi cambiante realidad, y esto lo libera a él para explorar, desde su extroversión, aquellas cosas que más valora. Y, aunque nuestras vidas externas, nuestros sistemas de creencias e intereses difieran radicalmente, el compromiso de prestarnos apoyo mutuo en nuestros correspondientes viajes es ahora la esencia de nuestro matrimonio. Con tales cimientos, un espíritu amoroso, libre y lúdico impregna las, en ocasiones, difíciles realidades de la vida familiar.

—Lo que estoy haciendo es un entrenamiento, ¿no? –le pregunto a Nellie una mañana, mientras paseo a Gandolf–. Simplemente tengo que aprender a mantener esa posición en el espacio. Es como una bailarina que aprende a mantener el equilibrio sobre la punta del pie sin esfuerzo. Eso lleva años de entrenamiento disciplinado.

—Cariño mío, esto no lleva años, lleva vidas –responde ella de esa manera tan directa y sensata.

—Cuando escucho la voz como algo separado, estoy en mi pequeño yo, ¿no es así, Nellie? No puedo vivir la totalidad todavía, pero hace poco he tenido momentos en los que me disuelvo y soy una con el universo.

—Sí –responde Nellie.

Mientras paseo sola por el parque, con Gandolf haciendo cabriolas a mi alrededor, las palabras comienzan a salir atropelladamente de mi boca. Y mientras las pronuncio, tengo la certeza de que proceden de la posición en el espacio. Hay algo en la presencia de Nellie que me permite hablar de forma directa y fluida.

—Tengo que recordar que trabajo para la humanidad, no para la universidad y, evidentemente, no trabajo para mí misma. Ahora estoy en un período de formación y entrenamiento para la vida. Esta formación no puede ser un concepto en mi mente; debe ser una realidad en mi cuerpo. Cuando todas y cada una de mis células viva esta realidad, estaré lista para hacer el trabajo.

—¿Te escuchas a ti misma? –me interrumpe Nellie.

—Sí, y también sé que esta formación estará dirigida por distintas personas y acontecimientos en mi vida. Tengo que recordar que, cuando miro a los ojos a otra persona, veo mi condición humana reflejada como en un espejo. Cuando conozca esa condición íntimamente, en mí misma, ya sea en un asesino o en un santo, seré capaz de ver más allá de la condición hasta el Yo que opera en la trastienda.

—Sí –dice Nellie–. Cuando te abrazas a tu lado oscuro de forma tan íntima como te abrazas a tu lado luminoso, sabes que no eres ni una cosa ni otra. Entonces, tú *ves* la realidad más allá de la condición. Tú *ves* que la clave no se halla ni en la condición ni en la personalidad que ve la condición. La clave se encuentra en el espacio donde ambas viven conscientemente como una misma cosa en el amor. Esto es lo que está ocurriendo entre nosotras ahora, querida. Somos una en el amor.

—Y necesito posicionarme en el amor sin aferrarme a él de ninguna manera. De esto va todo, siempre y cuando quede claro, sin juicios, sin respuestas y sin palabras.

—Es una posición de divina indiferencia –continúa Nellie–. La posición es una cualidad del amor que no precisa forma alguna para existir. No digas que amas la posición, a Cristo, a Buda o al Maestro, como si la posición estuviera separada de ti. El amor es este parque por el cual paseas con Gandolf cada mañana; está en todas partes, lo impregna todo en la vida; es toda la vida. Tu entrenamiento consiste en recordar que tú ya estás en esa posición. Puedes sentirla ahora, ¿no?

—Durante unos breves instantes, puedo, Nellie. ¡Pero exige tanta concentración y disciplina!

—La mayor parte de lo que ha ocurrido entre nosotras sigue siendo palabras para ti, querida, pero el trabajo no precisa palabras ni formas. Intenta olvidarte de palabras, de ideas, de pensamientos, y sé el todo de la experiencia. Disuelve tu espacio interior en el espacio exterior, y entonces experimentarás que toda la vida es una única realidad para empezar. Vive la inmensidad del espacio en el espacio interior de tu cuerpo; y, luego, las palabras estarán a tu disposición, destiladas a partir de la experiencia. Introduce su belleza en la ciudad interior de la vida humana.

Caen lágrimas por mis mejillas. ¿Cuántas veces he llorado paseando por el parque? Mi relación con Nellie es tan hermosa, tan exclusiva, como un coro de ángeles cantando.

—Vive la inmensidad eterna –susurra Nellie–. Ése es el tú inmortal, porque no hay tú. Es una posición conocida como belleza, pues es amor que todo lo abarca. Dentro de ese amor se halla todo, querida.

Observo cómo Gandolf va a por los palitos que le lanzo y me los trae. Instinto mecánico. ¡Qué suerte tiene! Desearía funcionar en el mismo nivel en que lo hace él.

—La humanidad te necesita, querida, no tu pequeño tú. Hay millones de pequeñas Marys en el planeta. Eres superflua, innecesaria. Acepta lo que eres. Despierta y asume la responsabilidad por tu Yo.

Oh, es fácil vivir en el olvido. Es fácil vivir la pequeña vida de Mary, con sus pequeñas preocupaciones y sus pequeñas alegrías. Una se siente segura viviendo en la contracción de la forma. Además, la expansión significa la muerte a mi realidad, la muerte de todo aquello por lo que me he esforzado en la vida. Quiero mis titulaciones, mi puesto en la universidad, mi familia, mi casa, mi reputación.

Y, sin embargo, cuando vivo esta posición segura, conocida, no puedo dejar de anhelar la belleza del Ser de Luz. Anhelo su libertad, su alegría, su expansión en el amor, en la vida. Deseo la exquisita calidad de vida que él vive.

—El punto en el que te encuentras justo ahora es inútil –dice Nellie–. Despierta, querida. Te hallas en una fantasía que te saca de la vida. El Ser de Luz del amor que te rodea es un símbolo más allá del cual se encuentra una gran realidad que tienes que integrar en tu vida. Pero no dejes que la belleza del símbolo te atrape. Experimenta la cualidad de la vida que hay dentro del símbolo y lleva esa cualidad a toda acción que vivas. Entonces sentirás que te has disuelto y que sólo existe esa realidad mayor que se vive conscientemente.

Mientras reflexiono sobre lo que Nellie me acaba de decir, me doy cuenta de que lo único que quiero es irme a dormir, olvidarme de todo lo que Nellie me haya podido decir. Me siento tan exhausta que mi cuerpo se sumerge en una especie de inercia. Me pesan muchísimo las piernas. Me voy a casa.

Me derrumbo en la cama. Cierro los ojos. El interior de mi cabeza es una gran cúpula en la que se extiende una clara noche estrellada. Mientras yazgo allí, dentro de mi cráneo abovedado y estrellado, tengo la sensación de que ya no existo. Sólo hay espacio. Y dentro del espacio me convierto en un no-yo que se expande en dimensiones y universos desconocidos para mí. Y entonces voy más allá de las estrellas hasta sumergirme en un vacío por completo oscuro. Pero en este viaje al vacío no estoy sola. Me acompaña mi gozoso Ser de Luz. Una inmensa alegría llena mi estado sin forma.

Y, entonces, lo veo. Veo un puntito de luz dorada.

—Es el hogar –susurro entre lágrimas de gozo–. Estoy yendo a casa.

Atraída magnéticamente hacia la luz, como una polilla hacia la llama, atravieso el vacío, acompañada por mi angélico compañero. Experimento un amor inabarcable que no puedo expresar con palabras, que está más allá de todo cuanto haya podido conocer como amor. Y sé que, como Mary, jamás habría podido contener esta experiencia, ni siquiera imaginarla.

La luz dorada se convierte en el sol, sólo que no es como el sol que haya conocido como ser humano. Este sol es un grupo de radiantes Seres de Luz. Su luz es un sonido, un sonido de voces majestuosas que el oído humano no puede escuchar. Y el amor, el amor es un coro de sonido. Sonido, espacio, movimiento, todo se convierte en uno. El no-yo entra en el grupo de Seres radiantes y ocupa su lugar entre ellos. Se da la vuelta y mira hacia el exterior, y con su Seridad irradia el inaudible sonido del amor. El amor emerge de allí y crea formas, una de las cuales es nuestro sagrado planeta, la Tierra.

El Ser ama tanto a esta Tierra que opta por diferenciarse en muchas formas minúsculas de luz y se irradia a Sí mismo en formas humanas.

Yazgo en silencio en mi cama. Siento que me disuelvo en la luz y, al mismo tiempo, me encuentro como una luz que activa las células de mi cuerpo en la vida humana. No sé si podré caminar o si podré siquiera moverme. Si puedo desprenderme de todo lo que sé, entonces el Ser de Luz podrá ser un ser humano.

Esa noche tengo el siguiente sueño:

> Soy una idiota con la forma de una bola de luz danzante. Estoy henchida de gozo, de risa, de juego, de amor. Como los personajes de la película *Cocoon,* mi yo idiota se pone un atuendo humano. Me he puesto mi vestido favorito, de color turquesa. A diferencia de mi yo despierto, a la idiota le encanta su estupidez. Mientras recorro a pie el campus de la universidad, me esfuerzo por parecer importante. Finjo que en mi interior no llevo a esa idiota, que no deja de hacerme trastadas para que me ría en voz alta. Su estúpido comportamiento me molesta, me resulta frustrante. A lo largo de todo el sueño, soy consciente de que, cuanto más me esfuerzo por mantenerme seria, más adorable le resulto a la idiota.

Durante dos semanas soy incapaz de escribir ni de pensar con claridad. Me duele la cabeza y estoy asustada. Tengo miedo de hablar con Nellie. La idiota del sueño está viva en Nellie, y ella me va a decir que viva a la idiota. Pero no tengo el coraje suficiente como para hacer eso. El miedo me atenaza el cuerpo, haciendo que las articulaciones me duelan como si tuviera artritis. La idiota en mí no deja de susurrarme «disuélvete en el gozo», y sus palabras reverberan en mi palpitante cabeza.

Una vida así es un infierno. Mi yo atuendo humano tiene que enfrentarse a la ilusión de sí mismo; tiene que hacer frente a su mortalidad. Tengo que disolverme en esa idiota que sabe en lo más profundo que soy una expresión impersonal de un Ser de Luz más grande. Tengo que desprenderme del deseo personal. Tengo que desmantelarme y ser una no-persona, una adorable idiota humana. Cuanto más reconozco este hecho, mayor es el miedo que siento en mi cuerpo.

El miedo no es sólo mi miedo personal; es también el miedo presente en el inconsciente del colectivo humano, que mi cuerpo-alma toma. No se conoce a sí mismo y no tiene límites. Es el miedo a la muerte, al rechazo, al aislamiento y la soledad, a la aniquilación. Mi idiota es consciente de esto y lo acepta, y, sin embargo, vive henchida de gozo.

—Ayúdame, Nellie –tengo finalmente el coraje de pedir.

—Aprende a vivir la humildad. Sólo cuando sepas que no eres nadie, sino una idiota, te liberarás; y cuando te liberes te convertirás en todo –responde Nellie–. El mundo quizás piense que esa nadie es una gran sabia, o incluso una profesora como tú –añade mientras estalla en una sonora carcajada–, pero la idiota sabe que no deja de ser una doña nadie, con independencia del atuendo que le haya puesto el mundo encima. Ella sabe que no hay permanencia en el mundo de los atuendos. Mírame, querida. Mira un poco más a fondo en ti misma.

»Sé una nadie. Libérate de la limitada posición de esforzarte por ser alguien, algo. Deja que el atuendo humano se disuelva en lo que tú conoces íntimamente que es tu Yo. Luego, podrás dejar que el mundo proyecte sobre ti cualquier cosa que quiera proyectar, pero tú sabrás que todo es ilusión.

Mientras Nellie habla, siento que mi *persona* es un atuendo, un vestido, el atuendo que lleva la idiota y que le proporciona una cubierta para lo que es mi Yo íntimo. En esencia, soy un rayo de luz. Esta luz es más personal que cualquier cuerpo, y el hecho de que esa luz viva en mi cuerpo hace que éste sea sagrado. Mi cuerpo es una manifestación consciente de esa luz. Es. Simplemente, es.

Un mes más tarde, tengo el siguiente sueño.

> Tengo unos siete años de edad. Estoy bailando alegremente, desnuda, sobre las lisas rocas de granito rosa de la Bahía Georgiana. Doy saltos y giros sin ningún esfuerzo, de roca en roca.
>
> La escena cambia. Descalza, voy caminando tierra adentro desde la costa hacia una vieja iglesia de piedra. En la puerta, una niña pequeña me recibe y me muestra el interior. Subimos por una enorme escalinata, mucho más grande de lo que cabría esperar por el tamaño de la iglesia. Cuando llegamos arriba, nos encontramos con una gran puerta de madera bajo un arco. La niña me dice soy yo quien tiene que abrir la puerta.
>
> Sin dudarlo un instante, la abro. Al otro lado hay una inmensa sala circular, con las paredes y el suelo de cristal. La luz del sol brilla a través de la cúpula, reflejándose en las paredes. La luz es tan brillante que tengo que cerrar los ojos, aunque ni con eso consigo evadirme de la luz.
>
> Caminando sobre el suelo de cristal, me dirijo hasta una alfombra de piel de oveja de color blanco y, súbitamente, la sala se llena de ángeles que cantan.

Este sueño es un bautismo de luz. Desde un estado infantil de inocencia, en el que bailo de manera espontánea sobre las rocas de granito rosa, paso a un estado de consciencia de madurez. Conozco el sacrificio instintivo (simbolizado por la alfombra de piel de oveja) que se requiere para recibir la luz. Me encanta danzar en el contenedor de la iglesia de piedra, construida con las rocas primigenias de granito rosa, y es allí donde me siento en silenciosa concentración. Durante muchas semanas, en meditación, dejo que la imagen de la sala de cristal, llena de ángeles cantores, impregne mi cuerpo-alma.

Poco después de este sueño, tengo la oportunidad de trabajar con Georgette Krummenacher y Martin Muller, autor de *Prelude to the New Man: An Introduction to the Science of Being* [«Preludio para el hombre nuevo: Introducción a la ciencia del ser»]. Al conocerlos soy consciente de que viven un tipo de vida, con tal belleza que no parece de este mundo y, sin embargo, es completamente humana. En su mera presencia hay una sabiduría que conoce el sufrimiento humano y un resplandor de posibilidades humanas desconocidas. Cada célula de mi cuerpo danza con la cualidad de la vida que hay en la sala donde trabajan.

En el espacio de su silencio, siento un profundo anhelo por la vibración resplandeciente en la que viven, y siento compasión por esa parte mía que anhela su sabiduría. La compasión (sufrir con) abraza mi alma, y escucho una profunda alegría que resuena en el interior de mi cuerpo. Las células de mis huesos parece que dancen, que vibren con el sonido de la alegría. Con la precisión de enfoque que he logrado desarrollar a través de la meditación diaria, soy capaz de conservar la experiencia.

Y entonces siento que me relajo un poco más, lo cual me permite sentir las resonancias que se expanden en los espacios existentes entre las células de mis huesos. De pronto, los espacios son espacio impersonal, y el sonido de la alegría es un movimiento silencioso en ese espacio impersonal. Es la experiencia de un vacío de movimiento exquisito. Ya no me experimento como un cuerpo. Soy consciencia que se vive a través del movimiento del espacio impersonal.

Y entonces lo veo. Veo al Ser de Luz de mi sueño, sólo que esta vez sé que no estoy soñando. Vive en los espacios de la sala, llenando el espacio de vibraciones, de gozo y divinidad. No sé cómo estoy viendo esto, pues no es con los ojos.

Me siento en mi silla y permanezco inmóvil. No puedo sentir mi cuerpo de la manera habitual; tengo la sensación de que es enorme. Está pegado a la silla, a la sala. Siento la atracción de la fuerza de gravedad que tira de mí hacia la Tierra, pero el mí que está cautivo de esa fuerza es sólo un espacio.

No puedo distinguir entre mi cuerpo y el espacio; parecen ser una continuación de esa fuerza que tira hacia abajo. Me doy cuenta de que mi espacio puede llenar la sala, puede expandirse más allá o puede contraerse hasta mi minúscula forma personal. Reconozco que toda mi vida he vivido en la posición contraída. Ahora, un orden de vida del todo nuevo existe para mí.

Tras esta experiencia ya no soy la misma. Soy un ser consciente sin apego a mi identidad personal. La experiencia es profundamente personal y, al mismo tiempo, muy impersonal. Mi Yo no tiene nombre, no tiene forma, no tiene densidad. Mi Yo es una condición del amor vivida en plena consciencia de sí misma. Mi Yo es eso que me da la vida.

Es idéntico y es parte de eso que le da la vida a todas las formas en el planeta.

Vida y muerte tienen para mí, ahora, un significado paradójico. La vida en el cuerpo físico ha sido una forma de muerte, un olvido de mi Yo. Ahora veo la muerte de mi forma física como una gozosa reunión con mi Yo en plena memoria de Sí Mismo. El abismo se ha cerrado. Ya no preciso un cuerpo para conocer mi esencia; sin embargo, necesito un cuerpo para manifestarme en el planeta.

Cuando experimento mi cuerpo con mi Yo, caigo en él con un amor por la materia que nunca antes había conocido. Este amor le permite a mi cuerpo recibir, como un recipiente, la Luz que se origina en una fuente que no soy yo. Mi cuerpo es materia inteligente, diseñada para funcionar exquisitamente en el mundo. Mi cuerpo se conoce como una expresión gozosa de amor consciente y Luz, danzando a través del momento abierto.

—No te dejes atrapar –me advierte Nellie–. No te montes fantasías acerca de tus experiencias ni de ti misma. La vida cotidiana, simple, ordinaria, lo es todo. La enseñanza es algo ordinario para ti, lo mismo que lavar la ropa. Mantente ahí. Simplemente sé consciente. Lo extraordinario es lo ordinario; acéptalo; vívelo; sé eso. Nada de fantasías, nada de poderes especiales, nada de nada; y, entonces, todo.

Nellie me advierte de que el ego es el contenedor psíquico para la experiencia de la Luz. Consciente de su oscura sombra, ella no se identifica con la Luz, pero se mantiene en un punto intermedio, como mediadora entre la Luz y la oscuridad. La Bruja, por otra parte, inconsciente de su sombra oscura, e impulsada por el poder personal y la codicia, quiere ser la Luz.

VERANO DE 1988
EL PUNTO INMÓVIL

Comienzo a reconocer en mi interior un sentimiento que desea hablar de lo que ahora sé. El siguiente sueño confirma mi intuición.

Estoy escalando una pared rocosa. Hay bolsas de plástico blancas de supermercado y basura en las rocas. Mientras las recojo, advierto que la roca está cubierta de minúsculas bellotitas verdes. Siento un profundo amor por estas rocas. Las rocas y yo somos una.

Me percato de que estoy a gran altura sobre un voladizo de la roca. Estoy desafiando las leyes de la gravedad. Normalmente me aterrorizan las alturas, pero si mantengo el amor hacia las rocas estaré a salvo.

Se me está instruyendo en escalada y, por seguridad, le pido al joven instructor que me ayude. Me enseña a incrustar una clavija en la roca y, utilizando una cuerda, me elevo por encima del voladizo.

Cuando llego a la cima, me siento en el suelo. Como ya he dicho, me dan miedo las alturas, pero aquí me siento cómoda y segura. El instructor me masajea las sienes y la zona del sacro con bálsamo de tigre y, de inmediato, me relajo en un estado profundo de amor.

Exploro el espacio amplio y seguro de la cima y descubro una sala llena de bailarinas ataviadas con trajes a rayas negras y blancas. Quiero unirme a ellas, pero no conozco los pasos y, además, llevo mi vieja ropa de trabajo de casa.

Salgo de la sala a una calle, donde hay un grupo de personas reunidas. Hablan en una lengua extraña y, aunque siento que tengo algo que decirles, no puedo hacer otra cosa que escuchar. De repente, todo el mundo comienza a correr. Me doy cuenta de que es una zona devastada por la guerra. Un tranvía azul metalizado se detiene delante de mí. Para mi alivio, las puertas se abren y subo.

Me siento a la derecha del conductor; pero, de pronto, él se percata de que la manga derecha de mi camisa está cubierta de sangre, y me acusa de ser una terrorista. Comprendo que mi vida está en peligro, y finjo que soy una extranjera con una discapacidad psíquica.

De pronto, aparece una anciana vestida con una manta verde brillante. Sus ojos me dicen que quiere hablar conmigo, pero que no puede porque el conductor del tranvía podría oírla. La mujer baja en la siguiente parada, y yo la sigo, no sin antes esperar a perder de vista el tranvía.

La anciana me dice que, para que podamos hablar, tendremos que esperar el momento oportuno, pero tendremos que preparar ese instante.

Una vez más, me encuentro con mis amadas rocas. Me acuerdo de que la primera vez que fui a California me sentía incómoda con la arena por su escasa firmeza. No podía encontrar una sólida roca de granito que me sustentara. Todo eran inestables arenas. No había un punto inmóvil en el cual afianzarse. En el sueño, estoy arraigada, soy una con las rocas.

Las alturas, que normalmente me aterrorizan, son seguras, si puedo mantenerme en el amor, claro. Cuando descarto los viejos patrones de comportamiento (basura), encuentro las semillas de la nueva vida (bellotas). Con la ayuda de mi ánimus positivo (el instructor de escalada), alcanzo una posición estable. Y aquí, aunque me encantaría bailar, mi *persona* (vieja ropa de trabajo) ya no es adecuada.

El ánimus me hace un masaje con bálsamo (espíritu) de tigre (instintos) en las sienes y la zona del sacro. Esto probablemente signifique que el movimiento hacia la reconciliación entre los instintos (el tigre y la zona del sacro o chakra base) y el espíritu (bálsamo y sienes) es ahora posible. Es el ánimus, la parte masculina de la psique, el que masajea mi cuerpo femenino, haciendo sagrada la materia. Los atuendos a rayas blancas y negras de las bailarinas simbolizan también la unión de los opuestos. Cuando se juntan los opuestos, me relajo en un estado profundo de amor.

En la posición del amor del corazón, salgo de nuevo al mundo y descubro que hablo en un idioma diferente. ¿Cuál es el idioma? El idioma en el cual escribo y hablo no tiene sentido en un mundo donde la consciencia no está conectada con el inconsciente. Estoy escribiendo desde otra realidad, y esta realidad es ajena a los valores patriarcales colectivos (tranvía que discurre por un camino colectivo). Cuando soy consciente de mi posición, me doy cuenta de mi dolor físico interior: mi cuerpo es una zona devastada por la guerra.

En este punto, el complejo paterno se apodera de mí (yo asocio el color azul metalizado con la heladera de mi padre, que empaqué para él ayer). Cuando estoy en contacto con la sabiduría femenina, que conoce el espíritu que vive en la materia, el complejo paterno, que dice que la materia es carne ignorante, me considera una terrorista. Y, acomplejada, pienso que no soy más que una mujer estúpida (una extranjera con una discapacidad psíquica), incapaz de escribir (tengo el brazo con el que escribo herido) ni de decir nada de valor. El complejo dicta que siga siendo una puta en el dormitorio y una madre en la cocina. Me sorprende descubrir que, después de doce años de trabajo diario, el complejo paterno (el conductor del tranvía) siga dominándome así.

Sin embargo, la figura de la anciana me libera del complejo. Las muchas horas de trabajo con la Mujer Medicina y con Nellie me permiten relacionarme con la sabiduría femenina. Pero no ha llegado todavía el momento de hablar de la nueva consciencia femenina (la anciana). El mensaje es claro: mantén un perfil bajo y prepárate. La preparación implica encontrar las palabras que me permitan comunicar la consciencia femenina.

En realidad, no ha cambiado nada en mi vida; sin embargo, sí que ha surgido una nueva posibilidad. Sé que Nellie vive la unión de los opuestos, de la Luz en la materia. En la medida en que puedo imaginar la belleza de la Luz impregnando mi cuerpo cuando paseo a Gandolf, cuando preparo la lavadora, cuando pongo mantequilla de cacahuete en la comida de las niñas, cuando enseño danza en la universidad o cuando lleno el lavavajillas por la noche, la posibilidad de vivir esa cualidad de vida, que es mía pero no lo es, está ahí. Aunque esta posibilidad sea sólo un atisbo, una minúscula semilla, un instante vivo, sé que es posible vivirla en todo momento.

La posibilidad es el amor, el hecho conocido de que la esencia de toda materia es el amor. Cuando mi consciencia se expande, reconozco que todo es luz manifestándose en las formas. La acción de la manifestación es una danza, una danza de quietud, una danza de amor. Sin embargo, cuando me olvido de mi propia esencia, caigo en la inconsciencia y percibo falsamente la materia como oscura, concreta e ignorante.

El sonido de las rocas cantando: la materia viviendo el espíritu.

Durante el verano, mientras estoy en la casa del campo, me sumerjo por las mañanas en el silencio del estanque de lirios. Poco a poco, tomo conciencia de la disciplina extrema que supone estabilizarse en el vacío que está lleno. Cuando soy capaz de someterme al silencioso vacío, me disuelvo en una danza de amor. Y la belleza, la belleza de la experiencia, me hace sollozar... sollozar en reverencia ante lo que es, ante lo que soy, ante lo que toda la vida es.

La belleza de la realidad del amor existente en el interior de toda forma de vida me ablanda y me sume en una mansedumbre que no se puede forzar en la acción. En cambio, descubro una hermosa cualidad viva en mi interior que irradia fortaleza y dirección. Es como si un sol estuviera amaneciendo dentro de mí, en el centro de mi cuerpo. Tal centro es un punto inmóvil vivo por donde entra la luz a raudales. Mi cuerpo es el ancla de ese punto. Los espacios se abren ante este sol. Como una rosa brotando en luz radiante, mi cuerpo bebe de este sol. Al mismo tiempo, los rayos de sol irradian hacia fuera en ríos de hilos dorados. Pero las radiaciones de este sol no se limitan en modo alguno a la forma de mi cuerpo. Al igual que el perfume de una rosa, estas radiaciones de luz no tienen una forma concreta ni tienen densidad.

La rosa absorbe tanto la materia en descomposición del compost como la luz radiante del sol, y las transforma en un increíble perfume que impregna todo el espacio a su alrededor. Al igual que la rosa, mi cuerpo absorbe tanto los materiales básicos necesarios de la materia como la luz radiante del sol interior. Y, sometiéndome al proceso, descubro que vivo en un estado de gracia. Ni la rosa ni yo tenemos ni idea de cómo se transforma la absorción de materia y luz en este estado del ser, en este perfume de amor. Viviendo el yo-rosa o el yo-humano, entramos en el misterio de la vida y el espacio que nos rodea se transforma en algo exquisitamente hermoso.

En la quietud del estanque de lirios, me disciplino para desaparecer dentro del sol interior. Cuando me disuelvo, me convierto en el centro de la consciencia que se funde con las rocas, los árboles y los lirios acuáticos del estanque.

Comienzo a escuchar las formas de vida que me rodean como sonidos, sonidos que no escuchan mis oídos, sino que son conocidos por el silencio. La belleza de tales sonidos es como el gozo del canto de los ángeles. El sonido es una forma de muerte en una nueva forma de ser. En vez de intentar quedarme con la experiencia en la consciencia cotidiana, sé que tengo que ponerme al servicio de ella. Es algo así como que tengo que disolverme en el sonido, fundirme con él, convertirme en él. Y, entonces, cuando me recobre, o, más bien, cuando me vuelva a enfocar a través de la consciencia de mi pequeño yo personal, el yo será un no-yo al servicio de esta vida sonora. Sé que no puedo introducir esta experiencia en el mundo, pero puedo volver a este lugar y puedo volver a enfocarme en el amor que quiero vivir en el mundo.

Me doy cuenta de que mi función ya no es instruir o dirigir un taller al modo tradicional, donde la instructora-profesora es quien dirige y las alumnas-participantes son las que aprenden Ahora mi función es vivir este punto, esta condición donde el amor fluye a través de mi cuerpo. Entonces, el espacio creado por este amor se convertirá en el contenedor dentro del cual todo el mundo trabajará, incluida yo. El amor será el maestro, el sanador, el conocedor, el transformador. A su manera y a su debido tiempo, la gente incluida en este espacio recibirá o rechazará este amor, que le permitirá escuchar al sanador que mora en su interior.

Tengo un sueño que confirma este cambio a otra posición.

> Estoy en la orilla de la playa en California. Veo una hermosa trucha arcoíris de agua dulce desovando en el océano. Los pescadores mexicanos de la zona están protegiendo esta especie con sus embarcaciones de fondo transparente. La trucha y sus huevos son un tesoro nacional. La trucha tiene una placa de identificación enganchada al lomo.

En el sueño, la sabiduría del yo espiritual que vive en el cuerpo (pez) se diferencia con claridad; la trucha arcoíris es un pez muy concreto y muy especial. El yo espiritual (pez) se halla en una nueva posición psicológica (el océano, en vez del agua dulce) donde el puente entre el cuerpo físico y el cuerpo sutil está firmemente establecido (la trucha arcoíris). La nueva posición es un cambio en la consciencia desde la posición personal a una posición más impersonal (el pez y sus huevos son un tesoro nacional). Las numerosas horas de trabajo intentando integrar la sabiduría de Nellie han hecho posible este cambio de enfoque. La nueva posición está protegida por los instintos (los mexicanos). Ahora es psicológicamente posible vivir el potencial espiritual (los huevos de la trucha arcoíris). La placa de identificación revela que mi consciencia es ahora responsable ante el Yo; esta consciencia expandida tiene ahora licencia para funcionar en la vida diaria. La nueva consciencia no es del todo consciente, pero reposa en el umbral de la consciencia (la orilla de la playa, donde se encuentran el consciente y el inconsciente). Mi trabajo consiste en traer a la plena consciencia esta posición y en someterme a ella hasta que el yo que es consciente esté viviendo el yo espiritual.

Me siento vulnerable en la nueva posición. A veces, las niñas me encuentran llorando por la humanidad, que se ha olvidado de su Yo. Mi vulnerabilidad me conecta con mi humanidad, pero, al ser consciente en esta pena, descubro una y otra vez que ésta se transforma milagrosamente en amor. Y este amor, como el fuego del sol naciente, quema la pena, hasta que queda sólo el amor radiante.

Este amor encarna la actitud de la reverencia, una condición de humildad consciente ante el rostro de lo divino. Reconozco que el trabajo de mi mente consiste en centrarse en la clara, articulada y precisa expresión de la belleza de este amor; el trabajo de mi corazón consiste en mantenerse abierto y receptivo a la cualidad exquisita de este amor; el trabajo de mi cuerpo reside en ser lo bastante fuerte físicamente como para someterse a la resonancia de este amor, con independencia de la situación vital en la que me halle. Entonces, en este estado de reverencia, sé en lo más profundo de mis huesos que este amor me vive y que mi cuerpo-alma no es más que una herramienta al servicio de este amor en el mundo. La absoluta insignificancia de mi persona es, entonces, del todo evidente, y la absoluta significancia de vivir el amor a través de mi cuerpo-alma es, asimismo, por completo evidente. Experimento mi *persona* como algo vacío; y en esta condición famélica, necesito vivir el amor de lo divino como unos pulmones vacíos necesitan inhalar oxígeno. El instinto por permanecer viva, por respirar, por comer, por vivir se transforma en el instinto espiritual por vivir el amor de manera consciente. La vida espiritual y la vida cotidiana se convierten en una Vida. Entonces, el centro de la consciencia valora el amor divino tan profundamente que se centra por completo en ese amor, que no es otro que él mismo, con independencia de la situación vital cotidiana. Pero esto supone un gran desafío cuando la situación vital no es la que la *persona* quiere, desea o cree que necesita.

Este amor es un punto de partida.

INVIERNO DE 1990
LAS GARRAS DE CRISTO

Practico a diario la disciplina de estar conectada, de escuchar la voz de Nellie, de intentar mantenerme despierta y consciente cuando la energía colectiva tira de mí hacia el estado inconsciente. La vida consciente me exige que me enfrente y que ame cada hebra de mi inmadura *persona,* que quiere que la vida la sirva a ella.

Cada vez soy más consciente de cierto adormecimiento profundo en mis células, de una parte durmiente de mí que se niega a dejarse llevar por el amor y a relajarse en él. Cuando intento liberarme de este adormecimiento, algo en mi mente consciente se resiste.

Durante una larga semana de taller intensivo para terapeutas profesionales, donde el foco se centra en recibir lo femenino positivo, explico un ejercicio con Marion. En él, dejo que mi cuerpo se relaje y se rinda en los brazos de Marion. Me encanta hacer este ejercicio en los talleres, pues mi cuerpo se deleita en la consciencia del amor que existe entre nosotras y en el intenso placer de recibir cuidados físicos. Mientras Marion me mece con suavidad, me señala que me estoy quedando dormida. Me observo a mí misma y me doy cuenta de que, cuando alcanzo cierta intensidad de placer sensual, el placer me resulta insoportable; me adormezco y caigo en un estado de inconsciencia total. La intensidad de la experiencia me recuerda de nuevo a Blake, cuando insta a «que aprendamos a soportar los rayos del amor». Esa noche, tengo un sueño que procede de esta experiencia corporal.

> Voy bajando la calle al anochecer cuando, de repente, veo un enorme Oso que se dirige hacia dos niños. Advierto a los niños que pueden salir heridos con sus garras y que tengan mucho cuidado. Después, me veo a mí misma soportando el fuerte abrazo del Oso. Estamos en el umbral de un edificio donde se reúne un grupo de mujeres. Y, cuando me fijo en las largas garras del Oso, siento que su enorme pene está en erección por debajo de mi vestido hasta que eyacula entre mis senos. Mientras el esperma se derrama por la parte delantera de mi cuerpo, siento cierto horror y repugnancia, mientras que, por otro lado, me siento bendecida por la mera fortaleza física del Oso y por la calidez de su esperma.
>
> La escena cambia y me vislumbro en un autobús escolar. Mi chica de la limpieza me lleva a una iglesia católica, donde bajaremos para ir a la guardería. En el asiento de delante del autobús está sentada mi abuela paterna, una mujer cristiana que intenta que el conductor del autobús se desvíe para que se adecúe a sus necesidades. La chica de la limpieza no la escucha y me lleva directamente al interior de la guardería. Allí, la mujer a cargo de las niñas está doblando la ropa recién lavada. Atravieso la guardería y entro en la iglesia, donde un hombre santo me entrega una reliquia negra. Me dice que me protegerá del mal.

> Me niego a aceptarla, pensando que es estúpido pensar que vaya a necesitar protección contra el mal. Después, estoy en el jardín de un claustro circular. Miro al cielo y está lleno de estrellas. Me voy a dar un baño.

Al día siguiente, en el taller corporal, me permito vivir el abrazo del Oso mediante la imaginación activa. Siento la belleza de su enorme fuerza y la energía amorosa sustentando mi cuerpo. Experimento la sensación de calidez de su esperma derramándose en mi pecho. Noto de nuevo sus enormes garras extendiéndose desde sus poderosos brazos. Miro hacia arriba y allí, delante de mí, se yergue una enorme figura de Cristo, que extiende sus brazos para envolver al Oso. Para mi sorpresa, las corrientes de luz que se extienden desde sus dedos son garras de luz de la misma fortaleza que las del Oso. Es una experiencia tan intensa y tan poderosa que me siento como una minúscula célula en el abrazo de la vida instintiva del Oso, que, a su vez, es abrazado por la luz espiritual del Cristo.

En este sueño, el Oso es un andrógino. Es el símbolo de la Diosa Madre, pero tiene un enorme falo erecto, símbolo de lo masculino creativo. Mientras me rindo en los brazos de la Gran Madre Oso, se libera un inmenso poder creativo.

Al trabajar con este sueño, reconozco que me hallo en el umbral de una nueva posición, que guarda relación con lo femenino colectivo (grupo de mujeres en el edificio). Me centro en los dos niveles de la consciencia. El primer nivel es la experiencia de la vida instintiva (el Oso) como algo maligno y peligroso (advierto a las jóvenes figuras de ánimus que tengan cuidado). La repulsión que siento ante la vida creativa de los instintos (el esperma) es la actitud aprendida de mi abuela materna: que la energía instintiva es repugnante. Al mismo tiempo, me centro en la consciencia de la calidez y el poder creativo del esperma. Aunque la actitud negativa intenta redirigirme y alejarme del baño, el conductor del autobús (la chica de la limpieza) me lleva a la guardería (un lugar de energía nueva y vida). Aquí, la mujer encargada está organizando la ropa recién lavada (más viejas actitudes que han sido lavadas). Rechazo la reliquia del hombre santo. Yo asocio la reliquia con esas veletas en los tejados que tienen un gallo encima. Por tanto, rechazo la visión rígida masculina (el gallo) del cristianismo, que no es libre para volar con el viento. Y cuando rechazo la reliquia, me doy cuenta de inmediato de que no necesito ninguna protección contra el mal; soy un ser puro por el mero hecho de ser quien soy. De repente, ya no hay ninguna iglesia institucional. Mi iglesia es el jardín natural del claustro circular, bajo un cielo nocturno estrellado (símbolo del Yo, del Sí-Mismo). Es aquí donde voy a darme el baño (símbolo de otra iniciación).

Para vincular el trabajo del cuerpo-alma con el análisis onírico, me dispongo a trabajar el sueño con Marion durante el taller intensivo. Aunque ambas sabemos que es peligroso exponer el material anímico tan pronto después del sueño, mi voz interior de Nellie me proporciona instrucciones para que sea un instrumento impersonal para la enseñanza.

En el taller, sentada en el centro del círculo de mujeres con Marion, yo, como una minúscula célula, me enfrento a la intensidad del Ser de Luz. Me agarro a mi cuerpo y grito en mi agonía:

—No puedo soportar el sufrimiento de la condición humana. Tengo que adormecerme para soportar el dolor de la carne colectiva. Me pediste que sintiera la agonía del amor por mi hijo muerto. Ahora me pides que sienta la vida instintiva del cuerpo de la humanidad que ha sido rechazado durante siglos. No puedo soportar este dolor. Mi cuerpo tiene que adormecerse.

Y, al decir esto, me doy cuenta de que las garras de Cristo están desgarrando la herida reprimida.

—Ama a la humanidad como lo harías con tu propio hijo –susurra la voz interior–. El amor no puede ser un concepto en tu mente; la vida consciente exige que lo vivas en tu cuerpo.

Las paradojas del sueño demuestran que energías diferentes están intentando armonizarse. El Oso es tanto masculino como femenino. Las garras de Cristo son instinto y espíritu. La experiencia consciente de intenso placer físico se convierte en su opuesta, la de un dolor intolerable.

Cuando el placer físico intenso se recibe de manera consciente, la intensa agonía reprimida se puede liberar en la consciencia. Las manos de Cristo son garras que exigen consciencia a nivel celular. Los años de trabajo con el cuerpo y la psique están haciendo posible ahora integrar la Vida consciente en el discurrir cotidiano.

En el taller, siento la necesidad de conectar en persona con cada mujer presente. Cuando Marion me pregunta qué me gustaría hacer, me oigo a mí misma decir: «Quiero abrazar». Entonces, tengo la sensación de que mi cuerpo es del todo transparente y que, en su transparencia, ve a través de otros cuerpos; ella vive el dolor de esos cuerpos, sus apegos, sus alegrías, sus historias.

La estricta voz de Nellie me instruye para que simplemente observe en silencio. Me obligo a ser el punto inmóvil de la consciencia, la observadora y la observada. En este breve instante sé que estoy viendo con la presencia amorosa de Nellie.

Más tarde, pido ayuda a Nellie.

—Es tu destino –dice ella con un amor y un desapego absolutos–. El impulso crístico ya no puede ser un concepto intelectual. Se debe vivir conscientemente en la carne. El sufrimiento no es otra cosa que la resistencia al impulso divino, que intenta encarnar de manera consciente en el cuerpo vivo de la humanidad. El amor profundo de este acto es la danza de las células cantadas en la manifestación. Acuérdate de tu Yo, Mary. Simplemente, sé tu Yo, y el canto de tus células lo escucharán otras células humanas.

—Pero ¿por qué el sufrimiento, Nellie?

—Cuando los seres humanos sufren se hacen vulnerables. En esta vulnerabilidad se halla la humildad, que permite que la carne se ablande en los sonidos del alma, y esto posibilita, a su vez, que las células se sometan a la fuerza del impulso crístico. Este impulso es amor consciente, manifestándose en la vida planetaria.

—Y ¿qué es la oscuridad, Nellie?

—Es la resistencia a la luz. En el cuerpo humano, esta resistencia se siente como dolor. Es la posición contraída. Es miedo, terror, ansiedad. Es querencia y deseo. Es la aspiración a ser algo. Es la ilusión de ser un ser humano distinto, separado. Es la ilusión de la muerte.

»Tienes que disciplinarte, que confiar y ser consciente de las cosas. La espada de la consciencia *es*. No precisa la pequeña mano humana para esgrimir su poder. Siendo lo que eres, una célula humana consciente en el universo, lo único que tienes que hacer es participar conscientemente. No hagas nada, no quieras nada, no desees nada. Mantente en el punto inmóvil querida, hasta que no seas otra cosa que el punto. Entonces sabrás con exactitud lo que hay que hacer. Y entonces tendrás que actuar.

—Pero esto no es humanamente posible, Nellie.

—No, según tu definición de ser humano. Pero es aquello en lo que la humanidad se está convirtiendo. Es el futuro que siempre ha estado ahí. Confía, querida, confía.

—Y salta hasta ese punto inmóvil, ¿no?

—Si puedes, querida. Recuerda que el punto inmóvil es espacio infinito.

—¿Existe alguna garantía de que lo consiga, Nellie?

—Ninguna –responde Nellie severamente, mientras desaparece.

Me doy cuenta de que la represión de la carne por parte de la religión institucionalizada ha generado grandes sufrimientos a la humanidad. En la tradición judeo-cristiana, la mujer ha estado asociada a la vida de la carne, al cuerpo de Eva. Su cuerpo ha estado agonizando en el infierno junto con el cuerpo masculino simbolizado por Satanás. Mediante la represión de la carne, Cristo no ha sido un redentor de la carne y la sangre, sino un concepto mental, un ideal imposible de vivir por ningún ser humano.

La feminidad consciente está viviendo el cuerpo redimido de Eva, con independencia del género del ser humano. Este cuerpo es consciente de sí mismo como instrumento inteligente, como sistema vivo que participa de manera activa en el despliegue divino de la vida planetaria. Y, al tiempo que busca la armonía de sus propias leyes naturales de ser, encuentra lo armónico con todas las formas de vida en la Tierra.

La represión del cuerpo por parte de las religiones adoctrinadoras ha alienado a la humanidad de la realidad de la vida de la carne. Separada de su propio cuerpo, de la vida de los instintos, de la Gran Madre Tierra, la humanidad ha servido inconscientemente a su propia codicia, a expensas de la vida en tu integridad. Sin embargo, el cuerpo consciente es incapaz de tal acto, pues es incapaz de separarse de la Tierra, de su fuente de vida. La carne consciente sabe que su función es la consciencia de esta Tierra.

En la meditación, mi disciplina consiste en ser un punto inmóvil, un punto que es conscientemente libre de lo colectivo, libre de los límites del tiempo y el espacio, de las circunstancias vitales personales. Este punto inmóvil es la danza de la creación, donde el eterno nace ahora en forma temporal. Desde una posición psicológica limitada, estoy inconscientemente controlada por los valores colectivos, al tiempo que soy víctima de las circunstancias vitales. Sin embargo, en el punto inmóvil emerge algo nuevo, algo para lo cual aún no tengo palabras, sólo experiencias.

Por ejemplo, mientras dirijo un taller, siento el sufrimiento colectivo resonando en mi cuerpo. Abrumada por un dolor que no es mío, me pregunto cómo puedo trabajar en estas condiciones. Me concentro en la respiración para céntrame y ésta se convierte de un modo espontáneo en el aleteo de una enorme mariposa que me respira, que respira la atmósfera en la sala, que respira el planeta. La estimulante acción de sus poderosas alas reafirma mi respiración, mientras algo se eleva en el ambiente en la sala.

Cuando las poderosas alas sin forma se impulsan hacia abajo, siento que un profundo amor abraza el sufrimiento existente en la sala y en mi cuerpo.

En esta experiencia no existen jerarquías. Ninguna realidad es mayor que otra, pues todo está contenido en el único campo de vida. La consciencia es capaz de atravesar las distintas experiencias dentro del campo. La capacidad de moverse es amor.

Experimento el sufrimiento, la expansión, el abrazo del amor, y no soy ninguno de ellos. Soy sólo el punto de consciencia, la bailarina y la danza, enseñando el mismo material que vengo enseñando desde hace veinte años.

Soy un minúsculo punto inmóvil sustentado en el amoroso abrazo del Oso, la vida instintiva, que es lo bastante fuerte como para recibir la luz de Cristo con toda su intensidad. Las garras de Cristo desgarran la carne condenada y liberan la luz divina que alberga en su interior. El dolor de la carne desgarrada es insoportable; pero, entonces, cuando la carne se libera en su propia divinidad, llega la Belleza.

La Belleza es la danza del Sí-Misma. Es la danza de la Luz encarnada en carne consciente. La materia está danzando Luz.

El esfuerzo florece o danza en el lugar
donde el cuerpo no se lastima para satisfacer al alma,
ni la belleza nace de su propia desesperanza,
ni la sabiduría adormecida nace del combustible
 de la medianoche.
¡Oh, castaño!, con flores de profunda raíz,
¿eres la hoja, la flor o el tronco?
¡Oh, cuerpo que te meces con la música!
¡Oh, deslumbrante mirada!
¿Cómo podemos conocer a la bailarina a partir de su danza?

—W. B. Yeats[3]

---

3. W. B. Yeats. «Among School Children». En *The Collected Poems of W. B. Yeats* (Nueva York: MacMillan, 1956), pág. 214. Edición en castellano: *Poesía reunida* (Valencia: Editorial Pre-Textos, 2010).

Tercera parte

El vestido de estrellas

7 El vestido de estrellas

La interrelatividad del universo en cada una de sus manifestaciones es lo que establece la unidad de todo el mundo y lo que le permite ser un «universo».

—Thomas Berry

Para la tercera fiesta, Allerleirauh lleva el vestido que brilla como las estrellas. Su microcosmos, liberado de la cáscara de nuez, refleja ahora todas las constelaciones del cielo. Y ahora el rey está decidido a no dejarla escapar. Sin que ella se percate, el rey le pone un anillo de oro en el dedo y, aunque ella se escabulle y sale corriendo tras el baile en dirección a su guarida, no tiene tiempo para llevar a cabo la habitual transformación en la bestia peluda. Se pone con rapidez la capa de pieles sobre el vestido, se ennegrece la cara parcialmente, hace la sopa y se la manda al rey. En esta ocasión, en el fondo del cuenco está el carrete de oro.

Pero el rey ordena que traigan a Allerleirauh ante su presencia e, inadvertidamente, descubre un dedo blanco y, en él, el anillo de oro. De repente, la toma por la mano y la sujeta con fuerza, y al intentar escapar, Allerleirauh deja ver, por debajo de la capa de pieles, el vestido de estrellas. El rey le arrebata la capa de pieles, y el dorado cabello de la princesa se muestra en todo su esplendor. Allerleirauh se quita el hollín y las cenizas de la cara, y el rey dice:

—Tú eres mi prometida, y ya no nos volveremos a separar el uno del otro.

Poco después se casan y viven felices hasta su muerte.

Si una camina por el bosque en primavera, es probable que se encuentre con flores blancas con forma de estrella. Sus pequeños rostros nos miran como las estrellas, sólo que desde abajo, en vez de desde arriba como aquéllas. En alquimia, el motivo arquetípico de la estrella que viene desde abajo es muy importante. Dorn, uno de los primeros alquimistas, creía que «cada flor o hierba tiene una correspondencia astrológica, y es la imagen terrestre de una constelación astrológica».[1] En el proceso alquímico, Dorn creía que, en determinado punto, era esencial «dar forma a los cielos abajo». Para ello, recomendaba «tomar los posos de vino viejo, el tártaro (el depósito o corteza dura que se forma en los laterales del tonel) y destilarlo hasta que se obtenga un color líquido o azul; entonces, se habrán producido los cielos de abajo».[2] En este producto se introducían determinadas estrellas, flores que reflejaban determinadas constelaciones astrológicas, estableciendo así los cielos. A continuación, había que cocer esta mezcla y el resultado era «la última fase en la elaboración de la piedra de los filósofos, a saber, la unión última con la totalidad de la naturaleza cósmica. Cuando se hayan producido los cielos de abajo, uno se unifica con el *unus mundus,* la naturaleza divina cósmica».[3]

Tras la realidad externa se halla el misterio al cual se encomendó Allerleirauh cuando se introdujo en el bosque. La culminación de su viaje estriba en tomar conciencia de que ella es parte de un plan divino que se manifiesta en todo, desde las galaxias hasta la más pequeña de las flores.

Si nos tomamos tiempo para vivir con la naturaleza, para verla y percibirla, no nos quedará la más mínima duda de que somos inseparables de todo ser vivo que puebla el planeta. Nuestro cuerpo no es más que nuestro contenedor particular, pero el amor que se halla dentro es parte de un amor más grande que nos pone en comunión con todos los seres vivos. No es sólo un amor por la belleza. Es la certeza de que el

---

1. Maire-Louise von Franz. *The Feminine in Fairy Tales* (Zúrich: Spring Publications, 1972), pág. 129.
2. Franz. *The Feminine in Fairy Tales, op. cit.*, págs. 129-130.
3. Franz. *The Feminine in Fairy Tales, op. cit.*, pág. 130.

amor mantiene unido al cosmos, que todas estamos incluidas en ese amor. El asombro que sentimos al contemplar uno de esos ocasos en los que el cielo se enciende en fuego nos proporciona un profundo sentido de pertenencia a un amor que, sabemos, nunca nos abandonará.

Lo difícil es tomarse el tiempo necesario. Nuestra cultura nos ha enseñado a planificar y correr en pos de nuestros objetivos lo más rápido posible, y es esa misma carrera la que nos aleja de nuestros sentimientos más profundos. En nuestro cuento de hadas, la muerte de la reina de los cabellos dorados, lo femenino, deja a Allerleirauh y a su padre con un enorme agujero en el centro de su existencia. El objetivo último del viaje de Allerleirauh es ver ese agujero no como un vacío absoluto, sino como un universo repleto. Ella aprende a confiar en la oscuridad de la noche hasta que las estrellas se le revelan. Siguiendo sus propios sentimientos en el silencio de su alma, permitiéndose ser guiada desde el interior, en vez de ir en pos de sus ideales conscientes, lo femenino toma conciencia gradualmente (muy poco a poco) de las estrellas que brillan en la oscuridad. Ella permanece en silencio ante la presencia del orden divino, del cual ella forma parte. Las tramas del ego, que podrían distanciarla de sus propios sentimientos, se someten ante un proceso evolutivo más grande, confiando en que otro orden la abre a lo totalmente irracional, lo nuevo. Y su relación con la otredad libera su creatividad.

A medida que la sabiduría femenina ilumina las células de nuestro cuerpo, el dolor puede llegar a convertirse en insoportable. Nuestro cuerpo no puede comprender la estupidez que nos lleva a las guerras por el poder, cuando nuestra misma fuente está siendo masacrada. Tales guerras son lo último en adictiva negación: luchar por todo excepto por el hecho de que nos estamos matando a nosotras mismas, tomarlo todo y no dar nada a cambio. Garras de hierro desgarran la tierra, antiquísimos árboles son derribados en un abrir y cerrar de ojos con una motosierra, o se les quema hasta que su savia llora en el humo; todas éstas son imágenes que, literalmente, te desgarran el corazón.

Cualquiera que dude de cómo responde el alma a través del cuerpo ante tales imágenes no tiene más que ver los informativos en televisión. Mira cómo hermosas y nobles aves, desconcertadas, intentan volar con las alas cargadas de petróleo. Mira cómo las bombas destrozan las entrañas de las personas o las de la Tierra. Mira a cómo los prisioneros o los niños hambrientos observan fijamente a la cámara, mira, mira, mira, y comprueba después, cuando hayas digerido estas imágenes, si tu cuerpo puede levantarse de la silla.

El pensamiento patriarcal no puede digerir esas imágenes. Puede compartimentarlas, intelectualizarlas como causas dignas, pero no puede integrarlas en el corazón. Al patriarcado le aterroriza la unión con la amorosa Madre y, por tanto, el concepto de unión con una naturaleza divina cósmica se queda sólo en palabras. Cautivo de sus narcisistas juegos de poder, no dispone de tiempo para llevarla a la consciencia. Y, al mismo tiempo, al violarla hasta la muerte, proclama su propio deseo de muerte. Si el patriarcado no reconoce la consciencia en la materia, nuestro planeta puede sucumbir en la agonía en la que se ha convertido su vida. Sin duda, tenemos que formularnos la pregunta: ¿cuál es la fuente del deseo de muerte que nos lleva a destruir nuestra fuente de vida?

Muchas personas necesitan formularse la misma pregunta. Asustadas en su pequeño cubículo, no se atreven a buscar el significado de su terror. Dan vueltas en círculo y no se atreven a cruzar en busca de una nueva visión. No pueden confiar, no pueden someterse. No pueden vivenciar el pensamiento universal en las células de su propio cuerpo. Miran a todas las partes excepto al centro, donde el inconsciente deseo de muerte las empuja a las adicciones.

Estamos viviendo en la era atómica. Si termina con una liberación de energía destructiva o si lo hace con una liberación creativa de nueva consciencia es algo que depende de nosotras. Cada persona es una célula en el universo. Somos la consciencia que puede mantener unidos espíritu y materia.

LA ANCIANA

El pensamiento universal es pensar con el corazón. Las ancianas son pensadoras universales. Son la tercera persona de la trinidad femenina. Para poder llevar el vestido de estrellas, Allerleirauh tiene que estar al menos en contacto con su anciana.

Las ancianas han pasado por muchas encrucijadas. El cruce de caminos, de puentes y de fronteras constituye transiciones muy importantes en los sueños. La persona que sueña pasa desde lo conocido a lo desconocido. Las encrucijadas son aquellos lugares donde lo temporal y lo intemporal se encuentran. El ego intenta aferrarse a sus deseos egoístas, pero el destino dice no. (Quiero que ese hombre me ame; a él ya no le importa). El tiempo es estático, lo intemporal es creativo. El *no* puede ser un enorme *sí* a aquellas partes enterradas de nosotras mismas. El *sí* puede ser más terrorífico que el *no*. Moverse con el instante, someterse a lo desconocido es fluir con la consciencia femenina.

Claro está que, para la mente racional, esto es una locura; pues, para ella, confiar en el proceso transformador es arrojarse al caos. Podría ocurrir cualquier cosa. El pensamiento patriarcal medra en las grabaciones, en los instrumentos de precisión, en los datos (aquellas cosas que encapsulan un instante y lo congelan a la perfección). Pero la fortaleza de la anciana está en el lado de la vida, lamentándose por las víctimas moribundas, en vez de elogiar la precisión del impacto. Para ella, no hay ellos y nosotros; para ella, somos una familia en una pequeña esfera, todos intentando confiar en la vida, ahora.

Cuando prometemos «amar y cuidar del otro hasta que la muerte nos separe», ¿sabemos lo que estamos diciendo? Si lo supiéramos, ¿nos comprometeríamos a eso? ¿Acaso haríamos el amor si pensáramos en la angustia que nuestro posible hijo tendría que afrontar en este mundo?

La consciencia femenina es cíclica, no lineal. Al igual que la madre y la virgen maduran juntas, la anciana está implícita en la maduración de ellas. La madre establece más límites conscientes; la virgen dice su verdad, que hace pedazos las proyecciones idealizadas; la anciana contiene la paradoja. La madre ama, la virgen percibe, la anciana perdona. El ciclo se mueve, más profundo, más alto, más amplio. A medida que la madre-virgen se somete de un modo consciente a su destino, cada encrucijada la va acercando a la anciana. Se convierte en un instrumento conscientemente sometido, sintonizado con la matriz cósmica. A través de ella, el amor fluye.

Su amor no la hace dulce ni sentimental. De hecho, ella detesta el sentimentalismo. Sabe que la gente se protege regodeándose en falsos sentimientos con tal de no honrar el verdadero sentimiento. La anciana puede ver a la bruja y amarla; no necesita negar la realidad. Ama a través del desapego, pero no es indiferente. Ella ha estado ahí; ha sufrido; no se identifica con el sufrimiento. Sufre más de lo que una persona inconsciente pueda sufrir; puede sentir dolor y observarlo al mismo tiempo. No se aparta. Está alarmantemente presente. Al igual que un diapasón, su verdad destroza la hipocresía. Otras, en su presencia, se liberan en lo que hay de verdad en ellas. O bien huyen.

La anciana puede permitirse el lujo de ser sincera, pues ha dado por zanjados los juegos anticuados. Su rotunda verdad es difícil de aceptar. Pero su verdad es la medida de su amor. Ella es libre. No se puede dar por sentado quién es. No hace inversiones en el ego, y puede, por tanto, amar sin el deseo de controlar. Su claridad nos pone en contacto con nuestros sentimientos, nos pone en contacto con nuestra alma femenina. Ella nos sustenta en su amor hasta que nuestra alma se encarna, se hace presente y es lo bastante fuerte como para caminar con ella hacia lo desconocido.

La anciana es sabia. Nos asegura que no tenemos necesidad de demostrarnos nada ni de justificar nuestra existencia. Con ese conocimiento en nuestros huesos, podemos aceptar la paradoja. Podemos soportar los contrarios en nosotros mismos. La vida ya no se divide entre lo correcto y lo erróneo, nacimiento y muerte, luz y oscuridad. Todo es parte del misterio. Su capacidad para mantener juntos espíritu y materia es la fuente de su animado humor. Ella ve las cosas al instante, tanto desde el punto de vista divino como del humano. Ella puede darnos una fuerte reprimenda por perder nuestras perlas (nuestra esencia femenina) y, mientras camina con cansancio hacia la puerta, detenerse para decirnos: «No dejes de usar el hilo dental».

Una de las mujeres analizadas se enfadó mucho con las exigencias de su anciana, hasta el punto de que le dijo que se marchara y no volviera jamás. Aquella noche tuvo una imagen. Una enorme roca estaba posada sobre otra roca minúscula. La roca grande tenía una nota pegada con una sola palabra: «Séneca». Hasta donde yo sé, esto no es un nombre común en latín; pero, si lo tomáramos como un equivalente femenino del *senex* (el anciano sabio), podría ser *séneca.* Después de esta curiosa bofetada, la última palabra era de ella. Y la soñadora se despertó riéndose al reconocerlo, pero tuvo que pedir disculpas para restaurar el vínculo. La vieja dama no la estaba visitando para repartir golosinas. Le estaba pidiendo que sacrificara sus deseos egoicos personales ante un propósito superior. Ella estaba lista para trabajar con el nuevo potencial si la soñadora estaba dispuesta a cooperar. Su espada es afilada, pero la esgrime con amor; una hoja dorada con empuñadura de plata. Ella sabe que la cólera mata dentro con la misma seguridad que lo hace fuera.

Su espada es una imagen de su energía fálica, que puede conectarla con el mundo exterior y guiarla hacia el interior. Discriminante y decisiva, la espada puede separar lo duradero de lo efímero, dejando espacio y conservando energía para lo que es esencial en el núcleo.

La anciana nunca plantea una situación de elección entre dos opciones. Ha vivido demasiado como para creer en un mundo de blancos y negros; además, le encantan los muchos matices del gris. En vez de perder la energía luchando contra un viejo enemigo, juega con creatividad con la imaginería que está conformando un nuevo mundo; al igual que Einstein reflexionando sobre la idea de cabalgar un rayo de sol.

La energía de la anciana viene con una vida plenamente vivida. Trae consigo muchas sombras. A medida que una mujer se hace mayor, se intensifican muchas cosas en el lado sombrío de la madre, la virgen y la anciana. A medida que su cuerpo se debilita, le resulta más difícil mantener los límites, porque se está haciendo más dependiente. La fragilidad puede fomentar la dependencia de la niña pequeña. Al mismo tiempo, la energía psíquica se puede hacer tan fuerte que puede deslizarse con rapidez en el poder. Estas energías sombrías son naturales en la anciana en su proceso de envejecimiento, y exigen una sintonización cada vez más fina, a medida que nos desprendemos de más y más cosas.

Quizás la mayor medida de su alma la marque cuánto está dispuesta a perdonar.

La anciana está muy relacionada con la doncella divina. Una de las mujeres analizadas es una anciana con más de setenta años de risas y lágrimas. En uno de sus sueños, estaba en la parada del tranvía donde, siendo niña, solía esperar al convoy que la llevaba hasta su escuela. Mientras esperaba bajo la lluvia, una niña se le acercó corriendo, le extendió su manita y le dijo: «He venido a llevarte a casa».

¿Dónde se halla Allerleirauh en su proceso de transformación cuando se atreve a ponerse el vestido de estrellas? Al optar por irse de la casa de su padre, toma una decisión consciente: la de abandonar el inconsciente Jardín del Edén. Si hubiera elegido casarse con su padre-marido, podría haber seguido siendo una hija-esposa inconsciente. En ese mundo, habría vivido la constelación infantil del hogar, la energía infantil limitada por los parámetros de la madre y el padre. La existencia, si es que se puede percibir como tal, se siente entonces como un vacío turbado por lo que podría haber sido. Pero la vida personal no se está viviendo. En estas condiciones, cualquier persona tenderá a sentirse enjaulada, victimizada, desconectada de cualquier propósito en curso. En tal situación, el ego es débil, incapaz de penetrar las profundidades de lo desconocido, tanto personal como colectivamente. Vivencia un patrón de comportamiento no cuestionado, tomando elementos de los progenitores, de los periódicos, de los amigos... Fragmentos no digeridos caen de los labios: «Mi religión es la única», «Todo el mundo sabe que las mujeres son inferiores a los hombres», «La obesidad es fea». Mente y cuerpo están repletos de prejuicios.

Jung dice que lo que no se hace consciente nos viene como destino. Muchas personas encuentran su destino en el súbito reconocimiento de que se han casado con su padre o con su madre. Tan perturbador descubrimiento puede ser el ladrillo en la cabeza que los lleve a dejar de culpar a los demás, a Dios o al demonio, de la jaula en la que se hallan metidos. A partir de ahí, van a tener que hacer acopio de paciencia y construir su ego hasta que sea lo bastante fuerte como para dialogar con las energías inconscientes que los empujan a adentrarse en nuevos territorios. El ego es el filtro entre lo consciente y lo inconsciente, y el proceso de clasificación tiene lugar en el ego. Si el ego no es suficientemente fuerte como para dialogar con el inconsciente, colapsará bajo el poder de complejos y adicciones.

Un ego dirigiéndose hacia la consciencia podría escribir algo similar al siguiente resumen en un diario:

«No estoy cargando con el peso de las energías de otras personas. Estoy tirando de mi propia energía a partir de mis complejos parentales. No estoy sentada en el calabozo de mi propio miedo, ira, celos o codicia no reconocidos. Mi energía, que siente la luz y el flujo, no se concreta en síntomas o en grasa. No busco objetos o personas concretas que se hagan cargo de mí. Ya no me aferro al dinero, a las joyas o al estatus para sentirme segura. Ni tampoco tengo miedo de perder todo eso. Sé que soy alguien. La gente no me quiere por lo que poseo, sino por quién soy. Me respeto a mí misma por quién soy y me encantan mis joyas por su belleza. Adoro a mi padre y a mi madre, a mi pareja, a mis hijos, pero no dependo de su reconocimiento. Puedo aceptar mi propia humanidad. Yo soy (pero ¿qué significa "Yo soy"?).

Al rechazar un matrimonio incestuoso, Allerleirauh deja atrás las muletas colectivas en las que se apoyaba como la hija de cabellos dorados de la madre de cabellos dorados. Abandona el patrón predecible y sofocante, y se abre a la posibilidad. Y, al sumergirse en el bosque, opta por darle a la naturaleza una oportunidad. Con vida y alerta, permanece oculta bajo las pieles muertas del reino de su padre, hasta que su propia piel queda limpia del hollín de la vergüenza y el miedo. Tamizando las cenizas en la cocina, se distancia de lo que le pertenecía y lo que no, hasta que reconoce a su propio espíritu desperezándose dentro de ella. Y al elegir ponerse el vestido de estrellas, opta por establecer conexión con el significado espiritual de su propia vida. Al hacer su alianza, dando su anillo de oro, Allerleirauh deja de mirar a los demás para darle significado a su vida, y decide darle significado dentro de sí misma.

Esa alianza con lo masculino interno establece una firme posición femenina: en lo externo, le proporciona a una mujer la fuerza egoica suficiente para actuar desde su propia consciencia lunar, arraigada en sus propios sentimientos y musculatura; en lo interno, la lleva a valorar las imágenes que, por sí solas, pueden revelarle quién es. En última instancia, es la energía unificadora entre el mundo externo y el interno. Su alianza con el Novio interior la libera de la naturaleza *inconsciente,* del mundo natural, incestuoso y rígido de sus complejos parentales.

Mientras sus ramas se elevan hacia el sol, sus raíces descienden hacia la luna. Ella está tocando la inconsciencia en su propio cuerpo, encontrando un trozo de luna y dejando que su luz ilumine a sus células a su debido tiempo. Lo que comienza como posibilidad se introduce en su centro. La luna nueva se convierte en media luna, en tres cuartos de luna, en luna llena, hasta que cada célula se excita con la plata. Ya no está la madre inconsciente que duerme en la incestuosa dicha del Edén. La Madre consciente, presente en cada célula de su cuerpo, está a cada instante nutriendo, estimulando y haciendo nuevo cada momento. Ella es la energía que sustenta a la virgen. Sin Ella, la cabeza intenta sentir sin el corazón y se traiciona. Con Ella, el inconsciente deseo de muerte se transforma en amor.

La virgen consciente ya no es la niña no iniciada que huyó de la casa de su padre. Allerleirauh significa literalmente «cruda», la carne con el pelaje todavía sobre ella, como ocurre con lo femenino en tanto en cuanto permanezca encerrada en el patriarcado. Incluso la palabra *virgen* es desposeída de su nobleza en un mundo patriarcal. El patriarcado no puede concebir una feminidad lo bastante fuerte como para posicionarse en su propia esencia. Pero en cuanto lo femenino se arroja en el fuego de su propio cuerpo, encuentra la energía que una vez la afligió en su jaula.

Entonces, las pieles muertas de animales del reino de su padre ya no son necesarias, pues han hecho su trabajo: llevar a la consciencia la esencia que estaba siendo traicionada, el aspecto del alma que anhelaba la vida. Los síntomas y las neurosis ya no son necesarios para ocultar lo que quiere vivir.

Lo femenino puede vivir su propia sexualidad, su propia pasión dionisiaca, y esa pasión se puede vivir en relación. El peligro es que el recién liberado instinto se explote para obtener poder personal, para engrandecimiento del ego, en cuyo caso los viejos síntomas regresarán, o bien aparecerán otros nuevos. Si se respeta la pasión, una parte se vivirá en los instintos, y la otra será transmutada a través de la metáfora en un nivel espiritual y será expresada en la literatura, la escultura, la pintura o la experiencia religiosa.

Dicho de otro modo, si lo femenino se puede abrir a los fuegos de su propia creatividad, puede forjar un contenedor flexible y suficientemente fuerte como para soportar su propio sentimiento, porque puede mantener juntos los opuestos. La virgen y la puta ya no están separadas; la sexualidad y la espiritualidad dejan de ser antagónicas; la consciencia ya no está desgajada de la inconsciencia; la buena madre ya no se opone a la mala madre o el buen padre al mal padre. El cuerpo ya no es un recipiente gélido y vacío de instintos y espíritu vivo.

En la medida en que el cuerpo sea inconsciente, aceptará el incesto psíquico. A medida que el cuerpo se haga consciente, no obstante, los complejos parentales pueden causar estragos en la relación sexual. El complejo paterno tiende a encerrar a la mujer en la fantasía, negándose a liberarla en la realidad. Los libros modernos acerca del sexo fomentan el incesto inconsciente, cuando dicen que es perfectamente natural, e incluso saludable, fantasear con otra pareja en el abrazo sexual. Según estos libros, es una manera de mantener el sexo vivo en el matrimonio. Quizás. Pero también mantiene la escisión entre fantasía y realidad. El padre idealizado está en la fantasía, mientras que el amante real es empujado al inconsciente.

El padre idealizado promete luz, perfección, espíritu separado de la monótona realidad de la materia. Muchas mujeres dirán, y de hecho creen, que el hombre de sus fantasías no se parece en nada a su padre. Pero sus sueños dejan claro que hay un mago operando, y el tiempo suele demostrar que el hombre de las fantasías es como el padre o como la sombra del padre.

Pero la mujer puede retirar la proyección en cuanto reconoce lo que está sucediendo. Entonces, en presencia del hombre real, puede que no sienta nada o que sienta repugnancia. Sin embargo, el complejo promete mucho más de lo que ella cree tener, de tal modo que la seduce cuando el «amante» está ausente. En la fantasía, el «amante» ausente aparece en largos diálogos internos y coitos.

Si la mujer puede extraer el oro de este oscuro lodazal, podrá encontrar su propia creatividad. El amado que en un principio estimuló su imaginación puede haber sido su padre, o la masculinidad de su madre, o su hermano.

Si ella se esfuerza en separar al hombre de sus fantasías del rey interior que su imaginación proyectaba sobre él, entonces podrá reclamar su propio Cristo, Buda o Krishna creativo, llame como llame a su Amado interno. Su alma quedará prometida a ese espíritu. Y una vez se reconozca la unión interna, ella y su hombre real estarán en el lecho. Ésa es otra historia bien distinta, pero es real; y, si se trabaja, exige la unión de la lujuria y el amor. El cuerpo consciente lleno de espíritu vivo.

Se trata de un proceso largo y penoso. Cuando somos jóvenes, las proyecciones inconscientes simplemente ocurren. Vemos a alguien que nos hace estremecer, el inconsciente deja volar una flecha y, si da en el blanco, estamos «enamoradas». Más pronto o más tarde, quizás dejemos de estremecernos y nos preguntemos qué nos entró cuando nos enamoramos. Y, si nos tomamos tiempo para pensar seriamente, reconoceremos que no fue algo que nos entrara, sino que algo que ya estaba dentro fue lo que hizo que nos estremeciéramos. La persona externa no hizo otra cosa que activar un complejo y, con él, la energía arquetípica que llevaba en su núcleo. Si podemos traer a la consciencia ese material inconsciente cada vez que nos enamoramos, poco a poco reconoceremos nuestra propia masculinidad interna. Las proyecciones ocurren de manera inconsciente, pero son un don, porque, al percatarnos de que estamos proyectando, podemos reclamar nuestra energía como nuestra.

El foco en esta historia se centra en lo femenino. Lo masculino tiene un papel secundario, aunque significativo. La actitud del viejo padre, al asumir ciegamente que su hija le obedecerá, lleva en sí el poder que la va a llevar a emprender su propio viaje. Por negativa que sea la demanda del padre, su efecto es positivo, porque la obliga a recurrir a su propia iniciativa para abandonar la casa del padre. Si el padre hubiera sido más amable, la hija podría haberse visto seducida y carecer de la fortaleza necesaria para marcharse. Incapaz de resistirse a la nutritiva amabilidad del padre, ella podría haber proyectado sobre él sus mejores cualidades masculinas, para luego buscar tranquilizarse en él. Incluso podría carecer de la suficiente autoestima como para indignarse. Y, por estancada que pudiera quedar su vida, podría persistir en ella a lo largo del tiempo. Cualquier otra cosa que este negativo y viejo rey haya hecho, habrá logrado que ella se sienta lo bastante valiosa como para saber que tiene una vida que vivir y que no la va a desperdiciar obedeciendo a su padre ni adorando a un dios tiránico. Ella no quiere un padre-marido. Quiere reclamar su ser maduro y apasionado.

La pasión creciente se expresa en la sopa de pan y sus contenidos: el anillo, la rueca y el carrete. Con cada uno de estos objetos de oro, ella le envía algo más de sí misma al rey, culminando con el carrete, que lleva el hilo de la vida. La pasión que su padre centró en ella, Allerleirauh la ha transformado en la pasión que ella le otorga a su amante interior. En la vida, esto podría devenir en un compromiso con su trabajo o su religión, emergiendo de la unión con el lado creativo de su masculinidad, no de la unión con el lado crítico.

Aunque da la impresión de que el rey interior no hace otra cosa que estar allí de pie, esperando, el trabajo discriminatorio de Allerleirauh en la cocina ha traído una inmensa transformación en él. Tendremos que recordar que todos los personajes de un cuento de hadas pertenecen a la propia psique. Desde el primer momento en que lo vio, Allerleirauh comenzó a moverse desde el animal peludo y crudo hacia la autenticidad. Ella tuvo una visión que no iba a traicionar. Hay personas que tienen ese destello de inmortalidad en la infancia y jamás lo olvidan. La masculinidad de Allerleirauh pasa desde el tirano, que la iba a destruir, tanto en la fantasía como en la realidad, hasta el rey que la ama lo suficiente como para no renunciar a ella. Y, además, es lo bastante astuto como para deslizarle un anillo en el dedo con el fin de poder reconocerla después, y lo bastante agresivo como para desenmascararla.

Hay mujeres para quienes esta acción resulta ofensiva, pues piensan que lo masculino debe esperar a que lo femenino se desvele cuando lo considere oportuno. Sin embargo, lo femenino suele sentir cierta reluctancia a reivindicar sus logros, y elude el movimiento definitivo que debería desvelarla. Puede que se aferre a los sistemas neuróticos que ocultan la luz que se libera cuando se rompe el vínculo incestuoso con los viejos complejos. Muchos estudios de pintoras están llenos de cuadros que nunca se han expuesto; muchas poetas nunca hablan de sus poemas; muchas músicas tocan sólo para sus amigas. Hace falta el lado masculino en la consciencia para que se reconozca el trabajo realizado por lo femenino, pues ella ya no debe seguir ocultando ni la luz de su espíritu ni la de su cuerpo.

¿Por qué tiene tanto miedo de mostrar su verdadero yo? Seamos conscientes de que se trata de un momento muy peligroso. Ella está intentando unir dos realidades. En su imaginación, ha aprendido a confiar en el rey interior. Pero ¿tendrá ella la fuerza suficiente como para soportar esa realidad, sea en el mundo interno o en el externo? Allerleirauh corre el riesgo de ser rechazada. Su imaginación está a punto de cristalizar. ¿Debe seguir ocultándose?

Ésta es una pregunta que he debatido con Kate, Mary y Rita en muchos de los giros de la espiral que nos ha llevado a crear este libro. A veces teníamos sueños donde pasábamos miedo; en ocasiones teníamos sueños de transición en los que dejábamos el miedo muy atrás. Y cada una de nosotras hemos llegado a la conclusión de que este proceso es el significado de nuestra vida, y que de esto es de lo que queremos escribir en este libro.

El matrimonio regio llega a través del sacrificio: el sacrificio del rígido complejo paterno y, con él, del hijo inmaduro, y el sacrificio del desgarrador complejo materno y la hija servil. La energía de estos complejos se transforma y se libera en la novia y el novio reales.

La autenticidad nacida de esa unión libera al patrón humano de las proyecciones del dios o la diosa. Ningún ser humano puede cumplir con las esperanzas y los sueños de otro ser humano. Cada uno de ellos, en la relación externa, puede apreciar la singularidad del otro. Rilke establece las limitaciones y la magnitud de la relación humana con mucha claridad:

> Y este amor humano (que se desarrollará con delicadeza infinita y discreta, que se hará bueno y claro tanto al ligarse como al desligarse) se parecerá a aquel que preparamos con trabajo y esfuerzo, el amor que consiste en esto, que dos soledades se protejan, delimiten y respeten mutuamente.[4]

4. Rainer Maria Rilke. *Letters to a Young Poet,* trad. M. D. Herter Norton (Nueva York: W. W. Norton and Company, 1962), pág. 59. Edición en castellano: *Cartas a un joven poeta* (Madrid: Hiperión, 2004).

8 Rita

Los bosques son hermosos, oscuros y profundos,
pero yo tengo promesas que cumplir,
y millas que recorrer antes de dormir,
y millas que recorrer antes de dormir.

—Robert Frost

La iniciación a su propia individualidad acontece, en la mayoría de las mujeres, a través de su cuerpo. A través de la sexualidad, del amor o de la pérdida de amor, de tener un hijo o no tenerlo, o de la enfermedad, las mujeres se ven de pronto invadidas por el misterio de un poder sobre el cual carecen de control. Se ven forzadas a someterse a su destino individual.

Una experiencia de la madre negativa dio inicio al viaje de las tres mujeres de este libro. Cada una encontró un camino para trenzar los hilos oscuros y convertirlos en hilos dorados. Kate fue iniciada por el dolor después de un aborto. Mary a través de la muerte de su hijo en el parto. Rita mediante el dolor de no poder tener hijos.

Una mujer que ansía tener un hijo no da por garantizada la concepción y el parto, sino que observa los misterios de la maternidad en otra mujer y ve un milagro. Observa cómo aumentan las mamas y el vientre, cómo el cuerpo femenino se hace todo círculos y redondeces, creando y siendo creado. Se imagina al bebé alimentándose de su propio flujo sanguíneo, nutriéndose como los arroyos se nutren de las lluvias primaverales. Escucha su minúsculo corazón latiendo por detrás del suyo, se siente a sí misma el misterio, siente que su tierra se desborda y da a luz. Mary, en la mañana, dando a luz a Dios para siempre en la perpetuidad de su hijo. Pero Dios, lo sabe bien, no la ha elegido a ella para llevar la simiente de este conocimiento que, día a día, ella pondera en su corazón.

Rita no se sintió abrumada por el hecho de no tener descendencia hasta que cumplió los cuarenta. Sí, tenía muchas sobrinas y sobrinos.

> «De hecho –decía ella–, mi intelecto afirmaba que el mundo postatómico era un lugar terrible al cual traer una niña. Sin embargo, a los cuarenta, Bob y yo hicimos una solicitud de adopción y se nos aceptó como posibles progenitores. Pero, al final, todo se fue al traste. Justo después de que nos dijeran que "el niño perfecto para nosotros" estaba a punto de nacer, resbalé en la ladera de una montaña y caí al vacío. Lo primero que pensé al caer fue "Gracias a Dios que no tengo un bebé". Pensé que iba a morir. Lo que no creía es que fuera a ser tan pronto. Entonces, un éxtasis invadió mi cuerpo mientras caía y pensé: "Dios mío, ha sido una buena vida". Y después todo se volvió negro.
>
> Milagrosamente, la caída no me provocó la muerte, pero el período de recuperación supuso que "el niño perfecto para nosotros" ya hubiera nacido y se hubiera ido con otra familia.
>
> Insistimos en nuestras solicitudes de adopción; pero, un mes después, mientras estábamos en nuestro pequeño automóvil, en un lugar bien iluminado, un vehículo mucho más grande se nos empotró por detrás, estampándonos contra el automóvil que había delante. Me rompí el cuello, y aquello dio fin a nuestras solicitudes de adopción.
>
> Cuando pude volver a trabajar, ya no volví a escribir guiones dramáticos para la radio, el cine o la televisión. Durante quince años, ésa había sido mi principal labor creativa.
>
> Inicié una nueva andadura como guionista y directora de documentales. En casi todos ellos, yo hacía preguntas sobre la vida en el mundo exterior, ahí afuera. Así pasé los siguientes trece años. Entonces (ahora me doy cuenta), mi foco de interés

cambió, y comencé a formular preguntas sobre el mundo interior.

Ahí es cuando me convertí en escultora, y regresé a los guiones dramáticos para el cine. Comencé a dejar que las respuestas del inconsciente fluyeran en mi trabajo creativo, y eso es lo que ha estado ocurriendo desde entonces».

Pero lo que evidenció que el ansia por tener hijos no estaba superada fue la llamada telefónica de una amiga de Rita más joven que acababa de dar a luz. La madre novel estaba en exultante, y describía las últimas fases del parto exactamente como Rita las había experimentado diez días antes en un sueño. «La playa en la noche, el resplandor fosforescente de la arena y las olas yendo y viniendo... fluyendo... abriéndose... demorándose...». Rita no sintió el éxtasis del parto. Sintió un dolor insoportable y gritó agónicamente tras colgar el teléfono. He aquí parte de ese sueño. Ocurrió justo antes de que Rita viniera a verme por vez primera.

Llego con un grupo de gente joven, entre los cuales hay una chica que ha dado a luz. Hay otra chica que quiere tener hijos y, casi de inmediato, resulta que está embarazada.

Al cabo de un rato, veo que su estado de gestación es avanzado, y luego muy avanzado. Y sigue siendo la misma noche.

A continuación, estamos todas sentadas en una hilera larga, sobre la oscura arena de la playa que se extiende a mi derecha. Me doy cuenta de que están comenzando un extraño ritual que no conozco (y creo que tampoco lo conocen los demás). Me parece que estoy observando, más que participando en el ritual. Las jóvenes yacen sobre la arena boca abajo, pero se hunden en ella para luego volver a emerger, de manera que, en la oscuridad, parece una ola humana. Sin embargo, no es sólo una ola de arena. Están intentando *introducirse* en el suelo, con la esperanza de establecer contacto con lo que está *por debajo* de la superficie del suelo.

Casi lo consiguen. Pero, entonces, la chica embarazada grita. Está muy gorda. Ha llegado el momento. Tengo la impresión de que va a tener unas intensas contracciones de parto, pero de pronto se echa sobre un costado con las piernas recogidas. Otra chica, a su lado, la ayuda, hasta que súbitamente me dice: «Tú puedes sostenerle los pies».

Veo que el bebé ya ha sacado la cabeza. Estoy de pie tras la cabeza de la parturienta y sostengo un par de piececillos, uno en cada mano, con las plantas hacia mí, el pie derecho un poco más grande que el izquierdo. Me parecen muy pequeños y vulnerables, y no quiero sujetarlos con demasiada fuerza y hacerle daño, pero tampoco que se suelten y se me vayan de las manos. Pienso: «Debe tener los pies sanos y fuertes durante su crecimiento».

Entonces, la madre da un último empujón, la pelvis se abre y el niño emerge. Me quedo sin aliento ante la belleza y la fluidez del parto. Es tan simple como inevitable. Creo que es una niña, pero, poco después, me doy cuenta de que no lo he comprobado ni lo he preguntado.

En un análisis, a esto lo denominamos un sueño inicial. Normalmente señala la dirección en la cual se dirigirá el análisis. Se trata de un sueño muy favorable para Rita en lo personal.

Pero también es un sueño colectivo. La hilera de mujeres sentadas en la orilla respirando con el mar en un ritual de nacimiento es un motivo que se repite mucho en los sueños contemporáneos. Ese movimiento como de amasar la arena, intentando entrar en contacto con lo que hay por debajo de la superficie es otra característica. El parto de la niña o niño desde el mar del vientre de su madre sugiere que algo nuevo sale del mar eterno. El hecho de que el género del bebé no sea significativo apunta al Andrógino, el nuevo individuo en el que una masculinidad y una feminidad diferenciadas están en armonía. En los estertores de muerte del patriarcado a los que estamos asistiendo actualmente, estos sueños de algo por completo nuevo que nace del mar son sueños esperanzadores.

Escribir este breve extracto a partir de miles de páginas de sus diarios ha sido algo así como una «homeopatía psíquica» para Rita. Ésta es su frase para la repetición parcial de sus enfermedades, algo que tenía lugar mientras escribía acerca del período en el cual cada una de ellas había tenido lugar.

«Cuando termine este libro, voy a estar sana –dice–. Volver a vivir todo lo sucedido me ha causado mucha pena y me ha resultado muy difícil escribir sobre ello. Pero he perseverado y, como resultado, no he vuelto a caer en la enfermedad, sino que determinados elementos de ésta han entrado en mis sistemas físico y psíquico como agentes curativos. Y he desarrollado la fuerza suficiente como para tratar con ellos. Todo ha sido dirigido por una presencia extraordinaria e inesperada».

Nuestro trabajo juntas ha sido inusual en el sentido en que Rita, con setenta y dos años, estaba intentando contemplar su vida desde un enfoque más claro. Para ello, quería volver a sueños importantes sobre los que había estado trabajando en los años anteriores. Así, examinábamos el sueño tanto en su contexto original como en sus efectos para ella en el presente. Aunque yo normalmente voy muy poco a poco, dejando que el impacto del sueño se revele por sí solo a la persona que lo ha soñado, en este caso fui mucho más franca y directa en las interpretaciones, intentando mantener la relación del sueño con el hilo de la vida de Rita. Y, aunque su ego consciente es fuerte, su cuerpo ya no es joven, y estábamos trabajando de manera simultánea con sueños del pasado y del presente. Pero, en mi franqueza, tuve siempre mucho cuidado en respetar la escultura ya modelada y cocida.

Rita fue la más pequeña y la única niña de cuatro hermanos. Cuando nació, dos de sus hermanos ya eran adolescentes, y el otro tenía casi tres años. Ella recuerda a su familia sentada ante la mesa del comedor. Mientras su madre y sus hermanos hablaban animadamente, ella guardaba silencio junto a su callado padre, contemplando el hermoso jardín familiar al otro lado de la ventana. Su padre siempre decía de ella que era su «única y no más». Se sentía segura en presencia de su padre, y no tenía ninguna sensación de competencia por parte de su madre. Rita observaba, y en ocasiones adoraba, a sus hermanos mayores, y era como la gemela del hermano más pequeño. Sabía que los chicos eran más libres en el mundo. Siendo niña, se preguntaba dónde estaba su olor entre tanto olor masculino, y, a medida que se fue haciendo mayor, fue tomando la decisión de averiguarlo.

Rita ha sido indomable en su perseverancia. *Motu proprio*, Rita comenzó el trabajo remontándose años atrás en sus diarios, en un intento por traer a la consciencia lo que no había sido capaz de integrar en otras épocas. Durante enfermedades y accidentes reiterados, su guía interior le dijo cómo encontrar de nuevo el equilibrio y, a través de la meditación, sigue dirigiéndola paso a paso hacia la salud y el crecimiento espiritual.

Con el paso de los años he llegado a conocerla, y me conmueve muchísimo su coraje. Es una mujer que se enfrenta a la oscuridad con el ingenio y la sabiduría de una consumada anciana. Observándola, me viene a la mente el dicho de «Más sabe el diablo por viejo que por diablo». La edad le ha otorgado cuerpo y poder.

Hace un año, en el Congreso de Orillia, en Canadá, Robert Bly y yo quisimos hacer una sesión de clausura más intimista. Teníamos las sillas dispuestas en círculos concéntricos, y pedimos que las personas mayores tomaran asiento en el círculo interior. Pues bien, fue sorprendente la energía que desprendía el círculo de cabezas blancas en el centro, y muchas personas se sorprendieron cuando Rita, con gran animación, tomó su sitio entre las personas ancianas.

Rita se empleó a fondo con una artritis transitoria de la forma más creativa, pues cooperaba con el personal médico visualizando su cuerpo y dialogando con él. Cuando se le comenzó a hinchar el cuello y el resto del cuerpo como consecuencia de la cortisona, se fue a una tienda de ropa especializada en maternidad y se compró sudaderas y blusas de las que llevan las mujeres embarazadas.

Ella conoce la tristeza que proporciona mirarse en el espejo y ver líneas donde antes había arrugas. También conoce la alegría de haber llegado a ese punto en la vida donde se vive al día. En 1984, escribió: «Las puertas hacen ruido tras de mí, se cierran, resonando por los senderos que otrora estuvieron abiertos y que yo recorría a voluntad. Ahora están cerrados para siempre».

Ahora afirma: «¡Mira lo que ha sucedido desde 1984! Con mucho, es mi mejor escultura. Todo mi camino y mi guía interior. Aunque unas puertas se cierren, otras se abren. Y quizás lo sigan haciendo hasta que me muera. Creo que desde... quizás los cuarenta años... piensas que se ha terminado todo. Recuerdo que, después de aquello, me apartaban de casi todas las películas. Me miraba en el espejo y me decía: "Bueno, ahora ya está". Pero a partir de los cuarenta he vivido los mejores años de mi vida».

Rita ha optado por escribir bajo su propio nombre. «Si utilizo el seudónimo de Dorothy Speadle –comentó–, ¿qué sentido tiene? No quiero convertirme en ficción. No tengo tiempo para eso ahora. Tengo setenta y dos años. Quiero tratar con mi propia verdad. Ésta es la declaración que hago acerca de mi experiencia en la búsqueda de Dios y en cómo se me ha llevado por ese sendero. Esto es lo que yo vivo ahora y así es como he llegado a este punto en mi viaje. Mis esculturas salieron de mí. Utilizo mi propio nombre en ellas. Y esto ha salido de mí. Emplearé mi propio nombre. De hecho, llevo escribiendo este libro desde 1977, catorce años. ¿Cómo sacar el hilo de lo que ha sido mi vida entre tres mil páginas? Éste ha sido el desafío, y ésta ha sido la recompensa: clarificar mi sendero y el hilo que me ha traído hasta aquí. De vez en cuando, me salía del sendero, y luego tenía que regresar a él. De eso va mi historia, de eso y de mis sueños, de mi maravilloso contacto con guías interiores, de mis compañeros reales, de mis compañeros a través de sus escritos; todo eso me ha traído hasta el punto en el que me encuentro ahora».

Y ahora, le paso el testigo a Rita.

9 Un interminable comienzo

RITA GREER ALLEN

Sin embargo, aún en la noche, alcanzo
asideros que eluden mi garra
hasta que llega un momento en que las Furias
transigen.
Atrapo y me aferro
me lanzo y me poso sobre un terreno amable,
y corro de nuevo con dos buenos pies
sobre la hierba del sueño.

—earle birney[1]

¿Por qué escribo esto?

Marion dijo:

—¿Te interesaría explicar cómo has llegado hasta el punto en el que estás?

—¡Sí!

Lo dije de inmediato, sin pensármelo.

¿Por qué lo hice?

Yo no me desnudo en público.

Decididamente, no desnudo mi alma a la vista de todo el mundo. A la vista *de todo el mundo.* Pero dije «sí» antes de que el miedo me atenazara.

Luego, Marion dijo:

1. earle birney, «Fall by Fury», utilizado con permiso del poeta.

—Y yo te ayudaré con los sueños.

Y una tremenda alegría se apoderó del miedo. Oportunidad. La oportunidad de hacer el viaje una vez más para traer más tesoros del inconsciente a la consciencia.

Pero, más que eso, creo que, si este relato es todo cuanto dejo tras de mí cuando muera, será la cosa más importante que haya hecho en mi vida.

El miedo sigue estando ahí, delante de mí, preparado para cortarme el aliento, para atenazarme el corazón. Pero he aprendido que, si me enfrento al miedo, si entro en él paso a paso, por aterrorizada que esté, siempre se abre un camino que lleva precisamente a aquello que más anhelo. Tengo que confiar en eso una vez más, de modo que, ahora, con una respiración profunda y el corazón tembloroso, voy a dar el primer paso.

Así pues...

Lo que viene a continuación son páginas de mis diarios, estallidos de alegría y de cólera, pensamientos, sueños y conversaciones con Marion Woodman acerca de esos sueños. Es la historia de cómo llegué a conocer a Dios.

Comenzaré por enero de 1977.

1

De mi diario
31 de enero de 1977

Hoy estoy eufórica. Me siento capaz de todo. ¡Raku *Fire* es un éxito! Y el jefe de dramas me ha pedido que escriba tres guiones de películas más, completos, para hacer un cuarteto. Pero he sido modesta.

—Hazme el contrato por un guion más –he dicho–, de momento.

No hay dudas acerca de los contenidos de la película. El personaje principal está dando tumbos en mi mente, gritando: «¡Deja que cuente mi historia!». Es el reverendo Daniel Lewis, y, al parecer, no le gustó lo que la gente decía de él en *Raku Fire.* No le gustó que aquella mujer dijera que le había metido la mano por la entrepierna.

«No fue lo que parece –dice–. Sí, soy un hombre físicamente necesitado. Mi esposa se está muriendo. Pero soy un hombre encantador. Y, por encima de todo, soy un ministro cristiano. Mi iglesia. Mi Dios. Mis creencias. Eso es lo que hay en mi centro: mi cristianismo. Y estoy dispuesto a ir sacando las capas de mi ser exterior hasta que sea eso lo que veas. Mi cristianismo».

OK, Daniel, tenemos noventa minutos de vuelo. Cuando tú quieras.

De repente, veo un fulgor de cólera en los ojos de la Madre. ¿He sido demasiado cruda al exponerlo? De acuerdo, entonces. La película trata de la profunda e impredecible pasión de un puritano. Eso parece... más agradable, ¿no?

En mi otra vida, como escultora, me invitaron a una exhibición-taller con algunas de las mejores ceramistas de la región. ¡Una maravillosa oportunidad! ¿Sí? ¡Sí! ¡Sí! Me apetece mucho. Pero Daniel, el cristiano, tiene que ser primero.

Diario: en el campo
10 de mayo de 1977

Llevo varias semanas trabajando en la Casa del Árbol, en el campo, y el guion sigue saliendo de la máquina de escribir. Cuando subo a la colina a meditar, mi árbol dice: «Tómate tiempo».

«¿Que me tome tiempo para qué?», pregunto.

29 de mayo de 1977

¡Encantada! Estoy sacando algo de mí misma que *quiero* sacar. ¡Y encima me pagan por ello! ¡Qué profesión más maravillosa tengo! ¡La adoro! Me gustaría terminar el guion antes de volver a la ciudad. No obstante. Serán sólo un par de días de ciudad.

Diario: en la ciudad
27 de junio de 1977

Estoy furiosa, y siento que la cólera aumenta en mí con tal intensidad que me va a estallar la cabeza si no grito, aplasto algo, tecleo, tecleo, tecleo. Me *aburre* esta domesticidad. Todas estas *cosas* que exigen ser hechas. Ahora, la fontanería se ha ido a la mierda en el último piso, según afirma Bob, y dice que lo resuelva, por favor, que él está ocupado. Y el de la caldera que viene a limpiarla, y la muchacha de la limpieza se va mañana. Y se supone que tengo que lidiar con un idiota como Doug Lebo, y sabe Dios quiénes serán sus ayudantes, dando vueltas por ahí fuera, supuestamente limpiando ventanas y tomándose tres horas para averiguar dónde van las hojas de cada ventana. Es una, Dios todopoderoso, loca, loca pérdida de tiempo. ¡Sólo quiero irme de aquí! Me siento aplastada bajo el terrible peso de todas las cosas que hay que hacer. ¡Necesito el estímulo de mi propio poder! Con desesperación.

Bobby llama apenado, preguntando si me molestó. La ira desaparece. Claro está que, en su mayor parte, es ira conmigo misma y con mi pereza. No quiero ser tan lenta y tarda en reaccionar. Después de todo, yo también disfruto con una casa bonita y bien llevada. Sólo que... ¿Qué? Sólo que me gustaría chasquear los dedos y que todo lo que hay que hacer quedara hecho de repente. ¡Ja!

5 de julio de 1977

Ha sido una semana rara, con altibajos, resolviendo y sin resolver cosas, pasando apuros, resbalones. Pero mañana me voy al campo, y a mi hermosa Casa del Árbol, y a mi maravilloso guion. Gracias, Dios.

Diario: en el campo
8 de julio de 1977

Esta mañana me he despertado temblando. He tenido un sueño que, ahora que soy consciente, comenzó de una forma muy hermosa.

Bajo de un autobús en una playa. La arena se extiende kilómetros y kilómetros, sin gente; las olas llegan y se van apaciblemente; un ave marina recorre la orilla en su vuelo; brilla el sol. Me siento muy bien y dispuesta a pasar un buen día. El conductor del autobús se inclina sobre el volante, sonríe, y charlamos. Y charlamos, y charlamos, como si el hombre no tuviera nada que hacer. Entonces, de repente, pienso: «¡Venga ya! Vas a llegar tarde. ¡Esta conversación carece de importancia!». De modo que me despido con la mano y cruzo apresuradamente la carretera, alejándome de la playa. Me dirijo a un enorme estudio de televisión cerrado por completo. Dentro, a mi izquierda, hay un escenario donde una orquesta está afinando, detrás de unas grandes cortinas; a la derecha, hay unas largas filas de asientos que se extienden hacia arriba y atrás en la oscuridad del auditorio. Los asientos están ya repletos de gente. Yo soy una de los cuatro presentadores de un gran espectáculo, para el cual he escrito las frases de apertura. Me siento muy segura. He estado aquí a primera hora de la mañana para asegurarme de que todo estaba listo, en lo que a mí respecta, para la representación, y he puesto mi equipo en un lugar muy especial para tenerlo a mano. El «equipo» consta de un «mantón cabina», que yo misma he diseñado. Es una sábana bajera negra con un micrófono adherido en la parte interior y con una luz incorporada, para que, cuando me envuelva en el mantón y las luces del auditorio se apaguen, pueda leer el guion. Se me escuchará merced a ese micro oculto, pero nadie podrá verme, ni siquiera las cámaras me captarán. Me siento muy orgullosa de todo.

Pero no me voy a envolver todavía en el mantón, porque aún está entrando gente por una puerta pequeña por la que entra la luz del sol. Y, entre ellos, veo a mi padre y a mi madre. Me alegra mucho que hayan venido, pues se van a sentir muy orgullosos de mí. Sé que son de pequeña estatura, pero soy consciente del poder que tienen. Papá me mira, sonríe y hace un gesto con la cabeza. Madre mira hacia donde estoy, entre los profesionales de primera línea; y, aunque percibo cierto orgullo por parte de ella, su expresión dice: «Bueno, me reservo la opinión». Se introducen en la zona oscura del auditorio para tomar sus asientos. Me doy cuenta de que ha llegado la hora de ponerme el «mantón cabina» y de preparar el guion. El productor viene y dice enérgicamente:

—¡No! Usted no necesita eso –refiriéndose a mi mantón cabina–. Se supone que usted debe de estar abajo, en la primera fila.

Y sigue adelante movilizando a la gente.

Así pues, tomo el guion, del que estoy muy satisfecha porque lo he mecanografiado en paños de cocina blancos, para que el micrófono no capte los ruidos del papel. Pero… cuando bajo a la primera fila, las luces bajan su intensidad y no me he preparado todavía el guion. Me apresuro para unirme al resto de presentadores, y en el sistema de megafonía escucho una promo de este espectáculo. La voz de la promo es mía, previamente grabada, y me horrorizo; tiene un punto pícaro, y suena artificial. Y pienso «¡Mierda! Lo tengo que hacer mejor que eso. ¡Tengo que *practicar*!». A continuación, tomo mi asiento y me pongo a ordenar el guion, pero parece que hay demasiados paños de cocina en los que no pone nada. Me pongo muy nerviosa. Las luces bajan aún más su intensidad. Viene el resto de presentadores. Decididamente, muy profesionales. «Hay que establecer conversación», pienso, pero estoy demasiado ocupada arreglando los paños de cocina como para unirme a la conversación. Me doy cuenta de que no voy a ser capaz de ensayar cuando encuentre las páginas… y encima sin la lucecita del mantón cabina. Apenas puedo ver. Entonces, llega un productor internacional y se sienta a mi lado, diciendo con una sonrisa:

—Mucho tiempo sin vernos.

—Sí, mucho tiempo –digo, mientras sigo intentando poner orden con el guion.

Entonces, el tipo me da un beso en la boca. Sonrío, todo falso. Su beso ha sido frío y empalagoso. «Es todo mentira –pienso–. No lo soporto. O bien él no me soporta a mí. Y estoy haciendo esto en vez de poner orden en mi guion. Tiempo, tiempo…». Las luces siguen perdiendo intensidad.

De repente, entro en pánico. Esparzo los paños de cocina en las sillas que tengo al lado intentando encontrar algún sentido, algún orden. Me arrodillo intentando ver. Los que llegan a última hora se dirigen a las sillas que tengo al lado. Tengo que recoger el guion.

La orquesta deja de afinar, guarda silencio, está preparada. Las luces del auditorio se apagan. Se encienden los focos. El telón comienza a levantarse. No tengo mi «mantón cabina». No tengo micrófono. No tengo luz. No tengo guion; sigo a cuatro patas entre los paños de cocina. Me voy a tener que levantar para detenerlo todo, y van a tener que esperar hasta que yo esté preparada. Y todos los presentadores me están mirando a mí. «¡Éstas aficionadas!», parecen decir. «¡Mujeres!».

Y pienso: «¡Maldita sea! Por mucho que me prepare, *siempre* la lío en el último momento».

Me he despertado. El corazón me iba a mil, con el pulso latiendo desde la entrepierna hasta la coronilla. Cuando he intentado salir de la cama, ha sido como si mis rodillas corrieran en direcciones opuestas. ¿Qué narices está pasando? Ese sueño.

1990: Marion Woodman y yo hablamos del sueño

MARION: Y eso… ¿cuándo ocurrió?

RITA: Hace trece años.

MARION: ¿Analizaste el sueño entonces?

RITA: Lo intenté. No sabía mucho de Jung, pero tomé nota de todo lo que me venía a la mente. Estaba muy alterada. Ahí estaba yo, en el sueño, con la esperanza de hacer mi trabajo como una profesional, de ser la fuerza motriz tras esta gran producción, y de pronto estaba perdiendo el texto, mi técnica y el control. ¿Y por qué? Por una mirada de mi madre. Y por culpa de todos esos ridículos paños de cocina. Mi vida doméstica liándolo todo en mi vida profesional. Pero lo que más me molestó, y así es como lo escribí entonces, fue que «Yo debería de haberme bajado del autobús y haberme ido a aquella enorme y hermosa playa, para respirar profundamente y ser una con el océano y las aves marinas. Pero no se me ocurrió otra cosa que sumergirme en la oscura cueva de un estudio televisivo, con el fin de ser la *fuerza motriz,* con todo bajo control. Y resulta que no tengo nada bajo control. ¡Es una *locura*!».

MARION: Rita, ese «bajarse del autobús»... ¿Dejaste el colectivo en 1977?

RITA: ¡Dios mío! ¿No es curioso? Yo no sabía que iba a dejar el colectivo... si por colectivo te refieres a los medios de comunicación... Yo pensaba que estaba alcanzando un nuevo nivel. Quiero decir, me había pasado muchos años haciendo documentales y dramas, cine, radio, televisión con gran éxito. Y, ahora, con esta película, *Raku Fire,* me hacía candidata a un premio y conseguía un magnífico contrato. Podía meterme en mi despacho, cerrar la puerta y escribir lo que me apeteciera.

MARION: Podías darle la espalda al océano, la matriz creativa, y meterte en tu propio «mantón cabina...».

RITA: Era una pequeña «cabina de control» en la que sólo cabía una persona, yo.

MARION: ¡Qué hermosa metáfora!

RITA: ¿Por qué?

MARION: Fíjate en tus palabras: «Cuando me envuelva en este mantón y las luces del auditorio se apaguen, podré ver con mi propia luz, pero no ser vista. Podré hablar a través de mi propio micrófono».

RITA: ¿Cómo interpretas eso?

MARION: Tú quieres ver a los demás, pero no quieres que te vean.

RITA: Ésa soy yo. Ésa soy exactamente yo. Discreta, reservada. No quiero hablar acerca de mí. Quiero hablar acerca de *ti.* Estoy interesada en *ti.*

MARION: De acuerdo. Pero es todo una representación.

RITA: ¿Representación?

MARION: Escucha las palabras en el sueño: «*Yo* he escrito el guion. *Yo* tengo que leer con determinada voz. *Yo* tengo que bajar al frente y *yo* debo tenerlo todo preparado. Porque *yo* he ideado este "mantón cabina" portátil...».

RITA: ... esta «cabina de *control...*».

MARION: ... este «mantón cabina de *control*» con una luz para leer, para poder ver en la oscuridad, y *yo* podré hablar, como nadie más podrá hacerlo...

RITA: ¡Guau! ¡Estás hablando de inflar el ego!

MARION: ¿Ves la metáfora ahora?

RITA: Poder.

MARION: Sí. «Yo voy a estar ahí justo al principio, y todo va a funcionar *a mi manera*». Pero entonces entran tu padre y tu madre, y tu padre sonríe, y tu madre te mira y «se reserva la opinión». Y entonces pierdes el control. A continuación, vienen los paños de cocina y la pérdida de la cabina de control.

RITA: Y es mi madre la que pulsa el botón.

MARION: Sí. Pero fíjate, Rita, hay una parte positiva y otra negativa. Estás en un agujero oscuro. No hay demasiada consciencia ahí. Pero el telón se abrirá pronto y la luz se derramará. Y aunque no estás preparada en la época de este sueño... estás ahí abajo, en el suelo, con una energía enorme, estás ahí abajo, en la oscuridad, a cuatro patas, intentando ordenar los paños de cocina...

RITA: ¿Qué significan los paños de cocina?

MARION: Como bien supusiste, la vida doméstica. Estás intentando armonizar tu vida personal con tu vida profesional, y el telón sube y baja a todas horas, y una nueva luz está apareciendo, y te vas a mostrar tal cual eres. Se trata de un gran sueño, Rita. ¿Crees que éste fue el comienzo de tu viaje?

RITA: El comienzo del viaje. Sí. Y fue el final de... tú utilizaste la palabra «representación». Fue el principio del fin de eso. Recuerdo a alguien diciéndome, justo en aquellos instantes de mi vida, «Rita, cuando te miro, veo en ti mucha vitalidad y entusiasmo, cubiertos por una máscara de vitalidad y entusiasmo».

MARION: Exacto. Y este sueño está diciendo: «Quítate la máscara y deja que emerja quien eres».

Diario: en el campo
8 de julio de 1977, por la tarde

Esta mañana, me he sentado en la plataforma y me he puesto música. Glenn Gould. Concierto italiano de Bach. Y me he quedado mirando a una hormiga que arrastraba un trocito de arcilla cocida, que debe haber caído de una de mis esculturas. Una carga diez veces más pesada que ella. ¿Por qué hace eso? La música me ha traído paz; la hormiga me ha traído compasión. Es la una en punto, hora de sentarse ante la máquina de escribir para dejar que Daniel siga contando su historia.

Un poco más tarde

Esto es terrible. Es absolutamente *terrible.* He vuelto a leer el guion que he escrito y es espantoso. Es todo superficial, como una novela rosa. Y yo creía que estaba escribiendo *cosas profundas,* que estaba empleándome *a fondo;* día tras día, estaba dejando que Daniel se quitara capa tras capa de su ser, hasta ahora, *ahora* que estábamos llegando al núcleo de la historia. O eso pensaba yo. Pero esto es… basura. ¿Por qué? ¿Qué hice mal? ¿Es ésta la calidad de mis escritos? ¿Será que no sé de lo que estoy escribiendo? ¡Cierra el pico! ¡Déjalo! Deja de maltratarte. ¡Ya! Sí que sé de lo que estoy escribiendo. Haz una breve sinopsis. Ésta es la historia.

Un ministro protestante de treinta y ocho años regresa a una pequeña iglesia que jugó un papel crucial en su juventud. La iglesia se halla en un promontorio rocoso de una remota y bella ensenada del lago Attawapisket, muy al norte, en unidad con la naturaleza y con Dios. Cuando llega, el ministro protestante descubre que quieren vender la iglesia, que la quieren convertir en un refugio de cazadores. La noticia provoca en él algo parecido a la imponente cólera de Jehová. No se puede vender la iglesia y luchará hasta conseguirlo. Así, la película trata de la lucha por la propiedad de la naturaleza y de la iglesia. Al menos superficialmente. Pero, por debajo de la superficie, es la historia de un hombre que se enfrenta a sus fortalezas, necesidades y fracasos personales, sexuales, religiosos y espirituales.

Pero ¿qué he escrito? Daniel perdiendo el tiempo por ahí y manipulando a las altas instancias.

¿Hace frente a su cristianismo?

No.

¿Hace frente a sus verdaderas creencias religiosas?

No.

El guion está repleto de cabos sueltos, de hilos colgando, que no llevan a ninguna parte. ¡Mierda! Me voy a poner un café. ¿Y qué? ¿Comenzar de nuevo?

De repente, veo los ojos azules de mi madre, muy abiertos, mirándome fijamente. Juzgándome. ¿Por qué me está juzgando? Digo: «Mierda». Lo siento. Pero, oh, Dios, madre, dejad que me desahogue de algún modo. O bien reíros conmigo. Era maravilloso cuando te reías tanto que se te caían las lágrimas. «¡Oh, Dios mío; oh, Dios mío; oh, Dios mío!», decías. ¡Oh, Dios mío!

Diario: en la ciudad
15 de agosto de 1977

Estoy bloqueada con este guion. Da igual que esté aquí o en el campo. La fecha límite de entrega se acerca, y he pillado un buen bloqueo del escritor; bueno, de la escritora. Creo que tiene algo que ver con mi madre. Pero ¿qué exactamente?

No seas ingenua, tú sabes qué.

¿Qué?

Detente. Sólo siéntate aquí y escribe. Siéntelo y déjalo salir.

Mañana. Algún día.

Pensamientos
Septiembre de 1977

De acuerdo.

Mi madre lleva muerta nueve años… o, para ser más exactos, hace nueve años que tuvo el ataque. («¡Alguien me va a oír!», decía mientras la metían con la silla de ruedas en urgencias, furiosa con el médico que le había recetado una medicación demasiado fuerte). Ahora la veo, en la camilla del pasillo del hospital de St. Michael, dormida, pálida. Creía que estaba muerta. Pero eso fue antes del ataque. Después, era algo de palpitaciones en el corazón. Pero fue después de su última declaración de intensa energía, realmente intensa energía, cuando, harta de mentiras en el box de urgencias, se negó a que la siguieran ignorando y echó mano de algo para llamar la atención... no una campanilla ni un timbre... sino un bacín que encontró a su alcance. Y el silencio de primeras horas de la mañana de la sala de urgencias se quebró con el estampido de un bacín arrojado contra la pared con toda su frustrada furia.

—¡Esto hará que vengan corriendo!

Y vinieron corriendo. A ella no se la podía ignorar, era la madre.

Yo nunca pude ignorarla. No podía ignorar sus normas sociales ni sus creencias religiosas. Ni siquiera puedo ignorarla ahora.

Huía de ella. Ésa es la verdad. Por ejemplo, nunca fui al norte de Inglaterra para ver dónde había crecido, hace cien años, para vivir aquel precario medio social, pobre, barriobajero, donde las peleas de borrachos de los sábados por la noche terminaban con gritos de «¡Los polis! ¡Los polis! ¡Los polis!».

Aunque en *su* calle no había peleas. ¡Oh, no! Dundas Street era una calle decente. Pobre pero decente. Y una de las líneas divisorias entre pobre y decente, y entre pobre-barriobajero lo marcaba el hecho de ser miembro de la capilla.

La educación para ambos tipos de pobres era mínima. Mi madre, creo yo, sólo fue tres o cuatro años a la escuela. Y le encantaba. Nada más quería que ir a la escuela. Ansiaba ser como sus primas ricas-pero-decentes, a las que enviaban al continente para finalizar sus estudios. Pero no. A mi madre la necesitaban de dependienta en la tienda del abuelo. (¿Era una panadería? ¿Es eso lo que realmente ocurrió?).

Sin embargo, mi madre leía y escribía bien, y la manera de poder leer más, creo yo, era la capilla. Ensanchar la mente a través del estudio de la Biblia y de los libros de profesores no conformistas: el doctor Marsh, Sankey, Wesley. Su brillante intelecto tomaba, tamizaba, almacenaba, discutía, memorizaba, absorbía la Palabra de Dios. Era éste un objetivo educativo dentro de las limitadísimas posibilidades de aquella zona y aquella época, bajo la influencia y las exigencias de mi pequeña, estirada y constreñida abuela, con sus vestidos y sus tocados negros.

La capilla.

¿En qué otro sitio de aquel limitado mundo podía encontrar hombres en edad de casarse, sobrios y decentes? Sólo en la capilla. Y, así, fue objeto de amor (a una distancia decente, claro) para Billy Marsh, Billy Broderick o los hermanos Kerrison. En este sentido, Arthur Kerrison es el que más ansia tenía por acompañarla a casa por la ronda que discurría por la costa. Oh, el adorable rumor de las olas rompiendo en las rocas; la sangre corriendo por las venas; las dulces palabras con las que se hablaba del amor de Jesús, tal como se podía presentar en el sermón matutino.

Y, finalmente, un domingo, allí, en la capilla, apareció un joven al que nunca había visto. Estaba de permiso, pero tenía que volver a embarcar pronto rumbo al mar Rojo y Estambul… ¡Oh, demasiado pronto!… Egipto… y no volvería en seis, ocho, muchos meses. Y, así, se enamoró para siempre de Joshua Edwin Wayman, que se convertiría, tres hijos y veinte años después, en mi padre. Pero hay más. Yo creo que había verdaderas razones religiosas para su devoción por la capilla y por la Palabra de Dios. Quizás cierto sentido de maravilla ante lo que Dios había provisto y lo que Cristo prometía; una sensación de seguridad en un sistema de creencias estrictamente definidas, que dejaban muy claro lo que tenía que hacer; la firme certeza de que ella, personalmente, estaba siendo «guiada por Dios». («No cometas errores, ésta es la guía de Dios», como solía decir ella, con los ojos abiertos, maravillados, pero también con una mirada que no admitía cuestionamientos).

Y más aún. Creo que allí, en aquella capilla, vivió un éxtasis en su ser que sólo podría denominarse sagrado. Joven, apasionada, con una sexualidad apenas reprimida, llena de anhelos de todo tipo… todo esto, y sea lo que sea aquello que hay en el alma y la psique humanas que anhela a Dios culminó con su decisión de tomar a Jesús como su Salvador personal, y con la creencia de que las palabras de éste le darían respuesta a todas las preguntas que pudieran surgirle en la vida. Él le daría un motivo para vivir, un sendero a seguir, y su meta.

¡Sí! Hoy, al fin, puedo ver lo correcta que es mi madre. Para ella misma, claro. ¡Tan *correcta*!

¿Para mí? Oh… oh… oh…

Tengo una repentina punzada de dolor en las sienes. Tengo que cerrar los ojos y relajarme. ¿Y qué veo cuando cierro los ojos? Los ojos de mi madre mirándome desde aquel rostro moribundo cuando apenas podía hablar debido a los derrames cerebrales.

—¡Di *sí*! –gritaban ellos–. ¡Di sí, creo! Deja que vaya ante mi Hacedor, sabiendo que he hecho el trabajo para el cual se me puso en la Tierra. Sabiendo que he traído a todos mis hijos ante Dios. *Sabiendo* que todos vosotros estaréis allí, cuando llegue vuestro tiempo, porque habéis dicho: «¡Sí, creo!». Te lo suplico, te lo suplico. Di «¡Sí!».

Pero no pude decirlo entonces, en su lecho de muerte.

Y tampoco puedo decirlo ahora.

Y estoy aterrorizada.

La verdad es que pensaba que podría evitar esta confrontación personal dejando que Daniel lo hiciera por mí, que él representaría mis creencias por mí y, con una pirueta, diría «¡Voila!». Y yo *sabría.* Yo sabría por qué no puedo aceptar las creencias de mi madre y debo aferrarme a las mías propias.

Porque yo tengo creencias religiosas.

Y no sé cuáles son.

Nunca he sabido cuáles son. Ni siquiera cuando tenía doce años y estaba con el agua hasta la cintura en el baptisterio de la iglesia baptista de Danforth, esperando a que sumergieran primero a mi hermano, porque él era mayor, sabiendo que aquél era un momento solemne ante Dios y la congregación, cuando yo estaba aceptando a Jesucristo e iba a recibir al Espíritu Santo, que descendería sobre mí desde el cielo cuando yo emergiera del agua.

Yo estaba allí de pie esperando, tranquila y silenciosa, con todo mi ser interior gritando: «¡No! ¡Ha habido un error! Madre, esto no es lo que yo quería decir cuando dije "No me importaría ser bautizada". Sólo quería decir que ya no me daba miedo el agua. Pero tú no escuchabas ya en tu momento de triunfante júbilo. Y yo no tuve el coraje de decir que no. No tengo el coraje…».

Y el ministro me bautizó; y, cuando salí del agua, el Espíritu Santo no descendió sobre mí.

24 de octubre de 1977

Esta mañana he tenido este sueño.

Voy a toda prisa por Shuter Street, camino a Massey Hall, donde va a haber un maravilloso concierto. Escucho que está comenzando ya, y me siento plena de gozo, expectante. Tengo la entrada en la mano y puedo ver exactamente, en mi imaginación, dónde está mi asiento en el anfiteatro de la derecha. Puedo ver incluso a mi hermano, reflejando la cálida luz marrón del escenario, rodeado por nuestros amigos, y allí está mi sitio, esperándome.

Llego a la puerta principal justo cuando el portero la está cerrando.

—¡Alto! Espere... –digo levantando la entrada.

—Ya ha empezado –afirma.

—Lo sé, puedo oírlo. –Y sonrío radiante, sabiendo que me dejará entrar.

Pero no lo hace. Me señala la puerta del escenario.

—Entre por allí, baje y dé la vuelta.

Y cierra la puerta. *Clang*.

Voy corriendo hasta la puerta del escenario, entro, bajo, atravieso un oscuro salón de ensayos. Pero, a mitad de camino, me doy cuenta de que aquello es exactamente como el salón del sótano de la iglesia baptista de Danforth, donde iba a la escuela dominical, donde iba con mi madre a reuniones de oración, donde fui, cuando tuve la edad suficiente, a Gente Joven. Me estremezco y me meto a toda prisa por un oscuro corredor. Y allí, subiendo, me encuentro con una escalera de caracol. La música va aumentando de intensidad a medida que subo. Mi corazón canta. ¡Oh, estar *ahí*! ¡En ese tenue resplandor, con mi hermano y mis amigos, y la música!

Y, de repente... ya no hay más escalones.

La escalera sube en espiral y se introduce en la pared, y desaparece, para emerger de nuevo dos metros y medio o tres metros más arriba, fuera de mi alcance. ¡No puedo subir! Miro hacia abajo y la escalera ha desaparecido en la oscuridad. ¿Está ahí? No. No puedo bajar.

Me despierto con los puños apretados, agarrándome a nada.

26 de octubre de 1977

Hoy he ido a ver a Harvey, que es muy bueno con los sueños.

—Estás en un *impasse* –me ha dicho.

—¿Te refieres al guion? ¿Con Daniel?

—Con más que eso. Estás atrapada en esa escalera. ¡Un *impasse*!

—¿Y qué hago en un *impasse*?

—Quedarte ahí. ¿Cómo te sientes?

—Muy asustada.

—¿Te das cuenta del miedo que puedes llegar a dar?

—¿Yo?

—Sí, tú. Todo tu sueño eres tú. Si no es un aspecto de ti el que te da miedo, entonces, ¿qué es?

Era un concepto totalmente nuevo de mí misma. ¿Yo? La buena de mí, la pacificadora. Rita, el epítome de la bondad, tan agradable… *yo,* ¿dando miedo?

—¿Y en qué punto comenzó el miedo en tu sueño? –preguntó Harvey.

—Bien… –y mi corazón comenzó a latir con fuerza y sentí como mi garganta apagaba mi voz–, en realidad, cuando vi que el salón de ensayos era… la escuela dominical.

—¿Volvemos allí, a aquel entonces?

—¿Entonces?

—¿A la escuela dominical?

—¡NO!

—En otro momento, pues. Cuando estés preparada.

De pronto me di cuenta de que estaba llorando. Me resbalé hasta el suelo y comencé a gritar. Comencé a dar puñetazos en el suelo mientras gritaba. Me asusté como una tonta. *No voy a hacer eso.* Yo nunca grito. Me encantaría gritar, sí. Pero, ¿hacerlo? ¡no! ¡nooo! ¡no!

MARION: ¿Qué crees que te hizo gritar?

RITA: Fue terror. Terror ante la idea de no alcanzar nunca el mundo que anhelaba alcanzar, terror a caer en el oscuro abismo que se abría bajo mis pies.

MARION: ¿Caer en tu sombra?

RITA: ¿Mi sombra?

MARION: Sí. Ese mundo celestial al que estás subiendo es un mundo irreal, es el mundo de lo ideal... allá arriba... el mundo ideal de la artista. Pero tu otro mundo está allí abajo, en el sótano. Tus mundos están muy distanciados entre sí. Así pues, «recoge tu sótano, niña». Eso es lo que te estaba diciendo tu inconsciente. «Ha llegado la hora de enfrentarte a tu sombra».

RITA: Pero, allí abajo, en el sótano, ¡está la escuela dominical! Quiero decir, es un lugar sagrado, ¿no?

MARION: Un lugar sagrado suele parecernos un abismo oscuro, simplemente porque nunca nos hemos permitido ir allí. Nos aterroriza la energía de esas partes de nosotras mismas que no hemos vivido. Creo que tu sueño está diciendo «Enfréntate a tu sombra, Rita. Si no lo haces, te quedarás atascada y no irás a ninguna parte».

RITA: ¡Es sorprendente! ¿Sabes por qué? Porque no sabía lo que aquel sueño estaba intentando decirme en aquel momento, es decir, no lo sabía de manera lógica. Pero, instintivamente, yo sabía que tenía que cambiar algo de algún modo, que tenía que cambiar algo en mí.

Diario: en la ciudad
27 de octubre de 1977

Tengo que... que, que, que, que... para ya. Daniel. Deja de empujar, empujar y empujar.

¿Qué hacer? Reformular el contrato. Puedo intentarlo. Posponlo. Una nueva fecha de entrega, muy lejana en el tiempo. En la siguiente temporada. Algo. Necesito alejarme de Daniel. Preciso profundizar en mí misma. Necesito... Esculpir. Sí. Esculpir.

4 de noviembre de 1977

¡Uf!... ¿Cómo se siente eso? Como si me hubiera quitado una soga del cuello. Tengo un maravilloso contrato nuevo. Fecha de entrega: ¡¡el año que viene!! Todo un año. Me libero de Daniel y de la película, y también de la agonía. ¡Todo un año para meterme en el estudio de arcilla y moldear esculturas!

11 de diciembre de 1977

La arcilla es maravillosa. La arcilla es un material muy exigente para una escultora. La paradoja es que es el material más difícil de trabajar, porque es el más fácil. No te exige nada; lo que haces no es otra cosa que una expresión de lo que eres, no de lo que tu mente *piensa* acerca de las cosas. Por ejemplo, si intento hacer una escultura al estilo de alguien de hace veinte años, o de hace dos mil años, lo que sale es un aspecto de *mí.* Claro está que puedes aprender contención, disciplina, técnica, pero, una vez te pones, no puedes impedir la expresión de ti misma.

¡Y luego hay que cocer la obra al modo raku! Oh, oh, oh, oh, oh... ¡esto ya es otra cosa! Por muy hábil que seas con el fuego y el humo, no vas a poder controlar los cambios súbitos en la dirección del viento, que pueden llevar las llamas y el humo precisamente en la dirección que tú no quieres. Así, una soberbia obra, en la que has estado trabajando horas, días, semanas, puede ennegrecerse por... lo que parece ser un capricho de la naturaleza. El humo se introduce en los poros de la arcilla blanca.

El blanco se vuelve negro, donde tú querías que el blanco siguiera siendo blanco. Has perdido el control. Estás en manos de los dioses. Así, el resultado es una expresión de lo que tú eres *y* de cómo los dioses te han tratado hoy.

29 de agosto de 1978

Una llamada telefónica para preguntarme cómo va el guion de la película. ¿Película? Oh, sí. No les he dicho que llevo diez meses sin pensar en el guion. Lo cual no es del todo cierto. Quizás no haya pensado en Daniel específicamente, pero sí que le he puesto mucho sentimiento a su problema y al mío: en *qué* cree él, en *qué* creo yo. Y siento que algunas de las respuestas emergen de la arcilla, y se pronuncian desde la escultura. Como esta cabeza esculpida que tengo delante de mí, en la pared. Sus ojos me desafían cada vez que la miro; su sonrisa guarda secretos casi al descubierto, que casi puedo escuchar. Creo que es la cabeza de Hermes, que modelé sin saber a quién modelaba. Y creo (¡mira, me estoy poniendo mística!) que él está aquí para hacer precisamente lo que Hermes hacía, elevarme hasta el reino de los cielos y hacerme bajar hasta el infierno. Y Daniel, esta vez, tendrá que seguirme a *mí*.

¡Pero cuidado! De pronto me acuerdo de que Hermes es también el dios de las encrucijadas. Es el embaucador.

Diario: en el campo
4 de septiembre de 1978

¡Qué pedazo de tierra más glorioso tenemos! Aquí hay una energía que no comprendo, pero que ciertamente siento. Hay una energía en mi árbol. ¡*Mi* árbol! ¡Qué divertido cuando hay al menos mil árboles en las colinas y valles de nuestras tierras! Sin embargo, ese árbol, erguido en la cima de la colina, siento que es especial desde el día que lo vi por vez primera.

—¿Dónde terminan nuestras propiedades? –pregunté al hombre de la inmobiliaria.

—En aquel árbol –dijo–, y esta mañana, cuando llegué, vi un ciervo y una cierva allí, recortados contra el cielo en la cima de la colina. ¡Maravillosa estampa!

Yo nunca he visto un ciervo y una cierva allí, pero no tardé en darme cuenta de que «mi árbol» no era un único árbol, sino dos, tan bellamente unidos y entrelazados que parecen uno. Casados. El femenino está al oeste, el masculino al este. Al atardecer, me voy al lado femenino, y descanso, y medito. Por algún motivo que no alcanzo a vislumbrar, no puedo acercarme al lado masculino. Lo he intentado y algo me detiene. Me pongo allí y lo respeto, pero no puedo tocarlo. Es extraño.

Le comento esto a Earle. Él levanta la vista del libro y dice «Animismo», y vuelve a sumergirse en la lectura. Lo siento como una acusación. A mi precioso misterio le ponen un nombre, lo encasillan, lo condenan.

¡Oh, cómo reconozco ese sentimiento! Condenada, rechazada por la autoridad, porque soy culpable. ¿Culpable de qué? Un sueño inunda mi mente. Debía tener seis años.

Recuerdo de un sueño, 1924

Es de noche. Dos hombres me llevan por el jardín trasero de casa, cruzamos la valla y entramos por la puerta trasera de la casa de mi amiga, donde vengo a jugar con frecuencia. Una vez dentro, hacen que me detenga delante de una mesa, tras la cual está sentado un hombre con un libro grande y unas velas que iluminan el libro. Tiene una pluma de ave para escribir en la mano, y entonces veo que lleva una blusa blanca con volantes en el cuello, y lleva el cabello largo. Me percato de que los dos hombres que me han traído, y que ahora están de pie a ambos lados, van ataviados también con ropas antiguas, sólo que las suyas son de color rojo y de un material más áspero. Estoy asustada, pero estoy allí quieta, obediente, a la espera. El hombre de la mesa mira el libro; luego, levanta los ojos y me mira, y me pregunta si mi nombre es Rita Wayman. Digo que sí. Hace una señal en el libro al lado de mi nombre y gira de repente la cabeza hacia la puerta de la cocina, donde veo que hay una mesa más grande, más pesada, adornada, tras la cual se sientan *tres* hombres con pelucas blancas y togas negras. Son los jueces. Y, súbitamente, sé que todas las personas que vienen ante ellos son juzgadas culpables. No sé lo que he hecho, pero sé que me sacarán de aquí con el veredicto de culpabilidad.

Yo tenía seis años. Y era culpable. ¿Culpable de qué? ¿De ser Rita Wayman? ¿De ser una niña en una familia de hombres más una madre? ¿De jugar con otra niña? ¿De saltar la valla de detrás? ¿Cuándo se había prohibido que los niños jugaran en la calle? Atrapada en el mismo sendero que yo recorría cuando desobedecía. Detenida por hombres; nombrada por un hombre; condenada por un tribunal, un triunvirato, una trinidad de hombres. La culpabilidad me alcanza de nuevo, mientras escribo esto, cincuenta y tantos años después. ¿De dónde viene esta culpabilidad? ¿De la escuela dominical? No lo sé. ¿De la iglesia?

De hecho, ahora que me permito pensar en esto, *no sé lo que aprendí* en la iglesia. Sé lo que *se me enseñó.* Me enseñó a amar al prójimo. Pero nunca entendí lo que significaba eso.

A los diez años, me acuerdo que estaba inmóvil junto a la ventana del comedor, recién llegada, plena de santidad (eso esperaba yo), de la iglesia. La vecina de al lado estaba en su jardín. Yo escuchaba a diario su fea y estentórea risa retumbando entre las paredes. Ni siquiera *me caía bien.* Y, si no me caía bien, ¿cómo iba a amarla? Lo intenté. Me quedé allí en la ventana y lo intenté, y descubrí que, si dejaba que mi mente se pusiera sentimental y que mis sentimientos se expandieran hasta alcanzar a «toda la humanidad», *podía* incluir a la vecina. Claro está, si no pensaba en ella… ni escuchaba sus risas.

Cuando crecí, descubrí que lo mejor que podía hacer era ser amable, agradable y servicial con los demás (o bien evitarlos), y aprendí a ceder mi asiento en el tranvía a cualquier persona mayor que yo, y a no empujar a la gente en una multitud. De hecho, aprendí a ser tan agradable (mucho tiempo) con los demás como yo hubiera querido que los demás fueran (y, a veces, lo eran) conmigo. Aquello me hacía sentir, ciertamente, superior. Lo cual, me parece a mí, está bastante lejos del «ama a tu prójimo».

Me enseñaron a ofrecer mis servicios a los demás. Y sí, he intentado hacerlo. Siempre he tratado de mejorar mis habilidades, con el fin de… fingir que cualquier cosa que yo fuera a hacer era «en servicio especializado a los demás». Vale la pena. No sólo por mi propio placer. Sin frivolidades. Y nunca, jamás, haciendo daño intencionadamente. Bonito. Bueno. Útil. Y nunca sólo «en servicio especializado a»… mí misma. Tengo que creer siempre que existe un objetivo que, a la larga, merece más la pena que servirme a *mí misma.* Aunque nunca lo alcance. Me puedo meter en un lío muy fino de esa manera. Y así ocurre.

La escultura. ¿Qué utilidad tiene la escultura para alguien, excepto para mí? De verdad. Así pues, ¡alto!

Dibujar. Pintar. Poner música. El piano. Tumbarme al sol. ¡Alto!

No es que deje de hacer siempre lo que realmente me gusta hacer. Es que rara vez me siento a gusto con ello. Incluso con todo esto que estoy escribiendo. Quiero decir que es como si no fuera a suponer una ayuda para nadie, salvo para mí. Escribir «Daniel» valdría la pena (el jefe de dramas así me lo ha asegurado) «en servicio especializado» para una ingente cantidad de público. Pero ¿escribir este diario? Es sólo para mí. De modo que, ¡alto! Vuelve a Daniel. ¿Qué le enseñaron a Daniel? ¿A qué se comprometió Daniel?

Daniel se comprometió con Jesucristo. Sí, a mí también me enseñaron a comprometerme con Jesucristo. Pero... si tengo que escribir de Daniel, tengo que comprender lo que eso significa, lo que *de verdad* significa. «Creer que él es el Único Hijo de Dios»... «aceptarlo como mi Salvador personal»... «darle a Él mi vida». Nunca he comprendido ninguna de estas cosas y nunca he sido capaz de decir «Sí, creo», «Sí, creeré», «Sí, lo hago», sin mentir. Daniel ha sido capaz de decir sí. Y ésa es la razón por la que estoy bloqueada con este guion: que no *comprendo* a Daniel. Y, de pronto, me enfurezco.

¡No soy estúpida! Me refiero a que, cuando me estaban enseñando acerca de Dios, de Cristo y de todo eso en la iglesia, me estaban enseñando también inglés, matemáticas, física y todo lo demás en la escuela. Pues bien, le pillé el truco al inglés y a la física, de tal modo que pasé con sobresalientes, y dominé al cien por cien los materiales del curso en trigonometría y álgebra. Pero nunca pude pillarle el truco a eso de la religión cristiana.

Claro está que sabía que trataba de Jesucristo, de la forma en que vivió y murió, y que lo que tenía que hacer era algo parecido. Pero ¿cómo vivió? En primer lugar (tal como lo recuerdo), cuando tiene doce años o así, se vuelve a su madre y le dice: «Mujer, ¿qué tienes tú que ver *conmigo*?». Y la pone en su sitio de inmediato. Lo que la mujer tiene es un niño muy desagradable y grosero. Ahora bien, es posible que ella fuera un verdadero incordio, de tal manera que lo que tendríamos es una rebelión adolescente en la antigüedad. Pero no recuerdo que nadie me dijera que yo hiciera *eso.* Todo lo contrario.

—¿Quién te crees que eres, hablándole así a tu madre? ¡Vete a tu habitación de inmediato! Y quédate allí hasta que estés preparada para pedir perdón. ¡Y ruega a Dios que te perdone también!

Luego, Jesús va a hablar de nuevo con toda la peña de la iglesia, los ministros, los diáconos y todo eso, y les dice que se vayan. Bien, pues intenta hacer *eso.*

Y luego se encamina al desierto solo e intenta discernir las cosas por sí mismo. Eso le lleva cuarenta días, un mes y pico. De modo que supongo que dejaría el trabajo para dedicarse a eso, ¿no? Y cuando vuelve lo tiene todo claro. Y lo estupendo del tema es que un puñado de tipos lo cree y escucha todo lo que dice, y él se convierte en su líder. Y eso es magnífico, porque ahora pienso que, probablemente, él debió de tener una experiencia bastante bonita allí, en el desierto, sin comer otra cosa que langostas y miel, y dando vueltas por ahí bajo el sol abrasador. Creo que debió sucederle algo *grande.* Pero nadie me animó a mí a que me fuera por ahí a tener mi propia experiencia de Dios. Ni siquiera Jesús. Sobre todo, Jesús, no. «Tenéis que pasar a través de mí», es lo que dijo.

O, por decirlo de una forma más poética: «Yo soy el camino, la verdad y la vida; nadie llega al Padre sino por Mí». Bueno, chico, si no es un secretario engreído el que dice eso, no sé lo que es. Y la iglesia de Jesús me enseñó que, incluso en mis anhelantes oraciones privadas a mi «Padre que está en el cielo», yo tenía que ir «a través de Jesucristo, nuestro Señor, amén».

¿Por qué? ¡Yo quiero llegar a Dios directamente! ¡Ahora!

Me doy cuenta de que mi corazón se estremece, que se me entrecorta la respiración y que tengo una constricción en el plexo solar. Qué divertido... no, en modo alguno divertido... es terrible que el agarre de las enseñanzas de infancia sea tan potente que, incluso hoy en día, cincuenta años después, reaccione como una niña pequeña a la que han pillado haciendo una maldad.

Esta culpabilidad castiga mi cuerpo. Es el miedo a un gran castigo que descenderá desde los cielos paternos. O de más arriba aún. Porque lo que he escrito es terrible y moralmente *erróneo.*

Pero ¿qué es moralmente correcto? ¿Dónde he de buscar? ¿Qué he negado?

Los ojos de mi madre centellean. Es evidente que sé lo que he negado. El significado de su vida. Su ruego en el lecho de muerte. Su Jesús.

Diario: en la ciudad
15 de noviembre de 1978

De acuerdo, voy a enfrentarme a ello. Una respiración profunda. Yo *dije* que me pondría con este guion justo en este momento.

Así pues, uno de los lugares en los que negué, hace cincuenta años, fue en la iglesia del pueblo, donde mi tío era diácono y donde me «persuadieron» para que «bajara al frente» y «fuera salvada».

El pasado domingo me sentí lo bastante desesperada como para intentar algo. «Después de todo –me dije a mí misma–, *existen* mortales en los que puedes sentir a Dios. Yo he conocido, al menos, a uno de ellos, de esos que «están abiertos por detrás, por decirlo de algún modo, a la eternidad». Si intento, en este punto de mi vida, abrirme no sólo a los ministros de las iglesias convencionales, a quienes he estado entrevistando y me han parecido buenos hombres, aunque aburridos... sino también, si me abro, a los evangelistas carismáticos... podría encontrar entre ellos *uno* en quien pueda sentir la divinidad. Uno a través del cual pueda sentir esa cualidad que Jesús pudo haber tenido. La cualidad que persuade a la gente para que diga: «¡Sí, creo! ¡Sí, te seguiré!».

De modo que me he visto varias horas de transmisión televisiva evangélica. Pero, en vez de amor y comprensión, me he descubierto a mí misma llena de un odio incontenible. Quería estar enferma. Después, me he enterado del horror de Jonesville, donde novecientas personas siguieron al reverendo Jim Jones para perpetrar un suicidio en masa. ¡Terror! Todavía no puedo tocar las informaciones periodísticas del desastre.

Curiosamente, no puedo envolver una de mis esculturas en las hojas del periódico donde se habla de este carismático hombre, porque siento... como me ocurría siendo niña... que cualquier cosa que toque ese papel va a quedar maldita para siempre. El papel mismo se ha quedado con ese sobrecogedor poder. La escultura se resquebrajará en el horno. Yo me resquebrajaré.

Necesito desesperadamente hablar con alguien.

18 de noviembre 1978

He hablado con Harvey. Me ha sugerido que me imagine que soy niña de nuevo y que estoy sentada en el coro de la iglesia del pueblo. Así lo hago, y veo a un predicador con un cuello como el de un toro y un traje blanco, con acento sureño, señalándome con el dedo, señalándome, señalándome y golpeándome con él. Tengo miedo y... algo más, algo más... y me aferro al brazo del banco, y no me suelto. Mi corazón late con fuerza, lleno de anhelo y de terror. Ni siquiera soy capaz de hablar. Incapaz de hablar, mientras el coro canta, con dulzura... suavemente... «Oh, Cordero de Dios, vengo... vengo». Y no me muevo, aunque siento por todas partes las oraciones que se mezclan con la música, las oraciones de mi madre, de mi tío, de todos aquellos que lo único que quieren es que baje a la parte frontal y me salve.

Y, así, Harvey me ha sugerido que la que soy ahora (adulta, con experiencia, libre de la presión del tío y de la madre) hable con la que fui con doce años.

Al principio no podía. ¿Por qué?

—¡No me gusta *ella*! –he dicho.

—¿Por qué?

—Es desobediente. Es una niña difícil. Y reservada. Y evasiva... –escucho al progenitor enjuiciador en mí–. ¿Por qué se niega a levantarse cuando hay algo en ella que quiere... quiere...?

—¿Quiere qué?

Y, ¡zas! En mi mente, me encuentro de pronto con Yogi Amrit Desai, como lo estuve un día, hará cosa de un año; una entre un centenar o más de personas, la mayoría vestidas de blanco; yo no. Allí surgió en mí el deseo, la necesidad, la determinación de ser una de aquellas personas que estaban tan cerca de él como para que las tocara. Aunque (otra vez) eso significaba «bajar a la parte frontal» para recibir algunas cuentas, que él bendeciría para ponérmelas después alrededor del cuello. Aunque (otra vez) yo sabía que no podía seguir el sendero por el cual él discurría, con sus discípulos vestidos de blanco. Aunque (otra vez) me sentía culpable por haber sido reservada, evasiva, engañosa.

De modo que me acerqué y me arrodillé a sus pies y dejé que me pusiera las cuentas alrededor del cuello, y después le miré a los ojos, y supe, por vez primera, lo que debió ser estar cerca de Jesús. Pues allí, en esos ojos, más allá de esos ojos, estaba ciertamente aquel universo que «se abre por detrás, por decirlo de algún modo, a la eternidad». Allí, en esos ojos, atisbé lo divino, y sentí su inmensidad, y sentí que era amor.

No seguí al gurú, no más de lo que había seguido a los evangelistas. Pero, allí sentada delante de Harvey, eso me ha parecido irrelevante. La cuestión es que, ya a los doce años, anhelaba vislumbrar lo divino, sentir aquel sobrecogimiento, ser alcanzada por el amor. Y también había sabido, sin disponer de palabras para explicarlo, que el poder podía tener carisma. Ese poder, desde el púlpito, podía utilizar las palabras de amor, y podía ser peligrosamente engañoso. Tan joven como era, ya sabía que tenía que resistirme a todas las figuras de autoridad a mi alrededor, al poder de ese dedo acusador, a la dulzura de aquel coro.

—¡Qué niña más extraordinaria era! –le he dicho a Harvey–. Para resistirme a todo aquello.

—No le puedes decir eso a ella, ni siquiera ahora, ¿o sí? –me ha dicho.

—No puedo decírselo, porque querría abrazarla, y no está aquí.

—Sí que está aquí –me ha dicho–, en ti.

Sí, en mí. La amo en mí. Al fin, la amo.

Harvey me ha recordado que Carl Jung, a los trece años, les dijo no a *su* padre y a sus tíos cristianos, que eran todos ministros de la Iglesia. Jung se dio cuenta de repente de que no *sabían* lo que estaban predicando. Es decir, no habían experimentado a Dios. Creían. Eso era todo. Pero, para Jung, la creencia no era suficiente. Tienes que *experimentar* a Dios.

Cuando he regresado a casa, he tomado uno de los dos libros de Jung que tengo y me he puesto a leer, y me he encontrado esto: «La experiencia religiosa es absoluta. Es indiscutible. Si te cuento mi experiencia, quizás digas que tú nunca has tenido una experiencia así, y yo te diré: "Perdona, pero yo la he tenido", y ahí terminará toda discusión.

Con independencia de lo que el mundo piense de la experiencia religiosa, la persona que la tiene está en posesión del gran tesoro, de algo que le ha proporcionado una fuente de vida, significado y belleza, y que le ha dado esplendor al mundo».[2]

Oh, gracias, doctor Jung. Esto es lo que necesitaba. Sí, lléveme con usted más allá de este mundo asediado por las creencias cristianas de Daniel. Lléveme al mundo de la experiencia. Y gracias, gracias, Harvey… médico, psiquiatra, granjero, amigo.

3 de diciembre de 1978

Éste es el primer sueño memorable que he tenido desde que me he metido a fondo a estudiar a Jung:

> Estoy en el sótano de nuestra casa. Está limpio, pintado de blanco. Pero en el suelo, a mis pies, hay unos peldaños de piedra que no había visto antes. Descienden hacia las profundidades, a la oscuridad. Los dos primeros peldaños están limpios, el tercero está medio cubierto de tierra, el resto traza una curva para sumergirse en lo desconocido. Levanto la mirada y miro a mi alrededor en el blanco sótano. A mi derecha hay una puerta que da al exterior, por donde está saliendo tristemente una chica china; había venido a decirme que quería ser actriz, y yo la he desanimado. Delante de mí hay una habitación, donde Bob, con su cálida chaqueta marrón, trabaja tranquilo ante un escritorio. Vuelvo a mirar el agujero oscuro del suelo y los peldaños de piedra. Y me doy cuenta ahora de que, en el peldaño superior, hay un vial con dos pastillas para dormir. No me muevo. Simplemente estoy ahí, de pie, molesta conmigo misma por haber desalentado a la chica china, sintiéndome culpable por las pastillas para dormir, insatisfecha con la blanca esterilidad del

2. C. G. Jung. *Psychology and Religion* (New Haven, Conn.: Yale University Press, 1938), pág. 113. Edición en castellano: *Psicología y religión* (Barcelona: Paidós Ibérica, 2011).

sótano, tensa por el hecho de que los peldaños estén ahí, y sin ningunas ganas de bajar hacia ese mundo desconocido oscuro, húmedo y con olor a tierra. Me estoy diciendo a mí misma «Tómate tiempo, ve despacio, no te apresures...», cuando me despierto.

¿Cuál es el mensaje de un sueño? Consulto mi libro de Jung. Descubro que el sueño es la aportación que la mente inconsciente está intentando hacer a la mente consciente, pero, por lo general, ignoramos el sueño, el regalo, y dejamos pasar esa oportunidad para conocer más.

Así pues, doctor Jung, ¿cómo debería interpretar este sueño? Consulto mis libros de Jung. Me voy a meter de lleno. Si de verdad quiero ir «más allá de este mundo asediado por el cristianismo de Daniel», que, para mí, se ha convertido en un lugar blanqueado y estéril, lo que tendré que hacer es meterme en el agujero que se introduce en las profundidades, en la tierra desconocida y oscura de mí misma, y de... ¿de qué? No lo sé. Pero en mi sueño me aconsejo ir despacio. Tengo la alternativa, claro está, de tomar las dos pastillas para dormir y, haciéndome un ovillo, esperar a que todo pase.

1990

MARION: Se trata de un sueño crucial, Rita. Es un punto de tu vida en el que había que tomar decisiones.

RITA: Sí. Era muy fácil *decir*: «Llévame, doctor Jung, a todo aquello que está más allá de nuestro conocimiento». Pero *ir* era algo muy diferente.

MARION: Así pues, ahí estás tú en tu sueño. Puedes bajar por el agujero oscuro hacia lo desconocido, el inconsciente... mientras tu marido, tu masculinidad, permanece en la consciencia, trabajando tranquilamente en su escritorio.

RITA: Tomando nota...

MARION: Y luego está la actriz que hay en ti que se marcha.

RITA: ¿Por qué?

MARION: Porque en este punto no era la acción en el mundo, ahí afuera, lo que te interesaba. Lo que te importaba eran las profundidades, la escalera que baja. Pero… también te da miedo dar el primer paso. «Tensa y poco dispuesta». Y, a tus pies, en el primer peldaño, tienes dos pastillas para dormir, que puedes tomar y olvidarte de todo. Pero tú tomaste tu decisión, ¿no?

RITA: Sí.

MARION: Tú bajaste. ¿Habías bajado alguna vez?

RITA: Pero también he subido.

MARION: ¿Sabes? Nietzsche dice que, cuanto más profundo llegas en las raíces del infierno, más altas se elevan las ramas en el cielo. Y eso es lo que ocurrió contigo.

3 de febrero de 1979

Me desperté en mitad de la noche y tomé nota de este sueño:

> Bob y yo estamos paseando tranquilamente por la orilla del mar cuando nos encontramos con unas hendiduras en las rocas, unas rocas resbaladizas por las que es difícil caminar. Nos alejamos de la orilla, poco a poco, y nos encontramos con una iglesia muy cerca del mar. La puerta está abierta de par en par, y dentro se ve un pasillo alfombrado en cuyo extremo opuesto hay otra puerta abierta, que lleva de nuevo al sendero de la orilla. Le propongo a Bob que tomemos este atajo a través de la iglesia, pero él no quiere pasar por ahí, prefiere dar un rodeo, de manera que entro yo sola.
>
> Hay una mujer sentada junto a la puerta, que me pregunta si quiero rezar. Le miento y le digo que sí. Pero, entonces, siento dos cosas: que no quiero rezar en el camino que atraviesa la iglesia, pero que sí que quiero rezar con mi tipo de meditación. Entonces, la mujer me dice:
>
> —Tome el asiento número 189 –y señala al final del pasillo, a la izquierda del altar.
>
> Me voy hasta el asiento 189, pero hay una mujer sentada allí, y hay abrigos en el resto de asientos. La mujer me mira, malhumorada, evasiva, y pienso «Uf… gente de iglesia».

Entonces, el ministro sale y dice que aquellas personas que hayan nacido en tal y tal lugar pueden tomar asiento, pero yo no me encuentro en ninguno de esos grupos.

De pronto me percato de que Bob ha entrado finalmente en la iglesia, y me dice, desde el pasillo, susurrando demasiado alto, que va a volver por el camino que vino.

El ministro se pone furioso con él por estar hablando en el pasillo, le agarra de la oreja y se la retuerce con maldad. Y luego veo que está a punto de meterle el dedo en el ojo a Bob con la intención de sacárselo. Le grito que se detenga. Me abalanzo sobre él y grito:

—¡Qué barbaridad! Si le hace eso, yo también le sacaré a *usted* el ojo.

Y cuando voy a agarrarlo, el ministro se vuelve hacia mí y me doy cuenta de que tiene los ojos vidriosos y casi opacos.

—De ninguna manera me voy a quedar en su iglesia. No puedo rezar a mi Dios en este lugar.

1990

MARION: Vas caminando por la orilla del mar, por la orilla del gran océano del inconsciente. Tú y tu ánimus estáis recorriendo vuestro camino tranquilamente, cuando de pronto os encontráis con dificultades, rocas resbaladizas y escabrosas. Y allí, justo en vuestro sendero, aparece la iglesia, un lugar religioso colectivo. Si tomas ese sendero, recorrerás la iglesia por un camino fácil y alfombrado.

RITA: O sea, yo he partido en busca de mi propio sendero espiritual, pero, en cuanto aparece un problema, busco una solución fácil en la religión convencional, ¿no es cierto?

MARION: Bueno, eres tú quien decide entrar en la iglesia, pero tu ánimus no quiere.

RITA: Bob siempre ha sido agnóstico.

MARION: Tu ánimus también quiere dar «un rodeo».

RITA: Él quiere que tenga mi propia experiencia religiosa, aunque resulte difícil y resbaladiza.

MARION: Pero tú entras en la iglesia, y en el breve tiempo que estás en ella tomas tu decisión. De ninguna manera te vas a quedar en la iglesia.

RITA: ¿No soy parte del colectivo?

MARION: Lo que se trasluce es «que hay gente que tiene asiento y gente que no lo tiene». Y tú no lo tienes. No tienes asiento debido a quién eres. Esto ha sido así toda tu vida. Parece que no estabas destinada a lo colectivo. Ahora bien, esto te pone en una situación muy vulnerable, pues tienes que vivir tu destino en soledad, y lo has hecho con todo lo que hay en ti. Pero has conseguido extraer quién eres ahora. A partir de ese solitario viaje al inconsciente te has convertido en aquella persona que se suponía que debías ser desde que naciste.

RITA: ¿De verdad que he hecho eso? Porque yo siento... oh... hay mucho más...

MARION: Puede haber mucho más, Rita, pero hasta donde has llegado ahora, hoy en día... quiero decir que no te has tomado las pastillas para dormir.

RITA: No.

MARION: Y ahora, en este sueño, no vas a tomar el camino fácil, ¿verdad? No vas a dejar que te retuerzan las orejas para que adopten la forma convencional de escucha, ni te vas a dejar sacar los ojos para que no veas lo que realmente está pasando.

RITA: Debo admitir que tienes razón. De hecho, esto es lo que escribí en mi diario poco después de eso.

4 de febrero de 1979

¡Aquel sueño! Eso lo confirma. Parece que mi inconsciente ha decidido por mí. Si tengo que descubrir cuáles son mis verdaderas creencias religiosas, no va a ser en la iglesia de Daniel. No hay manera de que pueda ver lo divino a través de los ojos de ese ministro. Y, si el Dios de esa iglesia es el Dios de Daniel, entonces no tiene nada que ver con el mío.

Pero ¿quién *es* mi Dios? Da la impresión de que mi inconsciente lo sepa ya, pero yo no.

15 de febrero de 1979

Oficialmente, he dejado a Daniel a un lado. No sé lo que esto supondrá para mi reputación cinematográfica, pero les he dicho que no voy a poder entregar el guion este año, y hemos vuelto a hacer el contrato con fecha de entrega abierta. No tengo elección. Más adelante, quizás pueda comprender el sendero cristiano de Daniel, pero ahora tengo que mantenerme en mi propio sendero, y seguirlo adondequiera que vaya. Por lo pronto, me está introduciendo en las profundidades de Jung, me está llevando tortuosamente de regreso a través de los mitos y las religiones de toda la humanidad, con Joseph Campbell como guía. Ha llegado el momento (por citar a Campbell, refiriéndose a la leyenda de la Demanda del Santo Grial, del siglo XIII) en que tendré que atravesar el bosque por la parte más espesa, dejando atrás las buenas y conocidas compañías, para experimentar el bosque desconocido y sin senderos a mi manera. Y sé, y lo sé con temor, que «en la noche inexplorada del bosque, donde los vientos terribles de Dios soplan directamente sobre el alma indefensa que busca, las encrucijadas pueden llevar a la locura. Sin embargo, pueden llevar también, como dice uno de los más grandes poetas de la Edad Media, a todo aquello que crea cielo y tierra».[3]

Para ayudarme en mi demanda, volveré a esculpir, porque la escultura, al igual que el sueño, procede directamente del inconsciente.

30 de noviembre de 1979

Nunca, en mi larga vida, había tenido un maestro, en ninguna materia, que me empujara tan lejos, tan rápido y de forma tan eficaz como Merton Chambers, el escultor. Cómo lo hace, ni idea.

Él nunca me muestra lo que tengo que hacer ni cómo hacerlo; nunca toca mi obra; nunca critica. Simplemente hace preguntas. Hoy he hecho una pequeña maqueta.

---

3. Joseph Campbell. *Las máscaras de Dios: Mitología creativa* (Villaür: Atalanta, 2018).

—¿Qué quieres que diga esto? –pregunta Merton.

—Ahh... bueno... es una forma que me agrada.

—¿Por qué te agrada? ¿Qué te dice a ti?

Me resulta embarazoso. Lo que he estado haciendo de un tiempo a esta parte es una serie de obras abstractas, que parecen ser (quizás) unos rollos desplegables, pero no realmente desplegables, porque ocultan dentro una forma misteriosa, que es un misterio incluso para mí.

—Bueno... dice... algo como... –me lanzo y espero a escuchar lo que mi boca pueda decir– dentro de cada exterior... no... dentro del exterior del hombre moderno, hay algo oculto, algo muy antiguo. No. Dice... dentro del suave y terso exterior de la *mujer* moderna se ocultan misterios que se remontan al principio de los tiempos. Quiero decir, por mucho que intentemos seguir las estilizadas modas actuales, *dentro* hemos sentido el antiguo y misterioso poder de esas esculturas paleolíticas... la Venus de Willendorf, la Venus de Lespugue, esas imágenes nutrientes de panzas gordas, caderas anchas y grandes pechos que fueron abandonadas junto a la hoguera en cuevas antiguas para dar la bienvenida a los cazadores cuando regresaban con sus presas. Toda mujer ha tenido esa sensación... no, no puedo hablar por todas las mujeres... *yo* he tenido esa sensación de vientre hinchado, sobre todo después de hacer el amor, y he tenido la certeza de que, desde tiempos inmemoriales, eso ha sido algo femenino, nutriente y bueno.

—Bien, pues ahora ya sabes lo que quieres decir –dijo Merton–. Dilo de la forma más directa que puedas. Cuando comprendas lo que estás haciendo y por qué, tanto física como psicológicamente, sabrás lo que estás haciendo con tu trabajo, con independencia de los medios que utilices. Así pues, hazlo. Y hazlo de dos metros y medio de alto.

Y ésa es la razón por la cual, algún tiempo después, un enorme torso femenino con un vientre enorme y redondo se erguía en el estudio. No parecía una copia de una de aquellas Venus. No lo era. Y, sin embargo, tenía algo fascinante. Durante toda la noche, cuando se exhibían los murales del taller, había siempre un grupo de personas haciendo comentarios delante de la mujer del vientre hinchado, aunque estuviera en la zona del estudio más alejada de donde se ponían los canapés y la bebida. La gente parecía gravitar, con la copa y el canapé en las manos, para terminar en lo que debía parecerles un lugar cálido y nutriente en el cual congregarse y estar, como la hoguera en una cueva del paleolítico.

Increíble. Sin saber conscientemente lo que estaba haciendo, mi inconsciente me había llevado por el sendero, no sólo de *mi* búsqueda, sino, creo yo, de toda búsqueda religiosa. De vuelta al comienzo.

Diario: en el campo
30 de marzo de 1980

De vuelta al comienzo. Mi trabajo con la escultura y la lectura me han hecho remontarme en el tiempo... pongamos, treinta mil años.

Estamos en la cueva, con nuestros parientes. Y aquí hay una pequeña figura, la de una mujer, tallada por uno de los parientes, hace mucho tiempo, un pariente que falleció también hace mucho tiempo. ¿Y con qué propósito se talló? ¿Para que fuera propicio a qué dios? ¿Qué diosa? ¿A qué fuerza, quizás sentida, aún no limitada a un dios o una diosa, pero una fuerza que proporcionara alimento, refugio, calor, seguridad y niños? Si realmente estuviéramos en esa cueva, hace treinta mil años, no nos estaríamos haciendo estas preguntas, porque las respuestas serían obvias. ¿Qué forma podría expresar mejor la satisfacción de esas necesidades que la de esta pequeña hembra fecunda? Salvo que esa forma la adoptara toda una masa montañosa, levantada y tallada para darle el aspecto del cuerpo preñado de una mujer, para que la tierra en la que vivieras no fuera sólo algo propicio a esa fuerza-dios que satisfaría tus necesidades, sino que fuera el propio contenedor de esa fuerza. De ese modo, caminando por esas tierras, estarías recorriendo el torso de su divinidad, explorarías sus pechos, sus axilas, el espacio entre sus muslos, y correrías por la interminable ondulación de su espalda kilómetros y kilómetros.

Colinas sagradas como éstas las hicieron nuestros antepasados del Paleolítico y el Neolítico en lugares tan distantes entre sí como Creta y las Chalklands, en Inglaterra. Aquí, de hecho, bajo sus pies, estaba la Gran Madre. Y sabían que «todo lo que ella pare es, al mismo tiempo, orgánico y animado. No sólo hombres y árboles, sino también piedras y minerales. Todas las cosas que ella porta en sus entrañas son homólogas a embriones y todo seres vivos en el curso de la gestación».[4] Así pues, las piedras son sagradas. Los árboles son sagrados. Los hombres, las mujeres, son sagradas. Pues todas son hijas de la Gran Madre Tierra.

He estado leyendo libros de Leakey, Lévi-Strauss y Michael Dames, y todas las lecturas me conducen a mi interior y a mi propia tierra. Mi reacción ante esta tierra donde hemos construido nuestra Casa del Árbol es, soy consciente ahora, esencialmente neolítica.

El primer año después de comprarla, el zaorí me pasó la vara de radiestesia que él estaba utilizando y me impactó la fuerza con la que la vara se volvió hacia mí, para luego girar hacia abajo, con tal energía que los músculos de mis brazos no pudieron soportar la tensión y tuve que dejar que fuera donde quisiera. No lo comprendía, y no me gustan las cosas que no comprendo, de modo que no he vuelto a tocar una vara de radiestesia. Hasta hoy.

Hoy me he cortado una vara ahorquillada y la he agarrado con ambas manos mientras subía desde la hondonada hasta la colina. No ha ocurrido nada, hasta que he llegado a mi árbol. Allí, donde el árbol se muestra como doble, el macho al este y la hembra al oeste; allí, en ese punto de separación o de unión, la vara se ha vuelto hacia abajo con tal fuerza que los brazos me han temblado y he tenido que dejarla ir. ¿Qué significa? No lo sé. Aunque, claro está, he leído algo acerca de «radiestesia», «agua», «minerales», muchas cosas. Sé que la humanidad ha respetado y ha hecho uso de este tipo de adivinación desde que existe. Los seres humanos sintieron y siguieron las venas de energía en la tierra, y encontraron sus senderos a través de los inhóspitos espacios de Australia, África, Asia o América del Norte. Establecieron lugares sagrados sobre colinas en las que percibieron el poder. Y todavía lo hacen. Nosotros no lo hacemos. En *nuestra* sociedad patriarcal, en nuestro mundo pseudocristiano, construimos carreteras y ciudades, guiados por un poder de una clase bastante diferente. Guiados por la dominación del hombre sobre la naturaleza y por el valor de los bienes raíces. Pero aquí, en nuestra tierra, siento en lo más profundo de mi cuerpo un poder que es impresionante, que se ha introducido (no podía ser de otro modo) en mis creencias religiosas. No es que *dé culto* a lo que sé que

4. Michael Dames. *Silbury Hill*.

hay aquí, pero sí lo respeto, y me sobrecoge formar parte de ello. Y *eso,* para algunos pensadores (Frederick Franck, por ejemplo, en *The Zen of Seeing* [*El zen del mirar*]) es religión. «Tomar conciencia del lugar de uno en el tejido de todo cuanto existe».

No tengo un nombre para esta creencia, aunque estoy segura de que existe algún nombre, sin embargo, espero no enterarme jamás de él, pues he descubierto que los nombres son como cajas que encierran y limitan la intensa realidad de una experiencia. Un nombre es la forma práctica en que el hemisferio izquierdo almacena la información y la pone con pulcritud en un lugar.

«Animismo», dijo Earle cuando le hablé de mi unidad con el lado femenino de mi árbol. Quizás sea ése el nombre, pero no lo voy a utilizar. Ni tampoco voy a volver a hablar de la energía que fluye a través de mí cuando medito junto a mi árbol, llevándome hasta las más profundas de sus raíces y elevándome hasta las más altas ramas en el cielo. ¿Cómo le llamaría a eso Earle? No quiero saberlo.

Y, sin embargo, no me gustan las cosas que no comprendo. Y no entiendo nada de todo esto. Lo vivo, sí. Comprenderlo, no. Confianza, fe, todas esas palabras religiosas que evito, quizás sea aquí donde tienen sentido, aunque lo dudo. Lo que yo siento aquí es real.

No hace falta ninguna confianza. No se precisa ninguna fe. *Es.* Y yo *soy.*

1 de abril de 1980

¡Esto es increíble! Hace dos noches volqué aquí todas mis elucubraciones sobre mí y sobre esta tierra, ¡y ahora tengo este sueño!

> Estoy al pie de las colinas que ascienden desde la Casa del Árbol. A mi derecha está el Creador, que está creando mi cuerpo como una larga serie de piezas pequeñas de materia interconectadas, que se estiran en una vena en la hondonada entre las colinas. La vena está terminada. Entonces, escucho cómo la voz del Creador dice:
>
> —¡Oh, pero no podrá hablar!

Y soy consciente de que, a lo lejos, a la izquierda, se está elevando una colina. Y entonces la colina se rompe en dos piezas negras de materia. Una de ellas se pone en la vena-cuerpo, cerca del extremo superior, donde debería estar el cerebro. La otra mitad se pone más abajo, donde deberían estar la boca y los órganos de la palabra. Ahora, el sonido puede reverberar desde las colinas.

—Y esto –dice la voz del Creador– eres tú.

1990

MARION: Y esto eres tú, ciertamente, Rita. Te conviertes en una línea de energía de la tierra. Te transformas en parte de Sofía, y ella se convierte en parte de ti. Pero tú, debido a que eres un ser humano, tanto masculino como femenino, has de poder hablar. No basta con *ser. Hablar* de todo lo que te está ocurriendo es la carne convirtiéndose en Palabra, lo masculino trayendo la experiencia a la consciencia en el cuerpo.

RITA: ¿Sabes qué? El mismo día que tuve ese sueño, tomé nota en mi diario de una experiencia que había tenido años atrás y de la que nunca había hablado. No sé por qué, pero sólo tenía que… bueno, expresarlo.

2 de abril de 1980

Isquia. Es… sí… De repente, me doy cuenta de que lo que ocurrió en Isquia es lo que Jung habría llamado una «experiencia religiosa espontánea». Ciertamente fue espontánea, pues en lo último que pensaba yo en 1956 era en la religión.

Fue en octubre. Elisabetta y yo habíamos ido a Italia en busca de sol, después de un verano de lluvias y mocos en Londres, y encontramos el sol en aquella minúscula y árida isla de roca volcánica llamada Isquia. Creo que ahora es un lugar turístico, pero entonces… Nunca había estado en un sitio tan remoto ni había vivido tan en contacto con la tierra y el mar. Lo que comíamos procedía del mar; el vino que bebíamos tenía su origen en las viñas que cubrían las rocosas colinas. Cada día seguíamos la misma rutina: desayuno; sentarse al sol y escribir hasta la hora del almuerzo; echar una siestecita; luego, exactamente a las cuatro en punto, tomábamos el sendero del burro, que subía por la colina de lava hasta un paso estrecho, donde había una pequeña capilla blanca a la izquierda, mientras que a la derecha, delante de nosotras, detrás de nosotras y todo cuanto veíamos por debajo, había rocas y viñas verdes, y más allá el mar, perdiéndose en la distancia hasta el horizonte, en tonos verdes, verdeazulados, azules y negros. Y por encima de todo eso, y de nosotras, había un cielo de un azul limpio y profundo, perdiéndose en el universo. Todos los días nos deteníamos allí, y lo contemplábamos maravilladas; para, a continuación, bajar por el otro lado de la colina y nadar.

Pues bien, una mañana tuve una experiencia extraordinaria. Estaba de pie, en la cima de aquella colina de lava, bajo la luz brillante del sol. Comencé a contemplar el paisaje desde allí, como hacía siempre, pero vi, en primer lugar, a mi propio cuerpo, y estaba hecho de una masa de células vibrantes. Después, miré la roca de lava sobre la que se apoyaban mis pies, y era una masa de células vibrantes. Y las viñas verdes de abajo, una masa de células vibrantes. Y allá a lo lejos, el mar, verde, verdeazulado, profundo: una masa de células vibrantes. Y, por encima, el intenso azul del cielo vibraba hasta el espacio interminable, y podía distinguir cada célula de ese cielo, al igual que ellas podían distinguir cada célula de mi cuerpo. Y una increíble paz me inundó, y escuché mi voz diciendo: «Si muriera ahora, las células de mi ser se introducirían en las células de esta roca, y de las viñas, del mar, del cielo». Y, entonces, mi voz dijo: «No sé lo que es Dios, pero esto es Dios».

Después, abrí los ojos, y estaba de pie junto a mi cama. Estaba oscuro, aunque había una tenue luz en el horizonte, al este.

Escuché a Elisabetta incorporarse en su cama, sobresaltada.

—¿Estás bien? –dijo.

—Sí –respondí, y aún puedo sentir la calma de mi voz–. Acabo de descubrir lo que es Dios.

Y me metí en la cama y me quedé dormida.

Desde entonces... hace casi veintisiete años... tengo la sensación de que percibí un atisbo de algo que era innegablemente cierto, y, sin embargo, incomprensible. Aunque yo sabía que había tenido una vivencia de Dios, no sabía lo que era dios. ¿Un proceso? ¿Una inmensidad? ¿Un...? No lo sabía. Es decir, en mi mente no lo sabía. Pero creo que algo en mi inconsciente lo supo entonces y lo sabe ahora. Y quizás mi mente consciente sea cada vez más consciente de ello. Así lo espero, porque éste es mi objetivo: *saber* lo que es Dios, y *conocerlo* cuando me encuentre con él.

Pero lo que cada vez está más claro es que mi sendero, en mi búsqueda de Dios, me está llevando lejos del Dios de la escuela dominical, lejos del cristianismo tal como lo conozco, y lejos de la figura histórica del llamado Jesucristo. Incluso en mi visión de Isquia, lo único del paisaje que no vi fue la pequeña capilla blanca de culto cristiano. No estaba allí. Y hoy en día no forma parte de mi paisaje. No soy cristiana.

2

30 de agosto de 1983

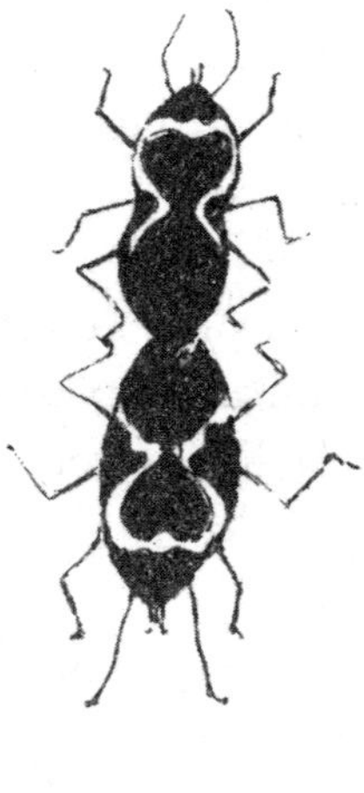

¿Qué insectos son estos
que se unen durante tanto tiempo,
sacudiendo las patas
en tal éxtasis?

La plataforma frontal de la
Casa del Árbol es mi naturaleza,
donde me siento y contemplo
el cortejo y apareamiento
de estas minúsculas criaturas salvajes;
estos seres vibrantes negros y rojos,
que afirman con toda claridad:
«Conozco la lujuria; conozco el anhelo;
conozco el éxtasis; conozco la satisfacción».

De repente, me acuerdo del sueño de esta mañana. ¡Qué divertido!

> Estoy observando a una chica joven que sube por unas escaleras, mientras llama por encima del hombro a un hombre que está a mi lado en el pasillo, de camino hacia el baño.
>
> —Si te acercas a mí otra vez, subiré corriendo –dice ella.
>
> El hombre entra en el baño. Ella se detiene y se quita la blusa, adoptando un aspecto despeinado y travieso.
>
> —Si te acercas a mí otra vez, te arrancaré los ojos –afirma ahora.
>
> El hombre no responde. Ella empieza a bajar las escaleras quitándose el sujetador.
>
> —Si te acercas a mí otra vez, te escupiré en la cara –interviene.
>
> No hay respuesta. Se quita la falda al llegar al término de la escalara.
>
> —Si te acercas a mí otra vez, te comeré –dice.
>
> No hay respuesta. Corre hasta la puerta del baño y se quita las bragas.
>
> —Si te acercas a mí otra vez, te besaré –afirma.
>
> De pronto, se oye la voz del hombre desde el baño:
>
> —Vámonos a la cama.
>
> Yo estalló en una carcajada y salgo por la puerta frontal.
>
> El paisaje es monótono y gris, hasta que giro la esquina del edificio, a la derecha; y, de repente, el color del paisaje me corta literalmente el aliento. Las colinas son de brillantes y vibrantes tonos púrpuras y verdes. Jadeo de gozo ante el espectáculo.

Oh, sí, hacer el amor es hermoso. Anoche, los relámpagos iluminaban el cielo oriental como unos fuegos artificiales cósmicos, salpicando y desgarrando de arriba abajo el horizonte. Y, luego, la lluvia atronó en el techo.

Sí, queridos escarabajos, yo también conozco el éxtasis.

Y conozco el gozo profundo (me pregunto si lo conoceréis también vosotros) que queda en el cuerpo, que vibra entre mi compañero y yo. Así que, hace justo media hora, cuando el sol se ponía por el oeste, acompañé a Bob hasta la cancela de la casa para decirle adiós, pues él tiene que volver a la ciudad y yo tengo que quedarme aquí. Y, mientras nos decíamos adiós con la mano en el polvoriento camino, Bob mirándome por el retrovisor mientras se alejaba lentamente, y yo junto a la cancela viéndole partir, he sentido una conexión tan intensa de gozo entre los dos que, sin duda, ha tenido que percibirla el camionero que se ha cruzado por delante entre Bob y de mí desde el otro carril. No es que el camión nos importara, pues el gozo y la conexión no se han interrumpido, y hemos seguido diciéndonos adiós con las manos, hasta que el vehículo de Bob ha desaparecido al otro lado de la colina y yo he vuelto por el sendero a la Casa del Árbol, con su amor en mi corazón.

Y así, mientras estoy aquí sentada en la plataforma de la casa, observando a estos hermosos escarabajos, mirando más allá de ellos a las temblorosas y enrojecidas hojas de los zumaques, y, aún más allá, a la deslumbrante luz del ocaso entre los pinos del bosque oscuro, me escucho a mí misma en un gemido de asombro. Yo también, queridos escarabajos, querido mundo que anochece, conozco las doradas vibraciones de la vida en cada una de las células de mi cuerpo. Yo también conozco la lujuria y el anhelo, el éxtasis y la satisfacción. Sé dónde está mi amor.

31 de agosto de 1983

Esta mañana, una pequeña serpiente se ha escurrido entre los peldaños de delante de la casa y, cruzando entre las briznas de hierba, ha desaparecido finalmente en el montón de leña. Las serpientes son raras. Las últimas... oh, dios mío, las últimas que vi fueron dos serpientes entrelazadas, copulando. Fue asombroso. Fue como si estuviera siendo testigo de un ritual primordial. El caduceo original. Dos serpientes entrelazadas convirtiéndose en una sola, en el rígido, poderoso y vital bastón curativo de Hermes, el mediador entre el cielo y la tierra. Me viene a la mente el búho. Tengo que esculpir «el ojo del búho». ¿De dónde viene eso? La serpiente y el ojo del búho.

De un sueño. Estoy segura que se me ha quedado en la cabeza a partir de un sueño. Revisaré mi diario. Si tengo razón, ¿por qué emerge ahora?

Más tarde:

Lo encontré. Fue una de esas noches en que tengo muchos sueños. Me despertaba y tomaba nota de un sueño, y aún no me había dormido del todo (o, al menos, eso pensaba yo) cuando me despertaba con otro sueño.

1. Me encuentro con una *enorme* serpiente. Es tan gruesa que me llega a la altura de la cintura, y es tan larga que, al pasar por mi izquierda, pasa y pasa y no deja de pasar. Estoy esperando a que aparezca la cabeza (como si se estuviera moviendo hacia atrás), pero, en lugar de eso, la serpiente se divide por la mitad como si hubiera llegado a un espejo; y, ahora, la serpiente, con su piel moteada, se duplicara en el espejo. Pero la serpiente del espejo no se mueve en dirección opuesta. El efecto es como si la serpiente se estuviera desprendiendo de su piel, pero como si tanto la piel como la serpiente se estuvieran moviendo. Después aparece otra serpiente. Ésta es blanca y brillante, y se mueve como un torbellino, ascendiendo cada vez más en el aire, haciéndose cada vez más larga a medida que asciende.
2. Soy un búho, y estoy siendo arrastrada hacia el cielo, aunque no el cielo abierto, sino hacia el ojo blanco de un búho mucho más grande. Sigo subiendo y subiendo, y el ojo es cada vez más blanco. El ojo es infinito, y es muy afectuoso. Es una experiencia extraordinaria. Muy interesante.
3. Estoy mirando una enorme mosca del venado. Debajo de ella hay otra mosca del venado, y otra, como una pila de diapositivas, sólo que enorme, y las moscas no son diapositivas, sino que están vivas y son reales. Mientras las miro, una se disuelve en la siguiente y desaparece, y me centro en la siguiente.
4. Estoy junto a una escalinata de dos o tres peldaños que da acceso a un templo de color blanco. Hay arena. Es Egipto, y el ambiente es seco. El techo del templo se sostiene sobre unas columnas blancas, y alrededor de las columnas hay serpientes blancas.

   Después, una figura femenina sale de entre las columnas. Es blanca, y parece ir cubierta con algo, como si fuera una estatua de piedra, sin rostro. Pero se mueve. Baja la escalinata y se mete en un estanque rectangular de agua blanca.

Y baja hasta que el agua le cubre la cabeza, y pienso: «Debe de ser un lugar de purificación, un lugar ritual». Me acerco al estanque y escuchó una voz que dice: «No. Esto no es para ti». Me despierto preguntándome *por qué* no es para mí.

5. Estoy a gran altura en el cielo, mirando desde las alturas una catedral gris, sólo que no es una verdadera catedral, pues está construida con cartón, y tiene una torreta en vez de una aguja. Después, veo que hay una boca en la torreta, y la boca se abre y se cierra. Pero es la boca de una rana verde, que está en el agua del borde de un estanque verde.

1990

MARION: ¡Cuánta energía! ¡Guau!

RITA: ¿En qué sueño?

MARION: Sobre todo en el primero. ¿Qué has hecho con ese sueño, Rita?

RITA: Bueno, es un sueño de serpientes. Cuando tuve ese sueño descubrí que la serpiente es un símbolo muy confuso. En primer lugar, a mí me enseñaron que la serpiente fue el malo de la película en el Jardín del Edén. Fue el tentador sexy, y eso es *malo.* Pero, en mis meditaciones, a veces siento una corriente de energía que recorre mi cuerpo, emerge por encima de mi cabeza y se curva sobre mí como protegiéndome, como si fuera la cabeza de una serpiente. Me sorprendió mucho la primera vez que me ocurrió. Tuve la sensación de que era el *bueno* de la película.

Pero aún me quedé más sorprendida cuando descubrí que, según una antigua creencia del Lejano Oriente, éste es exactamente el papel de la serpiente. La serpiente se eleva... o, por lo general, se elevan dos serpientes desde debajo de la tierra, se curvan a ambos lados del meditador y extienden sus cabezas por encima de la cabeza de éste, protegiéndole de cualquier peligro.

Así que, ya ves, cuando tuve este sueño, es cierto que sentí que había... como tú dices... una enorme energía, y la sentí como una energía *buena.* Pero ¿realmente era buena? Bueno, hace poco he tenido una respuesta de Joseph Campbell que fue algo así como un clic, un «¡Claro!». Hablando con Fraser Boa, Campbell afirma: «La serpiente representa la dinámica de la vida en el mundo. Se desprende de la piel para nacer de nuevo».[5] Después dice que el poder de la serpiente es la energía que transforma tu vida. Tú lees el mito o tienes el sueño de la serpiente, y ella te lleva a lo que Campbell llama «la vida espiritual».

MARION: ¿Crees que eso es lo que está ocurriendo aquí?

RITA: Sí, lo creo.

MARION: ¿Y la serpiente no es «el tentador sexy»?

RITA: Para ser sincera, creo que es un sueño muy sexual.

MARION: Yo pienso lo mismo. Vamos a profundizar. ¿Dónde está la serpiente en tu cuerpo?... ¿Dónde está el espejo en tu cuerpo?... ¿Dónde comienza la serpiente a moverse hacia atrás a través de su piel?... Pero ocurre algo muy interesante en el sueño. Otra serpiente «es como un torbellino, blanca y brillante, y se eleva en el aire...».

Posiblemente energía sexual convirtiéndose en energía espiritual. Ahí está la transformación. Con el búho también, el ave de Atenea, pero no está volando por ahí, está siendo atraído hacia el ojo blanco de un búho mucho más grande. Subiendo y subiendo, mientras el ojo es cada vez más blanco. El ojo es infinito. Es el ojo de Dios, o de la diosa, quizás. Estás pasando de lo personal a lo arquetípico. Ahora bien, lo fascinante de todo esto es que la energía se mueve al principio en horizontal, por debajo de la cadera, donde viene representada por la serpiente moteada, para luego ascender hasta el ojo de Dios. Creo que podrás ver la interconexión entre espiritualidad y sexualidad.

---

5. Fraser Boa. *This Business of the Gods* (Windrose Films Ltd, 1989).

RITA: Para ser sincera, hacer el amor me parece algo *sumamente* espiritual, pero también algo muy salvaje, algo como de gitanas.

MARION: Y ahí es donde entran las moscas del venado. Está el otro lado. Las moscas del venado vienen cuando la espiritualidad está en su cúspide.

RITA: Exacto. Para mí, las moscas del venado significan los orgasmos. Viene uno, y es *enorme.* Y se disuelve, y luego viene otro...

MARION: ¡Una mosca del venado después de otra! Pero, si observamos el siguiente sueño, parece que esté ocurriendo algo más. Estás en Egipto, un templo blanco, columnas blancas con serpientes blancas en torno a ellas.

RITA: ¿La sexualidad de nuevo?

MARION: Sí, pero en un lugar ritual. Y hay una mujer de aspecto divino. Es arquetípica. Es una virgen blanca envuelta en velos. Una parte espiritual de ti que es casi como la piedra, pero que va a ser transformada, quizás a través de su sexualidad. Se mueve de forma muy ritual, velada. ¡Una novia aún sin penetrar! Se mete en el estanque hasta que el agua le cubre la cabeza, Quizás se convierta en humana.

Sí, es un lugar de purificación. Apuesto a que nunca se te ocurrió pensar en la sexualidad como en una purificación. Es un lugar de transformación ritual. Después, la voz dice: «Esto no es para ti». Todavía no, en cualquier caso.

En el siguiente sueño, vuelves a estar en las alturas, mirando desde arriba una catedral gris. Pero no es realmente una catedral. Tiene una torreta en vez de una aguja, y está construida en cartón, un material endeble, y en la torreta hay una boca que se abre y se cierra. «Sonido de trompetas y címbalos».

RITA: Como todos los sermones que he oído en mi vida, que nunca me han dicho nada.

MARION: Y, luego, hay otra boca que se abre y se cierra, la boca de una rana verde al borde de un estanque verde. ¿Te acuerdas del cuento de hadas del Príncipe Rana? Es una criatura que adopta la forma humana a partir de un estado profundamente primordial, pero tiene las manitas y los pies de un ser humano. Así pues, lo que nace a través de tu sexualidad es la rana.

RITA: ¿Mi Príncipe Rana?

MARION: Otro nivel de tu masculinidad. Tu novia cubierta de velos se ha metido en el agua, y ahí está la rana, con su *enorme* potencial de transformación. El sueño es, por completo, un sueño iniciático, Rita.

RITA: El sueño me dijo: «Una vez más, la iglesia no es para ti. Vuelve a la tierra. No eres cristiana. Eres pagana; la tierra, el estanque de la rana es tu sitio».

MARION: Pero la boca de la rana se abre y se cierra. No es el Logos, pero…

RITA: ¿El Logos?

MARION: La Palabra que se hace carne. En este caso, la carne que puede convertirse en Palabra. Rita, piensa en esto: la serpiente, la sexualidad, que es tan importante para ti, puede haber tenido una influencia poderosa en tu vida al traerte estas cosas, que te han sucedido espiritualmente entre el momento en que tuviste ese sueño y ahora.

Diario: en el campo
13 de septiembre de 1983

Estoy entusiasmada; de hecho, me estremezco tras las conversaciones que he mantenido con distintos amigos y amigas, compartiendo con cada una, dándole algo a cada una y uno, felicitándoles, proporcionándoles ideas o las gracias por las ideas que me han facilitado. ¡Es el tiempo del ajá! El momento en que todas mis lecturas, mis escritos, mis búsquedas están confluyendo en un lugar y un tiempo: aquí y ahora. Ahora es el momento de ver exactamente dónde me encuentro en el recorrido por este bosque desconocido y sin senderos.

¿Por qué ahora?

¿Acaso no lo sabes? ¡Dentro de dos semanas, Rita Greer Allen se convierte de manera oficial en una pequeña anciana!

¿Quieres decir…?

… sesenta y cinco años.

¡Imposible!

Lo sé. Fue ayer mismo cuando crucé la barrera de los cuarenta.

Pausa. El corazón se acelera. Quizás me venga bien un café con un toque de ron.

Pero mientras estaba en la cocina, me di un bailoteo, con el café con un poco de ron en la mano, con la música de Dave Brubeck, y me di cuenta de que no era más vieja ahora de lo que lo era hace una hora. Bueno, sí, una hora más vieja. Y, entonces, mientras disfrutaba de la música y del balanceo sensual de mi cuerpo, me acordé de nuevo de los escarabajos de ayer en la plataforma, creando, procreando en medio del éxtasis. Y pensé que, en este momento (si es que entiendo cómo funcionan los escarabajos), las hembras están gestando más escarabajos que portaran los genes de su cuerpo y de su pareja. Y así ha sido generación tras generación durante miles o millones de años. Y ahí radica la inmortalidad de cada una de esas hermosas criaturas.

¿Difiere mucho en esto el escarabajo de los miles de millones de personas que creen que *su* inmortalidad se halla en su progenie, que portan sus genes, pene en vagina, cordón umbilical a ombligo, generación tras generación, desde las lejanas nieblas del pasado, hasta las lejanas nieblas del futuro? ¿O difieren sólo en que, en el caso de los humanos, la creencia es consciente y es, a veces, su religión, como ocurre en ciertas culturas, incluida la nuestra (si entendemos correctamente el edicto papal contra el control de la natalidad)?

El propósito principal de nuestra vida en la Tierra es perpetuar la especie, ¿no?

Si así fuera, yo habría fracasado, pues ningún niño, ninguna niña portará mis genes, ni los de Bob ni los de nuestros antepasados. Pero he hecho las paces con eso. Dolorosamente.

Así pues, ¿adónde me lleva esto en cuanto a *mi* propósito en la vida, hoy, a dos semanas de la fiesta de mi sexagésimo quinto cumpleaños?

Si no ha sido el de engendrar niños, habrá sido el de hacer películas o realizar esculturas. Lo que tendría que hacer es observar mis esculturas para intentar descubrir no lo que pienso, ni lo que *pienso* que pienso, sino cuál siento yo que es, en realidad, el verdadero propósito de mi vida. Todos los cuerpos que he esculpido son femeninos, redondeados y maduros para el embarazo. Todas y cada una de las cabezas que he esculpido, con independencia del sexo que tuviera en mente cuando las esculpí, parecen a veces masculinas, y en ocasiones femeninas. Creo que mi propósito ha sido honrar la poderosa energía entre los opuestos, no sólo en la pasión de la actividad sexual, ni en procrear, sino en lo femenino en sí, lo masculino en sí, y en la potente energía creativa que pulsa entre ellos en todos los cuerpos, en todas las psiques, en todas las cosas.

¿Es esto Dios? No lo sé. Pero siento que estoy aproximándome a *algo.*

14 de septiembre de 1983

Anoche estuve soñando mucho. Estuve soñando con esto durante lo que parecieron horas:

> Estoy intentando separarme del agua del mar...
>
> Estoy intentando separarme del agua del mar...
>
> Estoy intentando separarme... y entonces, de manera súbita, estoy en una fiesta, sentada con una mujer con la que he trabajado en la Canadian Broadcasting Corporation. Es una mujer agradable, competente, un poco varonil. Pero, a medida que avanza la fiesta, la mujer se transforma, con la misma competencia que muestra en el trabajo, en una voluptuosa mujer desnuda. Está sentada en una silla, a mi izquierda, y tiene colgados de sus largas piernas, de su vientre y de su enorme seno derecho a varios hombres, entre los cuales está mi padre, pero pequeño. Los sostiene como si fueran niños.

Intento averiguar el significado del sueño en términos junguianos. «El agua del mar» sé que es el inconsciente profundo, y veo que hay una parte de mí que forcejea por entrar en la consciencia. Aunque no sé qué parte. Me reconozco como «la mujer agradable y competente», pues, aunque no soy «varonil», siempre me ha encantado mi trabajo por ser uno de esos trabajos que hacen los hombres; como directora de un equipo cinematográfico de hombres; estando a la par de mis hermanos. Pero esa Gran Madre, ¿ésa soy *yo*? No creo. ¿Y ese padre pequeño? No sé qué hacer con todo esto. No es lo que tenía en mente cuando «sentí que estaba aproximándome a algo». ¿O sí lo es?

1990

MARION: Estás evaluando tus sesenta y cinco años. En los sueños, contemplas el gran mar de la vida. Intentas separarte de él una y otra vez, para aceptar conscientemente esa separación. Esos aspectos de la vida que otras mujeres dan por sentados... hijos e hijas, nietas y nietos... tú no los tienes. El dolor es profundo, tanto que no está personalizado. Aunque quizás me equivoque, pues podría ser una proyección mía.

RITA: No, no creo que te equivoques. Pero, súbitamente, el sueño cambia.

MARION: Y muestra lo que *sí* que tienes. Has sido una mujer muy creativa en la CBC. Y, por las imágenes oníricas, también has sido una matriz creativa para muchos de los hombres con los que has trabajado. Me pregunto si el sueño está corrigiendo lo que escribiste el día anterior, cuando decías que estabas haciendo figuras andróginas.

RITA: Las cabezas que hago son andróginas, pero los torsos son siempre muy femeninos y voluptuosos.

MARION: Bien, me pregunto si el sueño está diciendo: «No eres tan andrógina como crees; aquí tienes tu concepto inconsciente de relación». Lo cierto es que tu figura de Gran Madre sostiene a los hombres como si fuesen niños, y reduce a la parte del viejo padre a un niño pequeño. Quizás haya más trabajo de discriminación que hacer entre tu feminidad y tu masculinidad. Necesitas liberarte de la maternidad inconsciente.

RITA: ¡Dios mío, Marion! Eso está muy lejos del sueño que tuve a los seis años, cuando estaba rodeada por lo masculino, dominada por ello, cuando me sentía culpable de ser femenina por lo masculino. Parece que he cambiado mucho entre los seis y los sesenta y cinco años.

Diario: en el campo
15 de septiembre de 1983

He decidido que voy a poner por escrito mi credo antes del cumpleaños. Así pues... ¿en qué creo, los sesenta y cinco años menos diez días?

Creo que soy una parte microcósmica de un proceso cósmico que se desarrolla en el tiempo y el espacio sin comienzo y sin final.

Creo que el resto de seres, animales, insectos, plantas, tierra, minerales, gases, todas las cosas visibles e invisibles son también parte de ese proceso.

Creo que, de vez en cuando, inesperadamente, una puede hacerse intensamente consciente de este proceso cósmico casi de forma permanente; estas personas quedan impregnadas del proceso; personas como Gautama Shakyamuni, el Buda, y (quizás) Jesús.

Creo que, cuando digo Dios, es este proceso cósmico lo que estoy nombrando.

Creo que Dios es, cuando caes en la cuenta, todo. Y, cuando digo todo, quiero decir todo en el universo, cuya escala, tal como dice Jacob Needleman, «es abrumadora».

En la imagen del universo, tal como lo vemos ahora, a través de los increíbles instrumentos científicos, el hombre no es nada. «Dentro del tiempo cósmico, es menos que un parpadeo. En tamaño, no es siquiera una mota de polvo. Y su persistente existencia está a merced de las colosales dimensiones de unas fuerzas que, si cambiaran lo más mínimo, borrarían de un plumazo hasta el mero recuerdo de la existencia humana».[6]

---

6. Jacob Needleman. *Sense of the Cosmos* (Nueva York: Penguin, 1988), pág. 16.

Creo, por tanto, que ni siquiera soy una mota de una mota en este «menos que un parpadeo», y que soy, por tanto, nada. Mi vida carece de sentido.

Y también creo que este proceso cósmico al que llamo Dios ha marcado un sendero en la vida para que yo lo encontrara y lo siguiera; ese Dios está personalmente implicado en mi búsqueda del sendero. Y, cuando tomo un camino equivocado, los obstáculos se acumulan en él. Y, cuando tomo el camino correcto, el sendero es suave, mi vida tiene pleno sentido cada vez que respiro y cada vez que me muevo.

¿Cómo puede haber en mi credo ideas tan contradictorias? ¿Cómo puede Dios ser todo y, no obstante, involucrarse en mi insignificancia? ¿Cómo puede mi vida carecer de sentido y tener pleno sentido? Me gustaría poder hablar de esto con Bob. Con su agudo ingenio y su perceptivo intelecto, es un gozo hablar con él de muchas cosas. Pero de Dios no podemos hablar. Cuando lo intento, se le ponen los ojos en blanco, y mis palabras resultan confusas incluso para mí. Pero quiero, *necesito* hablar con alguien. Me pregunto si Harvey estará en su granja. Le llamaré por teléfono.

Conversación con Harvey

Harvey: Y son esas dos actitudes irreconciliables las que necesitas reconciliar.

Rita: Eso es lo que me exijo.

Harvey: Bueno, has venido a buscar al hombre equivocado. Cuando me hago esa pregunta, me voy a ordeñar las vacas o a limpiar el granero, cualquier cosa antes que enfrentarme a eso. Los hombres (principalmente los hombres) se han ido al desierto a forcejear con la pregunta, y algunos han regresado de allí *conociendo* a Dios, tras haberlo escuchado en la zarza ardiendo o viendo a Dios en la nube tormentosa. Y algunos vuelven esquizofrénicos. Los hospitales mentales están llenos de gente que dice «Yo soy Dios». Te estás metiendo por caminos peligrosos.

RITA: Pero... creo que éste es el camino que debo seguir. Tengo que *conocer* a Dios.

HARVEY: Sí. Y, cuando conozcas a Dios, estoy convencido de que no serás capaz de describirlo. Estoy seguro de que sentirás a Dios en lo más profundo de tu ser. Y a lo mejor puedes contarlo, sí, pero no podrás contar lo que es. Será inefable. Buena suerte. Y feliz cumpleaños.

Después de colgar el teléfono, me quedo sentada, mirando al suelo durante un largo rato. Observo a una hormiga que cruza el suelo tambaleándose, arrastrando a otra hormiga, que parece muerta. Al final, se unen a una corriente de hormigas atareadas, que se escurren apresuradamente por debajo de la puerta. Cada hormiga en la comitiva toca las antenas del resto de hormigas con las que se cruza, haciendo una pausa, diciendo... ¿qué? «Todo bien». «Que Dios te bendiga». «Peligro a la izquierda». «Comida a la derecha». «Vienen nuevos planes del cuartel general». «Cuidado». «Mantente en tu sendero».

¿Cómo puedo creer que mi vida tiene más sentido que la de una pequeña y atareada hormiga? Sí, claro, soy más grande. Más compleja. Pero, ante la enormidad de todo, del todo cósmico, ¿cómo puedo creer que soy más grande en cuanto a sentido? Sin embargo, hay algo *verdaderamente* más importante. Que existo. Eso es todo. Existo. Tú, hormiguita, tú existes.

Ha pasado media hora. Hace veinte minutos me percaté de que había una incursión de hormigas en mi tarro de mermelada, y no *quiero* hormigas en él. De modo que he pisado a algunas que estaban por el suelo y he sacado al resto de casa y las he llevado al bosque.

Por mucha afinidad que tenga con las hormigas, por mucho credo que valga, por mucho que hable de mi unidad con todas las cosas grandes y pequeñas, mi mermelada y yo vamos primero.

Pero ¿se reduce a eso a la hora de poner en práctica mis creencias religiosas?

¡Sí! ¡Puede que sí! Y ahora que me enfrento a eso cara a cara, me doy cuenta de que lo que exijo no es un credo. No importa lo que yo pueda *creer*. Lo que importa es *saber*.

Saber qué soy realmente.

Saber qué hago realmente.

Experimentar y *saber* lo que experimento, sea o no bueno.

Y, con el tiempo, quizás, conocer a Dios.

25 de septiembre de 1983

Sueño: estoy en una catedral tan enorme, tan alta, que su triforio se pierde en las nubes. Está a punto de celebrarse una boda. La gran bóveda vibra con el sonido de un potente órgano y con el canto de un coro invisible. El ambiente se llena poco a poco de luz, y me doy cuenta de que es porque las dos personas que se van a unir se están acercando a la catedral. Todavía están lejos, ¡pero tienen tanta energía! Y tomo conciencia de que son divinidades. Vienen desde muy lejos. En ese momento me despierto, con el canto del coro resonando en mis oídos.

El Señor del Cielo altísimo
tiene una razón.
El Señor de todo el Cielo
tiene una razón.

Estoy sobrecogida con este sueño. Augura, ¡oh cuánto *espero* que augure!, que, en algún momento, quizás dentro de mucho tiempo, ocurrirá: el matrimonio divino en mi propia catedral interior. *Conoceré* a Dios.

3

Diario: en la ciudad
11 de febrero de 1984

¡Febrero! El sol deslumbra en la nieve. La escultura deslumbra en el estudio. ¡Lo juro! Con toda la falta de modestia.

¡Sin embargo! Estas extrañas criaturas aladas que exigen ser formadas. Algunas de ellas cojas, tullidas, fragmentadas, pero *aladas.* Son indudablemente algo que mi inconsciente quiere traer a la existencia. Pero... ¿ángeles? Espero que no. No podría soportar la idea de ángeles. Ni siquiera de Miguel Ángel, el escultor. Frías, sentimentales, dando vueltas por ahí. Aunque... mis criaturas aladas no son nada de todo eso. Pero ¿qué son?

Un atisbo de respuesta llega esta mañana durante la meditación, mientras repito el mantra de Assagioli:

> *Tengo pensamientos, pero no soy sólo mis pensamientos.*
> *Tengo emociones, pero no soy sólo mis emociones.*
> *Tengo deseos, pero no soy sólo mis deseos.*
> *Tengo un cuerpo, pero no soy sólo mi cuerpo...*
> *Yo soy. Yo soy... Yo soy. Yo soy...*

Y este yo, al ser algo más que la suma de cuerpo, pensamientos, deseos y emociones, me lleva, mientras medito, a lo más profundo de mí misma, y luego abajo, abajo, dentro de la tierra, bajo la casa, y luego arriba, más arriba, como una llama de energía blanca que atravesara mi cuerpo, mi cabeza y más allá...

¿Trascendencia?

Y ruego, ¿qué es la trascendencia?

Elevarse a las alturas.

¿Qué?

Todo eso de la vida cotidiana que te perturba.

Trascender, entonces, ¿hacia qué?

¿Hacia la energía cósmica y la gloriosa vitalidad que en Isquia llamé Dios?

¿Y qué tienen que ver con eso esas criaturas con una pierna, con un ala, fuertes pero anhelantes, que hay en mi estudio? Te ruego que me lo digas.

Dios sabe. Yo no. Y me da vergüenza que, en la próxima exhibición, haya algunas de esas criaturas colgando por ahí. Pero tengo que admitir también que hay algo en ellas que me fascina.

Y, entonces... ¡Sí! Me encantará participar en la nueva exhibición de la Koffler Gallery. ¡Gracias! Y me encantará, señora Leigh, estar en otra exhibición de dos mujeres con usted el año que viene. Y acepto con mucho gusto la invitación para ser uno de los escultores canadienses en el International del año que viene, y estoy convencida de que desarrollaré un tema lo bastante interesante como para dominar una de las paredes de la galería. Y sí, por supuesto, Chris, será un honor para mí que alguna de mis obras vaya a la eposición de Raku a Japón...

Y, en cuanto al cine. Oh sí, por supuesto, es maravilloso que *Raku Fire*se siga vendiendo en el extranjero siete años después del estreno, y que se me haya pedido una ponencia sobre el guion en dos facultades de cinematografía y en un taller. Y esta mañana, escuchar que el Jefe de Dramas quiere, y mucho, una serie de películas mías, y pregunta si estaría dispuesta a discutir los términos. Sí. Lo estaría. Oh, sí a todo. ¡Síííí!

Parece que mi vida está entrando en un estado de devenir que nunca había experimentado. «¡Mujer que se vuelve!». Resulta curioso que yo siempre comience mis nuevas series de esculturas con una mujer de espaldas que se vuelve, pasando por una vista lateral, para exponerse plenamente de frente, antes de volverse de espaldas de nuevo. Es mi manera de averiguar quién soy *ahora,* dónde estoy, cuán fuerte soy. Y mi reciente serie de «Mujer que se vuelve» me demuestra a mí misma que soy vulnerable, voluptuosa, triunfante y, sí, tengo que admitirlo, hermosa.

Y esa serie estará también en la próxima exhibición con esas extrañas criaturas aladas. ¿Una nueva meseta, o ascendiendo en espiral hacia una meseta?

Durante la meditación esta mañana

Voy a lomos de un ave.
Ahora estoy debajo de ella, y me sujeta con sus garras.
Me suelta. Caigo.
Todo está negro a mi alrededor.
Ahora, empiezo a elevarme hacia la luz.
Soy consciente del ala del ave.
Yo soy el ave.

19 de febrero de 1984

Domingo por la mañana. Muy temprano, he vivenciado a Dios en un sueño.

> Soy consciente de que Dios está dentro de mí. Siento cierta aprensión. Vuelvo la cabeza ligeramente hacia la derecha para ver lo que hay allí y veo un torso, de trazo muy simple, con una luz que brilla por detrás. No tiene rasgos ni brazos. Es completamente plano en la superficie que da hacia mí; tiene el tamaño de un cuerpo humano, pero sólo consta de cabeza, hombros y pecho, que termina en el plexo solar. Sin embargo, en la cabeza, falta una pieza triangular en el lugar donde debería estar el hemisferio izquierdo. El resto es de color gris. Aparto la mirada. Siento mucha aprensión. Sé que tengo que elegir ahora, o doy la vuelta y me alejo para siempre, o me enfrento. Opto por enfrentarme.
>
> Ocurren cuatro cosas: *sé* de inmediato que no es un «él» ni una «ella», sino «ambas cosas». Me doy cuenta de que no es gris, sino que parece gris porque está compuesto por innumerables células vibrantes, de todas las formas y colores concebibles, las cuales, al estar tan estrechamente mezcladas, tienen la apariencia de gris.
>
> De repente, la figura ya no está delante de mí; se ha introducido en mi torso, por completo, desde la coronilla hasta el plexo solar. Todas sus células están entremezcladas con las mías. Y ahora, la zona vacía triangular del hemisferio izquierdo de la figura se llena. Las células combinadas de ese cuerpo y el mío fluyen y se introducen poco a poco en mi hemisferio izquierdo.

Me he despertado empapada en sudor. Me he levantado y he ido al baño. Siento un hormigueo en la parte izquierda de la cabeza, justo más allá del centro, como si tuviera un sarpullido bajo el cabello. Me miro en el espejo, pero no hay ninguna erupción.

MARION: ¿Qué hiciste con eso, Rita?

RITA: Fue un... regalo. Pero un regalo muy extraño. Jamás me hubiera esperado un encuentro así con Dios. Me refiero a que no llegó con un resplandor de luz cegador. No sentí ningún asombro ni éxtasis cuando él... ello... entró en mí. No tuve una sensación profunda de... «¡Entonces era esto! ¡Ahora ya lo sé!». Simplemente ocurrió. Volví a la cama y me dormí de nuevo, que es lo mismo que hice, ahora soy consciente, tras la visión-sueño que tuve en Isquia. Y me acabo de dar cuenta de que, tanto aquella visión como este sueño guardan relación con *células,* sólo que esta vez las células se introducían en mi cuerpo en vez de salir de él para propagarse por el suelo, el cielo y el universo.

MARION: ¿Y qué significa para ti que las células sean grises?

RITA: *Parece* que son grises. Me trae a la mente la primera vez que vi hacer un mandala. Lo hicieron para el Dalai Lama. Los monjes estuvieron trabajando en él durante semanas, depositando partículas de arena de todos los colores concebibles, formando un patrón increíblemente intrincado, vibrante, en torno a la imagen central. Y cuando terminaron el mandala... cuando el viaje concluyó, por decirlo así... recogieron toda la arena, la metieron en una botella, ¡y era gris! Pero yo *sabía,* y también todas las que habían presenciado el proceso, que lo que parecía ser simplemente arena gris estaba lleno de colores, de vibraciones...

MARION: ¿Luz?

RITA: Sí. Creo que se podría llamar luz. Podría decir incluso algo cercano a la vida.

MARION: ¿Dios en la materia? Pero, entonces, en tu sueño, Dios es sólo un torso.

RITA: Desde el plexo solar hacia arriba. Creo que tiene que ver con los chakras superiores. Yo no sabía demasiado acerca de los chakras cuando tuve el sueño. Y lo que sabía no era más que conocimiento de tipo intelectual. Pero no dejaba de ser un dios que entraba en mí y activaba los chakras superiores.

MARION: Esa energía se movía en la región superior... el corazón, la garganta, el tercer ojo. Lo espiritual. Y creo que el espacio triangular en la cabeza de Dios está diciendo «el pensamiento del hemisferio izquierdo no hace ninguna falta en este punto del proceso».

RITA: ¡Exactamente! De modo que, cuando entró en mí, las células espirituales del dios sólo se cerraron en el espacio donde mi hemisferio izquierdo se entrega al parloteo, intelectualizando acerca de Dios, y no llegando a ninguna parte.

MARION: Este sueño te llegó en el momento preciso para cerciorarte de que ahora disponías de la fortaleza espiritual necesaria para abordar lo que vendría después de eso.

RITA: Así lo creo. Creo que tienes razón. Aunque no creo que yo fuera consciente de su importancia en aquel momento. Simplemente me acosté sintiéndome un poco... decepcionada.

23 de febrero de 1984

Claire ha telefoneado. Su amiga necesita ayuda con urgencia, de inmediato. Está muy angustiada. Cree que se está volviendo loca. ¿Acaso puedo ir? No. No puedo. Tengo muchísimo trabajo y me parece que me estoy resfriando. Le he dicho que no. La he dejado colgada. Debería de hacer *algo.* La volveré a llamar. Ayudaré a su amiga, por supuesto.

24 de febrero de 1984

Me despierto en mitad de la noche.

> Sueño (en parte): estoy en la proa de un barco, que se halla en un fiordo muy oscuro, con niebla. El barco, que es una especie de remolcador, avanza lentamente. Estoy en estribor, mirando hacia la proa, donde, para mi más absoluta sorpresa, hay una

> enorme y brillante tetera de latón, montada a modo de mascarón de proa, sólo que un poco torcida. Desprende vapor por la boca, tanto, que está creando la niebla a través de la cual navegamos, de modo que apenas puedo ver adónde vamos. Miro abajo, al agua, y me doy cuenta de que estamos navegando en aguas cada vez menos profundas, que apenas cubren el lodo negro. En el lodo se ven los tocones muertos de abedules. De repente, soy consciente de que la popa del barco se está hundiendo lenta, muy lentamente.

Las nueve en punto. Me despierta el teléfono. Es Angela. Vamos a comer juntas. No estoy segura. No me siento bien. Le cuento mi sueño. Se ríe cuando llego a lo de la tetera.

—Es una imagen perfecta de ti, Rita –dice–, siempre vertiendo tu contenido en los demás.

Es un cumplido, pero no lo considero así. ¡La tetera es *ridícula*! La tensión de la hernia de hiato me recorre la caja torácica desde el esófago. ¡Dios! Mi temperatura es de 38 °C. Tengo que telefonear a Claire.

Cuatro de la tarde. Temperatura, 38,4 °C. El médico dice que tengo bronquitis. Penicilina y cama durante al menos una semana. Demasiado, con el trabajo que tengo. Demasiado para la amiga de Claire. Pero puedo hablar por teléfono desde la cama. Puedo organizarme.

1990

MARION: Se parece al sueño de un adicto.

RITA: ¡No! ¿De verdad? ¿En serio?

MARION: En su núcleo es una negación. Es como un alcohólico haciendo planes de vida, y le preguntas cómo le va, ¡y todo va de maravilla! Magníficamente. No podría ir mejor. Y le preguntas por su problema con la bebida y ¿qué ocurre? Negación. ¡Beber no es ningún problema! Pero sabes que su vida se desmorona… al igual que tu barco… hundiéndose en el inconsciente. Se está muriendo. Y la curiosa tetera está allí, en lo más alto, echando vapor.

RITA: Marion, ¿a qué soy adicta?

Marion: Bueno, quizás tu adicción en ese punto de tu vida era una adicción a lo que esta amiga representaba para ti. Podría ser una adicción a un concepto de madre en ti misma. Una adicción al poder de ayudar. Hay una parte de ti que es una enorme y brillante tetera de latón. Y tú estás en la proa del barco, donde debería estar el mascarón de proa, en la posición de liderazgo, de poder.

Rita: ¿Quieres decir que no debería haber intentado ayudar a la amiga de Claire?

Marion: No, estoy diciendo que estamos tan acostumbradas al poder que no lo reconocemos por lo que es. Por una parte, es maravilloso que quisieras ayudar, a pesar de estar sobrecargada. Pero fíjate en el poder oculto que eso representa.

Rita: Me doy cuenta. Pero también puedo ver el punto de vista opuesto. Si no intentas ayudar a los demás, ¿qué de bueno hay en ti? Todo lo que haces lo haces por ti misma.

Marion: ¿Y dónde está el equilibrio? Tienes que encontrar el equilibrio. Porque si no puedes alimentar tu propia alma, recurrirás a las «acciones bondadosas» para tener poder sobre los demás.

Rita: De repente, estoy viendo de otra manera las cosas que ocurrieron durante aquel período. Aun estando enferma, estaba intentando ayudar... Era adicta al martirio.

Marion: Rita, ¿debajo de la tetera había algún fuego?

Rita: No. Era una tetera muy lista, ¿eh?

Marion: ¡Sí, sí que lo era! Sin fuego. Un detalle importante.

Rita: ¿Por qué?

Marion: Porque la tetera echa aire caliente y genera la niebla con la que estás navegando.

Rita: Oh... eso es divertido.

Marion: ¿De dónde crees que procede la energía?

Rita: Ya. Directamente de mis bronquios.

Marion: Exacto. Los bronquios colapsan y el proceso regenerador de la respiración desaparece. La verdadera energía del cuerpo está en los pulmones, en la respiración. Ahí es donde está el fuego de tus emociones, el fuego de tu creatividad. Pero estabas enferma de los bronquios. Y, sin embargo, aún intentabas convencerte a ti misma de que todo iba a ir bien. Y ésa no era la realidad. Ése era el mundo de una adicta. Y entonces tienes este sueño, con el adorable vapor blanco saliendo de la boca de la tetera, generando niebla, brumas, de modo que no puedes ver que estás navegando en aguas cada vez menos profundas... estabas perdiendo el contacto con tu propia agua creativa. Y te estabas hundiendo en lodo negro. La inconsciencia. Y, en el lodo, incluso los abedules, que te gustan tanto, son tocones muertos y peligrosos. Y tú también, si no escuchas a ese sueño.

RITA: ¿Podría haber muerto?

MARION: Es un sueño de advertencia.

RITA: Sí. Lo es. Lo fue. Pero creo que no escuché.

10 de mayo de 1984

¿Por qué ocurrió? No lo sé. Sólo sé cuándo sucedió.

Yo estaba masajeándole la cara. Ella decía que no había podido dormir en varias noches, que estaba llena de maldad. «No creo que seas mala –le dije–, pero intentaré ayudarte a dormir». Y se recostó sobre mi regazo, y le masajeé la mandíbula, el cuello y la cara, y, poco a poco, fui subiendo con las manos hasta las sienes y el cuero cabelludo, para llegar finalmente a la coronilla, cuando, de repente... ¡zas! *algo* saltó desde la coronilla e impactó en mi plexo solar como una barra de hierro, y la negrura se introdujo hasta lo más profundo de mi ser, llenándolo de arriba abajo. No me lo podía creer. Miré su rostro sereno, mientras la negrura se propagaba en mi persona. Iba a gritar. Tenía que... Tenía que... Me deslicé para levantarme del sofá y me fui corriendo a la puerta trasera de la casa. Salí en mitad de la noche y comencé a vomitar con grandes arcadas, a vomitar y vomitar... pero la negrura que conseguía sacar de mí con los gritos de las arcadas era reemplazada por una negrura aún más negra que se introducía en mí.

«¡Me he envenenado! –pensé–. ¡Por favor, Dios! ¿Cómo puedo librarme de este veneno?». Y, entonces, pensé: «Medita».

Entré corriendo en casa y subí a mi dormitorio, y, por vez primera desde que tenía diez años, *recé*. No medité. Me senté y *recé*. «Por favor, Dios, por favor, Dios, por favor, dios...», una y otra vez y otra... hasta que el sudor me cayó por el rostro, por los senos, por las piernas.

Y, de repente, me di cuenta de que dos manos sujetaban mi cara. Las sentía como si fueran doradas, una a cada lado de mi cara, desde debajo de la barbilla hasta más arriba de las sienes. Me sujetaban de forma suave pero firme…

Y entonces me di cuenta de que dos grandes alas blancas me envolvían desde encima de la cabeza hasta debajo de los pies.

En ese momento fui consciente de que el núcleo negro estaba descendiendo poco a poco para ser reemplazado por una luz dorada-blanca. Y lo negro descendió, y lo dorado-blanco también, hasta que lo negro desapareció por completo y me sentí llena de luz.

Creo que me derrumbé entonces, no lo sé, ni sé cuánto tiempo estuve así hasta que volví en mí. Y, después de plasmar todo esto por escrito, sigo sin saber qué es lo que me golpeó en el plexo solar y me llenó de negrura. Ni sé tampoco qué fue lo que me salvó. Puedo decir «Dios». Debo decir «Dios», pues fue a Dios a quien llamé, y fue Dios quien me limpió de no sé qué, de algo terrorífico y muy muy real.

Debo admitir que fue Dios.

8 de septiembre de 1984

Sentada en la ventana de la bahía. Envuelta en mantas. Mirando entre brumas a los helechos del jardincito delantero. Los helechos se están volviendo pardos. La primera señal del otoño. ¿Qué fue del verano? Drenada por las fiebres de la bronquitis, una y otra vez… ¿cuántas veces? Once. Sí. Es el undécimo ataque desde febrero. Y, entre ataque y ataque, de aquí para allí, buscando el tratamiento *adecuado* para la amiga de Claire. No hay nada que funcione. «La esperanza cruje en la garganta como una pieza de maquinaria oxidada…».

El holístico doctor John decía que compadecerse entraña un peligro… «padecer-con», tradujo… padecer con otro su enfermedad, porque «te deja abierto a la posibilidad de tomar tú la enfermedad del otro». Esto, parece indicar, es lo que he hecho, y sólo *yo* puedo hacer que se vaya del sitio donde se ha alojado en mí. Sal de mis pulmones, de mis bronquios. Así pues, ¿he propiciado yo el nuevo ataque?

Harvey dijo que la bronquitis era algo positivo.

—Quiero que tengas este pensamiento en mente –dijo–. A lo largo de milenios, el inconsciente ha diseñado infinidad de formas para proteger la vida y mantenerla. Una de ellas es la del intrincado sistema inmunológico. Ahora piensa que esta enfermedad que no cesa es lo que tu inconsciente ha decidido que es la mejor protección para ti en estos momentos, como alternativa a algo que sería mucho más peligroso y que terminaría por abrumarte. Tu inconsciente te está cuidando. No *pienses* en ello. Deja que se hunda en tu inconsciente y sueña con ello.

Y lo hice. No recuerdo el sueño, pero, cuando me desperté al día siguiente, estas palabras persistían en mi mente:

«No intentes redisponer el sistema de las estrellas. Simplemente intenta vivir dentro de él».

21 de octubre de 1984

Bobby quiere envolverme en mantas y llevarme a la Casa del Árbol. Creo que le diré que sí.

Diario: en el campo
22 de octubre de 1984

He visto a un ciervo buscando líquenes en la cima de la colina. Me he puesto de pie y he estado observándolo durante media hora. Es maravilloso estar presente en otro mundo.

Mi árbol me dice: tómate tiempo…

Sí. Deja a un lado las exigencias del mundo. Acepta la enfermedad.

Tómate tiempo. *Kairós,* como dirían los griegos. Estate en *kairós,* no en *cronos,* ese otro sentido del tiempo, el *tic, tic, tic* de un minuto tras otro que se escapan, una cosa tras otra presionándonos, envejeciéndonos, desgastándonos.

Kairós es ahora. Plenamente en el instante, que se convierte (como me ha ocurrido mientras miraba al ciervo) en una hermosa eternidad. Tómate tiempo para estar en la eternidad ahora.

12 de diciembre de 1984

Tengo que dejar mi carrera cinematográfica. Les he notificado formalmente que no puedo entregar los guiones en las fechas estipuladas. Dudo que me lo vuelvan a pedir. Me siento triste, pero también aliviada al eliminar esa presión. Sin embargo, hay algo más: no quiero seguir inventándome historias dramáticas. Y mi propia historia no es algo que se pueda recrear. La escultura es otra cosa. He comenzado otra serie de *Mujer que se vuelve*. Estoy comenzando de nuevo para averiguar dónde estoy, qué soy. Sí, tengo que dejar que lo que hay en mí salga fuera y tome forma en la arcilla.

2 de enero de 1985

Me he despertado a las cinco y media con este sueño:

> Acabo de tener una sesión con un joven psiquiatra. Ahora está hablando con tranquilidad con otro psiquiatra mayor, y dice:
>
> —Ella ha alcanzado varias veces la siguiente fase, pero no va a dar el salto. No es consciente de que ya está allí.

1990

MARION: ¡Eso es! ¡Eso es! Tu inconsciente ha dado ya el salto a otro nivel, pero tu vida despierta debe cambiar para armonizarse con el inconsciente. Así pues, ¿qué ocurre? Pues que tenías que ponerte enferma.

RITA: ¿En serio? ¡Qué manera más difícil de hacerlo!

MARION: Esa experiencia del inconsciente tenías que masticarla, tragarla, digerirla, asimilarla... y eso puede llevar... años. Pero, entonces, si un sueño como ése te dice que *puedes* dar el salto conscientemente, algo... la energía genera un pequeño terremoto. Cada célula de tu cuerpo está provocando un pequeño terremoto y, poco a poco, el cuerpo, todo él, está explotando. Y seguirá haciéndolo hasta que captes el mensaje, según mi experiencia.

RITA: Te pones enferma.

MARION: Hasta que te permites tomar conciencia de lo que ha ocurrido.

RITA: ¿Opera el inconsciente a través del cuerpo?

MARION: Pasando a la consciencia. Y cuanto más consciente se hace el cuerpo, más sucede algo así como que un violín normal y corriente se convierta en un Stradivarius. Entonces, tienes que aprender a tocar un Stradivarius. La afinación tiene que ser exacta. El cuidado del instrumento tiene que ser exacto para mantenerlo en condiciones, para que puedas interpretar la música más pura.

RITA: ¿El violín es una imagen del cuerpo?

MARION: Y del alma en el cuerpo. El cuerpo que encuentra una nueva vibración.

RITA: Mmm. Lo que me viene a la mente es arcilla. La arcilla es mi Stradivarius. Tuve un sueño poco después de *ese* sueño que fue... bueno, me desperté con unas palabras, sólo unas palabras, y las escribí medio dormida, y no dejaban de venir y venir más palabras... Esto es lo que escribí:

Sueño

La sanación está en cada fase.
La sanación está en las abiertas entrañas de
las cuales puede emerger y brotar el poder,
para exigir ser creado en la forma.
La sanación está en la arcilla, suave, flexible
para adoptar formas: fuerte para aguantar la forma;
plena para contener la sanación.
La sanación está en el canto mientras la forma se endurece y se seca.
La sanación está en el ardiente calor del horno.
La sanación está en el fuego del horno de raku.
La sanación está en el humo.
La sanación está en la danza del humo de mí misma.
¡Hasta que se dé el alto! Es suficiente. Está hecho.
Se puede ayudar en la sanación en muchas fases,

si hay un ayudante entendido,
si hay otro que comprenda
y conozca el proceso de la arcilla,
y respete el proceso de la sanación. [5 de enero de 1985]

MARION: Ésa es tu vida, Rita.

4

Diario: en el campo
10 de enero de 1985

La Koffler Gallery quiere saber qué les voy a mandar en octubre. Una pared de la galería será mía durante el Simposio Internacional. ¿Qué concepto podría ser lo bastante potente como para dominar una pared?

Desde que me invitaron, pienso que necesitaría expresar la fuerza divina de la roca precámbrica del Escudo Canadiense. Dios-diosa. Muy querido para mí. Pero, mientras mecanografiaba para aclarar mis ideas, me ha resultado evidente que el «espíritu guardián» sigue emergiendo, y sigo sintiendo la necesidad urgente de expresarlo. Esa presencia alada que, en la pasada primavera, me libró de la negrura que había entrado en mi ser parece estar todavía conmigo, y parece que quiera expresarse desde las profundidades de mí misma. Sólo puedo decir que está *exigiendo* que le dé forma. Pero qué tipo de forma es algo que está más allá de mi imaginación.

Once de la noche. He estado un rato fuera, en la plataforma. He salido a respirar el aire de la noche. Una figura de luz blanca parecía estar suspendida delante de mí, más allá de los escalones. Sin duda, es luz del interior de la casa que se refleja en el zumaque. Lo extraño es que su forma no es la del zumaque. Tiene alas. Es la forma de un guardián. Sé que tengo que proyectarlo. Pero también me sobrecoge. La forma de la escultura está ahí. Está ahora en mí. Sé lo que tengo que hacer.

20 de enero de 1985

Cuando me he despertado esta mañana he conseguido recordar la última línea de mi sueño.

> Una voz en el sueño: «Quítate la máscara; contempla la esencia».

1990

MARION: ¿Qué te dice ese sueño, Rita?
RITA: Me retrotrae al sueño del «mantón cabina», y lo que tú llamaste mi «representación». Ahí yo aún estaba enmascarando mi esencia, incluso ante mí misma. Pues, bien, lo que me dice el sueño *ahora* es que, con cada detalle de escultura que hice después de aquello, poquito a poquito, me fui quitando la máscara.

1 de mayo de 1985

La escultura va bien y mi salud mejora a medida que trabajo, con la inestable fe de que lo hará aún más. Anoche, a las cuatro de la madrugada seguía esculpiendo. Pero «el centro aún se mantiene», como dice el título de una de mis esculturas. ¿Cuántas veces, cuando la construía, capa a capa, todas ellas vulnerables, a partir de un punto central, las dudas, dudas terribles, me atenazaron? Dudas sobre si sería capaz de mantener firmemente sus múltiples piezas y seguir siendo una única obra; dudas sobre mi capacidad para mantenerme firme y ser una. Los versos de Yates me venían una y otra vez a la mente:

> *Girando sin cesar en el remolino creciente*
> *el halcón ha dejado de oír al halconero;*
> *todo se desmorona; el centro cede.*

«¡No, no! –gritaba mi corazón–. El centro *se mantiene.* El centro *tiene que* mantenerse».

Rodin dio en el clavo cuando dijo que toda vida surge desde un centro, se expande desde el interior hacia fuera. Sí. Tu centro tiene que ser firme, tiene que estar bien arraigado, ser íntegro, estar lleno de energía, ser capaz de liberar la energía en un flujo constante hacia el exterior. Si no, pierdes la conexión con la vida.

15 de septiembre de 1985

He terminado las obras para la exposición de la Galería McGibbon; mañana comenzaré el horneado final de *El Guardián* para la Koffler. ¿Cuántos días me llevará? No lo sé. Está compuesto por nueve piezas entrelazadas. Si *algo* se resquebraja estoy perdida. No hay tiempo ni energía para rehacer ninguna de sus partes.

Si el viento me traiciona y lleva el humo a lugares donde no quiero que vaya y ennegrezca, aún podré quitar algo de negrura poniéndolo de nuevo al fuego. Pero, entonces, el riesgo de fractura se duplica. Hace que me ponga muy nerviosa. Mi única esperanza es que el propio guardián me guíe.

De repente, me he sentido impactada con mi última frase. Es como si la leyera a través de los ojos de Evelyn.

«Te estás haciendo mística», diría elevando las cejas con un gesto de sorpresa y con un giro de desaprobación de la cabeza. Y yo me sentiría encasillada como «irracional» y «excéntrica», y no quiero que me encasillen. Pero ahora he buscado «misticismo» en el diccionario y dice: «La experiencia directa de Dios». Y eso, exactamente, es lo que quiero.

16 de septiembre de 1985
Cocción raku de la figura El Guardián

Dejo que *El Guardián* me lleve. Parece que no tengo elección. Quería poner al fuego, en primer lugar, el soporte oculto. Pero no. La cabeza tiene que ser lo primero. ¿Por qué? ¿Por qué? ¡Es lo más difícil! Si se

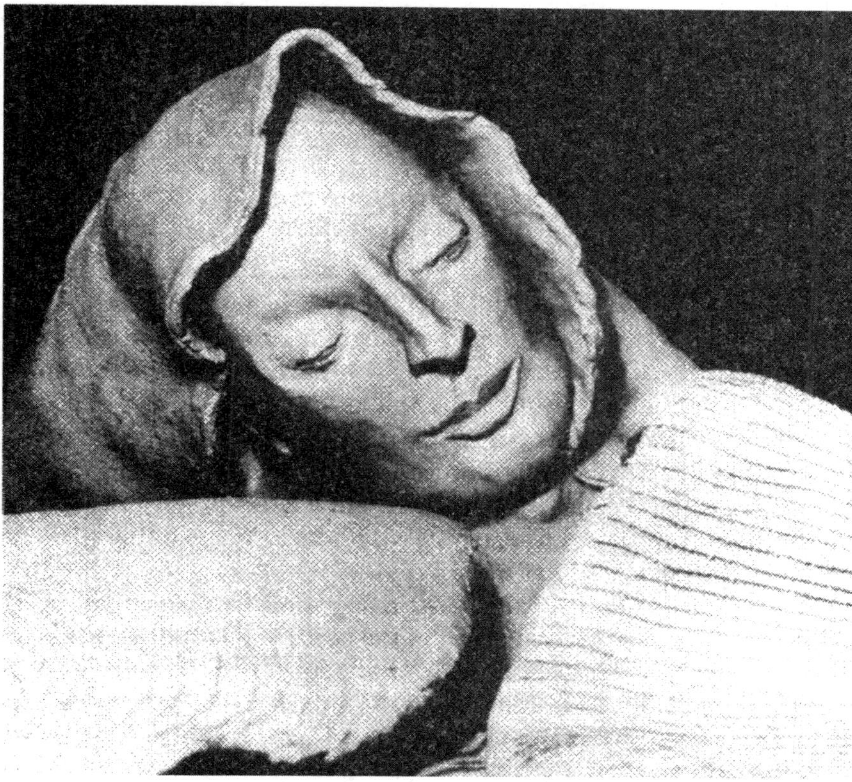

El Guardián. *Escultura cocida al raku, 1985.*

rompe… si no ajusto bien la temperatura… o el humo va adonde no tiene que ir.

La cabeza tiene que ir primero. Así pues, pongo la cabeza en el fuego y llevo el horno al calor blanco. Cuando el horno está a casi mil grados, saco la cabeza. Una grieta se abre en la mejilla derecha. Mi corazón grita. Pero «Tranquila… tranquila… tranquila…». Y tan serena y rápidamente como puedo, comienzo a pintar con el humo. Al cabo de media hora está terminada. Los ojos, la boca, el contorno de las mejillas, las cejas, la barbilla. Completa. La grieta se ha cerrado. Me derrumbo en el suelo, exhausta. Estoy sintiendo algo que nunca antes había sentido, y la palabra que me viene a la mente es «Cristo». ¿Me refiero a Jesús? No. Me refiero a una presencia en mí a la que sólo puedo llamar Cristo. Y ni siquiera sé lo que quiero decir con eso. Pero sé lo que siento.

17 de septiembre de 1985

El día de hoy ha sido extraordinario. He decidido cocer y ahumar las dos grandes alas, pero cuando ya las había llevado a la zona del horno, he pensado: «¡Esto es ridículo! Quiero que sean blancas. Son blancas. ¿Por qué arriesgarse poniéndolas al fuego?».

Y, entonces, he escuchado la voz de la cabeza del guardián, como si dijera:

> Todas las piezas deben pasar por el fuego: la capucha, las alas, el pneuma, la fuente, el flujo. Todo tiene que pasar por donde yo he pasado. Cada pieza puede agrietarse en el proceso, como yo me agrieté. Pero, mira, la grieta desapareció. No me he roto. Sin el fuego, la pieza no se habrá puesto a prueba, carecerá de vida, estará cruda. Todas las piezas deben pasar por el fuego.

He puesto al fuego las alas, primero una y después la otra, y ambas han salido del fuego con hermosos matices a causa del humo. Íntegras. Completas.

18 de septiembre de 1985

He puesto al fuego el pneuma, con un fuego muy intenso. ¿Por qué? ¿Por qué lo he puesto tanto tiempo ante ese cruel fuego? Y, después, ¿por qué lo he ahumado tanto que ha quedado casi negro, en contraste con las luminosas alas?

De repente, me he dado cuenta. «¡Claro! Eso es lo que hice con mi propio pneuma, hace dieciséis, dieciocho meses». Enfermé mis pulmones, mi respiración, mi aliento. Lo tensé hasta el punto de la fractura. Lo abrí a la oscuridad. Hasta que este mismo guardián vino, por vez primera, y, envolviéndome con sus alas, limpió la oscuridad de mi centro.

¿Qué puedo hacer ahora? Puedo ponerlo de nuevo en el fuego, y gran parte de esa negrura desaparecerá. Espero. Se le puede devolver al pneuma cierta luz, aliento y fuente de salud. Se le puede poner a prueba y ver si es capaz de cambiar. Mañana lo haré.

19 de septiembre de 1985

¡Increíble! He vuelto a pasar el pneuma por el fuego, y la oscuridad ha desaparecido. Ahora está resplandeciente. Y, *después,* cuando he puesto al fuego la pieza que yo denomino la Fuente, se ha vuelto dorada, y la pieza a la que llamo el Flujo-que-saca-la-oscuridad, se ha tornado de un marrón oscuro.

¿Cómo ha podido suceder esto, cuando he utilizado la misma temperatura, la misma leña, las mismas hojas para el ahumado? Y, sin embargo, una pieza adquiere tonos rosáceos y dorados, y otra se convierte en una sombra oscura que fluye a su lado. Exactamente como debería ser. No lo entiendo.

Estoy maravillada e intento no estarlo. Pero el esfuerzo de intentarlo me agota, aunque también el proceso, y el trabajo, que ha sido duro, muy duro.

Por la noche. Al terminar mi meditación nocturna, me he encontrado *de rodillas* en el extremo de la cama, en una postura de oración que no he utilizado desde los diez años de edad. De mis labios he escuchado las palabras «Que pase de mí este cáliz…».

Es el peso de la responsabilidad que ahora siento, estando tan cansada, de tener que transportar *El Guardián* sano y salvo a la ciudad, que se monte sin percances y se cuelgue sin ningún contratiempo. Pero la oración ha traído, para mi sorpresa, un alivio dorado.

¿Por qué todo esto? ¿Por qué tengo yo que transmitir el mensaje del guardián? Pues siento que he tenido que hacerlo por el modo en que ha sucedido todo. *Siento* que no soy más que un canal. Pero ¿por qué yo, cuando hay genios en el mundo, verdaderos místicos, que podrían haberlo hecho mejor que yo?

Ahora me acuerdo de la hormiguita que vi en la plataforma aquel día, trasportando un trocito de arcilla blanca, varias veces más grande y pesado que ella. Contra todo pronóstico, podía con él: hormiga negra, arcilla blanca. ¿Para qué? Obviamente, *ella* sentía que estaba haciendo algo útil para su comunidad.

Y quizás esto se aproxime mucho a mi verdad actual.

No importa cómo, por qué, mediante cuánto esfuerzo ha llegado al ser, esta escultura guarda en sí un mensaje que puede ser útil hasta cierto punto para la comunidad de la cual formo parte. O bien, como el trocito de arcilla de la hormiga, puede que no. Pero ¿quién soy yo para decirlo, en cualquier caso? Yo sólo sé que he tenido que hacerlo.

Marjorie acaba de telefonear para preguntarme: «¿Te estás divirtiendo?».

Y he oído a mi voz responder: «Si Getsemaní es tu idea de diversión, entonces sí».

Diario: en la ciudad
10 de octubre de 1985

Ambas exposiciones están abiertas y la respuesta es sorprendente, por parte de muchas personas, incluida Marion Woodman, que vino a la Koffler a ver *El Guardián*. Siento que ella comprende lo que significa esta figura. Quizás lo que *yo* quiero decir con ella. Siento que podría hablar con ella si entro en otro *impasse* en mi vida, y ella lo *sabría.*

12 de octubre de 1985

Me despierto con el mismo sueño repitiéndose una y otra vez:

> Tengo que hacer una obra más, que sucederá a *El Guardián.* Es un cuenco poco profundo, como un cuenco de ofrendas, que tengo que poner al fuego y ahumar hasta que esté completamente negro, y entonces lo cruzará una grieta. En el sueño, puedo verlo terminado. Y de la grieta sale algo blanco. Pero todavía no está listo, y yo grito: «No. Para nada. He terminado. Se acabó. Por favor, no quiero empezar con otra cosa…».
>
> Y, entonces, el sueño repite: tengo que hacer una obra más, que sucederá a *El Guardián.*

1990

MARION: ¿Qué te dice el sueño, Rita?

Rita: En aquel momento, recuerdo que estaba muy cansada, quemada, era como si *yo* tuviera una grieta. Y, sin embargo, aquel sueño de mi inconsciente me estaba diciendo: «No has terminado todavía, no has dejado que emerja la esencia. Tienes que entrar en el fuego otra vez, tanto si lo quieres como si no».

Marion: ¿E hiciste otra escultura?

Rita: No, no la hice. No me metí en el fuego a esculpir. Pero lo que sí hice fue entrar en... en... en...

Marion: ¿En tu ser? Tú *eres* el cuenco, lo sabes.

Rita: Sí.

Marion: Es el Grial.

Rita: El Grial. No había pensado en eso.

Marion: Y luego está la grieta en el cuenco. ¿Con qué asocias la grieta?

Rita: Bueno... lo que me viene a la mente es la grieta en la mejilla del guardián. Pero... siento que hay algo más profundo que eso. Quiero decir... lo que quiero decir... Tengo la sensación de que, para que la esencia emerja de una misma... no es fácil, tienes que pasar por el fuego, tienes que asumir el riesgo de resquebrajarte. Yo he hecho pasar por esa prueba otras cosas, esculturas. Ahora era yo la que tenía que someterme a la prueba, hasta el punto de la fracturación. No es que lo aceptara en aquel momento. Sólo me limitaba a decir: «¡No, no puedo hacerlo! Estoy demasiado cansada. No puedo hacerlo».

Marion: Pero lo hiciste. «...Y de la grieta sale algo blanco», una esencia blanca. ¿Qué piensas de eso?

Rita: Algo del núcleo interior. Creo... que es... ¿me atrevo a decir lo que me viene a la mente?

Marion: Por supuesto.

Rita: Es la esencia de Dios.

Marion: Lo eterno.

Rita: Mmm.

Marion: Es una maravillosa imagen de Dios saliendo a través de la herida, de lo que te sucedió a ti después de eso.

RITA: Sí.

MARION: Y lo que me viene a mí a la mente con fuerza es que estás trabajando con materia.

RITA: ¿Materia?

MARION: Has estado trabajando con arcilla. Materia. A continuación, después de eso, tenías que trabajar con tu cuerpo. Materia. Y, en este sueño, la esencia divina se destila de la materia a través de la materia. La materia es lo femenino. En tu trabajo, el Espíritu llega con destellos, como un aluvión de energía.

RITA: ¡*El Guardián*! Acababa de finalizar la escultura de *El Guardián.*

MARION: Las alas...

RITA: Sí.

MARION: ¡Y ahí está la imaginería masculina! El espíritu ígneo que llega como una avalancha y tú te sientes... ¿casi entre llamas? Y el cuenco se resquebraja. Y tú *eres* el cuenco. Y de tu núcleo interior sale esa esencia blanca. Y, en los años siguientes, esa esencia blanca se ha ido destilando progresivamente. Es como el crisol de los alquimistas en el fuego, destilando los contenidos hasta que la esencia se libera... «algo blanco emerge»... ¿como la piedra filosofal? Eso es lo que los alquimistas intentaban conseguir a partir de la destilación, liberar la piedra filosofal. Y eso es lo que se te está pidiendo, Rita. Ese proceso de destilación. Y continuará hasta la muerte, diría yo, ¿no te parece?

RITA: No lo sé.

MARION: Yo tampoco lo sé... *todavía.* Pero, después de trabajar con moribundos, he visto cómo el proceso continuaba hasta el último aliento. Ese proceso de destilación. De modo que, en una persona que está muriendo *conscientemente,* se puede *ver* al alma aunando fuerzas. Casi se puede ver la energía en las células transformándose en luz pura, separándose de la materia.

RITA: ¡Es sorprendente! ¿Y sabes lo que me viene a la mente? La visión de Isquia, donde dije: «Si tuviera que morir ahora...», y tuve esa vivencia de mis células fundiéndose con las de la roca, del mar, del cielo, y dije: «No sé lo que es Dios, pero eso es Dios».

MARION: Creo que en toda célula hay consciencia, Rita. Para mí, eso *es* Dios en la materia. Los seres humanos a través de su inteligencia e imaginación dan voz a ese orden donde todas las células están relacionadas. La esencia existente en una célula se halla en todas las demás células, de tal manera que *somos* el viento, el cielo, los árboles, la tierra, el mar... Existe una consciencia que lo mantiene todo unido. Dios manifestándose en la materia, Sofía. Ésa, para mí, es la consciencia femenina.

La consciencia que puede liberar luz desde la sustancia opaca y oscura, y experimentar el cuerpo de luz en todo. Vivimos en la era atómica. Dividimos el átomo y liberamos energía en la materia.

RITA: Da miedo.

MARION: ¿Por qué?

RITA: Si... si nos ponemos a jugar con los átomos, ¿no estaremos jugando con Dios?

MARION: Sí, da miedo. Sobre todo cuando disponemos del conocimiento para destruir. Dios está en la materia, en nuestro cuerpo, en el planeta, y ese conocimiento hay que hacerlo plenamente consciente.

Ahora bien, creo que Dios es también espíritu, y esto lo siento intensamente en tu obra, porque observo una poderosísima presencia espiritual en esa escultura del guardián y en tu experiencia de él. Tienes al guardián, *espíritu,* intentando hacerse consciente en ti; de igual modo, tienes a tu cuerpo, *materia,* tratando de hacerse consciente. El cuenco de tu cuerpo se introdujo en el fuego.

RITA: Pero no de buen grado, Marion, no de buen grado.

MARION: ¿Quién lo hace de buen grado? Oh, Rita, ¿quién lo hace de buen grado?

5

Diario: en la ciudad
1 de enero de 1987

¡Maldita sea!

¡Qué manera de pasar la Nochevieja!

Cama. Gripe. Antibióticos.

Tras veinte meses de mejoría, ¡zas! Sin embargo, quizás no ha estado mal, pues me ha permitido reflexionar sobre el año que termina, en la cama, disfrutando del instante, reflexionando sobre el pasado.

Este año: la maravilla de haber comenzado el análisis, el viaje por los bosques húmedos de la Costa Oeste, navegar entre las islas de la Reina Carlota, vivir tan cerca de la tierra virgen, del océano, de las ruinas de una antigua cultura.

Sintiéndome una con mi cuerpo, y el cuerpo de la tierra, y el del mar, y el del cielo. ¡Salud!

Y, ahora, enferma. ¿Por qué?

¡Venga, déjalo estar! Comenzar el año con un poco de bronquitis no es una tragedia tan grande.

Además, ¿quién ha dicho que el año *tenga* que comenzar el 1 de enero? ¿Quién me dice a mí que no puedo empezarlo… pongamos… el 1 de marzo?

28 de febrero de 1987
Sueño matutino

Hay cinco objetos pequeños sobre una mesa delante de mí. Son cuatro obleas planas del grosor del papel, dispuestas en un cuadrado, con una quinta oblea en el centro. Sé que hay alguien a mi derecha, y se supone que tengo que tomar la quinta oblea, la central, y tragármela. Pero no me animo a hacerlo. Una voz dice: «¡El tiempo se agota! El tiempo se agota…».

No comprendo este sueño, salvo por el hecho de recordarme que mañana es el día que elegí como inicio de mi Año Nuevo, y el tiempo se agota ciertamente, y no estoy preparada.

1990

MARION: Bueno, estamos en ello, Rita. En términos junguianos, el arquetipo cuatro es el número de la totalidad. Ahora bien, el año anterior al que tuviste ese sueño, habías hecho un buen trabajo, y habías alcanzado cierto nivel de totalidad. Pero ¿qué ocurre cuando se llega al cuatro? Que comienza una nueva fase…

RITA: ¿Otro nivel?

MARION: Sí. Entonces, las cuatro obleas son más que la suma de sus partes, puesto que se integran todas ellas en la nueva.

RITA: La quinta oblea es la nueva.

MARION: Y Jung dice que el cinco es el número del hombre natural, que él entiende como el hombre que está en contacto con sus instintos naturales. Así pues, en un sueño, si algo cuesta cinco dólares, o, como aquí, si hay una quinta oblea, puedes estar segura de que hay una integración novedosa de energía emergente espiritual e instintiva.

RITA: Y yo me demoro, no acepto mi propia energía espiritual e instintiva.

MARION: Una nueva integración de ella. Simplemente no la puedes asumir. Estás ya ahí, pero no puedes aceptarla todavía.

RITA: La meditación que hice aquella noche, ¿apuntaría a lo que puede ocurrir si *no* la acepto?

28 de febrero de 1987
Meditación nocturna

Tenía un cuchillo en la ingle, con el mango hacia arriba y la hoja hacia abajo. He intentado protegerme.

He puesto las manos delante de mi rostro, en posición de oración.

El cuchillo se ha situado debajo de mis manos, la afilada hoja en mi garganta, el mango abajo.

¿Qué puedo hacer?

He agarrado el mango con las dos manos y he separado el cuchillo de mí, y lo he clavado profundamente en el suelo.

Después, un halo se colocado sobre mi cabeza.

Se ha alargado hasta convertirse en una envoltura blanca, descendiendo, envolviendo todo mi cuerpo.

He extendido los brazos por encima de la cabeza y la blancura los ha envuelto también, como si unas alas transparentes se adhirieran a mis brazos. Protección.

Diario: en el campo
16 de marzo de 1987

¡Tengo miedo! No lo comprendo. Es la primera vez que me ocurre desde que estamos en esta casa. Tengo miedo de estar aquí sola.

18 de marzo de 1987

Me siento muy extraña. Como si estuviera a punto de padecer un derrame cerebral. Mañana vuelvo a la ciudad. Es muy peligroso estar sola.

Diario: en la ciudad
19 de marzo de 1987

¡Earle *ha muerto!* En la Librería de la Universidad, así, sin más. Estaba hablando con alguien, se le paró el corazón y se derrumbó. *Muerto.* Alguien, de algún modo, le devolvió el latido... el latido... del corazón. Pero ¿realmente está vivo ese corazón? ¿Vive Earle? ¿Vive ese brillante cerebro? Está en cuidados intensivos, un cadáver caliente, mantenido por tubos y por la presencia constante de Lan. He estado allí todo el tiempo que he podido, con la esperanza de que nuestro amor impregnara las células de este cálido hombre muerto.

Domingo, 29 de marzo de 1987

Todo el día he estado hecha polvo con los dolores de la artritis y con una sensación general de malestar y agotamiento. Bobby se pregunta si la artritis será psicosomática como consecuencia de la situación de Earle. Y yo creo que tiene razón. Se mueve alrededor de mi cuerpo y me pone rígida como una anciana, de tal manera que casi no me reconozco ni yo. Tengo que dejar las guardias del hospital, aunque sólo sea un día, irme al campo, respirar... El domingo que viene, aunque tenga que irme sola.

Diario: en el campo
6 de abril de 1987

¡Todavía no me lo creo! ¡Todavía es abril! ¡Todavía hay nieve en el suelo! ¡No puede haber avispas en abril! Y me han picado.

«Veinte minutos –dijo el médico la última vez–. Eso es todo cuanto tiene usted para meterse esto, o estará muerta». Me inyecto la adrenalina y los antihistamínicos, y llamo a un taxi para que me lleve al hospital. Y me mantengo consciente a base de gritos: «¡No puedo morir! ¡No puedo morir! ¡No le puedo dejar todo este lío a Bob!». Gracias a Dios estoy de nuevo en la Casa del Árbol, temblando pero con vida.

Diario: en la ciudad
12 de abril de 1987

Tengo la sensación de que alguien está jugando a los dados.

Alguien en quien no se puede confiar. El amor no entra en él por él.

Oh, por favor, Dios, quédate a nuestro lado.

¿Qué otra cosa puedo hacer, salvo estar aquí sentada en la sala de espera de urgencias, y escribir y escribir para que no me estalle la cabeza?

¿Por qué tenía que ser *Bobby* el primero en los cuarenta años de historia del hospital?

Lo veo con el ojo de la mente, corriendo alegremente hacia el autobús, tirando de su maleta con ruedas, y *subiéndola* al vehículo...

«Oh, mi querido bobo –pensé–, te va a salir una hernia... o lo que sea que hagan las hernias...». Pero era una aventura ir al hospital en autobús y metro. Un logro. Un triunfo *no* llamar a un taxi. Eso fue hace tres días. Hace dos días lo operaron. Una operación sencilla. «Se levantará y se pondrá a caminar en un día. El lunes estará en casa». Pero ya es casi medianoche, casi es lunes, ¿y *qué está pasando? ¿Acaso lo saben?* Han murmurado algo sobre neumonía, pero también de un poco de pus en la incisión, que habrá que volver a operar... ¿Acaso saben *lo que están* haciendo? «Todo ha ocurrido muy rápido –dijo el médico antes de desaparecer tras las pantallas–. Tenemos que actuar con rapidez para detenerlo». Pero ¿qué era *eso* que había que detener? ¿Acaso lo saben? ¿Forman parte de una partida de dados? ¡Están jugando con el amor de mi vida! ¡Es su *vida!* Oh, Dios, sálvalo. No puede morir... aquí viene la doctora, la del corazón, viene... sí... viene hacia mí...

No es neumonía. Es gangrena. ¿Cuánto tiempo ha transcurrido desde que pasaron a toda prisa con la camilla en dirección al quirófano? Son las dos de la madrugada. La sala de espera está vacía, salvo por mí. ¿Dónde he estado durante estas dos horas? Aquí. Aturdida. Podré verlo en cuidados intensivos en torno a las dos y media. La doctora vendrá... no puedo... escribir... yo... la doctora dijo que vendría el cirujano y me diría cuál es el pronóstico.

—El peor pronóstico es... ¿seguro que quiere el peor pronóstico?

—Sí, y luego el mejor...

—Su marido puede que no pase de la noche.

¡NO!

¡NO, NO, NO, NO, NO!. ¡NO!. ¡TIENE QUE VIVIR!

No he llegado a gritar esto cuando el cirujano me lo ha dicho. Estoy gritando ahora, en casa. En ese momento, me he limitado escuchar y he asentido con la cabeza para preguntar después cuál era el mejor pronóstico, que es someterlo a una serie de operaciones para asegurarse de que no quede nada gangrenado dentro; aunque, ha añadido, lo han abierto desde la caja torácica hasta la ingle, y está seguro de que no queda nada... Casi seguro.

¿A quién puedo llamar a las cuatro de la mañana? ¿Qué puedo hacer? Escribir... llorar, como lloraba mientras recorría los vacíos pasillos del hospital buscando cuidados intensivos, buscando a mi amor. Como he llorado cuando lo he encontrado, tras un amasijo de tubos, inconsciente, recordándome a su madre en el ataúd. Como lloraba mientras volvía a casa en el taxi, al pasar por delante de su oficina, donde durante tantos años...

—Lo siento –le he dicho al taxista–, pero he tenido un *shock* muy fuerte.

Lo que *tengo* que hacer, de repente me doy cuenta, es pensar en el funeral. Bobby y yo nunca habíamos hablado de funerales. No tengo ni idea de quién... qué querría. Pero si... Sí, tengo que hacerlo. Ya. Enfréntate a lo más terrible.

13 de abril de 1987

Nueve de la mañana. Hospital. ¡Está vivo! Me ha sonreído. Oh, Dios, gracias, gracias, gracias.

16 de abril de 1987

¿Cómo comportarme con los demás? Vienen hasta mí con una amplia sonrisa, diciendo: «¡Rita! ¡Qué bien se te ve! ¿Dónde está Bob? ¿Está estacionando el vehículo?».

Recuerdo haber dado un paso atrás, con los ojos inundados en lágrimas. La *Mujer llorando* de Picasso. La gente sorprendida. Me he dado la vuelta y me he ido corriendo.

¿Qué puedo decirle a la gente? ¿Qué puedo hacer?

Quizás...

Sí. Si escribo una carta, la fotocopio y se la envío a la gente que pueda encontrar, para que sepa...

Miércoles, 22 de abril – Jueves, 23 de abril de 1987

Se me declaró el miércoles, la temperatura subió y la garganta me dolía muchísimo. El médico me ha recetado penicilina.

—Es un estafilococo. ¿Qué ha pasado? ¿Te has contagiado en el hospital?

—Bueno, le di un beso a nuestro amigo Earle...

—Ahí está. Lo han puesto en cuarentena esta mañana.

—Ahora no se puede entrar en su habitación sin máscarilla –dice Lan.

—¡No puedo ir a *ninguna parte!* –he dicho recostándome en la cama, con la cabeza estallándome.

Viernes, 24 de abril de 1987

¡No me lo puedo creer! ¡Todo es tan *estrambótico*! Julia ha tenido la amabilidad de enviarme pollo para cenar, por aquello de que estoy enferma, servido en una bandeja de plata. Me ha conmovido muchísimo. He podido comer un poco, pero me he dejado la mayor parte de la comida. De madrugada comienzo a vomitar. Y, al llegar la mañana, veo la bandeja con el resto del pollo y las patatas de la cena, y están *verdes*. El médico sospecha que es salmonela. Siento un dolor punzante en la cabeza. Estoy *muy enferma.*

Viernes, 19 de junio de 1987

Tres de la madrugada. ¡Este dolor! ¿Cuánto tiempo llevo así? Meses. El dolor de garganta se me ha extendido hasta el maxilar derecho y se está extendiendo ahora al izquierdo. Es como si se me hubieran cariado de pronto todos los dientes. ¡Es agónico! ¿Cómo podría sentir un poco de alivio? No tengo codeína. Sólo con que pudiera escribir... quizás me quede dormida. Enfréntate al dolor. He pasado de especialista en especialista... Los médicos y las médicas preguntan:

> «¿Qué síntomas tiene?».
> *Haré una lista, para que no se me olvide nada.*
> «La garganta y la cabeza como si me ardieran;
> *un dolor insoportable en las mandíbulas cuando como;*
> *la sien izquierda me duele, la derecha me duele aún más;*
> *palpitaciones en las sienes, muy doloridas.*
> *Los dolores de la artritis vienen y van por todo mi cuerpo;*
> *la presión arterial está en 180 sobre 110;*
> *una sensación extraña en los ojos. Un vaso sanguíneo me estalló en el ojo izquierdo hoy;*
> *diarrea, sudoración nocturna.*
> *Náuseas, falta de energía...*
> *Muchos problemas para dormir...*

Me voy a tomar una píldora para dormir y lo voy a intentar de nuevo.

28 de junio de 1987

Me da mucho miedo verme los ojos en los dos últimos días. Es como si estuviera viendo el mundo a través de los agujeros de una plantilla. Y esta tarde he empezado a ver doble. Y por mucho que me esforzara por ver bien, había dos árboles delante de mí, en vez de uno. O dos tazas. ¿Es así como una se queda ciega?

—¿Se halla usted bajo cierta tensión emocional, señora Allen? –me pregunta el médico.

¡Sí! ¡Sí, sí, sí, sí, sí! La cólera crece en mi interior hacia aquellas personas que trabajan en la profesión médica y toman riesgos con la vida de otras personas. Y no sé cómo ni cuándo careceré de la fuerza suficiente como para contener mi ira. Si pudiera dirigirla intensa y constructivamente hacia algo *bueno* antes de que me destruya yo a mí misma, antes de que la ira lo haga... Ahora el médico me envía a un neurólogo que tiene fama de ser bueno con las migrañas. ¡Migrañas! ¡Es ridículo!

9 de julio de 1987

¡Increíble! Increíble, increíble. Voy al neurólogo, tal como habíamos quedado, y la secretaria me dice:

—¡Oh, lo siento! Ha tenido que haber algún error. Acaba de irse de vacaciones. Volverá en el plazo de un mes.

—¡No!

—De acuerdo, su ayudante está aquí. Bueno, ha salido a comer, pero si quiere...

—¡Sí! ¡Cualquier cosa! ¡Cualquiera me sirve!

La ayudante me recibe y me escucha. Y con eso quiero decir que *me escucha de verdad.* Sospecha que podría tener algo grave y me dice que *no* tengo que irme de allí sin que me hagan un análisis de sangre. Me lo hacen, recibe los resultados y otras doctoras me examinan. Es la ayudante quien las hace llamar. Hay otro médico que *escucha de verdad,* y otro que me hace una biopsia de la arteria de la sien derecha. Me dicen lo que podría ser, las consecuencias que podría tener, lo que habría que hacer *ya,* pues los resultados son...

Es increíble. Gracias a un error en la cita con el médico me he salvado. Increíble. Ridículo. Milagroso.

15 de julio de 1987
Carta a mis amigas y amigos

... Intento no culpar a los especialistas que han estado pinchándome y dándome vueltas durante meses, desconcertados en todo momento. Tengo la impresión de que los especialistas están atrapados en la red de su especialidad.

Quiero decir que, si te vas a pescar pensando en pescar truchas, vuelves diciendo que no has visto truchas cuando se te han pasado por alto los cocodrilos. Menos mal que siempre hay un médico, una médica en este caso, que tiene el ojo abierto *para todo.* Me recibió y vio el cocodrilo. Lo tengo. O quizás debería decir que me tiene. Y si ella y el equipo médico que reunió de inmediato no se hubieran hecho cargo en ese mismo momento, probablemente estaría ciega ahora, incluso podría estar muerta. De ahí que me sienta muy agradecida.

La enfermedad, que recibe el nombre de «arteritis temporal», no tiene cura conocida, pero se puede controlar con un fármaco que tiene unos desagradables efectos secundarios. Hace que se te hinche la cara, el cuello, el cuerpo; que se te adelgacen las piernas y los brazos; fragilidad ósea; cansancio, fatiga, depresión. Puede provocar diabetes, úlceras gástricas, hemorragias internas y... todo eso es lo que he sido capaz de asimilar, hasta el momento.

Las doctoras dicen que los efectos secundarios van a menos a medida que se reduce poco a poco la dosis del fármaco; de modo que, dentro de un año, dos o tres, estaré fuera de peligro, y la dosis será, en comparación, infinitesimal. Ésa es la esperanza y yo me aferro a ella. Es la vida.

6

Diario: en la ciudad
19-20 de julio de 1987

Una larga noche sin dormir. Pensando, sintiendo, *convencida* de que he puesto mis ojos en peligro porque hace tiempo que tenía que haberles dejado que se abrieran. Que se abrieran de verdad, para poder *ver* el sendero en el cual me hallo. ¿Qué sendero es? ¿Dónde estoy? ¿Es el camino de Damasco? No lo sé. Pero allá dondequiera que vaya este sendero, allá tendré que ir. Y cualquier cosa que tenga que ocurrir tendré que dejar que ocurra. Con los ojos *bien abiertos,* observando, conociendo, experimentando el sendero en este viaje del que durante tanto tiempo he estado hablando.

¡Un flash! «¡Quítate la máscara! ¡Observa la esencia!», me dijeron en un sueño hace dos años.

¡Otro flash! «¿Crees que Dios está intentando decirte algo?». La voz de mi madre. Hace treinta años. Estoy en la cama del hospital después del accidente de tráfico, con el cuello roto. Mi madre está al teléfono. Podría haberle gritado: «¿y por qué no me lo dice de palabra, simplemente?».

Pero no grité. Me tragué todo un volcán de cólera, que no me atreví a volcar sobre ella y sobre su Dios.

Pero, ahora, esta noche, oigo a mi propia voz diciendo: «¿De qué va todo en este año tan extraño? ¿Por qué todas estas sincronicidades? ¿Por qué me hallo en tal peligro? ¿Es Dios intentando decirme algo?».

Oh, Dios, seas lo que seas, dímelo, por favor. Simplemente, dímelo.

21 de julio de 1987

He telefoneado a Marion Woodman. Necesito ayuda. ¿Puedo ir a verla? Se va hoy mismo hacia el norte para pasar el verano. Pero quizás... de alguna manera... ¿podríamos hablar por teléfono en algún momento este verano?

22 de julio de 1987
Meditación

¡No me lo puedo creer! Pero tengo que hacerlo. ¿De qué otro modo explicarlo?

Llegó... llegó... Lo sentí, de Dios.

Al principio fue la luz. Un radiante sendero de luz que se curvaba a cada paso delante de mí, por encima de mí, pulsante. Salía desde el núcleo de mí misma, expandiéndose más y más...

Después, esa presencia alada que me había envuelto tantos años atrás, que había reemplazado el núcleo negro de mi ser con una luz blanca-dorada, aquel mismo espíritu guardián que me había exigido que le diera forma en una escultura, esa presencia ha venido y me ha sostenido entre sus alas. Se ha reído suavemente, e incluso ha hablado.

Yo estaba atónita.

—¿De dónde has venido? ¿Cómo sé que estás aquí?

Una pregunta ridícula, puesto que *sabía* que estaba ahí.

Se ha reído de nuevo.

—¿Qué te gustaría? ¿El suave roce de un ala en tu mejilla izquierda?

—Pero si, en realidad, tú no tienes alas (he escuchado la cháchara de mi hemisferio derecho). Bueno, sí, es una imaginería muy bien establecida. Aunque no comprendo esa imagen en particular. Quizás sea porque el sonido de las alas se parece al de la respiración de un ser humano bajo estrés. O al del latido cardíaco pulsando en los oídos. O... quizás...

La presencia se ha reído con afecto.

—¿Es que vas a estar siempre intentando captar cómo funcionan las cosas?

Me ha hecho reír. De hecho, no podía dejar de reírme. Y nos hemos reído juntos.

Ya no necesito ir a mi árbol para encontrarlo...

Está aquí, en mí, y probablemente siempre lo haya estado.

Pero ahora estoy escuchando.

¿Qué es? No lo sé. Pero lo siento como algo que me guía y me protege. Lo llamaré, al igual que entonces, mi guardián.

25 de julio de 1987
Meditación

Estaba esperando la luz del guardián. Pero, en su lugar, he sentido una fuerte presión en el pecho y una inmensa voz estallando en mi caja torácica, exigiendo:

> ¡Apártate!
> ¡Apártate!

He sentido como que algo me obligaba a abrir la garganta, y de ella han emergido unos enormes bostezos y gritos hasta terminar sollozando sin consuelo, con la cabeza y la espalda dobladas hacia atrás de la forma más dolorosa. Y una voz atronadora ha dicho:

—Si vas a jugar con los dioses, vas a tener que tratar con los dioses.

Muy asustada, he gritado con toda mi alma. He gritado llamando a mi guardián. Y, de inmediato, luz blanca, como un fino manto que cayera desde arriba y me envolviera. Un suave y ondulante tubo de luz blanca.

Y la luz me ha entrado por los poros hasta el centro de mi ser con una luz blanca amarillenta. Se ha ido moviendo poco a poco y, con cada movimiento, me sentía más y más protegida de... fuera lo que fuera aquello. Ahora, siento el hormigueo de la vida en los pies, que están conectados con la tierra, que está, de hecho, dos pisos más abajo. Pero siento los pies firme y profundamente arraigados en la Madre Tierra.

30 de julio de 1987
Meditación

En cuanto cierro los ojos, el guardián está aquí.

—Ésta es la línea divisoria –dice.

Mi mente lógica, por aquí por mi sien izquierda, dice que no está preparada.

—Sí, espera un momento, aguanta...

—Silencio –dice el guardián–. Relaja la garganta. Ya.

Y siento cómo se relajan los músculos de la garganta y empiezo a bostezar. También siento que mi pobre y pequeña mente lógica lucha por mantener cierto control de sensatez, diciendo: «¿Qué está pasando? Explícate. No puedes venir así y...». ¡Y lo siento por ella! ¡Yo también quiero saber lo que está sucediendo! Pero mi guardián dice:

—Pobrecilla –mientras introduce mi mente preocupada en la luz que me rodea.

Sigo sin comprender, pero me conforta.

Y el guardián continúa:

Libera la garganta.

Libérate de las mentiras ahí encerradas, las mentiras de la infancia.

Libérate de los noes, los deberías, los no deberías, de los mandatos de los demás.

Deja de negar el poder de lo femenino.

Deja de negar que esto *está* ocurriendo.

Ésta es la línea divisoria. Éste es el momento en que tienes que aceptar lo que está ocurriendo, o bien negarlo. Tienes que tomar la decisión *ahora.*

De pronto, el intenso rugido de una moto. Me sobresalto. No es más que una coincidencia, pero... Estoy temblando.

—Sí –dice el guardián–. Los trabajos de poder pueden matar. Sin duda, has recibido suficientes indicaciones del poder que llega y te impregna. Está exigiendo un cambio. Hay que desechar cosas. *Algunas* cosas. Muchas cosas caerán en su lugar para que las utilices. Hay guías y auxiliares en su lugar. Otros vendrán. *Tú* puedes sentir las limitaciones de los falsos guías y auxiliares. Aférrate a tu intuición.

—¿Estarás siempre aquí, conmigo? –pregunto.

Pausa.

—Guardas silencio –digo.

—Sí, pero eres *tú* quien tiene que desarrollar la fortaleza y el coraje necesarios, por lo que no siempre parecerá que estoy aquí. Pero lo estaré. Claro está, si cruzas la línea divisoria. Si te permites estar *totalmente* abierta a lo que eres para convertirte en aquella que eres. La alternativa *es* la muerte.

Me siento, atónita.

—No respondas ahora –afirma el guardián–. Haz la meditación de la espiral. Necesitas esa energía, pequeña mía.

—Sí –respondo–. Me siento como una niña.

—Pero una niña muy fuerte –responde–. Recuerda la *fuerza* de la niña. ¡Esa *fuerza!*

Tras hacer la meditación de la espiral, digo:

—Sí, guardián mío, acepto. Te siento como un anillo a mi alrededor, conectando mi coronilla con las yemas de los dedos de mi mano izquierda, con los dedos de mis pies, con las yemas de los dedos de mi mano derecha, para concluir en la coronilla de nuevo. Y la energía fluye hacia el centro de ese anillo, desde cada punto de la circunferencia, y el centro es mi corazón. Éste es el matrimonio interior del cual había oído hablar. Con este anillo…

GUARDIÁN: No.

RITA: ¿Te encierro demasiado haciendo esto?

GUARDIÁN: Todavía no es necesario. La ronda eterna, sí. Pero justo en estos momentos, mantente abierta a mí. El escudo protector está dispuesto en el mundo exterior. Pero mantente *abierta* a mí. Ya habrá ocasión para el anillo cerrado. Todavía no estás preparada para ese matrimonio. Ahora, ve y come algo. Y, de camino, mira el libro de la *kundalini*.

RITA: No tengo ningún libro de *kundalini*.

GUARDIÁN: Sí que lo tienes. Está en la estantería. Lee lo que dice sobre el chakra de la garganta. Tienes que comprender lo que está ocurriendo ahí. Y en el corazón.

He encontrado el libro de la *kundalini* en la estantería. Sólo le eché un vistazo hace mucho tiempo, cuando me lo regalaron. «Incomprensible», he pensado. Ahora, lo abro (o se abre) en la página 49, y *allí*… ¡no me lo puedo creer! … leo:

> En las enseñanzas tántricas (como señaló Jung) el Purusha se ve primero como el cuarto chakra, el chakra del corazón, Anahata. El Purusha es la esencia del hombre, el Hombre Supremo. En el reconocimiento de los sentimientos y las ideas, uno «ve» el Purusha. Éste es el primer indicio de un ser dentro de la existencia física de uno que no es «uno mismo»; de un ser dentro del cual uno está contenido, un ser más grande y más importante que uno mismo, pero que tiene una existencia puramente psíquica.[7]

7. Ajit Mookerjee. *Kundalini* (Londres: Thames and Hudson, 1982), pág. 49. Edición en castellano: *Kundalini: El despertar de la energía interior* (Kriselu, 1991).

¡No me lo puedo creer! Pero no puedo *no* creérmelo. Pues las palabras que estoy leyendo no son sólo palabras, sino que resuenan con la vibración de la experiencia que todavía hay en mí y a mi alrededor. Después, leo el siguiente párrafo, en el cual describe el símbolo del chakra del corazón como de «dos triángulos entrelazados que representan la unión del principio masculino (un triángulo con la punta hacia arriba) y el principio femenino (un triángulo con la punta hacia abajo)»; y «su unión se representa como un círculo con un punto central primario… el centro trascendental».[8]

De modo que ahí está. Todavía no estoy preparada para el matrimonio interior. Habrá otra ocasión para ese anillo cerrado con el punto inmóvil en el centro, ese anillo que dice que, ahora, mis principios masculino y femenino son iguales y son como uno. Tienes razón, sabio guardián. No estoy preparada todavía, pero estoy más que deseosa de dar el siguiente paso. Sí. Acepto.

Diario: en la ciudad
31 de julio de 1987

Esta mañana, mi hemisferio izquierdo no hace más que catapultar dudas al exterior. No tiene sentido el asunto del guardián. Me están engañando; me estoy engañando a mí misma. Quizás sea el fármaco. No. No es probable. La primera vez que vino el guardián fue muchos años antes de que comenzara a tomar este fármaco. Pero, al menos, entonces, no *hablaba.* Si bien, por otra parte, yo ya sabía que mi árbol hablaba, lo cual no es demasiado lógico. Al menos no más lógico que lo del guardián. Es una locura. Si he de ser honesta, todo esto es una locura. Quizás sea yo, que me estoy volviendo loca. Aunque no me siento como si lo estuviera, ni lo más mínimo. Siento dolor, un terrible dolor, a medida que avanza la pugna entre la arteritis temporal y el fármaco. Siento mucha tensión en los hombros y en la nuca, lo cual me hace empujar la cabeza hacia delante de un modo insufrible. Siento hincha-

8. Mookerjee. *Kundalini, op. cit.*, pág. 49.

zón en el vientre, y lloro al verme en el espejo, mientras voy desapareciendo dentro de esta masa de carne, mientras se me cae el cabello.

El teléfono ha sonado. Era Marion, que llamaba desde el norte. Tenía la sensación de que yo estaba pasando por algo importante. ¡Y tiene razón! Hemos estado hablando una hora. Le he contado lo acaecido en mis meditaciones y me ha dicho:

—Todo está en su sitio, Rita. Tu guardián tiene razón. Protégete cuando estés en el mundo exterior y ábrete por completo a él.

—¿No me estoy engañando a mí misma? Quiero decir, si lógicamente...

—El pensamiento lógico no tiene cabida aquí ahora. Lo importante durante los próximos meses es que permanezcas en lo físico, impregnada por la luz, y vive desde el núcleo. Siempre siendo tú misma. A tu ritmo. No intentes ser lo que *cualquier* otra persona quiera que seas. Sé sólo tú misma. Y escucha la sabiduría de ese guía.

4 de agosto 1987

Esta mañana ha sido extraordinaria. ¿Acaso puedo revivirla? Lo intentaré.

He sentido que tenía que darme un baño, de modo que he salido del dormitorio en dirección al cuarto de baño y he tenido la sensación de que una luz dorada parecía inundar la casa, una luz que se intensificaba a medida que me dirigía al baño. Pero, una vez allí, la luz aparecía moteada por sombras, y el agua que fluía del grifo sobre la loción de algas turquesa de la bañera parecía convertirse en agua de manantial corriendo sobre el musgo y la hierba. Era como si estuviera en el manantial de Delfos. Era como si acabara de ascender por la ladera de la montaña desde el templo circular de Atenea hasta esa abertura en la roca, esa vulva que te envuelve y de la cual fluyen las aguas.

Y entonces he escuchado, o me ha parecido escuchar, el suave zumbido de las avispas cruzando veloces a través de luces y sombras; y he visto, o al menos me ha parecido ver (como realmente vi aquel día, cuando llegué al manantial hace casi veinte años), dos avispas atacando a una polilla, y luego a una abeja.

«El instinto agresivo masculino –recuerdo que pensé entonces–, el macho decidido a descubrir y a consumir lo femenino. Y el macho vencerá. Y, no obstante, el secreto femenino sigue siendo secreto».

Y aquí está de nuevo; *aquí*. Me he sentido como si fuera la virgen pitia, a salvo dentro de la vagina protectora de la roca, preparándose...

Me he sumergido en el agua turquesa, cabeza incluida. ¡Maravilloso! Me he sentido como en la gloria.

Y, de pronto, he tenido un *flash*. Mi bautismo en la adolescencia, en la iglesia Baptista de Danforth. Gris, cobarde, una mentira. Nada que ver con este resplandeciente y vibrante baño ritual, este manantial délfico de mi vida interior, esta agua que mana del misterio femenino de la tierra, de Gaia.

He dejado que el agua me purificara una y otra vez, preparándome... preparándome...

¿Preparándome para qué?

Súbitamente, he sentido una punzada en el estómago.

¡Apolo!

No tardarán en venir a por mí. Me ayudarán a salir del agua protectora y... me cubrirán... y me llevarán por el sendero pedregoso de la montaña hasta el temible templo rectangular de Apolo. Y me harán descender hasta la bóveda más profunda, y utilizarán mi canal femenino para sus comerciales fines masculinos.

¡¡NO!!

¡No iré!
Vuelvo a sentir una punzada de dolor en el estómago. No sentía ese dolor desde que era niña. ¿Por qué? ¿De dónde procede?
¡flash! Él. ¡Mentiroso! ¡Falso!
¡Vete!, ¡¡vete!!
No iré.
No me dejaré usar de nuevo.

Llevadme, queridas doncellas pitias; enjuagadme suavemente en estas algas turquesa de la vida. Secadme con cuidado y ponedme la toga turquesa. Y llevadme ladera abajo hasta el templo redondo de Atenea. Y dejadme ser femenina, yo misma.

6 de agosto de 1987

Una vez más, extraordinario. Tras un largo y prolongado diálogo con el guardián, me ha dicho:

—Ve a la estantería y toma el libro.

—¿La estantería? –le he preguntado sorprendida–. Pero si ahí no hay libros. Está llena de objetos artísticos, de pinturas, de viejas fotografías...

Pero he ido, y ciertamente había una pequeña pila de libros que yo misma había dejado allí hace casi veinte años. He tomado el libro que había encima del todo. Su título, *Decision at Delphi* (*Decisión en Delfos*). ¡No me lo puedo creer! Pero entonces me he dado cuenta de que era un libro de ficción, un *thriller,* de misterio, y le he dicho al GUARDIÁN:

—¿Es esto?

No me ha respondido. He mirado el siguiente libro. Se llama *The Mask of Apollo* (*La máscara de Apolo*). Abandono la estantería con los dos libros y cierro la puerta. Entonces, el guardián me dice:

—Entra de nuevo.

De modo que he vuelto a entrar y he visto que el título del siguiente libro estaba en griego. Lo he abierto, y allí... *allí...* estaba la foto del manantial. La llaman la fuente de Castalia. Lo había olvidado.

—Pasa la página.

Eso he hecho, y ahí estaba el Tholos, el templo circular de Atenea.

—Por el momento, ahí está tu santuario –me ha dicho el guardián–. Se ha preparado todo para este tiempo de retiro. Y lo que no esté ahí y vayas a necesitar aparecerá a su debido tiempo. Y ahora, ve y báñate en el agua turquesa. Descansa y permanece en lo femenino.

—¿Y lo masculino? ¿Y Bobby?

—No te apoyes demasiado en Bob. Estás físicamente muy enferma y él está esforzándose mucho por ti. Pero este lugar interior no es un espacio en el que él haya de estar contigo ahora. Deja que busque su propio espacio. Y tú tienes que moverte con cuidado y dejar que tu alma se llene con aquello que necesita.

10 de agosto de 1987

Yo no...
yo... no puedo...
hacerlo...
No voy a hacerlo. Es demasiado difícil.
No... puedo...

Mediodía. Marion ha telefoneado. Le he dicho que me he quedado sin energía, no sé cómo... Ella me ha preguntado si había hablado con mi guardián hoy. No. Que si había tenido algún sueño. Sí. Le he explicado el último sueño de la noche.

Estoy en una casa, que está dividida en dos apartamentos: uno arriba, donde vive Nora, y otro abajo, donde vive su marido, Bill. Entro en el salón del apartamento de abajo y veo la mesa puesta, con comida. Es una comida muy específica, que es difícil de conseguir, y que yo necesito, pero no puedo comenzar a comer, porque Bill no está aquí.

Salgo del salón y subo por la escalera al apartamento de Nora para emerger en una zona recién construida. Allí me encuentro con una Nora joven, en mitad de una fiesta bulliciosa.

Le digo que me voy abajo y ella deja la fiesta para acompañarme. Me encanta que lo haga, y pienso: «¡Aaah! Vuelven a estar bien entre ellos».

Una vez abajo, en el pasillo, vemos llegar a Bill dando grandes zancadas, sonriendo, alegre, sin señal alguna de su reciente enfermedad. Está lleno de energía, pero no se le parece a Bill. Tiene un bigotito bien recortado y una cara regordeta de aspecto militar. Irradia alegría de vernos, y pienso: «¡Bueno! Ahora podremos comer todas juntas».

Pero Nora se da la vuelta con la intención de marcharse y yo pienso «no hay reconciliación» por parte de ella, y lo mismo Bill, que dice despectivamente: «Bueno, si eso es lo que quiere...». Muestra un intenso resentimiento. Me siento prisionera de la irreconciliable tensión existente entre Bill, a mi derecha, y Nora, que se aleja escaleras arriba a mi izquierda.

MARION: ¿Te ha estado doliendo el plexo solar?

RITA: Sí. Bastante. Hernia de hiato.

MARION: El diafragma. Lo que divide los chakras inferiores de los superiores. En tu sueño, es el piso entre el apartamento de abajo y el de arriba. En el apartamento de abajo vive el hombre enérgico, marcial, fuerte y sano, y él tiene el alimento, la energía que tú necesitas. Pero estás en una casa dividida. La mujer, que es parte de tu sombra, vive en el apartamento superior, donde hay mucha cháchara, pero nada de comida. Esa sombra que es parte de ti bajará a hacerle una visita a su masculinidad, pero se da cuenta de que ha habido una transformación en él y ella no perdona. No se queda, ni tampoco lo invita a él a subir al piso de arriba. Resentimiento. Entre una parte novedosa de tu masculinidad y tu sombra femenina. Y te impacta justo ahí, en el diafragma. Ese punto divisorio entre los chakras inferiores y los superiores es el punto más difícil de atravesar para la energía del Purusha. Si esa Nora fuera capaz de cruzar la barrera, sería capaz de amar, con el amor, pleno de la energía, que hay allí en la mesa, esperando a ser comido, interiorizado y utilizado. Reflexiona sobre Nora. Por qué no te deja ser una.

RITA: ¡Está bloqueando! Es una parte de mí a la que le resulta difícil *recibir*. Daré y recibiré. Pero me es difícil confiar, mantenerme abierta, recibir. Y mientras digo esto, siento que ella está cediendo terreno, como si se estuviera planteando una alternativa…

MARION: Ése es un buen comienzo.

RITA: ¡Sí, lo es! ¿Sabes? Antes de que llamaras, pensaba que no podría pasar el día.

MARION: Va todo unido. Recuerda aquel sueño que tuviste del espejo, las serpientes y el búho. Éste es otro ciclo de la espiral. Lo harás.

RITA: Sí. Creo que lo haré.

13 de agosto de 1987

Continúo con el baño en la Fuente de Castalia, y después descanso en la feminidad del Tholos. Sigo escuchando a mi guardián.

14 de agosto de 1987

Sueño: Estoy sobre una ligera elevación del terreno en un bosque. A mis pies, veo la huella de un ciervo en la tierra, cosa que me llena de alegría y de tristeza a un tiempo. Hay muy pocos ciervos; espero que sobrevivan. Quizás sea el último. Entonces, un animal parecido a un toro, un jorobado bisonte marrón, sin cuernos, llega a la elevación, recorriendo la tierra con el hocico. Me mira sin temor. Yo tampoco tengo miedo. Siento que es importante que un varón humano conserve la huella de ese ciervo como si fuese la suya propia. Vale la pena que el hombre adquiera el coraje de vivir debido a la presencia de esa huella en él. Y aparece un hombre joven que está dispuesto a hacerlo, y yo decido ayudarle.

A continuación, me veo de pie en el muelle de un puerto, delante de un barco en el que muchos hombres están embarcando. Van camino de un trabajo estacional. Soy una mujer joven de clase trabajadora, con una hija de unos diez años que se abraza a mis piernas, como una cervatilla, y un hijo un poco más mayor. El chico está cerca de mí: él ha tenido contacto tanto con el ciervo como con el toro.

De pronto, el joven de antes llega al muelle con grandes zancadas; él también es de clase trabajadora. No nos abrazamos ni nos despedimos como lo haría la gente de clase media, pero existe afecto y confianza entre nosotras. Finalmente, sube al barco. Le miro, y luego doy unos pasos hacia atrás, alejándome. Ni siquiera nos despedimos con la mano, pero nos miramos con una mirada de confianza mutua. Le estoy diciendo en silencio: «Tienes que conservar la huella de ese único ciervo y buscar otros. Son raros, es cierto, pero no debes perder la esperanza. No debes perder la voluntad de vivir».

Llamo por teléfono a Marion a su retiro estival y le explico este sueño. Marion dice:

—El Purusha suele aparecer bajo la forma de un ciervo. En el sueño, la energía espiritual está en el material que tienes que reunir para lo masculino. Ese material está ya ahí, en tu propio femenino. ¿Es una cierva?

—Sí.

—Energía femenina, sentimiento. Tú eres una persona en la que predomina el sentimiento. Y el joven, tu propia masculinidad, está en contacto tanto con su ciervo como con su toro, sus energías espirituales e instintivas. Al fin, está liberando su espíritu del patriarcado. Ámalo, Rita. Ese joven se halla en el umbral de su propia vida. En el sueño, tú eres una mujer de clase trabajadora porque hay trabajo que hacer, y es un trabajo que se realiza a través de los instintos. Ahí es donde debe encontrarse la energía, que llega a través del cuerpo.

—Mi cuerpo.

—Todo eres tú, Rita. Todo está a punto de llegar al equilibrio. La posibilidad de equilibrio entre lo masculino y lo femenino: hombre, mujer, hijo, hija.

—Y dice también... siento que dice que lo masculino joven está *finalmente* emprendiendo el viaje del héroe. Y sabe por qué lo hace. Lo hace para llevar en él la huella del raro y precioso ciervo, o (como dices tú) el Purusha, o (como he entendido yo siempre la imagen del ciervo) el espíritu de Cristo. Y tiene que buscar otras huellas, otras pruebas de que el ciervo existe. Yo diría que está partiendo por fin en busca del Santo Grial, ese tesoro tan difícil de encontrar.

—Yo así lo creo.

—Mientras que lo femenino en mí se queda aquí, en este lugar, junto al agua, cerca de la Madre Tierra.

Y le hablo de mis baños rituales y de mi descanso en el Tholos femenino, y Marion dice:

—¡Maravilloso! Tienes que descansar cuanto te sea posible ahora, y ser muy, pero que muy amable contigo misma. Y otra cosa muy importante para ti en estos momentos es tu relación con Bob.

15 de agosto de 1987

Esta noche, Bobby me ha preguntado si podría contarle lo que está sucediendo.

—Es difícil de explicar –le he dicho–, pero estoy viviendo en tres mundos. Este mundo de la ciudad, que es, evidentemente, el mundo real, en el que soy una criatura enferma y dolorida, incapaz de soportar el ruido del tráfico en la calle, o de los aviones que cruzan el cielo, o de cualquier otra cosa mecánica. Soy incapaz de enfrentarme a las tareas de la casa, ni tampoco a la gente.

»Pero después estoy en un mundo de meditación extraordinario, donde vivo en un manantial sagrado curativo y en un templo, donde soy totalmente femenina, y donde mi guardián es mi guía y mi acompañante en todo momento.

»Por último, estoy en el mundo de los sueños, donde (con la ayuda de Marion) los tres mundos se mezclan y combinan, y me llevan a darme cuenta de que los tres mundos son uno, y que cada uno de ellos cambiará y se desarrollará, y se enriquecerá. Y yo también lo haré.

Bobby ha asentido con la cabeza y ha dicho:

—Sí. Me resulta difícil de comprender. Pero lo intentaré. Y haré lo que pueda para ayudarte.

¡Y lo hace! ¡Oh, cómo lo hace! Más de lo que nunca hubiera podido esperar.

16 de agosto de 1987

> Sueño: de nuevo, estoy en los bosques, pero esta vez los árboles circundan un gran estanque. Estoy en una cabaña de madera, mirando al exterior desde una ventana grande que se abre hacia el estanque y los bosques. Conmigo hay un hombre un poco mayor que yo (¿mi hermano?), sentado a mi lado ante una mesa de madera. Se apoya en mí, al mismo tiempo que mira también por la ventana. Tiene un rifle.
>
> El hombre llama a otro hombre mayor que está afuera, al acecho de presas.

—¿Has visto algo? –le pregunta.

—He visto como se movía algo hace dos minutos –responde el más viejo.

Me apoyo sobre el hombre joven, feliz, sintiéndome parte de todo.

Entonces, veo a un patito que sale de los bosques, a la derecha, en dirección al agua, y digo involuntariamente:

—Ahí está.

El hombre joven levanta el rifle.

—¡Pero no le dispares! –digo.

Siento que el rifle vacila durante una décima de segundo y escucho al joven decir:

—Decídete.

Pero, un instante después, dispara. Cierro los ojos. El ruido reverbera en mi cabeza y, al mismo tiempo, digo:

—¡Ojalá hayas errado el tiro! ¿Has fallado?

Silencio.

Me siento muy mal por la muerte del pobre pato, por… ¿qué motivo? No quiero mirar. Mantengo los ojos cerrados.

Me despierto. Me tiemblan los brazos. Tengo náuseas. Siento dolor desde el nervio óptico, en el centro de la cabeza, hasta el ojo izquierdo. Es como si pudiera *sentir* una escisión entre lo masculino y lo femenino en ese ojo espiritual, y como si el dolor lo sintiera lo femenino. ¡Y es comprensible! Yo confiaba en lo masculino en mí; me sentía una con él. ¡Y va y dispara!

Marion escucha mi sueño y dice:

—Tu masculino está relajado pero listo para la acción. Tu femenino se siente parte de todo, incluida la naturaleza, y ve salir al pato. El pato es una imagen de la trascendencia, pues es capaz de desplazarse por la tierra, por el agua y por el aire. La energía del pato en ti intenta generar un nuevo equilibrio, pero lo masculino actúa, intuitivamente, a su manera, de inmediato. El ego femenino intenta evitarlo, casi consigue bloquear la acción agresiva, pero no llega a tiempo. Ahí es donde te hallas tú ahora. La armonía que buscas en todo es lo que permitirá vivir al pato. Pero tu ego femenino es todavía demasiado consciente de un viejo patrón de pensamiento (el hombre mayor que está al acecho de los patos en el exterior). Negación, miedo retenido. Miedo retenido a los viejos patrones de reacción ante tu masculino patriarcal. Te llevará algún tiempo cambiar estos patrones. Concédete tiempo para que la energía del pato se manifieste de un modo distinto.

»Pero no empujes. Todo llegará. Todavía no has llegado ahí. El proceso te va a llevar a una forma distinta de pensar y de sentir.

28 de agosto de 1987

He tenido este sueño a las diez de la mañana.

> Estoy en una cueva con el viejo, con mi padre. Simplemente tengo que estar allí y descansar. La palabra «Purusha» está allí, al cabo de un rato. El sueño continúa y continúa, pero es sólo eso: estar en la cueva acurrucada, junto al viejo papá.

Cuando me he despertado, tenía una sensación viva y ardiente en la vagina. He escuchado las palabras «Me voy a casar», y he visto esas palabras en color blanco flotando durante un instante en el espacio. Me siento feliz.

—¿Fue tu padre quien cuidó de ti cuando eras niña, Rita? –pregunta Marion por teléfono.

—Mi padre me quería muchísimo –respondo–. Mi única hija, decía.

—La niña de papá –recalca Marion–. Y ahí es donde está el amor unificador. Creo que, en los casos en los que es el padre el que ha proporcionado cariño, es muy importante que la hija pueda darse cuenta de eso creativamente. Creo que muchas mujeres tienden a ver lo contrasexual de un modo negativo; ven de forma negativa el hecho de que el padre *fuera* la madre. Son esas mujeres que más tarde en la vida buscan a la madre en la amante o el amante. En lo positivo, una niña que ha sido cuidada y querida de tal modo por su padre se convierte de forma natural en alguien querido para el guardián interior. Es la aceptación positiva, creativa, de ese matrimonio interior. La totalidad. Escuchas las palabras «Me voy a casar» y te sientes feliz. De acuerdo.

—¿Y Bob?

—Oh, el matrimonio interior no es una amenaza para tu matrimonio exterior. Todo lo contrario. Pues tú te vas a convertir en lo que de verdad eres, y él no va a poder evitar el influjo de tu autenticidad.

—¿El influjo sobre quién es él de verdad?

—Quizás.

28 de agosto de 1987

Meditación matutina. Estoy en el interior de la cueva en la que he estado soñando esta mañana. Entre el lugar donde estoy y la entrada de la cueva hay un disco blanco que brilla con suavidad entre las sombras. Por su textura, no parece ni duro ni blando, pero es firme, y simplemente cuelga en el aire.

—Ésta es tu guía esta mañana –afirma el guardián–. Quédate aquí.

—¿Es que ya no estoy en el Tholos? –pregunto sorprendida.

—No, no lo estás. Ahora estás aquí en la cueva. Permanece en la cueva. Cuando estés con gente, habla desde la entrada de la cueva. No te dejes atraer por el mundo más allá de la entrada de la cueva. La cueva es tu hogar por ahora. ¡Es esencial! Esencial. Aquí está tu esencia, ese disco. Tus ojos son importantes ahora. Observa qué ocurre y qué desencadena qué, qué lleva a qué.

—¿La cueva es lo que Marion llamaría la crisálida?

—Sí. Del mismo modo que la mariposa sale de su crisálida, tú saldrás de esta cueva. Es aquí donde va a tener lugar la transformación.

Meditación vespertina. Estoy en el fondo de la cueva y el disco resplandeciente sigue flotando en el aire entre el lugar donde yo estoy y la entrada de la cueva. Pero ahora parece resonar con suavidad, tanto de forma visual como audible.

Y no sólo inunda la cueva con una callada vibración, sino que se hace más grande y se desplaza hacia su entrada, donde las vibraciones se difunden al exterior hasta llegar al borde del precipicio y más allá, cruzando un valle profundo hasta alcanzar las distantes montañas. Veo los círculos de luz dorada como si se fueran expandiendo hasta el infinito.

5 de octubre de 1987

La hinchazón de mi rostro, del cuello y de mi cuerpo es horrible. Tengo los hombros como jorobados, de tal modo que me empujan la cabeza hacia delante, curvándome el cuello. Es angustioso.

—¿Cómo se siente? –me pregunta la doctora M.

—Sumisión.

—¿Sumisión a qué?

—A la muerte.

—Entonces sométase, Rita, sométase. Déjelo pasar. No se resista.

Y a continuación me hace el tratamiento, durante dos horas, tras el cual me arrastro hasta aquí, hasta esta silenciosa esquina de una cafetería inundada por el sol. Y le pido un té a un camarero de esos cuyos ojos se habrían cruzado con los míos hace dos años, con el divertido reconocimiento de que existen dos sexos en el mundo, y que él es de un género y yo del otro. Pero ahora, con su cortés indiferencia, me doy cuenta de cómo he cambiado. Sí, es una muerte. La muerte de mi sentido de mí misma.

Doy un sorbo al té, hago duelo por mi fallecimiento, e intento no resistirme. La oruga desintegrándose en la crisálida.

10 de octubre de 1987

Este período, ahora soy consciente, es un rito de paso: el tránsito hasta la «vieja bruja». Me estremezco al pensarlo.

Me resistí a abandonar el tardío resplandor sexual de cincuentona, el fulgor cálido ambarino con ocasionales llamaradas de pasión que se prolongó durante mis sesenta, hasta que llegó esta enfermedad... Pero, sin duda, la enfermedad pasará, y... seré más vieja. De repente, mucho más vieja.

«Vieja bruja». «Anciana Sabia». No son los roles para los cuales he sido entrenada. Hasta ahora. *Ahora,* este año, todas las embestidas han sido para prepararme para la siguiente e inevitable fase. El período de la vejez y la muerte.

Estoy más preparada para la muerte que para la vejez.

La vejez. Puedo entrar en ella derrotada, exhausta; o puedo entrar en ella con... sí, sabiduría. Aceptación. Claridad. Propósito.

Pero, oooooooohhh, ¿debo entrar en ella? Me encantó (aunque intenté no demostrarlo) el comentario de Peter: «¡Rita *nunca* cambia! ¡Viene al cumpleaños y tiene el mismo aspecto de siempre!». ¿Eso fue hace ahora un año? E Iris, un mes antes: «Te he visto pasar y sigues siendo la misma hermosa mujer...».

Finjo que no me importa. Pero sí me importa.

Importa. Pero el paso, el tránsito, también importa. ¿Qué significa? En cualquier caso, una cosa: que yo, en este momento, no veo el actual tormento como una enfermedad, sino como un viaje hacia un nuevo mundo para el cual deben hacerse cambios.

No obstante, ¿acepto esto? Sí, no, sí, vacilo. Pero mientras no me enfrente a ello, lo acepte, transite los necesarios ritos de paso y emerja, no obtendré la energía necesaria para el siguiente período de mi vida.

Tengo que hacerme vieja. Vitalmente vieja, eso espero. Vieja con vitalidad. Tengo que liberarme y dejarme liberar de las marañas que todavía llevo de la infancia y la adolescencia, de la juventud y de la mujer mayor. Tengo que convertirme en lo que soy *ahora*. No tengo que añorar a quienquiera que fuera entonces. Y, sin embargo... y, sin embargo... la paradoja. Tengo que ser consciente del hilo. Tengo que ser más consciente que nunca y agarrarme con firmeza al hilo que ha discurrido a lo largo de toda mi vida, desde antes incluso de mi infancia, y que todavía aferro en mi mano. Él me llevará a la siguiente fase de mi vida, sea cual sea.

28 de octubre de 1987

¡Herpes! Dios mío, ¿es que esto no va a terminar nunca?

«¡Un caso clásico!», dice el doctor T, con los ojos muy abiertos, triunfantes, y hace entrar a otra médica para mostrarle un caso perfecto de herpes. Lo hubiera asesinado. Pero no lo he hecho. En su lugar, he ido a ver a Marion.

—La vida en la crisálida –digo– es una tortura, física y psicológicamente.

—¿Dónde te duele más? –pregunta Marion.

—En todas partes. Cuello, hombros, estómago, cabeza. Me paso el tiempo con gases, defecando a todas horas. Sudo. Soy repugnante. Estoy sin aliento. Tengo palpitaciones. Hiperventilo. Pero el verdadero dolor, justo en estos momentos, es un nudo que tengo atragantado en la garganta. Lo tengo desde hace meses, pero justo *ahora*...

—Sí. La hiperventilación, la ansiedad se manifiesta justo ahí en el chakra de la garganta. Ese chakra afecta también al oído, la voz, la tiroides, la sexualidad, y se ve afectado por la represión de la creatividad y de infancia.

—En mi caso, «no está permitido responder», «no está permitida la ira», «una niña pequeña no debe hablar delante de sus hermanos mayores», y ohhh, sólo de pensarlo, el nudo se me hace más grande, mientras intento tragarme todas esas cosas, que yo sabía que eran mentiras, pero que no podía decirlo.

De modo que yo mentía acerca de las mentiras, por aquello de ser una buena chica.

—Así pues, todo eso está atascado en el chakra de la garganta –dice Marion–. La garganta es como el estrechamiento del cuello de la botella, de manera que la energía del corazón y del plexo solar no pueden atravesarla. Pero existe un ejercicio que, de forma suave, te puede ayudar a abrir el chakra.

Y Marion me enseña cómo debo masajearme las sienes con las yemas de los dedos; a continuación, el masaje desciende por la línea de las mandíbulas. Después, abro la boca y pego la lengua a los dientes inferiores. Me relajo y suelto el aire. Y, finalmente, las yemas de los dedos se unen en la barbilla. ¡Las mismas áreas de mi lacerante arteritis temporal!

—Lo que ocurre en la crisálida –afirma Marion– es muerte y resurrección. Transformación. Y no puede tener lugar sin sufrimiento, sin dolor.

Ahora, mientras escribo en mi diario, me pregunto si el sufrimiento tiene que ser *siempre* tanto físico como psicológico. Pero Marion no está aquí para responder a esta pregunta.

12 de noviembre de 1987

¿Cuántos meses llevo encerrada en esta cueva? ¿Dos meses, tres? Tengo la sensación de que cualquier transformación que haya tenido lugar en mí me ha convertido en una babosa con las alas pegadas a los costados debido al limo mucoso del interior de la cueva. Esta noche, cuando he meditado, ni siquiera podía ver la luz dorada que normalmente veo más allá de la boca de la cueva. Sólo veía negrura y dardos de luz rojos que me hacían saber que *había* un mundo más allá de eso, aunque me resulte difícil de creer ya.

28 de noviembre de 1987

He estado meditando, pero esto ha ocurrido como si fuera un sueño:

> Bob y yo estamos en una pista de tenis cubierta, rodeada de viejas y húmedas paredes de cemento que se desmoronan. Estamos jugando sin raquetas y Bob me arroja una pelota muy pequeña. Se la devuelvo lanzándosela por su derecha, pero sube tan alto que la pierdo de vista. Bob también la busca mirando al techo, que de pronto comienza a resquebrajarse. En medio de un estrépito, el techo se desintegra y comienza a derrumbarse. Miro a Bob, pero se ha evaporado poco a poco. Le llamo, pero no hay respuesta, sólo el estruendo de las paredes y el techo desmoronándose. Bob ha desaparecido. De pronto, una fuerza me arrebata y me lleva a gran velocidad por un túnel con rayas rojas, negras y blancas, como un vórtice, hacia la boca de la cueva.

Emerjo del «sueño». Estoy sentada en mi asiento de meditación, pero algo más está ocurriendo.

Posteriormente, después de que haya ocurrido, el guardián dice: «Toma nota».

GUARDIÁN: Has salido de la cueva hasta la cegadora y temible luz. Has gritado «¡No puedo!».

Pero, entonces, lo has hecho. Has saltado desde el borde y has volado.

Ni siquiera sabías que disponías de ese poder.

Pero *lo has hecho.* Y has regresado al saliente de la cueva. Puedes volar y bailar, y disfrutar haciendo uso de *todo* lo que hay en ti, y volver al saliente y descansar ahí.

Estoy contigo, estaré contigo.

Ahora vas a estar mucho más viva. Pero no vueles en ese mundo de vida mecanizada. Todavía no.

Ábrete, y luego protégete, del modo en que lo hacen las alas. Aprende a estar abierta y a protegerte. Mueve tu cuerpo. Remóntate en el cielo con tu espíritu. Y sé tu *verdadero* yo. Sé *tu*yo.

¡Qué liberación siento en todo mi ser! ¡Increíble! Increíble. He salido de la crisálida.

3 de diciembre de 1987

Apenas había comenzado la meditación cuando me di cuenta de que estaba al borde del precipicio, fuera de la cueva... y entonces escuché al guardián, diciendo:

> ¡Ahora! El nacimiento está ahí.
> ¡Ya! Salta al precipicio. Vuela alto, alto...
> *No retrocedas. ¡No! Ha llegado tu momento.*
> ¡Ya! Vuela alto sobre el precipicio. Arriba... arriba...

Y sentí terror.

GUARDIÁN: Estoy en torno a ti. Yo te sostengo. Estoy dentro y alrededor de cada parte de ti.

Y pude sentirlo como un suave abrigo de piel, y, entonces, las alas que había utilizado yo se desprendieron de mí, y el guardián me elevó hasta una roca, donde quedé expuesta a una luz brillante y terrorífica. Grité: «¿Cómo voy a sobrevivir aquí? ¿Adónde puedo ir?».

GUARDIÁN: Está la boca del túnel.

Y allí, en la roca, se abría la boca de un negro túnel, en el cual era imposible ver.

GUARDIÁN: Tienes que entrar.

Grité. ¡No puedo! Pero entré. En la negrura. Y entonces comenzaron las convulsiones. Convulsiones de parto en mi cuerpo. Y no se detenían…

Durante cuánto tiempo, no lo sé. Pero, cuando emergí, era consciente de mi propia vulva, y entre mis piernas abiertas, la vulva abierta de otra minúscula criatura que también era yo. «Soy una mujer», sentí, con una seguridad que nunca antes había sentido.

Y ahora soy consciente de que estoy en la orilla de un estanque redondo de agua azul. El guardián me dice que me sumerja en las profundidades, y ya no tengo fuerza para salir del fondo.

Pero ahora siento, por debajo de mí, que la tierra, suave y fuerte, forma un pico bajo mis pies, y me eleva hasta que emerjo en la superficie y quedo en una isleta en medio del agua azul. Es Gaia, sosteniéndome.

GUARDIÁN: Tienes que descansar aquí. Yo me quedaré contigo.

Y me escucho a mí misma cantar:

Vestida con el Guardián y
sostenida por la Diosa,
en el punto de oro elevado,
en el centro del agua azul redonda.

GUARDIÁN: Expresa tu gozo ante el Señor. Y éste es el Señor, el dios, la diosa. No pienses en «¿qué viene después?». Permanece en *este* instante. Descansa en *este* momento. Has dado un paso inmenso en tu viaje.

RITA: Estoy rodeada por partículas que danzan.

GUARDIÁN: ¿Gozosas?

RITA: Sí. Una danza gozosa.

GUARDIÁN: Ahora, prepárate una tostada de pan de centeno con miel. Eso es lo que toca ahora. Y después de comértela, duerme. Descansa en la cama.

Y, aunque apenas me aguantaba en pie, hice lo que me dijo, y he dormido hasta ahora, mediada la tarde. Sé que sigo estando en el regazo de la diosa, incluso mientras estoy aquí sentada escribiendo, mientras siento cómo sube por mi garganta la canción que el guardián me dio, para estallar en el aire resplandeciente:

Santo, te amo.
Bendito, te amo.
Interno, mi alma grita mi amor por ti.

Dos pájaros vuelan junto a la puerta mientras canto y luego se elevan en el cielo, alto, muy alto... Hermoso.

12 de diciembre de 1987

Durante las dos últimas semanas, mi vida con el guardián se me ha antojado más real que las paredes y los muebles de esta casa. Hace unos días, por ejemplo, me elevó desde el centro de un estanque azul... Voy a transcribir lo que garabateé en aquel momento:

> Me eleva y me lleva a través de un agujero que se abre en la cúpula azul que cubre el estanque. La *luz* es tan intensa que grito «¡No!». Y él me cubre los ojos y la cabeza con sus alas; y, así, atravesamos la luz. Y luego, sosteniéndome y cubriéndome, volamos sobre kilómetros y kilómetros de agua azul, hasta que veo una minúscula isla verde, y él dice: «Ahí».

RITA: ¿Sola?
GUARDIÁN: No. Yo estoy contigo.

Y, ahora, mis ojos quedan deslumbrados por una infinidad de minúsculas e ignotas partículas con los infinitos colores de Dios.

¡Y allí, en el centro de la isla, está mi árbol doble!

Y mi guardián me deposita en el centro de mi árbol, allí donde nunca me había atrevido a sentarme. Nunca en el centro. No, pero ahora...

GUARDIÁN: El centro del árbol es tu yo.
Y el núcleo del árbol es el centro de ti.
Aquí es donde tienes que descansar ahora. Y ser.
Has recorrido la línea de poder.
Ha llegado el momento de aprovechar ese poder.
No para vanidad tuya.
Porque es tu destino.
La varilla de adivinación trabaja para *ti*.
Aquí es donde se inclinó hacia abajo entre tus manos hace mucho tiempo para mostrarte el poder.
Este centro es tu centro. Tu femenino, tu masculino, aquí.
Aquí es donde lo recién nacido puede crecer verdaderamente,
en este momento en el que el sol muere y renace.

16 de diciembre de 1987

Hoy he visto a Marion y le he contado mis meditaciones de las últimas semanas.

MARION: ¡Increíble! ¡Vaya regalazo te han hecho!
RITA: ¿No me estoy volviendo loca?
MARION: ¿Por qué piensas eso?
RITA: Bueno, el guardián...
MARION: El guardián nunca te ha dicho nada que no pudieras comprobar de inmediato que era correcto. ¿Tienes algún problema con él?

RITA: No. Pero a veces pienso que me estoy engañando; y, un instante después, confío plenamente y me sumerjo por completo en la experiencia con él. Sin embargo, en estos momentos, lo que me pregunto es en qué se diferencian mis meditaciones y mis visiones de las alucinaciones de, por ejemplo, la médium de quince años de la que habla Jung en *Psychology and the Occult* (*La psicología y lo oculto*). Jung dice que eso es patológico.

MARION: Esto es del todo diferente. En el caso de una patología, la persona no se lleva la experiencia de vuelta a su vida cotidiana porque no hay suficiente ego como para reflejarla e integrarla. Las personas con adicciones graves se encuentran en una situación similar. Sus experiencias pueden ser extraordinarias, igual que sus sueños, pero todo eso es inútil, a menos que el contenedor-ego pueda llevar al tesoro de vuelta a la consciencia. Esas personas pueden verse abrumadas. Es peligroso. Pero tu ego es fuerte. Puede expandirse en tus diálogos con tu cuerpo, con tus sueños, con el guardián, en tus meditaciones y en tus visiones.

Lo que tú y yo hacemos aquí, en este despacho, es comprobar sueños y meditaciones, entrar en ellos en busca de los mensajes más profundos del inconsciente, escuchar esos mensajes y así fortalecer el contenedor con ellos. Así, la consciencia se hace más fuerte. La tarea consiste en mantener el equilibrio entre la consciencia y el inconsciente. La paradoja es ésta: cuanto más fuerte es el ego, más flexible es, más puede contener, más resuena, más cosas pueden pasar a través de él. Al igual que un hermoso cello, la música pasa a su través, llega, *atraviesa* el contenedor y sale.

RITA: ¿Y mi guardián?

MARION: Ahí está la sabiduría. Tus dudas son muy sanas.

18 de diciembre de 1987

Me he despertado a las nueve en punto con este hermoso sueño:

> Hay un bebé sentado sobre un cojín en el suelo, delante de mí. Es regordete, con el cabello oscuro y los labios carnosos, ¡y está cantando! ¡Milagrosamente! Hermosamente. Y de forma por completo inconsciente de sí mismo. Hay indicios de que algo de todo esto se ha podido filmar, al menos eso espero. Pero al bebé le da igual todo. Se mueve en función de los deseos de su cuerpo para adoptar diferentes posiciones sobre el cojín. En su última posición parece un rechoncho y pequeño Buda. Está de cara hacia mí, pero no me mira, porque está total y relajadamente inmerso en su canto.

Al despertar, me regodeo con la idea de que, para estas Navidades, éste será el niño divino. No hacen falta oropeles. Sólo el bello canto de la nueva vida, del nacimiento... de ese yo recién nacido que emergió de mi cuerpo hace quince días.

4 de enero de 1988

Le pedí a Bob que me llevara a la consulta de Marion para lo que yo pensaba que era mi cita de las dos en punto, hoy, porque iba a estallar si no le contaba el sueño y la visión que he tenido. Y de pronto me he encontrado con que estaba atendiendo a otra persona, y que mi cita era para mañana.

—¡Por favor! –he rogado–. Diez minutos... sólo diez minutos para que sepas... para que te cuente algo extraordinario... algo...

Y, por supuesto, la otra persona ha sido muy amable, y yo he podido liberar parte de la tensión generada por las ¡buenas noticias! Pero nos meteremos de lleno en el tema mañana.

5 de enero de 1988

> Sueño del 3 de enero: Bobby y yo estamos en la zona india oriental de la ciudad, en la zona comercial. Veo un abrigo en un escaparate y me apetece comprármelo. Entro y Bob se sienta

entre los abrigos que se exhiben en el exterior. La amable chica india toma el abrigo, lo dobla y lo envuelve en un papel suave, y, a continuación, lo deja a un lado. Por qué no me lo *da,* me pregunto. Pero la muchacha se demora, como si esperara a que comprara algo más... o... a que se hiciera algún trabajo con el abrigo. O ambas cosas. Y, entonces, sugiere calladamente que tengo la «iniciación» total. No estoy segura de lo que quiere decir, pero pregunto: «¿Cuánto tiempo llevará?», pensando en Bobby y en su limitada paciencia. Y la chica responde: «No mucho».

De manera que salgo, y Bob dice: «Ve. Te esperaré». Así que vuelvo a entrar, y entonces me doy cuenta de que el abrigo que he comprado es negro, y no me gusta cómo me sienta el negro en contraste con mi cara. De modo que la chica saca un pañuelo de cabeza de lana en tonos rojizos y anaranjados, que, según afirma, forma parte del conjunto. «¡Ajá! –pienso–. A eso se refiere con lo de "iniciación total"». Pero no...

La chica me hace subir por unas escaleras. En el piso superior hay dos salas. En una, hay un grupo de yoga haciendo *asanas,* pero entramos en la otra, que es mucho más grande, y en la que se están desarrollando en silencio muchas actividades de la India Oriental.

«Ahora comenzará la iniciación –dice la chica–. Le contaré qué tiene que hacer y me quedaré con usted». Me acuesto sobre una mesa y la chica hace muchos movimientos rituales sobre mi cuerpo. Luego, se inclina sobre mí, muy cerca, y yo pongo mis brazos a su alrededor. Pero ella dice de manera firme: «No se cuelgue de mí. Cuélguese de él».

Yo sé a qué se refiere con a mi Él Interior. Así pues, la suelto y me envuelvo con los brazos.

Entonces, la chica toma una barra rectangular de azafrán y me la frota por la cara.

«¡Vaya! ¡Qué va a pensar Bobby!», exclamo en mi interior. Pero me doy cuenta de que he llegado demasiado lejos como para dar marcha atrás. Y me ocurre otro tanto cuando la chica me corta un mechón de cabello de la sien derecha. «Oh, vaya.

Todo el mundo sabrá que he estado...». Pero también pienso: «Estoy completamente en sus manos».

Y, entonces, la chica se me lleva rodando con la mesa a una zona más pública de la sala. Es casi como una calle por la que pasa la gente vestida con ropas de colores. Veo pasar a una niña pequeña que parece un arbusto verde brillante, pero la mayor parte del tiempo tengo los ojos cerrados y no veo a la gente pasar.

Y, súbitamente, desde detrás de mí, a la izquierda, escucho la voz de un hombre dando un sermón con el suave acento del este de la India. Mientras habla, parece que el aire se torne dorado. Dice: . «Pensad en la catedral de San Pablo. Allí, puedes tocar un trozo de cuerda y sigue siendo un trozo de cuerda. Puedes tocar a un hombre y se convierte en un peregrino».

Y pienso: «¡Qué curioso que este indio oriental hable de un lugar de culto anglicano en su sermón! ¡Qué holístico!».

Y siento, mientras yazgo en la mesa, una paz interior cada vez más profunda.

Sé que me he convertido en una con algo que comparto con todas las demás personas que hay en la sala.

Soy consciente de Él en mi cuerpo.

Y entonces escucho a la niña que parece un arbusto verde y redondo decir dulcemente: «Eso ha sido muy bonito».

Y sé que la iniciación ha terminado, pero no quiero levantarme e irme, de modo que me quedo en la mesa, satisfecha, entre esas personas, cada una de las cuales está haciendo algo diferente de las demás. Me siento al mismo tiempo separada y aceptada por ellas. Me siento parte de una comunidad, pero libre para quedarme o irme.

Marion comenta:

—Sí, el sueño dice que ahora estás preparada para asumir una nueva experiencia, una experiencia «extraña», sea cual sea, y que tus únicas reservas tienen que ver con Bobby, sobre si será paciente contigo o se molestará. Él está fuera de tu experiencia, pero acepta cualquier cosa que quieras compartir con él. Y eso es maravilloso, como bien sabes. El denominado Él Interior no es una amenaza para Bob. No es un rival.

RITA: Parece que Bob es consciente de ello, al menos eso me dijo anoche durante la cena.

MARION: Ahora, la catedral de San Pablo, ¿qué te sugiere a ti?

RITA: Me genera sorpresa e interés. Porque, como sabes, toda mi vida he tenido dudas acerca del cristianismo. Pero, ahora, después de los últimos diez años explorando otras aproximaciones religiosas al asunto central, estoy empezando a darme cuenta de que *existen* verdades en algunas de las metáforas de determinadas enseñanzas cristianas. Pero no puedes quedarte con todo lo que viene detrás de la cuerda, o te quedarás sólo con el trozo de cuerda.

MARION: *(riendo)* Estoy segura de que tú no vas a hacer eso. Rita, estoy segura. La catedral de San Pablo, si lo miras bien, es un mandala, con el círculo en el centro y las naves que se proyectan desde el crucero. Es un sitio muy sagrado. En los sueños, una iglesia es, con frecuencia, un símbolo del *Self*, el Sí-Mismo.

RITA: ¿El término con el cual Jung nombraba a Dios?

MARION: La imagen divina interior. Y, en el espacio sagrado de tu sueño, si un trozo de cuerda es alcanzado por la energía divina, sigue siendo un trozo de cuerda. Pero si es alcanzado por un hombre, se convierte en un peregrino.

RITA: ¡Este sueño vino seguido por una visión que *es* un mandala!

MARION: ¡Tú te convertiste en el peregrino! ¿Podemos quedarnos con esto del peregrino un minuto más? Allí, en ese centro sagrado, podrías ser *alcanzada,* y luego serías libre para quedarte o marcharte. Tu seguridad está dentro. Ya no tienes por qué sentirte culpable de ser quien eres. La bendición del padre, simbolizada por la catedral de San Pablo, puede ser tuya. Tú, una mujer, puedes ponerte el manto del padre de forma creativa. Puedes vivir tu masculinidad y tu feminidad. La voz en el sueño dice: «Si tocas a un hombre...», un *hombre.* Ahí está tu masculinidad, que irá contigo como peregrino. Y el Purusha puede acompañarte con su energía masculina.

RITA: ¿Y por qué me da miedo eso?

MARION: No lo sé.

RITA: Creo que me da miedo. Y creo que es porque tuve tres hermanos varones mayores yo mientras crecía, y tenía miedo de ser de algún modo una líder delante de ellos, de ahí que mantuviera en silencio esa parte de mí misma. En secreto. A un lado. No mostraba mi faceta de líder, salvo en aquellos lugares donde no estaban mis hermanos, como en el instituto. Y lo he hecho siempre, no sólo con mis hermanos, sino también con los sustitutos de mis hermanos y (me acabo de dar cuenta ahora) con lo masculino que hay en mí. He ejercido el liderazgo, pero de forma encubierta, hasta que... bueno, hasta que me hice consciente de ello; y desde entonces he ejercido el liderazgo, pero siempre con temor, hasta que mi capacidad de liderazgo se impone. Y entonces dejo de ser tan callada.

MARION: ¿Te acuerdas de Brunilda? Cuando Brunilda se ve sin su armadura, toda su fuerza femenina se revela. ¡Ella es una mujer! Y, ahora, Rita, cuéntame tu visión.

RITA: Te leeré la entrada del diario:

Domingo, 3 de enero de 1988

Le dije al guardián que estaba muy cansada, que tenía mucha hambre, y le pregunté si tenía que trascribir ahora todo lo que había ocurrido o más tarde.

GUARDIÁN: Hazlo ahora. Ya comerás después.

YO: Te pregunté dónde estaba ahora, que todo esto me estaba resultando confuso, porque parecía que estuviese aún en el centro del árbol, con la espalda apoyada en el tronco femenino y de cara al tronco masculino. Pero, en vez de la isla minúscula rodeada por la inmensidad azul del océano, la tierra que hay alrededor del árbol se ha extendido ahora de tal manera que, bajo mis pies, hay arroyuelos y túneles, donde los animalitos viven y corren ladera abajo, imbuidos en sus asuntos familiares. Todo un mundo para ellos, pensé, hasta que, más allá de la colina, vi amplias extensiones de cultivos. Y luego vi bosques. Y más cultivos y granjas. Y, más abajo aún, vi una aldea de Breugel llena de robustos y animados campesinos ocupados en sus quehaceres. Y luego, mucho más allá, vi un desierto que se extendía hasta el infinito, e incluso vi una caravana de camellos. Lancé mi vista aún más allá y, entonces, vi finalmente la orilla del mar, y a hombres y mujeres viviendo en cuevas. Y en el propio océano asistí a un súbito estallido de espuma, cuando una ballena emergió a la superficie para, a continuación, volver a sumergirse.

GUARDIÁN: Continúa.

YO: Tú dijiste: «Ahora camina alrededor del árbol», y yo sentí miedo ante la perspectiva de tener que abandonar ese lugar protegido que es el centro del árbol. Tú dijiste: «Iré contigo». De modo que salí en la dirección que tenía delante, el nordeste, y afirmaste: «Gira a la izquierda, hacia el noroeste». Y tras hacerlo, miré hacia abajo y vi interminables extensiones de nieve; y muy lejos, en la gélida distancia, casi oculta por la ventisca, vi a un grupo de esquimales desplazándose en trineos. «Gira a la izquierda», dijiste, y me volví hacia el sudoeste. Ahora había allí un bosque, que comenzaba a los pies de la pequeña colina y se extendía hacia el horizonte hasta donde alcanzaba la vista. Pero algo llamó mi atención y volví a fijar la mirada en el inicio del bosque. Había salido un ciervo. Nos miramos a los ojos y, a continuación, se volvió a meter en el bosque. Giré a la izquierda y, allí, al sudeste, la tierra descendía en terrazas de cultivo; y, más lejos, en la distancia, vi un zigurat y que toda la tierra entre el zigurat y yo era dorada. Después pude observar que cerca de mí estaba el pequeño santuario de piedra que encontré, hace veinticinco años, al amanecer, en la cima llana de una pequeña montaña en Kioto. Entonces, el sol se elevó por detrás del santuario justo cuando llegué a él, y veía al fondo las rectas líneas de unas negras nubes. Me pregunté si ahora, aquí, como entonces... pero no. Hoy no había más que un sol resplandeciente. Entonces tú dijiste: «Vuelve adonde comenzaste».

Y lo hice, y la visión hacia el nordeste era la misma que antes: la ballena emergiendo en el océano en la distancia; los hombres y las mujeres saliendo de las cuevas; el desierto, los animalitos excavando el suelo y dando de comer a sus crías, sin preocuparse demasiado por mí.

GUARDIÁN: ¿Y después?

RITA: «Vuelve al árbol –me dijiste–, pero apóyate ahora en el tronco masculino. Eres suficientemente fuerte. ¡Incluso has visto el mundo desde ese lado!». Me pregunté qué intentabas decirme, hasta que me senté bajo el árbol y vi, ¡sí!, desde el lado masculino, todo el poder del sol y el zigurat.

Entonces interviniste con estas palabras: «Descansa. Vamos a bajar al *interior* del árbol». A mí me daba mucho miedo, y me demoraba. Me aferraba al árbol. Pero entonces dije «de acuerdo», lo soportaré.

Hasta que afirmaste lo siguiente: «No puedes ir a cualquier parte y que no ocurra nada, si te aferras y te dejas llevar al mismo tiempo. Así es imposible hacer nada».

«¿Permanecerás conmigo?».

«Sí». De modo que me dejé llevar y sentí cómo me hundía en la negra tierra, mirando hacia arriba, viendo cómo se desvanecía la luz, hasta que... me di cuenta de que estaba en una inmensa cueva alumbrada por una pálida luz, y supe dónde estaba. Estaba en la cueva de Yucatán en la que entramos inesperadamente diez años atrás, y donde estuve llorando sin consuelo. Ahí estaba de nuevo, en aquel gran útero, aquella tumba, con sus estalactitas y sus estalagmitas formando un árbol doble en el centro, y sabiendo ahora por qué había llorado entonces. Pues aquí estaban los aspectos del inframundo de mí misma, de mi masculino y mi femenino. Y aquí estaba también el río subterráneo, trazando una curva desde la derecha y desapareciendo en la oscuridad de la caverna a la izquierda. Era como el río de la vida y la muerte.

«¿Entro esta vez en el río?», te pregunté. Y tú dijiste: «No. Eso no va todavía».

GUARDIÁN: ¿Y después?

YO: Entonces me llevaste a la superficie, me sacaste de la oscuridad de la tierra.

Y me senté bajo el árbol. Y tú dijiste: «Descansa».

GUARDIÁN: Y tú descansaste.

YO: Sí. Pero, entonces, desde la coronilla de mi cabeza, cuatro hilos dorados emergieron y se cruzaron y entrecruzaron, entretejiéndose en un cubo dorado con las esquinas redondeadas. Y de la parte superior del cubo emergieron cuatro hilos que se cruzaron y entretejieron en otro cubo. Y así fueron subiendo y subiendo hasta que, desde lo más alto, una luz dorada descendió a través de los hilos, introduciéndose a través de mi cabeza hasta llegarme al pecho, donde se convirtió en una esfera de luz. Y luego se abrió por el centro; primero, en cuatro suaves pétalos.

Después, se volvió a abrir, con otros cuatro pétalos más. Y, luego, desde ese centro surgió una miríada de estambres, y, a continuación, un pistilo central con un fulgor de luz plateada en la punta. Y tú dijiste: «Acuéstate ahora y deja que esto se introduzca en tu cuerpo». Y lo hice. Y después tomé conciencia de que una «flor» similar estaba brotando tanto delante como detrás de mí, ambas arraigadas en el chakra del corazón.

GUARDIÁN: ¿Y después?

YO: Me dijiste que conectara los chakras en una espiral, comenzando desde el corazón. Y así lo hice.

En el corazón se quedó la flor dorada.

Me percaté de que el plexo solar estaba rojo en la parte superior derecha y azul en la parte inferior izquierda, y que la energía se disparaba directamente desde él.

La energía del chakra de la garganta salía trazando curvas rojo anaranjadas punteadas de blanco, pero alternándose con curvas amarillas.

El chakra sexual estaba muy pálido y gris.

El chakra espiritual del tercer ojo era de un color blanco intenso, pero no de ese blanco cegador.

Y del chakra raíz fluían colores suaves de tonos oscuros, como de la misma tierra, y se mezclaban con los pétalos del corazón, cubriendo la parte inferior con hermosos tonos.

Y luego el chakra corona se abrió, y también la corona superior, y la luz se derramó, llenando todo mi cuerpo y emergiendo por las puntas de mis dedos en manos y pies.

GUARDIÁN: E hiciste una pausa.

RITA: Estuve allí tumbada durante mucho tiempo y te pregunté varias veces si debía cerrar la espiral y volver al mundo real. Pero tú dijiste: «Todavía no». Y, con el tiempo, la luz volvió desde más allá de las yemas de mis dedos y se estableció en mi corazón, y los pétalos se cerraron en torno a él. Y ahora era una anémona marina con sus pétalos pulsando en el flujo de la luz vital y de la oscuridad que me estaba llenando.

Después dijiste: «Guarda esto con delicadeza. Desconéctate de la espiral, hazte un ovillo y descansa».

Yo pregunté: «¿Dónde debo permanecer?».

Y tú dijiste: «En el centro de tu árbol, que ahora es el punto central de tu casa del árbol. El núcleo central de ti misma».

Y el nombre «Casa del Árbol», que estuvimos utilizando de forma casual durante años, adquirió de pronto un nuevo significado. Aunque siempre había sabido que la casa tenía la forma de un mandala, ahora me daba cuenta de que el núcleo de ese mandala es el núcleo de mi yo. Y aún más. Ahora podía ver el increíble mandala de mi mundo extendiéndose hasta el extremo por el este, el norte, el oeste, el sur, hasta lo más profundo de la tierra y lo más alto del cielo.

En el centro de ese mandala me hice un ovillo y me dormí, y estuve durmiendo hasta bien entrada la tarde.

Cuando desperté, sentí que había tenido lugar una importante transformación. También me percaté de que había surgido exactamente nueve meses después de mi experiencia cercana a la muerte, con la picadura de la avispa el 6 de abril de 1987 y su correspondiente sueño, en el que me encontraba encerrada en una casa sin ventanas que era, a un tiempo, una tumba y un útero. Ahora, «en la plenitud del tiempo», he salido al exterior.

7

Diario: en la ciudad
11 de enero de 1988

Bob me pregunta si puedo decirle lo que me está ocurriendo. Sé que debe resultarle desconcertante verme salir de la meditación día tras día en un estado de... ¿cómo llamarlo?... ¿de silencioso éxtasis? ¿Ni en este mundo ni de este mundo? Y, sin embargo, al sentarme delante de él en la cena, hablando de... cualquier cosa de esas de las que se habla –las cosas del día a día, los planes para mañana–, me pregunto si *puedo* hablar de lo que me está ocurriendo sin poner en peligro lo que tengo. ¿Existe la posibilidad de que Bob, con su inteligencia lógica y razonadora, me escuche hablar de visiones sin poner los ojos vidriosos, rechazando en su interior, en silencio, mis experiencias? ¿Puedo correr ese riesgo? Pero, si no puedo hacerlo, entonces, ¿qué sabe él realmente de mí? ¿Y qué sé yo de él? Del interior, de mi yo interior. Si elijo el momento oportuno...

22 de junio de 1988

Sueño: estoy en un sitio nuevo en los bosques. Hay dos pequeñas plataformas de madera cuadradas a nivel del suelo, separadas unos seis metros entre sí. Están construidas con madera limpia, madera nueva.

Bob acaba de llegar y tengo que contarle de qué va todo, de manera que ambos podamos estar contentos de vivir aquí.

Los bosques son protectores y hermosos. Me siento en casa en ellos. Una canción flota en el ambiente, «Someone to watch over me...».[9]

9. Se trata de una famosa canción de Ella Fitzgerald. *(N. del T.)*

Me despierto muy calmada, maravillosamente en paz, y sé que puedo contarle a Bob mi viaje interior.

23 de enero de 1988

Leo lo referente a la visión directamente de mi diario, y los ojos de Bob transmiten un intenso interés, hasta que llega un momento en el que dice con tranquilidad:

«Creo que, de momento, esto es todo lo que puedo absorber». ¡Fue maravilloso! ¡Poder compartir con él! Que él fuera capaz de decir «hasta aquí», sin juzgar. ¡Poder ser cada uno quien es, y aceptarnos mutuamente como somos! Después de todas estas décadas juntos, aún se ha abierto otra puerta y se ha revelado un pasillo a lo largo del cual podemos entrar el uno en el otro.

1 de febrero de 1988

> Sueño: estoy trepando por un sendero en la oscuridad. A mi derecha hay un precipicio vertical, y cayendo a mi izquierda hay un profundo barranco en el cual se escucha una cascada. Es muy peligroso. El sendero está construido con troncos podridos, clavados en vertical en el suelo. Miro hacia arriba, a la cima del acantilado, y veo a mi hermano allí, mirando hacia abajo, adonde estoy yo, preocupado por lo que tengo que hacer. Busco puntos de agarre para manos y pies en la madera podrida. Tengo que sentir mi camino, pero encuentro apoyos de buena madera entre la madera podrida. Así, poco a poco, salgo del barranco y llego a salvo a la cima.

Me despierto triunfante. Un fugaz recuerdo, un *déjà vu.* ¡Por supuesto! Aquel sueño de hace diez años, en el cual estaba atascada en una escalera de caracol, mientras escuchaba sonar la música que me llegaba desde un inalcanzable salón superior, y las oscuras profundidades del salón de la escuela dominical yacían abajo. Y yo a mitad de camino, sin poder subir ni bajar. Pero ¡ahora, lo conseguí! ¡Estoy arriba! ¡He salido! He alcanzado a mi hermano.

2 de febrero de 1988

Marion ve aún más cosas en el sueño.

—Tanto en tu vida como en tus sueños, tu hermano ha sido crucial en tu proceso creativo. Él respeta la lucha que tu parte femenina está llevando a cabo, aunque espera en su propio nivel, sin interferir pero atento. El barranco al cual puede caer tu parte femenina es muy peligroso, pero hay en él una cascada y un sendero de troncos por el cual puedes ascender. La madera se asocia con lo femenino. Parte de esa madera está podrida (la madre negativa) y otra parte es sólida, pues encuentras puntos de apoyo para manos y pies (la madre positiva). Podrías haber muerto en ese barranco si no hubieras sabido determinar qué madera era fiable y qué madera podría derrumbarse bajo tus pies. Pero tu ego femenino está soportando la tensión de los opuestos y, de algún modo, incluso en la oscuridad, encuentra la madera sólida que le permite trepar hasta el nivel de su compañero alquímico.

—Pero ¿por qué dices que los peligros constituyen la madre negativa?

—Porque los troncos podridos pueden impedirte llegar a tu propia creatividad. Podrían ser letales. Conservan la energía que debe liberarse en la vida. ¿Interfería tu madre en tus acciones, tu comportamiento, en el hecho de que pudieras actuar a tu manera?

—Por supuesto. Mi manera de hablar, con quién jugaba, quién se apoderaba de mi alma. Tuve que luchar mucho por mi alma guardando silencio hasta el final, cuando estaba en su lecho de muerte... [mientras escribo, se me corta el aliento, siento una fuerte tensión en el plexo solar y un extraño dolor me atenaza la parte izquierda del corazón...]... y me rogaba con los ojos que dijera «Sí, creo en Jesús. Sí, estaré contigo en el Día del Juicio. Sí, madre, sí»... pero no pude hacerlo. Y no pude soportar por más tiempo la tensión de negarme a sus pretensiones, de modo que me despedí, y Bob me llevó a las montañas y nunca pude perdonarme a mí misma haber hecho lo que sabía que tenía que hacer... Mi madre entró en coma y poco después falleció.

—En ese punto, era tu vida o la de ella –dijo Marion–. Ella podría haber seguido viviendo, chupándote la energía, imponiendo su poder sobre ti. En ese punto, optaste por vivir. Pero, al optar por la vida, traicionaste a tu madre y su objetivo, que consistía en tener tal poder sobre sus hijos como para poder llevaros ante el feroz dios que la poseía. Tú quebraste el poder de ese dios. Fue ese dios el que te miraba a través de los ojos de tu madre con... ¿cólera?

—Sí. Y algo parecido a odio.

—Y tú pronunciaste tu «No» definitivo...

—Lo que hice fue guardar mi silencio definitivo.

—... y ella se sintió impotente. Su dios era impotente. Ahora bien, aquí es donde podemos comprender el complejo de madre negativo, pues toda tu vida la has vivido con ese poder que interfería, bloqueaba, todo intento de ser tú misma, con ese «no hagas las cosas a tu manera, hazlas a la mía». Y ahora no te puedes perdonar por haberle arrebatado aquel poder. Y ahí está *tu* bloqueo. Ahora, interiormente, cuando intentas establecer una conexión profunda con tu parte masculina, tu complejo de madre está ahí. Bloqueando. ¡No! ¡No puede ser que quieras esculpir! ¡No! ¡Seguro que no quieres escribir! No. Ante cualquier cosa que tu fuerte parte masculina quiera crear, la madre negativa dice «¡No!». Ése es tu complejo de madre. Dentro de ti.

—Pero yo quería a mi madre –digo–. ¡Ella me dio mucho! Ella *quería* que yo escribiera.

—Quiere a tu madre, odia al complejo. Por supuesto, ama a tu madre personal, que hizo todo cuanto pudo por ti y quería conscientemente que lo tuvieras *todo* en la vida –dice Marion–. Pero detesta el complejo de poder que de manera inconsciente la maltrató a ella y a ti. Quédate con todos los aspectos positivos. La buena madera donde agarrarte y apoyarte, el contenido sólido de la madre positiva. Eso también está dentro de ti. Pero la madre negativa y bloqueadora es muy peligrosa. Cuando tiene lugar el bloqueo, en un nivel arquetípico se convierte en el mal. Esa energía te puede arrebatar la vida. No sé nada de tu enfermedad, pero...

Como es obvio, Marion se hacía preguntas. Y yo también cuando abandoné su despacho. Pero también sentía: «¡Mi sueño! ¡Lo conseguí! ¡Esta vez lo hice! Quizás a partir de hoy empiece a sentirme mejor».

Diario: en el campo
3 de febrero de 1988

¡El campo! ¡Estamos en el campo! ¡Por fin! ¿Después de cuántos meses de enfermedad? ¿Ocho? ¿Nueve? ¿Diez?

De inmediato, subo a la colina. Y *allí* está mi árbol.

Me echo a reír, presa de una repentina alegría. Tiene un halo de nieve.

—¡Pareces una novia! –digo.

—Ven a mi centro –dice.

En la realidad, nunca había estado en el centro de mi árbol. En meditación, sí. Ahí es donde viví, en ese espacio donde lo masculino y lo femenino casi se tocan. Durante un mes, desde aquella visión en la que mi guardián me puso aquí y me reveló las cuatro direcciones del mandala a su alrededor, estuve viviendo en este núcleo, y él ha vivido en mí. En la meditación. Por otra parte, en la realidad, conozco el exterior de la redonda mitad femenina que toco y que sé que es mi buena madre. Pero no conozco el exterior de la mitad masculina; siempre me resultó inalcanzable, intocable.

Ahora, emocionada, rodeo uno de los dos brotes jóvenes que la parte femenina ha lanzado al mundo, y estoy a punto de entrar en el centro cuando siento un estremecimiento, y recuerdo que fue aquí, hace cuatro años, cuando la vara de zahorí se inclinó con tanta violencia hacia abajo que tuve que dejarla ir. Respiro profundamente y entro en el espacio que se abre en el centro de mi árbol.

Apoyo la espalda contra la parte redonda, femenina, y me pongo de cara a la masculina. Todavía no me atrevo a tocarla. Sólo puedo mirarla. El tronco tiene tres secciones, ninguna de ellas redonda, como la parte femenina. Me resulta novedoso, como la primera vez que me estremecí y me tocó un hombre. Las energías son diferentes. En modo alguno me siento segura de mí misma. ¿Cómo hacer mía esta parte masculina? ¿Cómo hacerme una con ella? No lo sé. Es como, ¡efectivamente!, el hermano de mis sueños, que respeta mi lucha y espera, con cariño. Tengo la sensación de que no podré iniciar la siguiente fase de mi viaje si no puedo aceptar esta fuerte parte masculina como mi compañero interior.

4 de febrero de 1988
Meditación en la Casa del Árbol

Mi guardián dice:

Lo tienes todo en tu interior:
la pulsación del corazón del árbol.
Atrae ese centro.
Sé consciente de lo que sabes.
Sé, en este instante.

Y atraigo el centro del árbol, el centro del mandala, el centro de mi yo. Me siento completamente satisfecha.

El guardián dice:

Atráelo de nuevo…
De la forma correcta.

Y, de repente, me doy cuenta de que *no* he atraído lo que he experimentado. Cuando me he puesto de pie en el centro del árbol verdadero, no me he mecido en los brazos de esa parte masculina; me ha *confrontado.* Sí. La atraeré de nuevo, de la forma correcta.

¿Por qué estoy llorando?
Atraigo…
Acepto…
Pero lloro…
Debo de someterme.
Me someto.
Ante lo masculino.
Yo recibo.
Yo recibiré.
Pero…
¿Por qué lloro?
No puedo dejar de llorar.
¡Es tan doloroso!

No creo que sea doloroso.
Pero lo siento así... Me siento llena de dolor.

Siento que mi centro se vuelve muy feo, comprimido. Tengo que atraerlo de nuevo tal como lo siento *realmente*. Estoy... estoy gritando. ¿Qué está ocurriendo?

Es un coito terrible, angustioso, cada uno aplastando la vida que hay en el otro. No puedo soportarlo, pero tengo que hacerlo.

6 de febrero de 1988

> Sueño: un policía está dando instrucciones a una multitud. Una chica atraviesa la multitud, decidida, hasta situarse detrás del policía. Veo que tiene un revolver y lo apunta a la espalda del policía. El rostro de éste se muda a causa del miedo.
>
> El policía se agacha.
>
> Ella dispara.
>
> Ella grita. Se ha disparado en sus propias manos, que las tenía atadas.
>
> La chica se retuerce de dolor en el suelo, gritando.
>
> El policía agarra un trozo de cristal, se inclina sobre ella, y parece que está cortando las ligaduras de sus muñecas. Pero no...
>
> La chica deja de gritar. Se incorpora con un gesto de alivio, aunque sorprendido, en el rostro. Tiene sangre en el cuello. Escucho un murmullo: «Le ha cortado la garganta. Cortado la garganta. Cortado la garganta».

Me despierto horrorizada. ¡La chica no puede ganar! Claro está que no puede hacerlo ni siquiera teniendo un arma. Tiene las manos atadas. Está luchando con el policía, el patriarcado, que tiene mucho miedo de ella. Tanto miedo que incluso el aparente acto de amabilidad de cortar sus ligaduras no es otra cosa que un asesinato. Pero ¿por qué pone ella esa expresión de alivio? Porque todo ha terminado. Su lucha era una causa perdida desde el principio, y ahora se ha concluido.

Y todo esto soy yo.

La mujer decidida y, más tarde, derrotada es mi parte femenina.

El fuerte policía, que después se asusta y se protege, para terminar matando a la chica, es mi parte masculina.

¿Cómo he llegado hasta aquí?

Diario: en la ciudad
15 de marzo de 1988

Gracias a Dios, tuve una sesión con Marion esta tarde. Mis sueños han sido muy oscuros y amenazadores durante las últimas semanas. Las meditaciones han sido más agradables, pero, aun así… Hoy, por ejemplo.

Meditación. Estaba en la luz cuando, de pronto, me he encontrado rodeada de una luz púrpura oscura, con pinceladas negras. Entonces, ha aparecido un hombre asalvajado, desnudo. En sus manos llevaba un fragmento de otro ser humano y lo golpeaba con brutalidad contra el suelo.

—¿Qué está pasando? –le pregunto a Marion entre lágrimas.

—El balanceo del péndulo –dice Marion–. Después de la maravillosa visión del mandala que tuviste en…

—En enero.

—… el péndulo se va al otro lado, hacia lo oscuro. De la luz a la oscuridad. Te has abierto a tanta luz, has roto tantos límites, tan profundamente, que ahora eres vulnerable a la oscuridad más profunda. Incluso en tus meditaciones, la luz se convierte en púrpura, color del sacrificio. Y en esta meditación te has sumergido muy profundo. Te has encontrado con el salvaje, ese que la civilización ha ido manteniendo a raya.

—¿Es ésa la razón por la que tengo también tanto miedo de atraer? Lo que debería de ser sereno en el centro del mandala, en el centro del árbol, lo vivo como…

—¿Como qué? –pregunta Marion–. ¿Qué ves en esos momentos?

—*Veo* un símbolo fálico. Me siento violada por el hombre salvaje que hay en mí.

—Sí, tu parte femenina tiene buenos motivos para estar aterrorizada por la parte masculina. A nivel instintivo. Pero analizando esas cuatro atracciones que hiciste, veo algo más. Veo el dolor de haber tenido un atisbo del infinito y el de que sólo fuera un atisbo. Veo lo finito y lo infinito intentando encontrarse, y la perfección de ese encuentro, mientras tú tienes un atisbo de lo eterno. Pero entonces, el momento pasa y se aplastan entre sí. Aceptar tu humanidad no es fácil. Browning decía:

Sólo yo discierno
la infinita pasión y el dolor
de los corazones finitos que anhelan.[10]

—Pero ¿por qué tiene que ser tan doloroso siempre? –pregunto–. La enfermedad ya fue mala, pero ¿ahora esto? ¿Qué arquetipo hay detrás de todo esto?

—El *Self*, el Sí-Mismo. ¡Has pasado por muchos cambios! El Sí-Mismo tiene un aspecto oscuro, al igual que un aspecto luminoso, y el oscuro conlleva sufrimiento. Es la única forma de alcanzar la totalidad.

Así pues, le explico a Marion lo sucedido el último día en el campo, cuando estuve de nuevo en mi árbol. Pero aún antes de llegar a él, me sentí atenazada por el miedo que había sentido cuando intenté atraer el centro del mandala y comencé a llorar. Entonces, el árbol dijo: «Ahí es donde debes estar si quieres ser una totalidad. ¿Te asusta convertirte en un todo?».

Y me di cuenta de que sí, me asusta; o, de lo contrario, ¿por qué lloro de esa forma tan incontrolable?

Pero entré en el centro del árbol y apoyé la espalda en el tronco femenino, y lo femenino dijo algo interesante: «No puedo bloquearte si estoy detrás de ti, y es hora de que avances en la dirección que te señala la otra mitad. Yo te puedo dar fortaleza y apoyo, pero no puedo bloquearte».

10. Robert Browning, de «Two in the Campagna».

Me conmovió muchísimo. Y, cuando me iba, me volví para mirar los dos troncos una vez más, de qué forma tan bella entrelazan sus ramas, completándose de manera mutua. Si yo pudiera hacer lo mismo...

—En tus meditaciones –afirma Marion–, ¿sigues viviendo ahí, en el centro del árbol?

—No –respondo–. Poco después de aquello, me echaron de allí. Al menos así es como lo sentí, como si me hubieran echado del Castillo del Grial y me hubieran enviado por un camino polvoriento que no sabes adónde conduce. Y entonces, un día, vi una montaña lejana, cubierta de nieve, *muy* lejana.

»Y luego observé una pequeña figura negra caminando a duras penas por la nieve, que venía a llevarme a la montaña. O, al menos, eso pensé. Y estuve caminando durante días hacia aquella montaña y hacia la figura. Pero no conseguía acercarme a ella.

»Y, entonces, un día, vi venir volando desde la montaña un enorme árbol de hoja perenne cruzando el cielo, muy alto, hasta que se detuvo sobre mí, me elevó y me recosté sobre él, me acomodé en él como si fuera una nube. Y luego me llevó volando sobre la nieve y sobre aquella pequeña figura con capucha, que no estaba viniendo hacia mí en absoluto, sino que se esforzaba para llegar a la montaña, caminando con mucha dificultad a través de la profunda nieve.

»Y el árbol y yo aterrizamos a mitad de la ladera, aunque todavía por debajo de la zona boscosa. Me dejó ante la puerta abierta de una pulcra cabaña de madera, una vivienda sencilla y cálida, con todo lo necesario para vivir. Y el árbol se quedó allí, junto a la puerta, como protegiendo. No es un árbol con dos troncos, como el otro. Tiene un único tronco, y es de hoja perenne. Ahí es donde he estado viviendo desde hace casi un mes. Desde la puerta de la cabaña he visto pasar a muchos peregrinos con capuchas oscuras, con la cabeza gacha, sin mirar a izquierda ni derecha, caminando recto, disciplinados, siguiendo el sendero. Oscuro. Nada que ver con la *vida* real.

Marion me pregunta si sé quiénes son, y le digo lo que me explicó el Guardián: «Son el colectivo que ha estado contando cómo buscar y dónde, y su sendero lo han marcado los muchos que pasaron antes por él. No tengas miedo de ellos, a menos que te unas a ellos, pues entonces te perderás. Pero vendrán otros peregrinos a los que deberás dejar entrar».

Y yo le pregunté al Guardián: «Aquel que iba de blanco, con un resplandor dorado dentro de la capucha, que se sentó a mi lado mientras yo yacía en la nieve como un ángel de nieve. ¿Era... un peregrino? ¿O eras tú?».

«Era yo, y no era yo. El espíritu de mí en otros –respondió el guardián–. Habrá quienes vengan y estén contigo en silencio y quienes dejen tras de sí su resplandor cuando continúen su sendero. Valóralos. *Ahí* está el amor generoso. Ahí está el alimento de los demás. Ahí está la esencia que buscas y necesitas y que también puedes dar».

—Ahí es donde he estado viviendo en mis meditaciones –le digo a Marion–. Debe sonarte todo muy loco, ¿no?

—No –dice Marion–. Es el país de Dios. Esas energías opuestas nunca se habían buscado antes en ti. Se encuentran...

—¿... y pelean?

—... y al final encuentran la unidad. La totalidad. El Sí-Mismo.

Diario: en el campo
Domingo de Resurrección, 3 de abril de 1988

¿Por qué no puedo creer del todo en esto? Sin duda, han pasado suficientes cosas como para que, a estas alturas, pudiera decir: «Sí, guardián, creo...». Pero hay algo en mí que me echa hacia atrás y se resiste. Es el fin de semana de resurrección. La época en la que durante toda mi vida se me ha puesto a prueba.

Esta mañana, en la meditación, el guardián ha dicho: «Estás muy triste».

Rita: Sí, ¿por qué?

Guardián: La tristeza procede de la duda. Y muchas de tus dudas tienen que ver conmigo. Te preguntas si soy una alucinación, si no seré tú misma hablándote a ti misma.

Rita: Sí, eso es lo que me pregunto.

GUARDIÁN: Bueno, estás hablando contigo misma, pero esta experiencia, en su totalidad, te está mostrando que has profundizado mucho más de lo que jamás hubieras imaginado. Estoy haciendo que profundices cada vez más en ti misma, y mostrándote que estás ahí con el dios interior.

RITA: Pero ¿por qué tiene que ser todo tan doloroso?

GUARDIÁN: ¿Comparado con qué? Se te ha otorgado una bendición. Yo te protejo. Abrirse paso a través de todos esos bloqueos no es fácil. Cada vez estás más cerca del núcleo de los bloqueos. Los negativos están intentando evitarlo. No van a rendirse sin luchar.

RITA: Me detesto. Detesto lo que está ocurriendo con mi cuerpo, cuando en otro tiempo me encantaba.

GUARDIÁN: No lo detestes. Necesita tu amor. Y tú necesitas su amor. Muévete. Baila. Toma el sol. Deja a un lado la mecanización.

RITA: ¿Te quedarás conmigo?

GUARDIÁN: ¡Siempre estoy contigo! No necesito manifestarme con truenos cada vez. ¿Lo necesitas *tú*?

RITA: No, pero, con todo... (me echo a reír)

GUARDIÁN: Con todo, estoy contigo. Hoy la quietud.

4 de abril de 1988

¡No me lo puedo creer! Simplemente, no me lo puedo creer.

Y, sin embargo, ha ocurrido. Y Bob ha sido testigo.

Después de que Bob y yo nos fuéramos anoche a la cama, me acosté y me quedé mirando por la ventana el cielo limpio y hermoso, estrellado. Y me quedé dormida.

A la una de la madrugada, tanto Bob como yo nos despertamos sobresaltados. El estrépito de un rayo, seguido inmediatamente por el estallido de un trueno, sobre nuestras cabezas.

—¡Qué c... ha sido eso! –exclamó Bob.

Nos quedamos mirándonos a la luz de las estrellas del claro y despejado cielo nocturno. Y no pasó nada más.

—No tengo ni idea –dije.

Y seguía sin tenerla hasta esta mañana, cuando he comenzado a escribir en el diario y he vuelto a leer lo que escribí ayer: «Siempre estoy contigo –dijo el guardián ayer–. No necesito manifestarme con truenos cada vez. ¿Lo precisas tú?».

«No –dije yo–, pero, con todo…», y me eché a reír.

No me podía imaginar que el guardián *pudiera* provocar truenos. Ahora estoy sobrecogida. Ya no me río.

Él no es yo hablándome simplemente a mí misma. Pero ¿qué es? ¿Qué es esta voz interior que tiene tal poder exterior? Puedo llamarlo Purusha, pero ¿qué es *realmente*?

11 de abril de 1988

Hoy he salido de la meditación con un maravilloso equilibrio de energía y descanso en mi cuerpo. He tenido el atisbo de una ciudad en las alturas, medio oculta por una cordillera distante. Se me ha acelerado la respiración.

—¿Es allí adónde voy a ir después? –le he preguntado al guardián.

—Todavía no –ha dicho–. Aún falta bastante.

—Pero creo que estoy preparada para continuar el camino –he respondido.

—No te anticipes. Ya sabes que estas cosas ocurren cuando ocurren. *Tú* no las diriges. Sin embargo, puedes demorarlas, incluso detenerlas, si tu mente del mono se interpone. Así pues, saborea lo que está sucediendo ahora. Crece con lo que está sucediendo.

—Esa figura de la capucha negra…

—Sí, esa figura encapuchada que llegó hoy a la cabaña y que está agachada en la esquina. Te has dado cuenta.

—¿Es la misma que caminaba a duras penas por la nieve cuando llegamos aquí volando hace unas semanas?

—Caminar a duras penas… Trabajo laborioso… Él es esa parte de ti que trabaja con ahínco con los libros. Es tu proceso de pensamiento, intentando «comprender». Bueno, ha conseguido llegar hasta aquí, hasta el lugar adonde tu espíritu te trajo con tanta facilidad hace semanas.

—¿Y qué debería hacer yo?

—Déjale descansar. Tu pensador está cansado, y el espíritu en ti está listo para volar más allá de la cumbre de la montaña. Simplemente descansa. Deja que tu espíritu esté satisfecho por ahora y descansa.

17 de abril de 1988

Meditación. El hombre encapuchado sigue agachado en el exterior de la cabaña; y, de repente, se despoja de los ropajes negros. Se ha levantado y ha entrado en la cabaña. Es un joven de un dorado ígneo y ha llenado la cabaña con vida, color y luz. Sus ojos atraviesan el espacio entre nosotras.

—Soy también peregrino –me ha dicho.

Es un milagro.

Mi parte masculina ha aparecido realmente, tal como dijo Marion.

Pero… ¿qué hago ahora con él?

18 de abril de 1988

Meditación. Mi sencilla cabaña cuadrada se ha convertido en una hermosa pagoda. Sigue siendo cúbica, sigue teniendo el mismo tamaño, pero tiene un tejado naranja brillante con tallas en espiral en cada esquina, y cada uno de los cuatro lados del tejado ascienden hasta una abertura central, a través de la cual se eleva una llama dorada. La pagoda se levanta sobre tres pedestales. El pedestal central está inmóvil, mientras que los exteriores giran, uno a la derecha y el otro a la izquierda. Dentro de la pagoda hay un círculo luminoso, y dentro de él un cuadrado, y sé que si… no estoy segura de qué… pero *si* algo… *algo* ocurriera, este cuadrado, este círculo se transformarían en el reloj del mundo. Más allá de todo esto, soy capaz de ver aquella lejana cordillera blanca que alberga la ciudad dorada. Es increíblemente hermosa.

Le pregunto al guardián qué es, dónde estoy, y me dice:

Esto es tu contenedor.
Aquí asciendes hasta la luz dorada.

Aquí desciendes a través de ese pedestal central
a la tierra, y te adentras en ella.
Aquí las energías trazan círculos, espirales, y son contenidas.
Aquí se funden la luz y la oscuridad.
Cuando lo masculino dorado ígneo entre y tú te fundas y dances con él, el reloj del mundo comenzará a girar.
Esto es tu contenedor.

Entonces, ¿él volverá? ¿Estaré preparada para aceptarlo? ¿Estoy de nuevo *ahí*? ¿Puedo dar el salto?

Diario: en la ciudad
19 de abril de 1988

El sueño duró horas, pero era lo mismo repitiéndose una y otra vez:

> Estoy completa, salvo por un espacio vacío en la parte superior del pecho. O bien… cuando miro el plano de una casa rectangular, hay una habitación cuadrada interior hacia la parte superior que sigue sin terminar.

Me despierto con cierta sensación de engreimiento. ¡Estoy completa! Salvo… ¡ah, sí! …salvo por esa habitación interior vacía en la que no puedo aceptar mi parte masculina.

20 de abril de 1988

Una vez más, mi sueño se repite una y otra vez, y es muy sencillo.

> Mi cuerpo está sano y completo, salvo por la región superior del pecho y la garganta, donde estoy sudando.

De nuevo, problemas en la zona de los chakras del corazón y la garganta. Físicamente, estoy pugnando con un resfriado, sudando, tosiendo y sacando flemas del pecho. Pero ¿y a nivel psíquico? Le pregunto a mi guardián. Dice: «Todo esto (lo de toser) está relacionado con los aspectos femeninos negativos, a medida que emergen a la superficie, cuando tocan ese nudo en la garganta. No intentes averiguar quién lo desencadenó, cuándo o por qué. Simplemente, deja que la consciencia de lo que es esté ahí. Deja que se aclare la garganta. Deja que salgan las flemas. Descansa y deja que lo femenino positivo fluya a tu interior. Pon música. Báñate. Cuida de tu cuerpo. Cuida de tu alma. Cuida de Bobby. Atrae. Descansa. Deja que lo femenino entre por sí solo.

1 de mayo de 1988

Meditación. ¿Qué está ocurriendo? La pagoda ha desaparecido por completo. Ha quedado reducida a la pequeña cabaña. Pero cuando abro la puerta, me encuentro con una niebla muy espesa. Y, en vez del sendero por el que pasan los peregrinos, ahora hay un escarpado precipicio. Ya no hay cordillera alguna en la distancia, sino niebla. Me siento asustada y muy sola. ¿Qué he hecho? ¿Qué no he hecho? Voy a la parte trasera de la cabaña y se abre una puerta, y veo un sendero que desciende por una suave ladera verde a través de la niebla.

—Ve –dice el guardián.

Y comienzo a andar por el camino verde y, tras pasar unos afloramientos rocosos, llego a una llanura. Desde allí veo un templo redondo con arcos curvos, y escucho un tintineo de risas de mujeres. Es el Tholos.

De pronto, escucho el sonido del agua que fluye. La sigo, y veo que el arroyo entra en el templo y cubre el suelo circular de agua azul. Del agua emerge entonces una flor gloriosa, que se abre y cubre con sus pétalos todo el suelo del templo. Me doy cuenta de que es aquí donde voy a descansar, donde voy a estar, en el lugar de lo femenino, una vez más.

La flor es un loto y, súbitamente, soy consciente de que hay una joya en su centro, que se extiende hasta mi propio centro, entre el corazón y el plexo solar. Desde esta joya emerge un pistilo largo y rojo, los estambres se abren de golpe y aparece la punta del pistilo, resplandeciente bajo la luz que entra por la abertura central del techo del Tholos.

Estoy allí recostada, escuchando el agua que fluye a mi izquierda y la suave risa de las mujeres, mientras contemplo los verdes campos de hierbas aterrazados que se abren más allá. Es un hermoso lugar donde descansar.

12 de mayo de 1988

La imagen que inunda mi mente hoy es la pintura mural del templo de Pompeya, ese momento de la ceremonia sagrada en que el vestido de la sacerdotisa se mueve hacia arriba y oculta de la vista el acto, sea cual sea, mediante el cual la iniciada se transforma hasta alcanzar la plenitud de su feminidad. Sé que yo también, como me ha advertido el guardián, debo ocultarme tras un velo, con independencia de como se presente.

8

Diario: en el campo
14 de septiembre de 1988

Ya hace más de cuatro meses que entré en el Tholos. Todavía estoy aquí, todas las mañanas, durante la meditación. Pero...

Hoy, en realidad, tengo la sensación de que la Casa del Árbol fuera el Tholos, y que he estado aquí simplemente *siendo.* Recostada durante horas, contemplando el movimiento de las hojas otoñales, la negrura de los troncos de los árboles. Bañándome bajo la luz dorada que llega desde arriba de la casa, desde abajo, a través de cada ventana, de cada abertura. Quietud y movimiento. El sereno centro del mundo. El punto donde la quietud y el movimiento son uno. «Este momento de tu vida es la eternidad», decía Joseph Campbell.

Y así he llegado poco a poco a un nuevo estadio de la salud y la consciencia.

Esto es lo femenino: *ser.*

Y esta capacidad de «ser» la aprendí de mi madre. «Mira el reflejo del sol en el agua», me decía en voz baja, mientras estábamos sentadas, del todo relajadas, a la orilla del lago. Mi madre me tocaba el brazo, y éramos una con el sol, el agua, la eternidad del momento.

20 de septiembre de 1988

Esta mañana me he despertado con un sueño muy importante. O, al menos, así lo creía hasta que lo he examinado... ¡y me he dado cuenta de que realmente era extraordinario!

> Tengo delante de mí un cuenco blanco de porcelana china. Pegadas a su borde hay muchas capas de papel de diferentes texturas, de modo que el cuenco no puede verse a primera vista. Pero, entonces, me doy cuenta de que cada una de las capas ha sido ligeramente desgarrada y vuelta hacia atrás. Me dicen que cada capa de papel es una experiencia. Sólo queda una capa que me impide ver el fondo. Al final, consigo alcanzarla y la desgarro con un movimiento lento, enérgico, ceremonioso. Puedo ver por fin el fondo del cuenco. Es oscuro y tiene multitud de diseños bellos y misteriosos. A lo largo de todo el ritual, hay un nombre en el ambiente: Clotilde.

Clotilde. ¿Qué significa? No me viene nada a la mente, de manera que busco en la enciclopedia y descubro que Cloto es el nombre de la primera de las tres Moiras de la mitología griega. Cloto llega en el momento de nacer la persona y hace girar el hilo que discurre a lo largo de su vida, el hilo que la persona no debe soltar, o, de lo contrario, se pondrá en peligro. Ella es la hilandera, la tejedora de la trama de la vida. Yo no lo sabía, pero mi inconsciente sí.

¿Qué es, entonces, el cuenco? Lo primero que me viene a la mente es el sueño que tuve hace unos años, en concreto hace tres, en el que me dijeron que tenía que esculpir una pieza más que sería más importante que la escultura del guardián. Tenía que ser un cuenco, que debía ponerlo al fuego y ahumarlo hasta que quedara completamente negro, y que aparecería una grieta, y de ésta saldría algo blanco. Y aquí está ahora este cáliz blanco.

Es como si ese «algo blanco» hubiera estado fluyendo a lo largo de los años y ahora cubriera el exterior. Y los papeles gruesos son velos, experiencias por las que he estado transitando, de tal modo que, al atravesar el último velo, puedo ver finalmente el oscuro misterio de mi alma femenina. ¿Es posible esta interpretación? Es posible.

¿Podría decir también que este recipiente es el Grial? Quizás. ¿Me está diciendo el sueño que *he* seguido el hilo de mi vida, a pesar de la enfermedad, del sufrimiento, y he alcanzado lo que estaba buscando: el Grial de mi yo femenino?

¿Y mi parte masculina? Ah. Ése es un tema del todo distinto.

25 de septiembre de 1988

Mi cumpleaños. ¡Y qué regalo me han concedido los cielos! Un sol rojizo se ha puesto por el oeste mientras una luna llena blanca emergía por el este exactamente al mismo tiempo. Y yo allí de pie entre ellos, en la cima de nuestra colina, vibrando con tal energía en el ambiente. Sobre mí había unos cuantos cirros, y también las líneas blancas rectas que dejan los aviones. Me hubiera gustado que Bob compartiera estos momentos conmigo, pero estaba en Uxbridge, de camino, haciendo, haciendo, haciendo. Es como uno de esos aviones, he pensado, mientras que yo estoy, en este momento, aquí. *Siendo.* Femenina.

Silenciosamente, la luna llena sale,
silenciosamente, el gran sol se pone,
silenciosamente, una nube con la forma de un falo
empuja a través del cielo azul, lenta, poderosamente,
para introducirse en suaves y mullidos cirros,
que ceden, reciben, aceptan.
Silenciosamente, justo sobre mi cabeza,
un halcón se eleva trazando una espiral, cada vez más alto, hasta
que desaparece.

Y los aviones se estremecen y zumban,
cada avión en su propia línea recta,

yendo, yendo,
con la urgencia de los hombres,
que tienen que llegar allí,
o allí,
o a algún otro sitio, rápido,
a cualquier precio.

Los aviones me perturban. Sí. Lo mismo que el impulso masculino de *hacer*. Sí. Y, sin embargo, yo he *hecho* en gran medida a lo largo de mi vida. He trabajado duro y durante muchos años con (soy consciente de ello) un impulso muy parecido al masculino. Y... ah, sí... me quedaba poco tiempo para mi femenina necesidad de *ser*. Hasta ahora. La vida me está obligando a *ser*. La enfermedad me está obligando. Mi tiempo en el Tholos me está enseñando a ser.

Pero si tengo que entrar de nuevo en el mundo, ¿tendré que volver a *hacer*?

Voy a mi árbol. No cabe duda de que no voy a la maternal mitad femenina, sino que me dirijo directamente al centro, de cara a la mitad masculina. Hago. Lo toco con las yemas de los dedos.

Se me abren los pulmones, se me abre la garganta, canto mi canción, declaro mi amor. Pues amo a esta parte masculina joven que me señala a la luna naciente, y cuando llegue la mañana me señalará al sol naciente; y dice: «Sal de mí hacia un nuevo comienzo».

Lo toco. Pero no puedo ir más allá. No puedo dar ese paso.

Diario: en la ciudad
6 de diciembre de 1988

Gracias a Dios, he podido ver a Marion hoy. Me he sentido exhausta. Marion dice que todos mis sueños expresan la necesidad de descansar; que todavía no me he curado, pero que parece que haya una energía que esté deseando emerger. Le he contado mi pequeño sueño.

> Hay un tigre sentado sobre las patas traseras, mirando a la derecha, alerta. A su alrededor, cerca del suelo, se ve un círculo ce-

rrado. En el ambiente cuelgan las palabras: «Lucha prolongada: Libertad condenada».

—¡Ahí está! –dice Marion–. La energía. Tu energía masculina. ¡El tigre! ¡Imagina el poder de ese tigre!

Tigre, tigre, que te enciendes en luz,
. . . .
¿En qué profundidades distantes,
en qué cielos ardió el fuego de tus ojos?
¿Con qué alas osó elevarse?
¿Qué mano osó tomar ese fuego?

—Ahora que el tigre podría dar fácilmente el paso y cruzar la línea, ¿qué lo retiene?

RITA: ¿Qué lo retiene?

MARION: Hay algo en ti que no le va a dejar que salga de ese círculo y que actúe en el mundo exterior. Ése es el círculo sagrado de todo cuanto has vivido en tu mundo femenino interior. Ese círculo es precioso. Es como el de la virgen que contiene el unicornio. Pero con tu tigre, la parte masculina está ya lista para partir. Ha mantenido un prolongado combate y ahora quiere libertad para actuar. Pero la libertad está condenada, lo cual significa...

RITA: Culpable. No apto para su uso. No demasiado alentador, ¿no?

MARION: Sí, hay algo en ti que no es demasiado alentador para tu parte masculina, Rita. Es probable que la parte masculina quede paralizada. Pero *necesitas* su energía para actuar en el mundo. Si te mantuvieras completamente femenina, podrías esculpir, pero tus esculturas quizás no salieran nunca de tu estudio. Es posible que no dispusieras de la masculinidad necesaria para llevar tu trabajo a la realidad exterior. Es hora de que examines esto seriamente. ¿Qué le impide a tu masculinidad actuar en el mundo exterior? Pon en marcha la grabadora y di todo lo que te venga a la mente. Llora. Cualquier cosa. O escribe. Deja que tu mente discurra en libertad y escribe. Puede llevarte meses. No tengas prisa. No empujes. Pero ha llegado el momento de liberar la energía del tigre de su condenación.

Febrero 1989

He estado escribiendo, como me sugirió Marion. Durante los dos últimos meses. En todas partes. Cada vez que emerge algo. Y, al hacer un balance, ¿qué tengo? Para empezar: en 1952 o 1953, Bob y yo bajábamos por Struan Avenue con el automóvil, recorriendo todos los hitos de las aceras que yo había recorrido a diario siendo niña, y luego siendo adolescente, a lo largo del kilómetro y medio de paseo desde casa, en el número 148, hasta el instituto.

Estaba encantada.

—Aquí es donde pase mi infancia –dije riendo.

Y, entonces, de repente, de forma del todo inesperada, comencé a llorar.

Lloraba como una niña, sin poder parar. Al pasar a la altura del número 148, el dolor y el llanto arreciaron.

—¿Qué me está pasando? –le dije a Bobby–. Pero ¡si tuve una infancia feliz! ¡No lo entiendo!

Ahora, a los setenta años, he empezado a comprender.

Tiene mucho que ver con mi parte masculina y mi parte femenina.

Tiene mucho que ver con pérdidas, con el hecho de estar privada de esa esencia que soy yo misma. Tiene mucho que ver con la pregunta de Marion: «¿Por qué no te puedes acercar a la parte masculina del árbol, Rita?».

Estoy leyendo *El mito de Sísifo* de Camus. El autor está reviviendo su juventud, su vida varonil, plenamente corporal, en los verdes valles llenos de olivos de Argelia. Y lloro de envidia y anhelo.

Lloro, no porque haya perdido la belleza del valle de mi juventud, como le pasa a Camus, sino porque yo tuve, en mis primeros veinte años de vida, Struan Avenue. Yo tuve Kape. Yo tuve calles tan feas que caminaba con los ojos cerrados, mientras forcejeaba al caminar con el frío viento del norte para poder llegar al santuario de nuestra gélida casa, donde sólo estaba caliente la cocina, donde aguardaba el misterio árabe del estudio de mi hermano.

Le pregunto a mi hermano mayor:

—En todo aquello, ¿dónde satisfacíamos nuestra necesidad de belleza?

—En los lilos del jardín de papá; en el manzano; en los lirios del valle...

—La conmovedora música de tu piano en la sala de estar.

—Mezclándose con tu violín.

—¡Nuestros bailes!

—La voz melodiosa de mamá. Su gracia.

—El misterio del arte tras la puerta cerrada del estudio de nuestro hermano.

—La soledad de la escritura que encerraba al otro hermano.

Belleza. Yo sabía que existía. Y saberlo hizo que me doliera más.

Pero lo que me hizo llorar de envidia cuando leí a Camus fue la libertad de la que disfrutó para regodearse en su cuerpo. Mañanas enteras buceando en el mar, ataques de risa, salpicándolo todo con agua, en total desnudez.

¿Cuándo tuve yo el coraje de regodearme en mi cuerpo en Struan Avenue? Era el espíritu, aquel deprimente espíritu dominical. Los cuerpos eran los de mis hermanos, cuerpos fuertes, competitivos. Los olores eran los olores de sus cuerpos, y el olor aceitoso de las máquinas y el taller de mi padre, y el olor dulce, pero no sexual, de mi madre. ¿Dónde estaba *mi* cuerpo en todo eso? ¿Dónde estaba mi parte femenina? ¿Dónde estaba mi parte masculina? ¿Dónde estaba mi desnudez?

Desde muy pequeña creía, y era lo único que tenía sentido para mí, que primero tenías que ser una chica y pasar por todo eso para, *después,* sumergirte en la vida real. ¡Te convertiste en un chico! Y recuerdo un Halloween en que bajaba corriendo por la calle, siguiendo a mis hermanos, vestida con el traje y la gorra de mi hermano, que se le habían quedado pequeños, con una máscara negra cubriendo mi rostro de niña. Y a través de los agujeros de la máscara vi a otra niña pequeña que bajaba por la acera desde su casa, y, con una enorme sonrisa, comenzó a correr detrás de nosotros. ¡Nosotros, los chicos! ¡La niña pensaba que podría unirse a *nosotros!*

Y yo le grité: «¡Vete! ¡Eres una *chica*!». ¡Y vaya subidón al verla encogerse y dar media vuelta de regreso a su casa, dominada por mí! ¡Por *mí*! Hasta aquel momento, toda mi vida había estado dominada por *ellos*, los chicos. Entonces conocí el éxtasis de su poder.

Y, sin embargo, alcancé la pubertad femenina y, con ella, el orgullo y el problema de la menstruación, sin siquiera convertirme en un marimacho.

Y crecí hasta amar hacer el amor. *El* secreto; así lo sentía y lo siento. Esa igualdad de gozo entre la energía pulsante de la mujer y el hombre. El gozo que cada uno obtiene del otro. La paz que viene a continuación, que fluye a través de todo tu ser. La vitalidad acrecentada en las células del organismo, que se puede ver en el color de la cara, la suavidad de la piel, la luz de los ojos, la plenitud de los labios, la relajada alegría del núcleo. Cada ser, al hacer el amor, femenino, masculino, lo que sea una, cualquier cosa que sea una. Unidos. Fluyendo juntos. Dándonos mutuamente. Recibiendo mutuamente.

Pero eso fue otra de las cosas que no conocí mientras estuve viviendo en Struan Avenue. El gozo y la paz (así me lo enseñaron) sólo podían venir de nuestro Padre Dios, que deseaba que tuviera «una relación patológicamente dependiente» en la cual mi fortaleza y mi poder como mujer nunca podrían afirmarse con plenitud. Ese Dios no me trajo paz ni gozo, por muchas horas que pasara en la iglesia y en la escuela dominical.

Allí me enseñaron a tenerle miedo. Y eso es lo que hice. Y, quizás, todavía hago. ¿Es ese miedo el que me impide acercarme al viejo lado masculino del árbol? ¡Sí! Creo que me estoy aproximando a la respuesta...

¡Creo que lo tengo! Todo empieza cuando pienso en el análisis, en la intuición psicológica. Me doy cuenta de que dudo a la hora de hablar de este tema con los hombres que hay en mi vida. Y, sin embargo, la verdad es que he estado implicada en cierto modo en estudios psicoanalíticos durante treinta y seis años. He estado relacionada de una forma más personal durante treinta y dos años; bastante durante quince; y, durante los últimos tres años, implicada hasta la médula de mi ser en el análisis junguiano para poder alcanzar la totalidad de mí misma.

Nada de todo esto fue porque yo estuviera «loca». Fue porque era ignorante, y sabía que quería *saber.* Quería ayudarme a mí misma y a los demás. De modo que aprendí, y no ha sido fácil.

Ahora. Silenciarme a mí misma sería como un médico que se silenciara porque los demás podrían pensar que sabe más acerca del cuerpo de lo que saben ellos. ¡Pero es que *sabe* más! Y yo sé más acerca de la psique. No sé tanto cuando reconozco la infinita profundidad de la psique, pero sé un poco, y lo sé de forma íntima y bien. Y sé más que la mayoría de los hombres que conozco.

Pero desde la infancia hasta que terminé el instituto, los hombres me estuvieron reprimiendo cada vez que hablaba de lo que había aprendido. Eran hombres mayores que yo, que se expresaban mejor y estaban más experimentados en las cosas del mundo. O eso, al menos, me hacían creer.

De modo que, al final, no hablaba. Y sigo sin hacerlo. O, si lo hago, lo hago mal. Me cohíbo muchísimo, «vigilo mis palabras», tartamudeo y me preocupa si estaré aburriendo, o si pareceré arrogante, o presumida, o por meter la pata. A veces, incluso, me descubro mintiendo, intentando parecer más humilde y más entendida de lo que en realidad soy. Y, sin embargo, rara vez me comporto así entre las mujeres. Pero con los hombres...

¡Y así llega la idea intuitiva!

«¿Por qué no te puedes acercar a la vieja parte masculina del árbol, Rita?».

Porque esa parte externa más vieja del árbol no es lo masculino joven en mí. Lo masculino joven es lo que yo toco desde el interior del árbol, desde el centro; lo que me invita a avanzar hacia el sol naciente.

El exterior masculino viejo me prohíbe que me aproxime. Siento que hay un poder que me detiene y me dice: «¡No sigas avanzando! No me hables. ¡No me cuentes lo que crees que sabes! Yo soy más grande, más viejo que tú. Tú nunca conseguirás nada que se parezca a mi sabiduría. Témeme. Soy un *varón.* Soy el patriarcado. Soy dios». No me siento cómoda, y nunca me sentiré así, a menos que algo cambie.

Todavía estoy llorando de felicidad. ¡Es un gran avance! Comenzó cuando estaba meditando sobre un sueño.

> En el sueño estaba soñando. Entonces, me despierto y soy consciente de que hay una mujer más mayor conmigo, que también ha estado soñando. Se le indica que en su sueño hay materiales que debería articular y yo tendría que absorber. Ella habla y yo absorbo. Después, soy consciente de que un hombre joven ha estado soñando también materiales que él debería articular y yo debería absorber. Él habla y yo absorbo. Me siento muy agradecida, y sé que ahora puedo continuar con la vida.

Magnífico. Pero ¿qué significa? ¿Qué *dijo* la anciana? ¿Qué *dijo* el joven? Y, de repente, ¡un flash! En la meditación, es como si yo estuviera en el centro de mi árbol. Me apoyo en el tronco femenino, redondo, que siempre me ha parecido una madre para mí. Ella dice, una vez más, «Yo no puedo bloquearte estando detrás de ti. Avanza en el camino que la otra mitad te está señalando».

Miro al tronco que siento que es joven y masculino en esta superficie interna. Y dice: «Deja el centro ahora. Mantente cerca de mí. Dirígete hacia el este. Cuando llegues a la corteza más vieja, no te vuelvas hacia ella. Mantenla a tu espalda. Ponte de cara al sol naciente».

Y hago lo que él dice. Y siento, en mi meditación, la corteza del viejo lado masculino del árbol, la siento en mi espalda. Y me doy cuenta de que ese viejo lado masculino, al igual que la vieja madre, no me puede bloquear mientras esté detrás de mí.

Ese viejo poder patriarcal puede fluir a través de mí, puede servirme. ¡Y mucho más! La inclinación de este viejo aspecto masculino no me va a permitir que me incline y descanse sobre él. Para mantener el equilibrio, tengo que avanzar hacia el este, hacia el nuevo día, hacia un nuevo comienzo.

O bien puedo volver y entrar en el núcleo central del árbol una vez más, y saberlo todo ahora, por fin.

O puedo hacer ambas cosas. En equilibrio. Interno y externo. Aquí, en mi núcleo; ahí fuera, en el mundo. Sí.

«Ha llegado el momento», dice mi árbol.

Sí.

Diario: en la ciudad
23 de marzo de 1989

Lo he atraído. Una y otra vez. Sí. Éste es mi núcleo. Femenino y masculino, juntos. Ninguno de los dos domina. Iguales finalmente. Tengo una sensación de totalidad vibrante. Femenino y masculino se mueven uno dentro del otro, ambos en la atracción y en mí misma. Mi *Self,* mi Sí-Mismo.

Diario: en la ciudad
25 de marzo de 1989

Me despierto a las cinco de la mañana con este sueño:

> He estado bailando con un hombre mayor, alto y fuerte. Pero ahora está presente otro más joven, moreno, no tan impresionante, pero parece que haga falta su consentimiento para que, llegado el momento, bailemos esta danza. En este baile se dan grandes saltos, y el hombre tiene que recogerme cuando yo caigo. Me tomo una pastilla y me retiro a los bosques.
>
> Ha llegado el momento decisivo. Comienzo a bailar en los bosques, a través de los árboles, y, de pronto, veo al hombre alto que me está esperando. Viene hacia mí, y me percato de que él desea bailar esta danza, tanto si existe consentimiento como si no. Quiere que yo haga mi salto, y me hace entender que él me recogerá y me dará apoyo a través de los giros, las vueltas y los saltos de la danza.
>
> Salto, y lo hago como a cámara lenta. Es muy hermoso. Me sorprende mi ligereza. No me he resentido de la lesión en la pierna ni de la falta de ejercicio de los últimos meses.
>
> Bailamos y tengo la sensación de que estamos desafiando las normas.
>
> Y, cuando la música termina, veo al hombre moreno al filo del bosque, en la carretera, y observo que hay dos personas que se están metiendo con él.

Le preguntan por qué ha permitido que todo esto continuara, cuando él sabía que hacía ya tiempo que se había pasado la fecha. Le dicen que nuestro baile no va a entrar en la calificación del baile de hoy.

Pero, a pesar de todo, no puedo dejar de recordar las gloriosas sensaciones que he tenido con aquellos sensuales saltos y el agradable apoyo que me ha brindado mi alto acompañante, y no me preocupa en absoluto competir en el mundo actual. Bailar sin ser vista en los bosques es suficientemente dichoso para mí. En la medida en que mi acompañante me sostenga en sus brazos, me recoja y me proporcione apoyo, me sentiré como si fuera una rosa abriendo sus pétalos.

Me despierto con la sensación de haber tenido el sueño más hermoso que haya tenido jamás. Quiero que esta parte femenina mía y la masculina bailen así para siempre, cada una de ellas con la fuerza suficiente como para ser lo que es, cada una dispuesta a aceptar lo que la otra es. Energías opuestas que se unen con gozo y se separan satisfechas, y se juntan de nuevo y se separan. Y la música de la danza es «La Vie en Rose»; el lugar es el Paseo de la Catedral en nuestros bosques.

¿Es esto el matrimonio divino que, por fin, ha tenido lugar? No lo sé. Por ahora, me siento viva con la belleza de la danza, y ése ya es gozo suficiente.

9

Diario: en el campo
2 de abril de 1989

No hay duda de dónde me hallo en este viaje. En las meditaciones, voy caminando, día tras día, a lo largo de un dique gris que separa una enorme bahía de aguas tranquilas de otra enorme bahía. Es insoportablemente triste, y me lamento ante mi guardián, que me dice:

—Esto es necesario ahora. Tienes que llevar el tesoro a casa. ¿Tú sabes dónde está el tesoro?

—Sí –respondo–. Aquí, en mi corazón.

Y un árbol brota al borde del dique, y un lugar de descanso aparece a su lado, y puedo descansar un rato a su sombra.

Mis sueños son parecidos:

> Voy caminando por un sendero entre los bosques. Llego a un río. Un río *muy* ancho. La lejana orilla opuesta se ve gris. No se ve vegetación en las colinas bajas del otro lado. El río también es gris y neblinoso. Pero ahora veo un sendero que se adentra en el río. Y una voz dice: «Aquí está tu sendero. Ve. No intentes volver a la cueva o al Tholos, ni tampoco a la cabaña. Ahora hay viruela allí. Ve». Y emprendo el camino por ese sendero estrecho a través del río gris. Creo que conduce a casa.

«A casa». Al mundo de la familia, los amigos y las amigas, las personas extrañas, la gente. ¿Sobreviviré? ¿Cómo lo haré?

2 de abril de 1989

Pensamientos. Llevo más de un año sin intimar con otras personas. Sí he estado en la intimidad con Bob, claro; y también he intimado con Marion, por supuesto; pero, excepto ellos, he estado sola todo este tiempo. Al principio era por mi enfermedad física, pero mi necesidad espiritual de estar a solas con mi guardián se hizo tan perentoria que me he pasado el tiempo en un permanente retiro. O casi. Y el sitio donde podía retirarme de la manera más efectiva era el campo. Y parece que esto les ha molestado a algunas personas. Al menos, eso he oído.

Ronny llama por teléfono a Bob una y otra vez para averiguar cómo y dónde estoy. Le preocupa que esté en el campo yo sola; le causa perplejidad que haya optado por eso, y se pregunta qué *hago.*

¿Cómo explicar lo que hago sin parecer… qué? ¿Mística? Ahí está otra vez esa palabra sospechosa de excentricidad. Y mi guardián. Cómo hablar de él sin tener que ponerme a discutir con alguien de experiencias que son tan preciosas, sutiles, amorfas y reales; experiencias que se introducen hasta las fibras de mi ser y están fuera de toda discusión. He *tenido* que estar sola para poder descubrir mi mundo interior.

Leer a Jung, sin embargo, me estimula. El buscador afirma: «Tiene que estar solo para averiguar qué es lo que le sustenta cuando ya no puede sustentarse a sí mismo. Sólo esta experiencia puede proporcionarle un fundamento indestructible».[11]

Y Rilke dice que el aislamiento es el requisito previo absoluto para emerger como un individuo. Es el destino del héroe, de la heroína.

Pero cuando vuelva a «casa» y esté de nuevo en el mundo exterior, ¿podré *estar* con la familia, con amigas y amigos, con personas extrañas? ¿Con gente? Sospecho que no. No, al menos de la forma que estaba antes, porque mi búsqueda de un sendero individual se considerará «extraña», un «extrañamiento» de la forma aceptada por la colectividad. Y, como afirma Aldo Carotenuto, con frecuencia, es «nuestra familia la que representa lo colectivo, la realidad dada, en contraposición con el crecimiento del individuo». «Llega un momento en que nos damos cuenta, a menudo con temor y decepción, que los demás ya no nos comprenden. Pero esto, lejos de ser un hecho negativo, es una señal de nuestra emancipación, de nuestro desarrollo psicológico. De hecho, si los demás nos comprendieran siempre, significaría que hablamos el lenguaje de los demás, el lenguaje colectivo».[12]

Y *eso* es lo que he estado intentando comprender, o de lo que he estado intentando escapar, desde que era niña: el lenguaje de la cultura cristiana colectiva que me rodeaba en la escuela dominical, en la iglesia, en casa, en la escuela.

Lenguaje. Palabras. Palabras como «Dios».

Y, sin embargo, *yo* hablo de «Dios».

Veo asentir a la que me escucha.

Ella piensa que sabe a lo que me refiero. Reacciona con la emoción que esa palabra le evoca, sea la que sea. Pero la que me escucha no sabe a qué me refiero *yo* con «Dios» a menos que se lo explique.

---

11. C. G. Jung. *Psychology and Alchemy* (Princeton, N.J.: Princeton University Press, 1968), pág. 28.
12. Aldo Carotenuto. *The Spiral Way: A Woman's Healing Journey* (Toronto: Inner City Books, 1986).

Pero ¿puedo contárselo?

¿Dispongo de las palabras para hacerlo?

«Dios» es la palabra que utilizo para intentar nombrar a aquello que no puede ser nombrado, para tratar de contener aquello que no puede ser contenido, para situar dentro de unos límites comprensibles aquello que está más allá de todo límite y de toda comprensión.

Aquellos hombres primitivos que «lo» experimentaron, fueran semitas, taoístas o lo que fueran, demostraron que eran muy sabios al decir que no se le podía nombrar. No se le debería nombrar, aunque se le pueda experimentar, aunque se le haya experimentado desde los comienzos, no sólo por personas primitivas, o místicas, o campesinos en contacto con los elementos impredecibles, o por criaturas normales y corrientes como yo, sino también por los descubridores de la nueva física, que están encontrando ese misterioso algo, ese innombrable, incontenible e ilimitado misterio en todas las cosas, en todo el espacio, en cada aspecto del universo, en cada concepto del tiempo, en todas las cosas, animadas o inanimadas, en todas las células, en toda energía... en nosotras (también).

Ellos puede que no le llamen «Dios». Pero eso es lo que yo llamo Dios. El innombrable. El inefable. Ello. Que puede ser experimentado. Que *debe* ser experimentado para ser conocido. Y luego, una vez conocido, una vez experimentado directamente, como decía Jung, es «absoluto. Es indiscutible».[13]

Esa presencia que no tenía hemisferio izquierdo con la que me encontré en mis sueños hace cuatro años, que estaba constituida de tantas células intensamente vivas, con tal infinidad de colores que parecía gris, entró en mí entonces, y fue tan fácil como si hubiera estado siempre en mí, como si me hubiera hecho más consciente justo en ese momento, al igual que se me había alertado treinta años atrás en mi visión en la isla de Isquia, que está en todo lo que me toca, todo lo que se encuentra más allá de mí, todo lo que está dentro de mí, en la energía pulsante de cada célula que existe en el universo.

Como dije entonces: «No sé lo que es Dios, pero eso es Dios».

Lo cual no significa que lo comprenda.

---

13. Jung. *Psychology and Religion, op. cit.*, pág. 113.

Pero ¿acaso comprendo algo de todo esto?
Lo experimento, lo vivo. Sí.
Lo siento. Sí.
Lo conozco. Sí.
Pero ¿lo comprendo?
Quizás sea preguntar demasiado.

3 de abril de 1989

El sueño que tenía cuando me he despertado decía, «Remóntate seis meses para lo que necesitas ahora».

Me divierte. ¿Acaso mi inconsciente lleva un calendario? ¿Todo pulcramente dispuesto y al día? Es una idea divertida. Pero, para divertirme, me pongo a hojear mis diarios hacia atrás. Y allí, precisamente el 3 de octubre, está lo que necesito ahora. Es mi resumen de unos escritos muy importantes de C. G. Jung, pero es también un resumen de mi viaje.

> La meta que buscamos es la *totalidad* humana.
>
> El camino hacia ese objetivo parece caótico e interminable al principio, y sólo poco a poco van apareciendo señales que nos indican que el camino lleva a alguna parte. El camino no es recto, pero... discurre en espirales: los motivos oníricos siempre vuelven al cabo de ciertos intervalos hasta adoptar formas definidas, cuya característica estriba en definir un centro... el proceso íntegro gira en torno a un punto central... Podríamos establecer un paralelismo entre tales recorridos en espiral y los procesos de crecimiento de las plantas: de hecho, el motivo de la *planta* (árbol, flor, etc.) aparece con frecuencia en sueños y fantasías.

... en la alquimia, el árbol es un símbolo de la filosofía hermética.

> [La meta] la *totalidad* es, de hecho, un carisma que no se puede elaborar ni por arte ni por astucia; sólo se puede crecer en él y soportar todo lo que su advenimiento pueda traer.

> La totalidad exige el encuentro con la mitad oscura de la personalidad, la sombra. Esto es inevitable y doloroso. Es la confrontación con el mal en uno mismo, en el inconsciente personal. Y cuando esto alcanza los contenidos arquetípicos del inconsciente colectivo... puede ejercer una misteriosa influencia hasta en el racionalista con la sangre más fría del mundo, que tiene miedo de que la forma más baja de convicción –o sea, la superstición– esté... forzando su entrada en él... Cosa que, más tarde, adopta la forma del miedo a volverse loco. Sin embargo, este encuentro con la sombra es el primer paso, necesario en este trabajo. Esto ocurre cuando uno se lanza a buscar su propio camino, la experiencia directa de las raíces eternas. Uno se encuentra en medio de la nada, donde se enfrenta a la oscuridad, a lo opuesto.
>
> Pero el encuentro de los opuestos juega un papel decisivo. Es esta unión de los opuestos supremos, lo masculino y lo femenino, el bien y el mal, esta fusión en una unidad purificada de toda oposición la que crea la totalidad. El *Self*, el Sí-Mismo.[14]

No sé si he alcanzado la meta o no, pero Jung describe exactamente lo que ha sido mi viaje. De lo único que no habla es del éxtasis y del gozo. Pero quizás eso no le suceda a todo el mundo.

28 de abril de 1989

> Sueño: voy cabalgando a lomos de un ciervo por la acera de una ciudad. Voy dirigiendo su rumbo con mucha suavidad, presionando ligeramente su cuerpo con las rodillas a izquierda o derecha, y luego acariciándole el costado de la cabeza cuando hace el giro de forma correcta. Nos adentramos sin ningún problema entre el tráfico de personas, de forma lenta pero sin detenernos, manteniéndonos siempre a la derecha. Heinz viene

---

14. Jung. *Psychology and Alchemy*, condensado de las páginas 28-37. Edición en castellano: *Psicología y alquimia* (Madrid: Editorial Trotta, 2005).

a mi lado, andando. Sin faltar a su estilo, se muestra crítico con lo que estamos haciendo, pero yo tengo la sensación de que está mostrando su respeto, aunque sea a regañadientes. Se acuerda de que, cuando nos conocimos, yo aprendí algunas cosas sobre cómo cabalgar, y afirma que se le debería de dar algún crédito a él por la habilidad de la que gozo en la actualidad con el ciervo. Llegamos a un puente en cuya acera hay una multitud bulliciosa de niños y niñas. Pero cuando dirijo suavemente al ciervo para que se mantenga a la derecha, junto a la barandilla, la masa infantil se aparta con mucho respeto y nos abre un camino. Le doy unas palmaditas cariñosas en el cuello a mi ciervo y cruzamos el puente.

Después llegamos a una especie de YWCA,[15] que se encuentra a la izquierda en la calle. Ahí es donde tengo que ir, pero ¿me dejarán entrar con el ciervo? Alguien dice: «A Grace no le importará». Y entonces recuerdo que Grace es la amable encargada del lugar.

Subo con el ciervo por la alfombra roja que cubre las escalinatas y entro en el vestíbulo, que también está cubierto por una alfombra. Me bajo del ciervo, que se tumba sobre un costado sobre la alfombra.

Yo me echo a su lado, le doy palmaditas y le acaricio el cuello. Está cansado por la tensión de su nueva forma de estar en el mundo.

Pero después de descansar un rato, tenemos que salir de nuevo. Y, una vez más, me subo a lomos del ciervo y recorremos la ciudad irradiando cuidados y amor.

La calle se llama vía viva.

Me despierto muy feliz. El sueño parece estar diciéndome que *puedo* salir a las calles de la vida, con mi Purusha, mi guardián, mi dios-

15. Young Women's Christian Association, es decir, Asociación de Jóvenes Cristianas. Es una organización social que proporciona oportunidades a las mujeres jóvenes para empoderarlas, que ejerzan el liderazgo y defiendan sus derechos. *(N. del T.)*

yo, mi cualquier nombre que le quieras poner al ciervo; y, en la medida en que discurra con él suavemente, manteniéndome a la derecha, sin perturbar el tráfico, podré sobrevivir. Ambos sobreviviremos. Pero tengo que estar segura de encontrar un lugar de descanso femenino donde nos den la bienvenida. Y tengo que ignorar las críticas de mi parte Heinz, esa parte que se da tanta importancia dentro de mi aspecto masculino.

Pero lo más importante es que tengo que ser sensible, precisa, cariñosa y estar muy equilibrada para dirigir a esta vulnerable y vital parte de mi yo en un mundo masificado.

Diario: en la ciudad
Sábado, 10 de junio de 1989

Me he despertado con este sueño a las 5:30 de la madrugada.

> He estado lejos de casa durante algún tiempo. Estoy de vuelta, pero no me apetece estar con demasiadas personas, de modo que me refugio en el sótano de la casa, que es donde la familia cena. Todos los miembros de la familia han bajado a comer, pero yo sigo oculta en otro rincón del sótano. Entonces soy consciente de que un hombre viene hacia donde estoy yo desde el lado más lejano del sótano. Él sabe que estoy aquí, aunque esté escondida. Mantengo los ojos bajos, mirando al suelo. Se coloca delante de mí, veo que lleva unas botas de obrero y unos pantalones de lana burda, como los que llevan los obreros; y, de inmediato, sé quién es. Levanto la mirada poco a poco para verlo, pero él se tapa los ojos con la mano, como para protegerme del poder de su contacto visual directo, para protegerme de la luz insoportable que hay en él y más allá de él; la luz cegadora de la eternidad y del universo. Es Jesús.

Este sueño me ha abrumado. No puedo hacer otra cosa que hacerme preguntas y más preguntas sobre él y meditar acerca de él.

¿Quién *eres* tú, Jesús, para que, después de tanto renegar del cristianismo, después de toda mi búsqueda de otras guías diferentes hacia Dios, seas *tú* quien venga a buscarme cuando llego a casa?

¿Eres tú el hombre que vivió y murió en Israel hace dos mil años?

No. No lo creo. Por extraordinario que fuera aquel hombre, no creo que el Jesús de mi sueño sea él.

¿Eres mi propio aspecto masculino, ese joven obrero del sueño que tuve hace unos años, que partió en busca de las huellas del ciervo? ¿Aquel que, mucho después, encapuchado como un monje, caminaba con mucho esfuerzo por la fría nieve de la comprensión intelectual hacia la distante montaña de la iluminación? ¿Aquel que emergió radiante, dorado y vibrante desde sus oscuros atuendos?

No, no lo creo. Por maravilloso que resulte mi aspecto masculino, no es el canal a través del cual experimento la luz del universo. Ese canal es mi guardián, que se puede manifestar como un rayo o como unas alas que te envuelven, como una voz interior, un águila y (¿es posible?) Jesús. ¿Acaso es Jesús mi guardián?

No lo sé. De lo que sí estoy convencida es de que *pienso* en esto, cuando lo cierto es que los sueños proceden del inconsciente, y que éste no es una máquina mental. El inconsciente dice la verdad de la mejor forma que puede. Si no creo en eso, entonces tendré que admitir que todos estos años empleados en análisis oníricos han sido años perdidos en un sinsentido. Y *eso* no lo creo.

Tengo que recordarme también que cada parte de todo sueño soy yo misma. Es decir, en este sueño, ¿qué está diciendo mi inconsciente?

Llego a casa después de largos años de búsqueda. ¿Qué es el hogar? Soy yo misma. Vuelvo al nivel del sótano, la base sobre la cual la casa, yo misma, está construida. Aquí están los miembros de una familia que han sido aspectos de mí misma desde un principio. Están comiendo, recuperando energía de la forma en que siempre lo han hecho, como si nada hubiera cambiado. Pero algo *ha* cambiado. Yo he estado en un largo y duro viaje, y la parte de mí misma que ha viajado y sufrido ya no encaja en el viejo patrón de vida. Ni tampoco sabe cómo explicarse. Eso hace que se oculte.

Pero hay un hombre que sabe que esa parte de mí misma está ahí. Sin ostentación alguna, viene directamente hacia mí, portando consigo esa cualidad que he estado buscando todos estos años, que «esté abierto por la espalda, por así decirlo, a la eternidad», y la luz de la eternidad brilla a través de sus ojos con tal fulgor que sabe algo que yo no sabía: que mi ego no puede experimentar esa luz y seguir viviendo. Así, con comprensión, compasión y un amor total, se tapa los ojos y me protege.

Dado que él es una parte de mi sueño, ¿es posible, es *concebible* que sea una parte de mí?

Mi inconsciente le pone un nombre: Jesús.

Si hubiera crecido en el seno de una familia budista, ¿mi inconsciente le habría llamado Buda?

Pero yo crecí en una familia cristiana, y nunca podré, ahora soy consciente de ello, escapar a lo que se me inculcó de niña. Podría ampliarlo, profundizar en ello, ver el buen y el mal uso del poder en gran parte de ello. Podría incluso detestarlo y, ciertamente, temerlo. Pero no puedo escapar a su personificación del amor.

¿Qué nombre, me pregunto, utilizaría mi inconsciente para hablar de Dios?

21 de octubre de 1989

> Sueño: es tarde y ha oscurecido, pero prosigue la pesada actividad que se ha prolongado durante tanto tiempo. Siguen apareciendo rollos de papel delante de mí. Se amontonan. Me doy cuenta de que son las últimas páginas de este libro. Son enormes y toscos, hechos con muchos tipos de tela y entretejidos con bandas de metal, plantas secas y otras cosas extrañas. Percibo algo escrito en esos rollos, pero no puedo leerlo, porque tendría que comerme físicamente cada rollo, digerirlo, regurgitarlo y digerirlo de nuevo. He estado haciendo esto durante mucho tiempo, y continúo, hasta que grito: ¡alto! Pero no dejan de venir rollos, cada vez más, y los digiero, los regurgito, los vuelvo a digerir, y el dolor termina haciéndose insoportable.
>
> Por fin, de manera súbita, los rollos se despliegan lentamente y el último de ellos aparece desenrollado, de tal modo que puedo leer sus últimas palabras: «Es la vida que es Dios».

Pero aunque el sueño se puede dar por concluido, mi mente, medio despierta, medio soñando, continúa.

> La vida por la que luchamos, por la que recorremos inenarrables distancias con el fin de protegerla y prolongarla, sí es la nuestra. O la vida que destruimos sin contemplaciones, de un modo intencionado, cuando es inútil, o no nos es útil a nosotras. Como los árboles que talamos en los bosques. Dentro de diez años, la vida, tal como la conocemos, podría ser insalvable. Puede que no haya vida alguna tal como la conocemos dentro de doscientos años. Nadie despertará en Isquia y *conocerá* en las vibrantes células de todo «que es Dios». Puede que no haya nadie vivo que pueda despertar. Pero Dios seguirá estando ahí, en la energía de las células de la tierra, el mar, el cielo, las galaxias, el universo, más allá del universo. Esa vida sagrada, esa energía creativa existe; siempre existirá, pulsando entre los opuestos y a su alrededor. Energía. Deus. Dios. Eso.
>
> Es la vida que es Dios.

10

Diario: en el campo
17 de enero de 1990

> Sueño: estoy en la cama, aquí, en la Casa del Árbol, acostada sobre el lado izquierdo. Escucho un ruido, como si alguien estuviera recogiendo papel junto a la ventana.
>
> Digo: «¿Es la madre?». Intento abrir los ojos para ver, pero no puedo. Entonces, siento la mano de madre que me toca desde el lado derecho de la cama. Yo la toco. Es suave, fresca y confortante, como la de madre.
>
> Ella dice: «Es mamá, y papá y papá. ¿Eso está mejor?».

Mientras forcejeo por despertarme, me pregunto qué segundo papá podría ser. Entonces, me doy cuenta: «Nuestro Padre. Por supuesto.

Que está en el cielo». Y me escucho a mí misma pensar: «Estoy encantada de que esté ahí contigo. Y también está aquí conmigo. Simplemente le damos un nombre diferente».

Y después siento la mano de ella en mi brazo, tocándome con suavidad, con mucho amor.

Y ENTONCES...

15 de abril de 1990

Se terminó escribir. Marzo. Viernes por la mañana. Lo he llevado abajo a imprimir.

¡Maravillosa sensación! ¡Momento de celebración! Una película. Una cena fuera de casa. Algo que mole. Pero, primero, llamar por teléfono a Roger. Pedirle que haga una revisión de la Casa del Árbol. Roger, subiremos el martes para pasar dos semanas de vacaciones. ¿Tenemos que llevar algo? Por la noche, llegamos a casa llenos de júbilo.

El contestador automático dice: «Telefonea a Roger. Urgente». Tres llamadas. Urgente.

Llamo.

—Espero que estés sentada –afirma Roger–. Ha ardido hasta los cimientos.

Se me corta la respiración.

—Ha ardido.

¿Por qué? ¿Cómo? ¿La *casa*?

—No sabemos el motivo –dice el jefe de bomberos.

Vamos, tras una noche sin dormir.

Miro fijamente esa gran masa negra esparcida por el suelo donde una vez se levantaba mi hermosa casa-alma. Algo se remueve en mi memoria. «Voy a hacer una obra más que sucederá al guardián. Un cuenco grande y poco profundo, pasado por el fuego, ahumado, de un negro opaco, y una grieta aparecerá...».

Pero un sueño no *significa* realmente... sin embargo, lo único que veo es un cuenco grande y poco profundo, hundido en el suelo, negro como el Hades, los restos carbonizados de todo lo que he amado.

Lo único que siento es el insoportable dolor de ver a mi hijo del alma quemado en la hoguera.

¿Para qué? No lo sé. No puedo creer que mi dios quiera que este pesar sea el final de mi larga búsqueda.

Ahora, semanas después, me doy cuenta de que no me puedo permitir esta aflicción, esta ira; no me puedo permitir morir así.

O bien puedo meterme en esa negrura hasta que, quizás, encuentre la grieta a través de la cual la esencia blanca está emergiendo.

Y sea cual sea el plano en el que opere puedo comenzar de nuevo.

Yo elijo.

Yo elijo.

El final.

O.

El interminable principio.

Conclusión

Si tú no sabes qué clase de persona soy
y yo no sé qué clase de persona eres,
puede prevalecer en el mundo la opinión formada por otros
y así, siguiendo las huellas de un falso dios, quizás perdamos nuestra estrella.

Pues hay muchas pequeñas traiciones en la mente,
un encogerse de hombros, que permite que la frágil secuencia se quiebre
enviando con gritos los horribles errores de infancia
para que irrumpan con su juego a través del dique roto.
. . . .
Pues es importante que la gente despierta esté despierta,
o una línea de fractura podría desanimarlas y devolverlas al sueño;
las señales que damos –sí o no, o quizás–
deberían ser claras: la oscuridad que nos rodea es profunda.

—William Stafford[1]

Mientras leemos las historias sobre el ánimo de Kate, Mary y Rita, somos conscientes de la integridad que hace falta para seguir el sendero de la individuación. Escribir el diario es un proceso en marcha similar a un espejo –viendo, no viendo; nombrando, sin nombrar–. Es un

1. William Stafford, de «A Ritual We Read to Each Other», en *Stories That Could Be True* (Nueva York: Harper and Row, 1977).

trabajo en curso, en proceso, no un producto, y el proceso es la propia vida. El diario se convierte en un hogar psíquico donde se expresan, no se explican, las ambigüedades que se hallan en el corazón del misterio. Hay partes que se traen hasta la consciencia y otras que no se pueden desvelar todavía. Al explorar las imágenes que aparecen en sueños y síntomas, siempre dejamos un espacio para la ambigüedad que permanece, pues sólo podemos comprender en el nivel en el que nos hallamos conscientes. Los nombres que damos a los contenidos psíquicos no buscan otra cosa que iluminar el otro lado de la realidad. Cuanto más profundizamos en ella, menos importan los nombres. Lo que importa es el intercambio dinámico entre las energías. La esencia de la energía es el movimiento, y el movimiento en la psique se revela en imágenes. Si estas imágenes se contemplan, seguirán interactuando entre ellas y transformándonos. Si se ignoran, se repetirán o dejarán de aparecer. Entonces, no sólo nos quedaremos atascadas, sino que también emprenderemos una regresión, que se manifestará en comportamientos adictivos y síntomas. Lo importante es mantenerse en el proceso. Adónde lleva, no lo sabemos.

No existen dos caminos que resulten idénticos. Cada persona nace con una combinación única de dones y debilidades, y vive una combinación única de circunstancias. Lo que hacemos con lo que se nos da es lo que determina en quién nos convertimos. Compartir nuestra historia no es simplemente regurgitar hechos que pueden encadenarnos de una forma aún más amarga en la casa-prisión en la cual todas nacemos. Pero podemos negarnos a que ninguna prisión nos defina. Compartir nuestra historia puede abrirnos los ojos ante las emboscadas que compartimos con otras personas y puede abrir senderos hacia la libertad.

La mayoría de las mujeres en nuestro tiempo son hijas del patriarcado; sus madres y sus abuelas también fueron hijas del patriarcado. Estas mujeres saben muy bien cómo organizarse, cómo establecerse metas en alguna perfección trascendente. También conocen la sombra de esa perfección que nunca deja de juzgar, de culpar, de acusarlas del crimen de ser ellas mismas. Asimismo, conocen la furia ciega de los instintos que luchan por ser reconocidos a través de las adicciones. En sus relatos, Kate, Mary y Rita han optado por no quedarse con el lado negativo del patriarcado, sino que se han centrado en su propia sanación a través del proceso transformador en la madre y el padre arquetípicos. Dirigiéndose hacia la nueva Reina y el nuevo Rey, han aceptado al mismo tiempo su propia humanidad, así como la de los hombres a los que aman.

Los hombres contemporáneos cuya feminidad todavía está constreñida por unos progenitores patriarcales siguen complaciendo a la madre o comportándose con ella de forma hosca y desagradable. En la médula de sus huesos anhelan una mujer que los adore abiertamente, que los sustente, que los ame de manera incondicional. Pero al entregar su poder a tales mujeres, optan por ser como niños, poderosos en la medida en que sean adorados, peleles cuando la adoración se convierte en una crítica persistente o una valoración realista. Y el terror al abandono puede entrar en erupción si la mujer se mueve hacia la consciencia. En sus sueños, el apuesto patriarca en su traje de rayas suele ir acompañado por una hembra con ojos de cierva que intuye los deseos de él antes de que él dé la orden. En la misma noche, un joven y salvaje rebelde puede que huya al bosque, solo o acompañado por una pelirroja feroz. Integrar a la de los ojos de cierva con la pelirroja en una parte femenina libre y madura no es un proceso carente de complicaciones para nadie.

Tal tipo de integración es la que se precisa en el nuevo *ethos*. Sin embargo, esto no es posible en la medida en que estemos inconscientemente atrapados en un vínculo incestuoso con nuestro padre o nuestra madre patriarcales. Una de las mujeres a las que trato percibe con toda claridad los escollos en el siguiente pasaje:

> Por encima de todo, mi madre y mi padre tenían que sentirse orgullosos de mí. Pero el hecho de tener que ser la chica radiante que ellos proyectaban sobre mí me impedía confiar en el amor que pudieran albergar por mi persona. Tenía que ganarme su amor y me sentía a todas horas una huérfana, culpándome a mí misma por no ser en realidad lo que ellos esperaban que fuera. Sin duda, fui buena. Pero mi bondad no tenía nada que ver con ser moralmente buena. Ser buena es lo que me proporcionaba lo que yo quería. Yo conocía la diferencia.

Yo culpaba a mi madre por todo lo que me iba mal en la vida. Al no admitir nunca su influencia sobre mí, me aferré al poder. Me pegué a mi padre, hacía todo aquello que le hiciera sentirse orgulloso y me juntaba con los padres de todas las maneras que podía. Nunca lloraba, porque llorar habría supuesto perder la inflación y yo hacía de todo para sentirla.

Con el paso de los años, nunca busqué una relación sexual con un hombre. Buscaba una relación mental o espiritualmente sofisticada. Empecé a darme cuenta de cuántas formas sutiles una puede quedar cautiva en el padre (necesidad emocional, dinero, sexo, aceptación de cumplidos).

Por último hice lo que no se podía decir. Dije *no,* y dejé ir a la *persona* perfeccionista. Sentí dolor e ira ante la pérdida del padre. Solté el control. Me despojé de la simplicidad. Abrí la nuez. Nací.

Entonces me enfrenté a lo masculino oscuro, dentro y fuera. Me aferré a la paradoja: intentaba ver qué había de bueno en el padre negativo y qué había de malo en el padre positivo. Entonces, me desprendí de ambos polos y caí en el caos. Y esperé. Una y otra vez, todos mis esfuerzos eran sofocados por hombres. Me di cuenta de que la paranoia patriarcal era elevada. Una y otra vez me descubría aceptando los viejos valores porque mi entorno los sustentaba. Entonces decidí que no iba a desprenderme de mi legado por unos cuantos hombres débiles. Ellos no me iban a sacar de allí adonde yo pertenecía, y caí en el peligro de volver a mi postura arrogante y farisaica. No iba a perder el tiempo explicando mi posición a los patriarcas porque en modo alguno podían escucharme o verme. En vez de aferrarme al centro, me estaba dejando seducir por una postura de oposición. Y entonces vi que estaba jugando a juegos de guerra, y reconecté con mi propia masculinidad positiva, que no me dejó caer en la trampa de sentir lástima por los hombres asustados. No me dejó ser esa madre inconsciente que se entrega a fondo a sus juegos de poder. Mi parte masculina no sería mi hijo. Al liberarle interiormente, liberé a mi marido y a otros hombres de mi entorno. Eso sí, fue una dolorosa liberación.

> He purificado mi víctima y me estoy preguntando de nuevo: «¿Qué es lo femenino?». No confío demasiado en la idea de que me arrastren hasta ponerme *bajo* la luz. Todavía tengo que perdonarme algunas cosas más antes de que pueda aceptar mi condición de criatura.

De lo que esta mujer no se daba cuenta en el momento en que escribió estas palabras es que lo que la salvó, al ponerla en marcha en su proceso, fue su sentido de sí misma como huérfana. Un aspecto crucial a la hora de romper los vínculos incestuosos con los progenitores es el reconocer que ni les pertenecemos ni ellos nos pertenecen a nosotras. La individuación comienza con el doloroso reconocimiento de que el mundo en su integridad es nuestro orfanato.

Muchas mujeres tienen dificultades para hablar o, para ser más precisa, para permitir que las palabras pasen fácilmente a través de su garganta. Suelen tener bloqueados los senos faciales y, al mismo tiempo, visualizan recipientes de lágrimas congeladas, un río congelado o bien una jarra de cristal en la zona de su chakra sexual. El chakra sexual y el chakra de la garganta están conectados. ¿Cabe la posibilidad de que, cuando se perdonan por completo a sí mismas por ser seres sexuales y se dejan llevar por completo por su condición animal, perdonen también la sombra de su madre? ¿No serán sus lágrimas congeladas las lágrimas de generaciones de mujeres que no pudieron aceptar su condición animal en su sexualidad? Y, si todas esas lágrimas fluyeran, ¿podrían estas mujeres hablar con facilidad y con claridad desde las profundidades de su lado femenino?

Las hijas de su padre tienen la tendencia a descartar a la madre. Por lo general, ese aspecto sombrío está tan enterrado en su inconsciente que rara vez aparece en los sueños. Sin embargo, el vínculo incestuoso con la madre que condenaba su propia sexualidad se halla en las entrañas de la hija, y sus células anhelan la liberación.

Las tres mujeres de este libro fueron empujadas al proceso de individuación porque el vínculo colérico con su madre personal las llevó a un vínculo inconsciente con el arquetipo de la madre negativa. El hijo de Kate no nació. Mary escuchaba la siguiente voz: «De este cuerpo no nacerá hijo alguno». Y el cuerpo de Rita tampoco engendró a ningún hijo. En nuestra cultura, cada vez se ven más enfermedades en los órganos sexuales de las mujeres. El señuelo de la muerte en la madre negativa está tan profundamente reprimido que apenas lo reconocemos, aunque nos estemos aniquilando con adicciones y enfermedades del sistema inmunitario.

Tanto hombres como mujeres están escindidos, tanto en su masculinidad como en su feminidad. Ambos géneros tienden a proyectar en el sexo opuesto, bien una perfección idealizada o bien algo que no llega a ser humano. Al mismo tiempo, se experimentan a sí mismos como escindidos, divididos, esperando más de ellos de lo que son y avergonzados de ser menos de lo que parecen. La causa última de la escisión es no haber reconocido la diferencia entre la imagen arquetípica y la realidad humana.

Cuando Nietzsche dijo que Dios había muerto, tenía razón en el sentido de que la proyección en un Dios varón en el cielo había dejado de existir. No obstante, lo que no ha muerto es la necesidad que tienen los seres humanos de un Padre-Madre cariñosa, nutriente, capaz de organizar y sostener todo el mundo en Su mano. Sin otra cosa que ellos mismos sobre lo cual hacer proyecciones, los seres humanos forcejean intentando encontrar a alguien o algo suficientemente inalcanzable como para portar el misterio de la vida misma. La flecha que porta la proyección Dios-diosa tiene que encontrar un blanco, y con demasiada frecuencia ese blanco es otro torpe ser humano que parece encarnar todo lo que fue y todo lo que es demasiado perfecto como para ser posible. Si hay una proyección mutua, Dios y diosa viven en una dicha devoradora, hasta que las imperfecciones humanas se hacen visibles. Tan fascinante es la proyección que, mucho después de que la fragilidad y los defectos humanos hayan machacado el ideal, la flecha sigue colgando del blanco. La flecha que salió del arco portaba nada menos que el alma de la persona, y para cubrir el abismo que queda cuando la proyección muere, la persona que proyecta tiene que reclamar dentro de sí lo que consteló fuera en la relación. A veces, tal reclamación permite el nacimiento de una relación humana real a partir de lo que nunca fue ni podría ser jamás real. No es fácil sacar la flecha de lo que parecía ser el centro de la diana.

Al discutir las causas de la escisión psíquica en este libro, me he centrado en el incesto psíquico más que en el físico, pero eso no quiere decir que no sea consciente de la angustia que supone el incesto físico. También soy consciente de que los abusos del incesto psíquico se suelen descartar de forma inconsciente. Hay muchas personas que tienen heridas incestuosas y que están convencidas de que nunca abusaron sexualmente de ellas. Puede que abusaran de ellas, pero, tanto si ocurrió como si no, se sumen en un profundo desconcierto ante la gravedad de sus síntomas y reacciones. No comprenden el impacto de la violación psíquica, y suelen desestimar sus sentimientos de culpa. Pero su psique no lo hace. Después de sacar la podredumbre de los cimientos, de arrojar la basura y de liberarse de montañas de miedo y de ira, puede que aparezcan imágenes de unión con un progenitor, una hermana o hermano, niña o niño. Hay que tener mucho cuidado a la hora de trabajar con estas imágenes simbólicas, tanto cuidado como si fueran literales. El pene es personal, el falo es arquetípico. Si desestimamos lo simbólico, se puede truncar el proceso transformador.

Las respuestas corporales ante los sueños deben ser consideradas con mucha atención. El incesto sexual libera en el cuerpo una carga sexual que tiende a funcionar de manera autónoma. Es una carga sexual que la psique no ha absorbido como propia. El resultado es la alienación del cuerpo, que queda a su merced sin intervención ni dirección psíquica. La mayoría de las mujeres que han padecido incesto sexual no pueden trabajar con lo masculino interior ni exterior mientras no hayan trabajado con lo femenino en su propio cuerpo. Para la víctima de un incesto sexual, reclamar el cuerpo como propio supone un proceso más complejo que para la víctima del incesto psíquico, porque el desprecio que siente por sí misma está tanto en la psique como en el soma. El rechazo por sí misma libera sucesivos niveles de ansiedad no enfocada, que conduce a comportamientos compulsivos.

Sin embargo, en cuanto se experimenta el sufrimiento en el cuerpo, en cuanto se absorbe lo suficiente como para permitir la transformación, la carga sexual puede resultar muy creativa. Su energía, tras pasar de una figura literal a una figura simbólica, se convierte en portadora de potentes recursos creativos.

La figura simbólica puede ser una persona amada en sueños o un hombre real que refleja la luz del amado interior de la mujer. Puede ser un director de teatro, un profesor, un analista... cualquier hombre que inspire lo mejor que hay en ella. Pero en cuanto la carga sexual se ha liberado de su objeto literal y se ha traído a la consciencia, el amor deja de ser dependencia. La mujer ya no será la niñita de papá en busca de un hombre para iniciar su creatividad y ser su propia autoridad externa. Ahora querrá relacionarse como una mujer madura. Pero un hombre atascado en el complejo de madre no va a poder comprender tal giro. Ella no lo necesita. Quizás le pregunté a él su opinión, pero no necesariamente hará lo que él diga. La mujer puede que se pregunte por qué ya no siente aquella atracción compulsiva por él, y la clave estriba en que su masculinidad ha cambiado tanto como su feminidad. La figura interior ya no es el hijo paralizado por un progenitor débil y acosador. Ella se ha liberado de ese hijo del que una vez tuvo que cuidar, quizás incluso del que tuvo que compadecerse. Ahora, su masculinidad en proceso de maduración está hallando su propia fortaleza. Ahora está preparada para la relación. Deja espacio para el matrimonio regio interior y para el matrimonio terrenal exterior. Se influyen mutuamente, y la consciencia necesita discriminar en todo momento entre las demandas de lo interno y lo externo.

Muchas mujeres se sienten entusiasmadas al trabajar con la masculinidad creativa en otra mujer. No se trata de la masculinidad patriarcal y enjuiciadora que encuentra defectos en todo, sino de la masculinidad que arde en ideas. La figura simbólica, si se comprende en sentido simbólico, libera una inmensa energía.

Tanto si el incesto es físico como psíquico, o ambos a la vez, es muy peligroso fustigarlo dentro de la consciencia. El impulso patriarcal por saberlo todo profundiza la escisión y la actitud «uno de los dos». Si al proceso transformador se le da la oportunidad de llevar su tempo y su ritmo, la persona será capaz de contemplar toda la experiencia de forma gradual. En resumen, descubrimos quiénes somos en el larguísimo proceso que nos lleva a sanar las heridas mediante el descubrimiento de su significado espiritual.

En el centro de este caos de corazones rotos, relaciones y sexualidad compulsiva, ¿qué es lo que pasa en la psique? Sin un contenedor arquetípico que contenga la proyección del Dios o la diosa, toda la fuerza de esa proyección va a recaer sobre un ser humano. Para los bebés es natural ver a sus progenitores como Dios y diosa. Aquel con quién el bebé esté más estrechamente ligado se convertirá en la divinidad amorosa, en tanto que el otro puede ser la divinidad crítica. Si los progenitores son narcisistas o tienen problemas con la vida que no han podido vivir, utilizarán al bebé como espejo. El alma del niño o niña se verá violentada entonces porque no será libre para desarrollar su propio potencial. Se verá explotada, obligada a portar las proyecciones, pasiones y sueños arquetípicos incumplidos de los progenitores. Portará lo que el progenitor no consiguió alcanzar. Puede incluso convertirse en la amada o el amado que el progenitor nunca encontró. Con vínculos de este tipo, sin límites, los progenitores pueden carecer de las estructuras egoicas necesarias, hasta tal punto que pueden encarnar las fantasías del hijo o la hija, pueden aceptar su proyección arquetípica, o aceptar de manera inconsciente una identidad arquetípica en sustitución de su humanidad no reclamada. En casos así, progenitores e hijas o hijos pueden confabularse de un modo inconsciente, quedando el hijo o la hija congelado en un mundo arquetípico que ya no va a poder explorar con libertad. Si, por ejemplo, el padre acepta las proyecciones arquetípicas de la hija y cree que él es el rey, entonces se sentirá libre para ejercer su poder sobre la hija de cualquier forma que le plazca. Y si no tiene límites egoicos, la niña no sabrá diferenciar entre el rey, el padre y Pulgarcito, que vive en un castillo debajo de la escalera. Es tarea de los progenitores reflejar la realidad del niño o la niña para que sea libre de deambular en un mundo de cuento de hadas con límites. Mientras que el progenitor no represente la proyección arquetípica del niño o la niña, su imaginación será libre de explorar un mundo arquetípico, que, al igual que los cuentos de hadas, forma parte de su desarrollo precoz.

El arquetipo puede penetrar en la realidad humana de una forma absolutamente destructiva si los progenitores carecen de una estructura egoica que impida la identificación con la proyección arquetípica inconsciente del niño o la niña, y/o también si el niño o la niña carente de ego acepta la proyección arquetípica inconsciente del progenitor (la princesita de papá, el hombrecito de mamá). El resultado de estas circunstancias es el incesto psicótico, que puede convertirse en incesto físico. El incesto es algo natural entre dioses y diosas, pero en los seres humanos es una ilusión de omnipotencia.

Para muchas hijas del patriarcado, el incesto psíquico tiene ramificaciones más sutiles de lo que pueden llegar a creer. Estas mujeres se llegan a involucrar tanto con el mundo de su padre, con sus valores y su feminidad escindida, que dejan de ver el impacto de la desaparición de la madre. Quizás se den cuenta de que su rey interior está clavado en la pared, y debido al hecho de que está clavado en una actitud en particular, se ven desconectadas de su imaginación creativa. Quizás se den cuenta de que están congeladas en un hombre y sólo en un hombre. Puede que incluso sean conscientes de que están atrapadas en una proyección arquetípica y, por tanto, que están proyectando todo su mundo interior en una frágil criatura humana a la que le han concedido el poder de marcharse con su alma. Quizás sueñen con un vampiro que les chupa la sangre y la vida. Sin una reina cariñosa que las arraigue en su propio cuerpo, estas mujeres sentirán que no son absolutamente nada cuando su rey se aleje. Además, puede que no se percaten de que el rey que está aniquilándolas puede que no sea su propio rey. Puede que sea el rey de la mujer a la cual rechazaron en la infancia (su ideal masculino, contaminado con su desilusión, su anhelo y su desesperación), el rey que mantuvo encerrada a su madre en un ataúd de cristal. En tanto en cuanto busquen a ese rey, estarán condenadas a hacer proyecciones sobre hombres que rechazarán su alma femenina. La única salida consistirá en entrar en su propio bosque para encontrar a su propia reina y a su propio rey.

Al centrarnos en la historia de Allerleirauh, una hija del patriarcado, y contemplar las historias anímicas de tres mujeres, todas ellas hijas del patriarcado, no hemos hecho otra cosa que buscar el significado que estas tres mujeres tienen en común, hecho que puede aportarnos ideas e intuiciones acerca de nuestra propia historia personal. Cada vez más mujeres se están enfrentando hoy en día al incesto, ya sea físico o psíquico, en el núcleo de su neurosis.

Durante un breve período, Freud estuvo convencido de que la mayoría de los casos de histeria femenina con los cuales se familiarizó tenían en su historial un abuso sexual en la infancia. Estaba tan difundida la idea del incesto en su aspecto sexual, que Freud argumentaba que el tabú del incesto había sido el más antiguo instaurado en la sociedad patriarcal. El incesto, para Freud, era el pecado original. Estaba engranado en el vínculo biológico del niño o la niña con el progenitor, lo que él denominaba sexualidad infantil. Era el *Dasein,* lo que hay, lo dado.

Pero, trabajando con la histeria, Freud fue revisando gradualmente su punto de vista acerca del incesto, hasta llegar a la conclusión de que la histeria, como estado psíquico, tendía a literalizar sus síntomas. El incesto psíquico en la persona histérica podía proyectarse como incesto sexual. Por tanto, era muy difícil saber si la paciente estaba forcejeando con un incesto psíquico o físico. Pero, fuera como fuera, el resultado en la persona histérica era en gran medida el mismo. Para Freud, el incesto, ya fuera físico o psíquico, seguía siendo el pecado primordial.

Jung rompió con Freud en lo relativo a su manera de ver el incesto y su tabú. Con respecto a esta ruptura con Freud, Jung escribió:

> Por lo general, el incesto tiene un aspecto en gran medida religioso, razón por la cual juega un papel decisivo en casi todas las cosmogonías y en numerosos mitos. Pero Freud se aferró a la interpretación literal del incesto y no pudo captar su importancia espiritual como símbolo. Yo sabía que él nunca aceptaría ninguna de mis ideas sobre el tema.[2]

Para Jung, el tabú del incesto cumple la función de alejar a la psique del deseo retrógrado por una unión fantasiosa con el progenitor. Jung reconocía que la psique, abandonada a su suerte, sin obstáculos como los que proporciona un tabú, podía caer en inercias e, incluso, regresar a su punto de partida (el progenitor o el progenitor sustituto), o bien podía caer en la inacción y no abandonarle jamás. El tabú del incesto lanza a la psique, por doloroso que pueda resultarle, al sendero de la individuación.

En el paradigma de Jung, la energía del arquetipo tiene dos polos. En uno de ellos, al que denomina extremo infrarrojo, la energía se expresa en el dinamismo de los instintos y de los síntomas corporales. En

---

2. Jung. *Memories, Dreams, Reflections, op. cit.,* pág. 191.

el extremo ultravioleta, la energía se expresa en el dinamismo del espíritu a través de los sueños, las fantasías y la imaginación activa. El cambio en el cual la energía del instinto crudo se transforma en la energía del espíritu es lo que Jung denominó «la transformación decisiva».[3] En este cambio, sugiere Jung, se arraiga toda cultura y toda civilización.

Tal cambio puede suceder en un simple sueño si, por ejemplo, la persona que sueña experimenta la transformación de un impulso instintivo. Una adicta que estuviera civilizando un impulso compulsivo por comer podría soñar con un lobo hambriento que se transforma en una niña; una madre glotona inconsciente podría convertirse en una mujer radiante. En los cuentos de hadas, la transformación del animal en un príncipe o una princesa es bastante habitual, y en este proceso siempre hay algún sacrificio y algún tipo de aceptación.

Hasta la llegada de Jung, este cambio o transformación se solía ver como una intervención divina *desde fuera,* lo que los cristianos denominan una gracia. Era como si una energía sobrenatural impregnara una energía instintiva y redirigiera su flujo, como, por ejemplo, en la conversión de Saulo en el camino de Damasco. Jung, sin embargo, consideraba que el tabú venía impuesto *desde dentro,* como un agente transformador, convirtiendo el instinto crudo en espíritu. En su libro *Símbolos de transformación,* Jung escribió: «La verdad simbólica [...] que pone agua en el lugar de la madre y espíritu en el lugar del padre, libera a la libido del canal de la tendencia al incesto, le ofrece un nuevo gradiente y lo canaliza en una forma espiritual».[4] Una puede experimentar la agonía del caos, la resistencia, el aguante de la tensión, la caída en nuevos niveles de caos y, por último, la aparición del nuevo patrón de energía. Para crecer, las personas tienen que cooperar con la nueva dirección de su flujo. La cooperación supone el propio conocimiento del alma en diálogo con otra energía. Aquellas personas que no cooperan con la nueva dirección optan por la regresión hacia los ago-

3. *Ibid.*, pág. 191.
4. Jung. «Symbols of the Mother and of Rebirth». En *Symbols of Transformation,* CW 5, párrafo 335. Edición en castellano: *Símbolos de transformación* (Barcelona: Paidós Ibérica, 2011).

biantes complejos parentales que generan neurosis, hipocondría o depresión.

Esto ocurre de forma reiterada con las personas adictas. El tabú que está intentando sacarlas del paralizante incesto emerge a la superficie en un sueño. Entran en el dormitorio. Allí está la vieja madre o el viejo padre casi muerto o psicótico. «Sal de aquí», vocifera el progenitor. Pero, por algún motivo, la adicta empedernida se queda. Si pudiera dar un paso atrás en el fatídico umbral, salir dando un portazo y atravesar el tabú con la energía liberada, entonces podría ocurrir algo bastante diferente. Un joven brillante, como su hermano o como su padre cuando tenía veinte años, podría llegar para acompañarla. En el sueño de Kate (*véase* Cap. 3), su padre, joven, encarna esta brillantez. A veces aparece una serpiente en la laringe de ella, que intenta abrirse paso por su garganta empujando con su poderosa cabeza (el sueño de Kate, *véase* Cap. 3). O bien un majestuoso falo, símbolo del potencial creativo de ella (sueño de Mary, *véase* Cap. 6). La cuestión es que la energía se transforma y pasa de los estereotipos desgastados a la energía vibrante simbolizada por las nuevas imágenes arquetípicas. La tragedia del incesto psíquico es que el aspecto creativo queda destruido por su literalización.

En las transformaciones graduales de Kate, Mary y Rita, el incesto psíquico, en tanto que fuente de energía espiritual y creativa, es la clave del proceso. Kate tuvo que lidiar con la ira que sentía hacia su hermano, pues su amor por el padre nunca vaciló hasta la adolescencia. Ese amor motivó su anhelo por aprender y su devoción por la Iglesia. En el fuego abrasador de sus sueños y en sus abrasadoras experiencias con sacerdotes y profesores, ese amor maduró y se transfirió desde el padre hasta el amante arquetípico, que ahora portaba el poder transformador de su parte masculina creativa.

Mary recogió inconscientemente la negatividad de una sexualidad reprimida y de la sexualidad no vivida por sus padres. Estas condiciones, juntas, constelaron su bruja sexual y el viaje de poder que esta bruja trae consigo. Su madre la animaba en ese viaje y celebraba el poder de Mary sobre los hombres. Con el tiempo, tras la muerte de su hijo, el cuerpo de Mary se rebeló contra el demoniaco odio de su madre contra lo masculino y puso en marcha el profundo proceso de

Mary. Así entraron la cólera y el dolor en su cuerpo. En aquellos fuegos transformadores, ella, en tanto que madre, se paría a sí misma, como virgen. Con la directriz de la vieja anciana, su virgen se está haciendo lo bastante fuerte como para someterse a la inspiración creativa, más allá de todo cuanto ella pudiera haber supuesto racionalmente.

El amor de Rita por su padre y sus hermanos, y el amor de ellos por ella, la abrieron a los dones de su propia matriz creativa, y ese amor preparó el terreno para la transformación de un Dios-padre literalizado en el misterio de su querido guía interior y del joven y resplandeciente Cristo. Además, la llevó a aceptar amorosamente a su madre, tanto la arquetípica como la personal.

Gracias a que estas mujeres supieron diferenciar lo arquetípico de lo humano sin negar ninguno de ellos, la transformación de su parte masculina interior les permitió profundizar en el amor en su matrimonio.

Una y otra vez, en mi trabajo con los sueños he podido presenciar el proceso que Jung describe: la verdad simbólica que libera la carga sexual del padre literal y transforma esa energía en obra creativa a través del matrimonio interior. Podemos ver este proceso en los sueños de Kate, Mary y Rita.

Pero si el propósito del tabú incestuoso estriba en transformar el instinto crudo en espíritu, ¿no nos dejará eso, con todo, en la escisión patriarcal cuerpo-espíritu? ¿No volveremos a la casilla de partida, con unos animales un poco más refinados que aspiren a tener alas, mientras se sigue explotando y despreciando a la naturaleza? ¿O es posible que la comprensión simbólica del tabú del incesto sea capaz de transformar también el instinto crudo del vínculo incestuoso con nuestra madre (materia) en energía espiritual de una frecuencia diferente en la materia?

En el sueño de Rita (*véase* Cap. 9), la inmensa energía serpentina (libido instintiva) se muestra con lo que parece ser un espejo, pasa por un proceso de desprendimiento convulsivo de su piel y, más tarde, aparece otra serpiente blanca y resplandeciente, moviéndose como un torbellino por el aire. Es como si la energía instintiva llegara a una encrucijada (quizás el diafragma) y se transformara a medida que se desprende de su piel, para, a continuación, manifestarse en la serpiente blanca (la libido espiritual) como una energía de otra frecuencia.

Después aparece un búho blanco (ave de Atenea). Como criatura alada que es, dispone aún de otra frecuencia más. Puede volar hasta el ojo del infinito, el mismo ojo afectuoso del dios o de la diosa.

Este sentimiento de trascendencia en el cielo viene seguido por la imagen complementaria de las moscas del venado que se disuelven unas en otras, que Rita asocia con orgasmos. Es como si el punto más elevado del éxtasis espiritual constelara con el punto más profundo de la energía instintiva.

A continuación, parece haber otra dimensión de transformación en la purificación ritual en la cual la mujer, envuelta en un sudario y sin rostro, moviéndose como una estatua de piedra, se sumerge en el agua. El ego que sueña no puede entrar todavía en ese estanque. Quizás haya todavía trabajo que hacer, como devolverle la forma humana a la rana y reconocer y profundizar en la idea de que la catedral esté hecha con cartones. Dicho de otro modo, todavía hay que esperar alguna transición radical en la energía masculina, tanto espiritual como instintivamente, antes de que el ego onírico pueda entrar en el estanque. Existen dos energías diferentes en el proceso de transformación, una femenina y otra masculina.

Tales sueños no son extraños, tanto en hombres como en mujeres, y su impacto tiene un carácter transformador en ambos géneros. Sugieren una nueva manera de entender tanto el instinto como el espíritu, así como un nuevo nivel de integración. En vez de una materia oscura, opaca, que depende del espíritu para redimirse del demonio, nos encontramos con una materia imbuida en su propia luz potencial que se mueve hacia la consciencia. La serpiente moteada se relaciona con la serpiente blanca, y a la serpiente blanca le sigue el búho blanco que puede volar. El proceso en el cuerpo-alma es sagrado, lo bastante potente como para responsabilizarse de sí mismo, y suficientemente flexible como para moverse a través de diferentes frecuencias, preparándose para el encuentro con lo masculino transformado.

Una vez más, permítaseme ser clara: el incesto psíquico con el arquetipo de la madre negativa, tal como lo estoy describiendo, no choca con la madre. Durante siglos, nuestra cultura ha desdeñado la materia, y nuestro desprecio por el cuerpo es tan profundo e inconsciente que somos incapaces de ver el rechazo del cuerpo vivo en nuestros comportamientos adictivos. Madres y abuelas han estado despreciando durante generaciones sus propios cuerpos femeninos y su sexualidad, así como «la maldición» de la menstruación. Nacieron en un cuerpo femenino; nada podía cambiar eso. Por mucho que se esforzaran, tenían la sensación de que habían fracasado desde el mismo principio. El desprecio que sentían por su propia materia estaba en sus células, y ese desprecio está ahora en las células de sus hijas. «No merezco vivir» es lo que se suele oír en la última línea del rechazo por una misma. El inexpresable agujero negro que muchas mujeres tienen que afrontar en sus sueños es ese lugar de rechazo. La niña, como ser femenino, no se reflejó, porque siglos de pensamiento patriarcal han despreciado la materia. El agujero sigue siendo negro azabache. Ni siquiera hay desesperación. Es la nada, el olvido sin sentimiento, la muerte sin consciencia. Es una vergüenza tan profunda que no puede ser reconocida, a menos que el contenedor egoico se haga lo bastante fuerte como para enfrentarse a la destrucción. Es materia tan herida, tan traicionada, que se disocia de la consciencia. Las mujeres atrapadas en este vínculo incestuoso con el lado negativo del arquetipo de la madre sueñan con que luchan con una mujer fea. Se sienten tan traicionadas por su cuerpo que intentan hacer su residencia en la mente. Desde muy pequeñas aprendieron a no respirar profundamente, porque la respiración activaba esos sentimientos y sensaciones. Además, la insensibilidad te hace la vida más llevadera. Sin embargo, destruir la materia es también destruir el alma. Matar el alma en el cuerpo es la alienación de la madre positiva; matar el alma en el espíritu es la alienación del padre positivo.

El agujero negro en muchos hombres es tan negro como lo es en muchas mujeres. Algunos incluso se sienten orgullosos de estar «cerrados». Lo que ocurre es que su materia está disociada de su espíritu, y que su desprecio fundamental por la materia se halla en sus células. En tanto en cuanto permanezcan en su *persona* superficial, se mostrarán cariñosos, generosos e incluso amorosos, pero en la intimidad del encuentro sexual no van a sentir la conexión entre la pasión y su propio ser. Quizás sientan miedo, tal vez se sientan vacíos, que no son nada. Superados por el agujero negro en el centro, no podrán reflejarse a sí mismos ni a su pareja, por mucho que lo intenten. Si no establecemos un vínculo con la madre positiva, no podremos confiar en nuestras propias células, por lo que rendirse al sexo será imposible. Sin encarnar, la vida no se puede vivir plenamente, ni tampoco se puede enfrentar la muerte de forma creativa. No resulta sorprendente que se niegue la muerte en una cultura que rechaza la belleza de su propia humanidad.

A medida que la psique prosigue el proceso de individuación, también lo hace el cuerpo, y las enfermedades físicas que nos encontramos durante el proceso dejan bastante claro que nuestras células corporales tienen su propia sabiduría, que quieren transformarse en luz (consciencia). En los sueños, los animales anhelan ser reconocidos. En la naturaleza, los delfines y otros animales tienen cierta sensibilidad que sólo ahora empezamos a reconocer. Las convulsiones que sufren nuestro planeta y nuestros cuerpos intentan decirnos algo. Quizás la angustia en nuestra materia, personal y planetaria, sea el tabú del incesto, que nos obliga a salir del incesto psíquico con el arquetipo de la madre negativa y nos lleva a introducirnos en un nuevo cuerpo con luz propia. Quizás la codificación de nuestras células pueda liberarse del pasado y quiera dirigirse hacia el futuro.

Kate, Mary y Rita llevaban consigo profundas heridas incestuosas de sus madres, heridas que se venían transmitiendo durante generaciones. Al aguantar la tensión de los opuestos femeninos (madre temerosa de perder su poder / hija temerosa de asumir responsabilidades; impulso instintivo / deseo paralizado), cada una de ellas está descubriendo que la escisión «una de dos», «esto o lo otro» puede sanarse. Al sostener la tensión, cada una de ellas está descubriendo la tercera opción: la anciana, que es una imagen de la madre arquetípica en la cual los opuestos están contenidos. A través de Ella, cada una de ellas se ha reconciliado con su madre personal, y cada una de ellas, experimentando el sufrimiento en su cuerpo y el afecto de otras mujeres, está comenzando a comprender el amor como una realidad de sus células.

Aunque manteniendo conscientemente el punto inmóvil en el amor, podemos observar cómo los opuestos se balancean a través de nosotros sin balancearnos nosotras con ellos. Podemos observar el poder de la madre, que anhela aferrarse a su hijo, dejándolo marchar; podemos observar la sexualidad de la gitana, que quiere que la vida la sirva a ella, transformarse en un amor que está listo para ponerse al servicio de la vida. Podemos permanecer invisibles si es necesario, sentir cómo se nos mueve a una nueva posición consciente y, sustentadas por Ella, mantenernos en el nuevo punto inmóvil. Aquí, la madre y la gitana son una en la novia. Poco a poco, sabemos que la luz de ella en la materia es el amor. Al igual que el perfume, el amor lo impregna todo. Con sólo una vez que experimentemos esa presencia, nuestra percepción cambiará para siempre. Quizás sea éste el verdadero significado de la llegada a la consciencia de lo femenino. Pero debe llegar lentamente o, de lo contrario, se nos romperá el corazón. En la casa de nuestra madre hay muchas más mansiones de las que podamos llegar a soñar.

El punto inmóvil que trasciende la vorágine de los opuestos porta la sanación, tanto a lo masculino como a lo femenino. Va más allá de los dimes y diretes patriarcales, más allá de juicios y culpas. La mujer que inconscientemente se ha convertido en la hija de su marido puede reconocer que el rebelde que vive en los bosques de sus sueños y el amante en su vida son los aspectos sombríos de su padre. La sexualidad no vivida que ninguno se atrevió a reconocer está ahora cargando el inconsciente con la numinosidad de un dios. En sus sueños, puede llegar a oírse ahora el estruendo de Dioniso recorriendo los campos bajo la forma de un toro. Si la mujer se niega a representar la escisión, manteniendo al mismo tiempo ambos lados de su amor en la consciencia, se encontrará en un fuego suficientemente ardiente como para forjar un contenedor inquebrantable.

El diario, el arte, la música, la danza articulan todo lo que está ocurriendo en su interior; el rey siempre fiel que ella ha proyectado en su marido se convierte en parte de su novio interior; la energía del toro comienza a tomar la forma del dios Dioniso. Padre y toro son uno en el novio. Algún día, puede que la mujer se dé cuenta de que su anhelo de amor por el padre (espiritual y sexualmente) era un anhelo de totalidad, y que todos sus amantes a lo largo del camino eran parte de ese anhelo. Algún día quizás sea consciente de que el don de amar, incluso en el amor no correspondido, es tan grande como el don de ser amada. Algún día puede que se dé cuenta de que los amados que la rechazaron fueron quienes de un modo inconsciente le proporcionaron un corazón que, mediante la purificación por el fuego, se ha liberado del impulso de poder que la habría llevado a intentar poner al misterio a su servicio. Arder en el fuego interior es lo que trae al amado a casa.

Las Allerleirauh contemporáneas están viviendo en la casa de su padre y algunas están entrando en el bosque. Se están negando a ser «víctimas» o «supervivientes» del incesto. Rechazan la adicción de nuestra cultura a la victimización. Rechazan las etiquetas que las mantienen para siempre sometidas en un papel degradante. Se dan cuenta de que la energía incestuosa de los complejos parentales es una energía radiactiva. En cuanto empiece a moverse, lo hará, o bien para destruir o bien para crear. Destrucción o creación continúa dentro y fuera. Sin duda, nuestra tarea consiste en reclamar esa energía como nuestra y en asumir la responsabilidad de nuestro propio potencial.

Ese potencial se hace real cuando trabajamos la masculinidad y la feminidad dentro de nosotras mismas, hasta que sentimos que el espíritu encarnado y empoderado se une con la materia consciente en nuestra alma. Entonces, nos estaremos moviendo hacia una madurez genuina en la cual las dos energías interactúan para producir una tercera, que desde el punto de vista del alma es la real.

Lo masculino creativo no es el padre mítico de nuestra infancia, ni tampoco es el padre real que comenzó a desvelarse a medida que crecíamos. Aunque pueda tener cualidades de nuestro padre personal, él es inherente en nosotras, único en nosotras. Nuestro trabajo consiste en separar al padre arquetípico de los hombres humanos. Aunque podamos ver partes de él en todos los hombres que hemos amado, ninguno de ellos es su totalidad. Este rey no aparece de repente desde un mundo diferente. Ha estado dentro de nosotras desde siempre, esperando a ser reconocido en las sombras del inconsciente. Una noche, en nuestros sueños, puede llegar hasta nosotras, resplandeciente, con sus poderosos y velludos brazos abiertos. Puede que nos estreche, que nos abrace hasta que podamos sentir los latidos de su corazón. «Tú no me conoces –puede que diga–, pero te he estado amando toda tu vida».

Conocerle es también conocer a Sofía. Cuanto más firmemente arraigadas estemos en la matriz creativa de Sofía, más brillante será la luz del rey. Y nosotras, con el corazón chamuscado con el fuego de tanto amor, puede que nos rindamos ante un amor que está más allá de cualquier concepción humana. Al rendirnos, tocar, saborear, oler, ver, escuchar, el mundo se vuelve erótico con el amor. Sexualidad y espiritualidad son una. En el contenedor consciente de ese amor hacemos sopa de pan. La marea de nuestra pasión se desborda en creatividad. La imaginación impregna la materia consciente.

Somos las madres de la nueva consciencia. Somos vírgenes empoderadas en las siempre presentes, siempre cambiantes imágenes del ahora. Somos ancianas que confían en lo incognoscible. Madre, virgen, anciana, naturaleza abierta ante el fuego de la imaginación. Éste es el camino que nos lleva a afirmar nuestro propio yo soy.

Mientras dejamos en el suelo el bastón de la palabra, un último pensamiento. Quizás nos derramemos el café en el vestido dorado; tal vez descubramos unas enaguas rojas debajo de nuestro vestido plateado; es posible que se nos desgarre el dobladillo de nuestro vestido de estrellas. Puede que incluso los empaquetemos todos en nuestra cáscara de nuez y salgamos corriendo una vez más en dirección al bosque.

Apéndice

Allerleirauh

Había una vez un rey cuya esposa tenía un bellísimo cabello dorado. Era una mujer tan hermosa que no tenía parangón en toda la Tierra. Pero la reina cayó enferma y, como sabía que iba a morir, llamó al rey y le dijo:

—Si quieres casarte de nuevo tras mi muerte, no lo hagas con ninguna mujer que sea menos hermosa que yo y que no tenga un cabello de oro así, como el mío. Tienes que prometérmelo.

Y, en cuanto el rey le hizo la promesa, la reina cerró los ojos y murió.

Durante mucho tiempo, el rey no encontró consuelo, y ni siquiera pensó en tomar otra esposa. Pero, al final, sus consejeros dijeron:

—Esto no puede seguir así. El rey tiene que casarse de nuevo. Necesitamos una nueva reina.

De modo que enviaron mensajeros a todos los rincones del orbe en busca de una novia para el rey que pudiera equipararse en belleza a la reina fallecida. Pero no encontraron a nadie en todo el mundo y, aunque hubieran hallado a una mujer tan bella como ella, sin duda, no habría tenido un cabello de oro como el suyo. De manera que los mensajeros regresaron tal como habían partido, con las manos vacías.

Sin embargo, el rey tenía una hija que era tan hermosa como su difunta madre y que tenía el mismo cabello de oro. Cuando se hizo mujer, el rey la miró un día y vio que era, en todos los aspectos, como la esposa fallecida, y, de repente, sintió un violento amor por ella.

—Me voy a casar con mi hija –dijo de pronto a sus consejeros–, pues es igual que mi fallecida esposa, y no creo que encuentre a ninguna otra mujer que se le parezca.

Cuando los consejeros oyeron esto, se quedaron perplejos, y dijeron:

—Dios prohibió que un padre se case con su hija. Nada bueno puede venir de tal profanación. El reino acabará en la ruina.

La hija también se quedó atónita cuando se enteró de la resolución de su padre, pero tenía la esperanza de hacerle cambiar de opinión.

—Antes de cumplir con vuestros deseos –le dijo–, debo tener tres vestidos, uno tan dorado como el sol, otro tan plateado como la luna y otro tan brillante como las estrellas. Además de esto, deseo un manto compuesto por mil tipos diferentes de pieles, por lo que cada clase de animal que hay en vuestro reino deberá aportar un trozo de su piel para ello.

La princesa dijo esto porque en su interior pensó: «Conseguir todo lo que le he pedido le va a resultar imposible. Así desviaré la atención de mi padre de sus aviesas intenciones».

Sin embargo, el rey no se dio por vencido y consiguió que las más hábiles e ingeniosas costureras del reino confeccionaran los tres vestidos, uno tan dorado como el sol, otro tan plateado como la luna y otro tan brillante como las estrellas. E hizo que sus cazadores capturaran a un animal de cada especie en su reino y que tomaran de cada uno un trozo de piel. Con todos aquellos trozos hicieron un manto de mil pieles. Al final, cuando lo hubo conseguido todo, el rey hizo que desplegaran el manto delante de ella y dijo:

—La boda será mañana.

Cuando la princesa vio que se desvanecía toda esperanza de hacer cambiar de opinión a su padre, optó por huir. Aquella misma noche, cuando todo el mundo estaba durmiendo, se levantó y tomó tres cosas diferentes de sus tesoros: un anillo, una rueca y un carrete, todos ellos de oro. Después, metió los tres vestidos, el del sol, el de la luna y el de las estrellas, en una cáscara de nuez, se puso el manto de mil pieles y se ennegreció la cara y las manos con hollín. Finalmente, se encomendó a Dios y partió, y estuvo caminando toda la noche, hasta que llegó a un gran bosque. Exhausta de tan larga caminata, se metió en el agujero de un árbol y se quedó dormida.

Cuando el sol se elevó sobre el horizonte la princesa seguía durmiendo, y llegado el mediodía aún no había despertado. Pero sucedió que el rey de aquel reino vecino a quien pertenecía el bosque había organizado una montería, y cuando los perros llegaron al árbol y olfatearon comenzaron a ladrar.

—Id a ver qué tipo de bestia salvaje se ha ocultado ahí –dijo el rey a sus cazadores.

Éstos obedecieron su orden y le dijeron a la vuelta:

—Una asombrosa bestia yace en el agujero del árbol. Nunca antes habíamos visto algo así. Su piel parece hecha de mil tipos distintos de pieles, pero está dormida.

—Intentad capturarla viva –les dijo el rey–. Luego, atadla al carruaje y nos la llevamos.

Cuando los cazadores agarraron a la doncella, ésta despertó aterrorizada.

—Soy una pobre niña –les gritó–, abandonada por mi padre y mi madre. Tened piedad de mí y llevadme con vosotros.

Y los cazadores le respondieron:

—Allerleirauh, nos vendrá bien que trabajes en la cocina. Ven con nosotros. Quizás puedas barrer las cenizas.

De modo que la subieron al carruaje y la llevaron al palacio real. Allí le asignaron un cubil bajo las escaleras, donde no entraba la luz del día, y le dijeron:

—Bestia peluda, aquí vivirás y dormirás.

Y luego la mandaron a la cocina para que transportara leña y agua, para que barriera el hogar de la chimenea, arrancara las plumas de las aves de corral, picara las verduras, rastrillara las cenizas y se ocupara de todos los trabajos sucios.

Allerleirauh vivió allí, miserablemente, durante mucho tiempo. ¡Ay, hermosa princesa, qué ha sido de ti!

Sin embargo, un día se organizó una fiesta en el palacio y ella le dijo al cocinero:

—¿Podría subir arriba un rato a observar el baile desde la puerta?

—Sí, ve –respondió el cocinero–, pero tienes que estar de vuelta en media hora para barrer el hogar de la chimenea.

La princesa tomó una lámpara de aceite, se fue a su cubil, se quitó el manto de pieles y se limpió el hollín de la cara y las manos, de tal modo que volvió a resplandecer con toda su belleza. Luego, abrió la nuez, sacó el vestido que brillaba como el sol y se lo puso, para finalmente subir las escaleras en dirección al salón del baile. Cuando llegó a la sala, todo el mundo le abrió paso, pues nadie la conocía y no se les ocurrió pensar otra cosa que quizás fuera la hija del rey. El propio rey acaudió a recibirla, le ofreció su mano y bailó con ella, pensando para sus adentros «¡Nunca en mi vida había visto a una doncella tan hermosa!».

Cuando el baile terminó, ella le hizo una reverencia al rey y, cuando éste se quiso dar cuenta, ella se había desvanecido, y nadie sabía decirle por dónde se había ido. Llamaron a los guardias apostados fuera del palacio y los interrogaron, pero ninguno de ellos la había visto.

La princesa se había ido corriendo a su pequeño cubil, donde se quitó rápidamente el vestido, se ennegreció de nuevo el rostro y las manos, y se puso otra vez el manto de las mil pieles para volver a ser Allerleirauh. Y cuando fue a la cocina y estaba a punto de comenzar a barrer las cenizas, el cocinero le dijo:

—Deja eso para mañana y hazme la sopa del rey; yo también voy a subir un rato a echar un vistazo. Pero que no te caigan cabellos en la sopa, o en un futuro no tendrás nada que comer.

Y, así, el cocinero se fue, y Allerleirauh hizo la sopa para el rey. Hizo sopa de pan, y la hizo lo mejor que pudo, y, cuando estuvo preparada, fue a su pequeño cubil, tomó el anillo de oro y lo puso en el cuenco en el que sirvió la sopa. Cuando terminó el baile, el rey pidió que le trajeran la cena, y la sopa le gustó tanto que pensó que nunca antes había saboreado una sopa tan deliciosa. Pero cuando llegó al fondo del cuenco y vio el anillo de oro, se quedó atónito, pues no podía imaginar cómo había ido a parar allí aquello. Ordenó que llamaran al cocinero, que sintió verdadero terror al escuchar la orden, y le dijo a Allerleirauh:

—Seguro que se te ha caído un cabello en la sopa. Como sea así, vas a ser castigada por ello.

Cuando el cocinero llegó ante el rey, éste le preguntó quién había hecho la sopa.

—La hice yo –respondió el cocinero.

—Eso no es cierto –replicó el rey–, pues estaba mucho mejor que de costumbre, y estaba cocinada de un modo diferente.

—Debo reconocer que no la he elaborado yo –aceptó bajando los ojos el cocinero–. La ha cocinado la bestia peluda.

—Pues ve y ruégale que suba –concluyó el rey.

Cuando llegó Allerleirauh, el rey dijo:

—¿Quién eres tú?

—Soy una pobre niña que ya no tiene padre ni madre.

—¿Y qué utilidad tienes tú en mi palacio?

—No sirvo para nada, salvo para que me arrojen botas a la cabeza –respondió ella.

—¿De dónde has sacado el anillo que había en la sopa?

—No sé nada de ningún anillo.

De modo que el rey no pudo averiguar nada, y tuvo que dejar que se marchara.

Al cabo de un tiempo hubo otra fiesta y, entonces, al igual que en la anterior ocasión, Allerleirauh le rogó al cocinero que la dejara ir a mirar.

—De acuerdo –concedió el hombre–, pero vuelve en media hora y hazle al rey la sopa de pan que tanto le gusta.

Allerleirauh se fue corriendo a su cubil, se lavó con rapidez y sacó de la nuez el vestido que era tan plateado como la luna, y se lo puso. Después, se fue escaleras arriba y apareció en el baile como una princesa. El rey se adelantó para recibirla y se regocijó mucho al verla de nuevo. En cuanto comenzó a sonar la música se pusieron a bailar.

Pero cuando terminó el baile, ella desapareció de nuevo tan rápido que el rey no pudo fijarse por dónde se había ido. Claro está que ella había bajado como una exhalación hasta su cubil para, una vez más, transformarse en la bestia peluda y dirigirse a la cocina para hacer la sopa de pan. Cuando el cocinero se fue al salón del baile, ella tomó la minúscula rueca de oro y la metió en el cuenco, tras lo cual sirvió la sopa. Al igual que en la ocasión anterior, al rey le gustó mucho la sopa e hizo llamar al cocinero; y, al igual que la vez anterior, el cocinero no tuvo más remedio que decir que la sopa la había cocinado Allerleirauh. El rey hizo llamar de nuevo a la muchacha, pero ella le dijo otra vez que no servía para nada más que para que le arrojaran botas a la cabeza, y que no sabía nada de la pequeña rueca de oro.

Cuando, por tercera vez, el rey volvió a organizar una fiesta, de nuevo sucedió todo tal cual había ocurrido las dos veces anteriores. El cocinero dijo:

—Mil pieles, eres una bruja, y siempre pones algo en la sopa que hace que el rey prefiera tu sopa a la mía.

Pero Allerleirauh le rogó tanto que la dejara ir a mirar que, al final, el cocinero le permitió dejar su trabajo. Y esta vez se puso el vestido que brillaba como las estrellas, y así entró en el salón. De nuevo el rey bailó con la hermosa doncella y pensó que nunca la había visto tan preciosa. El rey ordenó que la danza durará esta vez mucho tiempo y, mientras estaban bailando, se las ingenió para, sin percatarse ella, deslizarle el anillo de oro en el dedo. Cuando el baile terminó, el rey intentó sujetarla de la mano, pero ella se soltó y salió corriendo con tanta rapidez por entre la multitud que el rey la perdió de vista. Bajó a toda prisa las escaleras hasta llegar a su cubil, pero, como el baile se había prolongado tanto y había estado arriba más de media hora, Allerleirauh no tuvo tiempo de quitarse su bonito vestido, de modo que se puso el manto de pieles por encima y, con las prisas, no se ennegreció bien la cara y las manos, y le quedó un dedo blanco. Corrió a la cocina y preparó a toda prisa la sopa de pan para el rey, poniendo, en esta ocasión, el carrete de oro en el fondo del cuenco.

Cuando el rey encontró el carrete hizo llamar a Allerleirauh y, al percatarse de que tenía un dedo blanco, descubrió con asombro el anillo que él mismo le había deslizado en la mano durante el baile. El rey la tomó con fuerza de la mano y, cuando ella intentó soltarse y echar a correr, el manto de pieles se le abrió y dejó ver el resplandor del vestido de estrellas. El rey agarró el manto y se lo quitó, con lo que se soltó su dorada cabellera, mostrando a la hermosa doncella en todo su esplendor. Ya no podía seguir escondiéndose, de modo que fue a lavarse la cara y las manos del hollín y las cenizas, y cuando volvió, todos pensaron que era la mujer más hermosa que habían visto en la faz de la Tierra.

—Tú eres mi prometida –le dijo el rey– y ya no nos volveremos a separar el uno del otro.

Poco después se casaron, y vivieron felices hasta su muerte.

Índice

«Las personas que habitan mis sueños comparten una fuerza vital conmigo, la vida creativa de lo que llamo el genio del sueño». Así se expresa Robert Bosnak en *La práctica del soñar*, una aventura apasionante por el mundo de los **sueños** a través de sus experiencias personales en este terreno abrupto y misterioso y, en ocasiones, tan infravalorado. Porque gracias a los sueños podemos comprender mejor nuestras reacciones ante las **emociones** fuera de la conciencia: la respuesta está en nuestro **inconsciente**.

Los sueños son, nada más y nada menos, que pistas a indagar en un desierto salvaje por donde explorar su narrativa. Se trata de recordar y apuntar toda esa creatividad que yace en lo más profundo de nuestro ser para ir configurando un universo secretamente escondido creado por el «genio» del **soñar**. De esta manera, descubriremos el mapa de nuestros propios sueños para confrontarlos con la realidad y valorarla en la justa medida. El soñar nos depara muchas y variadas sorpresas…

Los **sueños** han sido considerados tanto el lenguaje olvidado de Dios, como el mensaje del demonio. En la Antigüedad también hubo quien los concibió como presagios del futuro. Sin embargo, desde que en el siglo xx el psiquiatra suizo **C. G. Jung** demostró que en los sueños el inconsciente vuelve intensamente a la vida, los sueños se han asociado de forma más estrecha con la psicología personal, las actitudes y los patrones de comportamiento del soñador.

Interpretación junguiana de los sueños es una amplia guía práctica para **comprender los sueños** a la luz de los principios básicos de la **psicología analítica** de Jung. El modelo de psique del psiquiatra suizo se describe y se discute de forma concisa, con muchos ejemplos clínicos de sueños y de cómo se podrían interpretar dentro de su contexto.